아프레게르와 손장순 문학

손장순 문학 연구

방민호 외 공저

서울대학교출판문화원

사진으로 보는 손장순의 삶

서울대학교 재학 시 고등학교 때부터의 친우들과 함께(가운데 손장순, 1954)

지방문학 강연(앞줄 오른쪽 세 번째 최정희 선생님, 네 번째 손장순, 1966)

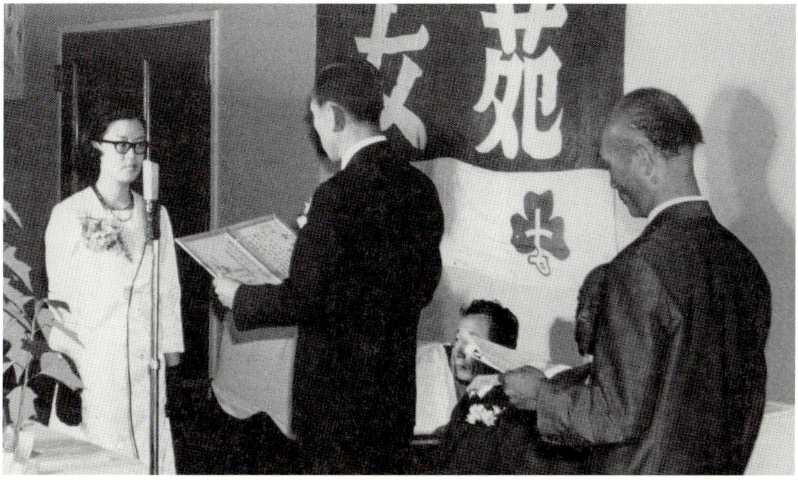

『한국인』으로 제4회 한국여류문학상 수상(1967. 9)

아들과 함께(1974)

파리 유학시절 베르사유 궁전에서(1974)

세계일주 여행 후 서재에서(1976)

국제펜대회 때 외국 작가들을 친정집으로 초대(1978)

정릉집 서재에서
남편 임승준과 함께(1978)

하와이대학 동서문화센터 주최
20세기 세계작가회의(1979)

파리의 공원에서(1985)

도쿄여행 중 남편과 함께(1987)

방콕에서(1988)

아이오아 국제 창작 프로그램의 진행 책임을 맡은 작가 플엥글 교수 집에서(1991)

일본 홋카이도 대학에서(1993)

국제펜클럽 소설문학상 수상
(가운데 손장순, 1996)

① 워싱턴 작가회의에서 시인 문정희, 신동춘과 함께(1997)

② 권영민 교수와 『라쁠륨』을 위한 대담 중에(2002)

③ 김지원, 김채원 자매 작가와 『라쁠륨』을 위한 대담 중에 (2004)

남편 타계 후 남서울 공원묘지에서(2005)

① ②
③

① 가을, 오색약수 부근. 암 투병 과정에서 머리카락이 빠져 가발을 썼다(2010)

② 『라쁠륨』 주간으로 있을 당시 대담을 위해 만난 박완서 선생님과 함께(2010)

③ 『조선일보』 인터뷰 사진(2011. 10)

이 책을 펴내면서

우리가 지금 펴내고자 하는 『아프레게르와 손장순 문학—손장순 문학 연구』는 한국 현대문학사의 1960년대, 1970년대를 면밀하게 이해하는 문제와 밀접한 관련을 맺고 있다.

작가로서 손장순은 한국전쟁 이후 등장한 '아프레걸들'의 시대를 이끌어 나간 시대적 전위였고, 이 세대의 운명을 자기 어깨에 짊어져 책임지려 한 강인한 의식의 소유자였다. 단적으로 말해, 손장순에 대한 논의를 제외한 1960년대, 1970년대 소설의 전면적인 연구는 불가능하다는 것이 이 책을 엮은이들의 공통된 인식이다.

그러나 이러한 손장순 문학에 대한 이해는 지금 그것을 재발견해야 하리만큼 일천한 상태에 놓여 있다. 그것은 우리가 현대문학사를 이해해 온 독특한 관점 때문이라고 생각한다. 1960년대, 1970년대 문학사 이해는 지금 민족문학론을 위시한 정론적 문학 중심의 문학론들이 제공하는 협애한 이해틀에서 벗어나지 못한 상태에 놓여 있다. 손장순 문학은 이와 거리가 있을 뿐만 아니라 그 반대편에 서 있는 것으로 취급되곤 하는 순수문학과도 거리가 있다.

손장순 문학은 현실에 참여하지만 '참여문학' 또는 '실천문학'의 형태로 참여하지 않는다. 이 점에 손장순 문학의 예외성이 있다. 이 예외성을 설명하는 것은 꽤 어렵지만 바로 이 점에 손장순 문학의 위치와 의미가 가로놓여 있다.

이러한 손장순 문학에 대한 밀착적 연구는 앞으로 우리가 걸어가야 할 문학사 연구를 위한 시금석 역할을 할 것이라 생각한다. 요컨대, 우리는 앞으로 손장순과 같은 개개의 예외적 작가들을 더 많이, 더 귀납적으로 고찰해 나감으로써, 그들이 감당했던 문학사의 공간들에 대한 새로운 논의들을 만들어내고자 한다. 우리가 손장순 문학으로부터 얼마나 풍요로운 내용들을 얻어내느냐 하는 것이 우리들 연구태도의 생산성을 입증해 주는 방편의 하나가 될 것이다.

손장순 문학에 대한 개별 연구를 진척시켜 오면서 우리는 손장순 문학이 그녀가 살아온 시대를 폭넓고도 섬세하게 증언하고 있음을 실감할 수 있었다. 예를 들어 그녀의 소설들에서 '꿈꾸는 샹송 인형'이나 '장미의 탱고' 같은 음악이 흘러나올 때, 그것은 저 옛날 이효석이 행했던 것과 유사한 방식으로 그녀의 시대들을 들려주고 있는 것이다. 손장순 문학은 문화와 예술의 측면에서 다른 소설들이 보여주기 힘든 풍요로움, 세련됨, 아름다움을 가지고 있다. 손장순 문학은 당대인들이 향유했던 삶의 모습을 자신만의 독특한 방법으로 '재현'한다.

이 연구서가 손장순 문학의 그러한 면모를 새롭게 질서화해 보여줄 수 있기를 바라마지 않는다. 또한 이 연구서가 1960년대, 1970년대 문학사 연구를 위한 방법론의 모색과 형성에 작은 보탬이나마 될 수 있기를 바라마지 않는다.

이 조촐한 연구서를 내는 데 발상을 제공해 주시고 조언을 아끼지 않으신 권영민 선생님과 서울대학교 인문대학에 깊이 감사드린다. 또한 여러 여건이 수월치 못한 상황에서 기꺼이 책을 출판해 주신 서울대학교출판문화원의 김종서 원장님과 권영자 님, 그리고 편집과 교정, 교열 과정에서 중요한 역할을 해준 전수형 님, 정은경 님에게도 심심한 감사의 마음을 전해 드린다. 또한 필자의 한 사람이기도 한 전소영 선생은 이 책을 위한 준비과정에서 연락과 편집을 비롯한 여러 중요한 조력을 했다.

마지막으로, 이 책을 정성스럽게 교정, 교열해 준 서은혜, 이경림, 이행미, 권철호, 이지은, 나보령, 안리경, 이미영, 이지현, 김건형 님에게도 빚진 심정을 여기에 남겨둔다.

2012년 5월 30일

방민호 외 공저자 일동

차례

제1부

손장순과 그의 시대

한국문학의 1960, 1970년대와 손장순 문학의 의미

방민호

1. 1960, 1970년대 문학사가 잃어버린 것

손장순의 장편소설 『한국인』(『현대문학』, 1966. 1~1967. 7)과 『세화의 성』(『조선일보』, 1971. 6. 16~1972. 9. 3)은 1960년대에서 1970년대로 나아가는 한국문학사에서 왜 손장순의 문학사적 위치가 아직도 불분명한가에 대해서 의문을 갖게 한다.

이 두 작품은 당대의 작품으로서는 최고 수준을 보여주는 역작들이어서 작가적 역량을 의심할 수 없게 한다. 그러나 지금 작가 손장순의 문학사적 위상은 불분명한 채 남아 있다고 할 수 있다. 어째서 이런 일이 발생하게 된 것일까?

이는 1960년대, 1970년대 문학의 전개 양상을 사적으로 이해하는 문제와 밀접한 관련이 있다. 이 시대는 아직 문학사적으로 폭넓게 조망되지 못했는데, 어떤 의미에서는 앞으로도 그렇게 남을 잠재적 위험성이 없지 않다. 이 시대에 문학적 담론을 '주도한' 경향들이 지금도 문단 차원에서 힘을 발휘하고 있기 때문에, 이 시대 문학의 '객관적' 양상을 정확하게 파악하려면 더 많은 시간이 경과해야 할 필요가 있는지도 모른다.

단적으로 말해서, 손장순 소설 세계는 1960년대의 순수문학과 참여문학 대립 구도가 1970년대 문학의 『창작과비평』 대 『문학과사회』 중심 구도로 재편되는 과정에서 '잃어버린' 문학사의 중요 지점 가운데 하나라고 할 수 있다. 『창작과비평』이나 『문학과사회』를 이끌어간 문학인들보다 세대적으로 약간 앞서 있었을 뿐 아니라, 장편소설에서 뛰어난 역량을 보이면서 신문 연재소설에서 일약 '베스트셀러' 작가의 반열에 오른 손장순의 문학세계를 '순수문학'이라고 규정할 수도 없었기 때문에, 결과적으로 손장순 문학은 자연스럽게 비평적, 연구사적 관심사에서 멀어지는 결과가 나타났다.

그런데 이것은 단순히 손장순 문학만의 문제는 아니다. 필자는 최근 몇 년 동안 손창섭을 문제적인 작가로 재발견하는 일에 관심을 가져왔는데, 그 또한 1960년대에서 1970년대로 이행해 가는 과정에서 우리가 '잃어버린' 작가 가운데 한 사람이라고 보아야 할 것이다.

현재 한국 현대소설 연구는 바야흐로 해방 이후 문학사를 향해 거슬러 올라오고 있는 중이다. 해방 공간의 문학사가 과거 월북문인 해금 이래 다시 한 번 연구자들의 관심사로 부상하고 있고, 한국전쟁 이후의 1950년대 문학사 역시 민족주의, 국가주의, 반공주의 등의 맥락에서 관심사로 부각되고 있다.

이러한 연구들이 지닌 의의는 쉽게 간과될 수 없지만, 일련의 연구들이 가진 문제점을 하나 지적할 수 있다면, 그것은 이 연구들이 한국 현대문학사를 정치적 관점에서 재맥락화하는 경향에서 멀리 벗어나지 못하고 있다는 점이다. 다시 말해 이 연구들은 해방과 분단, 전쟁, 독재, 쿠데타, '10월유신' 등으로 이어지는 현대 정치사에 문학이 어떻게 '대응'했는가 하는 주제를 다양한 방법으로 변주하고 있다고도 말할 수 있다. 그리고 또 이는 1960년대 문학사가 순수문학이냐 참여문학이냐 하는 형태로 제출한 문학의 정치성 문제를 연구의 관점에서 반복하고 있다는 점에서, 비평 및 연구를 포함한 한국문학 전체의 체질적 경향 가운데 하나라고도 할 수 있다. 요컨대 순수도 참여도 정치적이며, 이 대립축을 중심으로 문학사를 검토하는 연구들 역시 본질상 정치적일 수밖에 없으리라는 것이다.

이러한 '악무한'에서 벗어날 수 있는 한 가지 방법은 1960년대, 1970년대 문학을 더 귀납적인 방법으로 새롭게 고찰해 보는 것이다. 좁고 거친 가상적 대립축 위에 구축해 놓은 이 시대 문학사 서술이 간과하거나 축소 이해한 작가나 작품이 없는지, 한국 현대문학의 더 좋은 전체상을 위해 꼭 필요한 작가나 작품이 없는지 살펴보는 일이 지금 바로 시도되어야 한다. 손장순 문학은 이러한 연구 프레임의 변화를 점쳐 볼 수 있는 하나의 시금석으로 우리 앞에 놓여 있다.

2. '아프레게르'한 현실과 손장순 소설의 세대적 위치

손장순이 문학 활동을 공식화한 것은 전후문단의 새로운 출발을 알린 『현대문학』에 「입상」(1958. 1), 「전신」(1958. 12), 「배리의 심연」(1959. 3), 「화인 푸레이」(1959. 8) 등을 잇달아 발표해 나가면서다. 이 작품들을 통해서 손장순은 '아프레게르형 작가'의 길을 걷기 시작한다. 이것은 손장순이 문단에 데뷔해서 첫 활동을 시작할 무렵에 그녀에게 붙여진 자못 '불명예스러운' 명칭이다.

윤병로는 손장순을 아프레게르의 인간형을 그리는 작가라 지칭하는 세평이 형성되어 있으며, 심지어는 작가인 손장순마저 '아프레게르'한 인간형의 소유자로 규정하는 시각이 있음을 지적한다. 그러나 그는 이를 그녀의 첫 장편소설 『한국인』에 대한 긍정적 평가의 기초로 삼고 있다는 점에서 음미할 가치가 있다.

> 八·一五 解放 後 韓國의 道德的인 價値觀, 특히 男女 關係에 있어서의 愛情 倫理 같은 것은 많은 變化를 가져왔었다. 그리고 六·二五 戰爭과 더불어 그것은 더욱 急速度의 變化를 가져온 것이 사실이다. 많은 旣成世代들이 엄연한 變化에 대해서 스스로를 외면하고 모른 척 하려 했지만 孫章純 씨는 이러한 現實을 사실 그대로 直視하려 했고 또 이해해 보려 했다. 이러한 直視, 이러한 理解는 물론 그 作品의 主人公들처럼 그 舞臺 위에 스스로가 서서 스스로가 활동하는 것을 의미하지는 않는다.
>
> 孫章純 씨는 六·二五가 休戰으로 끝나갈 무렵에 大學의 캠퍼스와 講義室과 研究室을 왕래하고 있었다. 氏는 佛文學徒로서 그리고 풋내기 作家로서 韓國의 변모해 가는 現實을 누구보다도 대담하게 直視하고 이해해 보려 했었다. 그리고 方向을 잃은 젊은 世代 속에 뛰어들어 그들에게 새로운 내일에의 指標를 발견해 주려 애썼다. 氏가 특히 아쁘레 게에르 型이라는 印象을 받게 된 것은 이처럼 그러한 世代들을 누구보다도 먼저 이해하고 다시 이들에게 肯定的인 의미를 부여하는 作業에 앞

장서는 旗手가 되려 했기 때문이다.[1]

이 평론은 손장순이 아프레게르 세대를 위해 내일을 향한 지표를 제시하고자 한 작가였다고 말하고 있다. 이러한 그녀의 초기 소설들은 성공적인 것만은 아니었지만 그것은 어떤 작가라도 이루기 힘든 것이었다고 한다. "신이 죽어 버린 현대사회의 복판에 그에 대신하는 새로운 구심점을 발견해 놓는다는 것은 어느 누구에게도 너무나 곤란한 작업"[2]이기 때문이라는 것이다.

그녀를 아프레게르형 작가로 만든 작품 가운데 하나인 「입상」은 손장순이 어떤 위상을 가진 작가인지 이해할 수 있게 하는 단서 역할을 한다. 이 소설은 아프레게르형 여성이라 할 수 있는 반도호텔의 프런트 데스크 사무원 여성의 이야기를 그린 것이다. 작가는 여기서 아주 독특한 행동 방식과 가치관을 가진 여성을 '입상'의 형태로 제시한다. 그것은 윤병로의 논법을 빌려 말한다면 "신이 죽어 버린 현대사회의 복판에" 우뚝 서 있는 여성을 그린 것이다.

이 여성의 모습을 작품 줄거리를 중심으로 살펴보면 다음과 같다. '지연'은 S대학을 중퇴한 인텔리다. 그녀는 부모와 형제의 구속에서 벗어나 자립하기 위해, 자신의 의지대로 살기 위해 집에서 나왔다. 또 그러기 위해 문학과 학교를 버리고 직장을 선택했다. 반도호텔 프런트 데스크 여사무원이 되어, 환도 후에 새로 지은 남산아파트에 집을 마련하고 홀로 살아간다. 낮에는 일하고 밤에는 호텔 바에 들러 술

1 윤병로, 「손장순의 『한국인』론」, 『현대문학』, 1967. 9, 267~268쪽.
2 위의 글, 268쪽.

을 마시며 남자들을 만난다. 그녀에게는 '쌩'이라는 프랑스 남자가 있다. 그러나 그녀는 홍콩에서 회사를 운영한다는 '정'이라는 남자를 바에서 만나 하루 사이에 결혼을 해 버리고, 그러고도 쌩과의 관계를 이어가는 이중생활을 한다. 그녀의 이러한 생활 방식은 크리스마스 날 밤의 사건을 계기로 파탄이 나 버린다. 홍콩 사업체의 고문인 미국인 벅커와 함께 크리스마스를 보내자는 정의 제안을 거절하고 쌩과 함께 조선호텔 홀에 간 그녀는 거기서 춤을 추다 두 사람을 만나게 된다. 이것이 사단이 되어 결국 정은 홀로 홍콩으로 떠나버리고 그녀는 쌩과도 이별할 것을 결심한다. 그녀는 문학이 다시 하고 싶어진다. 그러나 "생을 체념하기엔 그녀의 의욕이 너무나 젊……다. 내일이 있기 때문이다. 찬란한 미지수다."[3] 그녀는 다시 출근을 할 준비를 한다.

여기서 세인들로 하여금 이 주인공이나 이를 그린 작가를 두고 아프레게르하다고 생각하게 한 특징들은 무엇인지 생각해 볼 필요가 있다. 이것은 '아프레게르'라는 말의 당대적 통용법을 생각할 수 있게 해줌과 더불어, 그보다도 작가 자신이 당대 사회를 어떤 각도에서 보았으며 또한 어떤 여성상을 제시하고자 했는지 알 수 있게 해준다. 첫째, 지연은 행동하는 여성이다. 새로운 생활의 방식을 생각 안에 가둬두지 않고 행동으로 옮기는 여성이다. 새로운 생활을 위해 집을 박차고 나오고, 서슴지 않고 남자들과 연애관계를 맺고, 하룻밤 사이에 결혼을 한다. 둘째, 그녀는 한국문화 깊숙이 들어와 있는 서구적 문물을 적극적으로 향유하는 인물이다. 그녀는 반도호텔에서 일하면서 그릴에서 식사를 하고 바나 홀에서 음악을 듣고 춤을 춘다. 이 호텔, 그릴,

---

3 손장순, 「입상」, 『현대문학』, 1958. 1, 155쪽.

음악, 춤들은 한국사회가 내부화해 버린 외래적인 것들이다. 셋째, 여기서 그녀는 전후에 전개되어 온 세류 위에 얹혀 있다. 반도호텔, 조선호텔, 미장그릴, 남산아파트, 외신기자, 홍콩의 한국계 회사와 미국인 고문 같은 지표적 기호들은 전쟁 이후의 한국사회에 새로운 경제적 메커니즘이 형성되고 있었음을 말해준다.

이러한 몇 가지 특징들을 종합해 보면, 이 작품을 통해서 작가는 전쟁 이후 새롭게 형성되고 있는 경제적 메커니즘을 바탕으로 서구문화를 적극적으로 받아들이면서 새로운 가치의식과 윤리관을 만들어 가는 여성을 그린 것이라 할 수 있다. 새로운 것을 적극적으로 향유함으로써 그녀는 인습에 항거한다. 그녀가 자신에 대한 "동정"[4]을 거부하면서 스스로 의지하고자 하는 것은 자신의 삶에 예비되어 있는 미정형의 미래 그것뿐이다.

이 시대에 '아프레' 또는 '아프레게르'는 어떤 의미로 통용되었던 것일까. 1950년대 중반경에 유현목 감독의 『교차로』라는 영화가 제작, 상영되었는데, 신문 기사에 따르면 이것은 "부패한 현실사회를 뚫고 삶의 진의를 찾으려는 지성적인 여자 대학생"과 "무지와 경박과 허영의 포로가 된 이른바 아프레 여성"의 이야기를 다룬 것이었다.[5] 또 "아쁘레(戰後派)라 또는 텐·에이저라 불리우면서 어른(成人)들로부터 疑惑과 侮蔑의 눈초리를 받는 오늘의 젊은이"[6]라는 표현은 '아프레게르'가 전쟁을 겪으며 성장한 1950년대 중반경의 10대들을 가리키는 세대적 명칭임을 보여준다. 이 무렵에는 프랑수아즈 사강의 소

4 위의 글, 같은 쪽.
5 「교차로 금성영화사 작」, 『동아일보』, 1955. 8. 12.
6 양기석, 「세대논쟁 (상)」, 『경향신문』, 1956. 4. 10.

설들, 『슬픔이여 안녕』이나 『어떤 미소』 같은 소설들이 '아쁘레 소녀'의 생생한 연애관을 담은 작품으로 절찬리에 판매되기도 했다. 또 이 무렵 가십성 사건 기사를 보면, 스물여덟 살의 남자 대학생이 스물네 살의 여자를 미제 권총으로 머리를 쏘아 죽인 사건이 일어나기도 했다. 이것은 즉각 전형적인 아프레 남녀의 모델로 받아들여졌다.[7] 이러한 사례들은 당시 '아프레' 또는 '아쁘레'라는 말이 전후에 전쟁을 겪으며 성장한 세대의 윤리의식, 가치관 혼돈, 또는 퇴폐적인 사고 및 행동 방식을 가리키는 말로 통용되고 있었음을 말해준다.

프랑스어로 '아프레게르'란 '전후' 또는 '전후파'라는 의미를 갖는 것으로, 제1차 세계대전 이후 프랑스에서 일어난 문학운동인 'Après-guerre'라는 말에서 유래한 것이다. 이 '아프레게르'는 프랑스에서 아방게르(avant-guerre), 즉 전전파에 대립하는 뜻으로 사용되었으며, 이와 같은 맥락에서 한국에서는 6·25 전쟁 이후의 시대적 상황과 세대적 위치를 설명하기 위한 개념으로 자주 활용되었다.[8]

또한 여기서 1960년대에 이러한 아프레게르 풍조를 소설에 담아내는 경향이 뚜렷한 하나의 줄기를 이루고 있었음을 염두에 둘 필요가 있다. 예를 들어 손장순보다 한 세대 위의 작가라고 할 수 있는 박경리는 『부산일보』에 1964년 6월 1일부터 1965년 4월 30일까지 『녹지대』라는 소설을 연재하였는데, 이것은 '녹지대'라는 다방을 중심으로 자신의 생의 의미를 묻고자 방황하는 아프레 청년들, 특히 이름하여 '비트걸'이라 명명할 수 있는 '인애'의 이야기를 그린 것이다. 작가

7 「슬적 넘겨짚어 취재」, 『동아일보』, 1956. 12. 29.
8 방민호, 「한국판 '비트걸(beat girl)'의 감각과 지향」, 박경리, 『녹지대』, 현대문학, 2012.

는 여기서 풍속소설가, 세태소설가의 필치로 한 시대의 삶의 양상을 그 육체성의 측면에서 제시해 보이고자 했다. 이 소설에 등장하는 이십대 초반의 여성들, 그리고 이들과 뒤얽힌 관계를 맺어 나가는 남성 인물들은 6·25 전쟁의 상처를 겪으면서 성장하고 자신의 삶의 길을 찾아 나가는 아프레게르 세대의 심리와 지향을 보여준다.[9]

이러한 맥락에서 보면 손장순의 「입상」은 이른바 아프레 세대에 속하는 젊은 여성의 내면 심리를 묘파함으로써, 비윤리적이거나 퇴폐적인 것으로 치부되는 그들 세대의 삶에 대한 고민을 정면에서 그려낸 것이라 할 수 있다. 작중 인물 지연이 뚫고 들어간 반도호텔, 조선호텔, 미장그릴, 남산아파트의 세계는 젊은 세대가 만들어 놓은 것이 아니며, 그들은 그렇게 형성된 사회의 태내에서 자라나 새로운 삶을 만들어 나가야 하는 과제를 짊어지고 있다. 「입상」은 일견 아무렇게나 살아가고 있는 것 같은 젊은 여성의 내면에 자리잡은, 자신의 삶에의 의지를 그린다. 지연은 학교도, 문학도 자신이 스스로 만들어가는 삶 자체와 맞바꾸지 않는다. 오늘 결혼하고도 내일 다른 남자를 만나고 남편이 떠나간 뒤에도 자신의 새로운 삶을 기약한다. 이것은 기성 제도와 권위를 그대로 인준치 않고 자신만의 새로운 준칙을 만들어 나가려는 의지의 소산이다.

이러한 그녀의 시선에 비춰진 한국사회는 외래적인 것을 사회 메커니즘의 중심부에 내부화하고 있는 곳이다. 홍콩 회사와 미국인 고문과 외신기자들은 전후 경제에 중요한 힘을 행사하고 있다. 이것이 그들의 교류장소인 호텔과 그릴이 소설의 주된 무대가 된 연유다.

---

9 위의 책, 319~320쪽 참조.

이러한 세계 속에서 젊은 세대는 어떤 삶을 만들어 나가야 하나? 이것이 「입상」의 주제라면 주제다. 이 점에서 손장순은 데뷔에서부터 사회적 현실 속에서의 개인의 모럴, 즉 사유와 행동 방향을 묻는 작가로 출현한 것이며, 『한국인』과 『세화의 성』은 이러한 작가적 특성이 잘 발휘된 장편소설이라고 말할 수 있다.

3. 1960년대 한국사회의 혼종성과 손장순의 풍속소설

이 논문의 주장 가운데 하나는 손장순이 1960년대에서 1970년대로 이월해 가는 한국 현대소설사의 중요 작가 가운데 한 사람이라는 점이다. 이는 1960년대 후반에 연재한 『한국인』과 1970년대 초입에 연재한 『세화의 성』 두 작품을 통해서 입증될 수 있다. 이 두 장편소설은 사회파적인 시선을 가진 작가의 특성을 잘 보여주고도 남는다. 다음의 인용에서 보듯이 작가는 『한국인』을 씀으로써 자신이 한국사회를 어떻게 이해하고 있는지 보여주면서, 그 결과로서 현대를 살아나갈 '한국인'의 사고법과 행동 방략을 제시하고자 했다.

> 한때 격동하던 코이어는 이 나라 지성인의 정신적인 지축을 와해시켰다. 八·一五와 六·二五를 계기로 물결처럼 들어온 서구 문명과의 혼합 속에서, 자기의 것도 제대로 갖지 못하고 남의 것도 소화시키지 못한 정신적인 공복감은 국가적인 빈곤과 더불어 내부의 어딘가를 고장나게 했다. 거기에다가 우리는 四·一九와 五·一六의 와중 속에서 헤어나야 했다. 한국인에 관한 역사적 고찰과 분석 내지 자아반성의 필요가 있다고 생

> 각한 것이 곧 이 『韓國人』을 쓰게 된 직접 동기이다. 다시 말하면 제三의 건전한 「韓國人」을 창조해내기 위해서였다.
> 따라서 나는 앞으로도 계속 작품을 통하여 「韓國人」을 탐구하고 창조해 갈 생각이다. 나는 이상적인 한국인의 패턴을 제시해 보고 싶다. 생의 고통과 사회적인 시련을 겪고 껍질을 한꺼풀 벗은.[10]

그런데 한국인의 삶의 과제를 그리겠다는 작가의 문제의식은 『세화의 성』에 이르러서는 좀 더 보편적인 문제의식에 의해 둘러싸이게 된다.

> 사랑과 예술(여기서는 음악이 많이 거론된다)과 권력의 부조화와 상극작용을 다루었다는 점에서도 이 작품은 의의가 있다고 생각한다. 권력에의 집념 때문에 귀중한 사랑을 잃은 범호와 달리 사랑을 잃은 고뇌를 딛고 그처럼 가냘프고 연약하게만 보이던 세화가 첼리스트로서의 성공을 하게 되는 것이다.[11]

『한국인』을 통해 전후에서 '현재'에 이르는 한국인의 역사를 그 문화 및 의식의 측면에서 형상화해 보이고자 한 작가의 문제의식은, 『세화의 성』에 다다르면 "사랑과 예술, 권력의 부조화, 상극작용"을 그리려는 쪽으로 나아간다. 이것은 현실적인 문제를 형이상학의 견지에까지 밀어 올리고자 한 것으로서 실존주의의 영향 아래 성장하여

---

10 손장순, 「『한국인』을 내면서」, 『한국인』, 문예출판사, 1967, 4쪽.
11 손장순, 「후기」, 『세화의 성』, 문리사, 1976, 437쪽.

1950년대에 불문학을 공부하고 작가로 나선 손장순의 개인사를 환기시킨다.

손장순은 지드, 말로, 까뮈 등의 영향을 받았음을 밝힌 적이 있거니와,[12] 1950년대, 1960년대는 까뮈 등의 실존주의를 매개로 한국문학이 세계문학사적 동시대성을 획득해 나간 시대였다. 실존주의에 내재된 현실 저항적 요소는 1950년대의 전후 신세대 작가들에게 공유되었고, 그 자장은 1960년대 말 이어령과 김수영의 불온시 논쟁에까지 미친다. 이후 백낙청이 중심이 된 『창작과비평』 그룹은 자신들이 김수영의 후예임을 강조하면서 1970년대 문학의 장을 열고자 하였으며, 이어령은 이상의 초상화를 전면에 내건 『문학사상』을 중심으로 '언어적 저항'의 맥락에서 1950년대 내내 그 자신이 저항하고자 했던 김동리, 조연현, 서정주 등과 공유점을 확보하였다.

이러한 문학사적 전개를 배경으로, 까뮈의 반항 노선은 손장순의 문학사상에 습합되어, 그녀의 문학적 경로에는 반항이 단순한 저항에 머물지 않고 사회 전체에 대한 통찰로 승화되는 양상이 나타난다. 까뮈는 부조리한 세계에 대응하는 방법으로 자살, 종교, 반항을 들었으며, 이 가운데 부조리라고 불리는 삶의 모순을 피하지 않고 명징한 의식으로 바라보는 반항만이 가치 있는 삶의 태도라고 생각했다.[13] 그에 따르면 반항하는 인간이란 "'non'이라고 말하는 사람", "그러나 거부는 해도 포기는 하지 않는" 사람이다.[14] 그리고 이 반항은 무엇보다 "인간으로서 자신에게 주어진 조건에 대하여 항의"[15]하는 것이

12 「『세화의 성』 엮는 여류작가 손장순 씨」, 『조선일보』, 1971. 6. 13.
13 이만희, 「부조리의 인식과 반항」, 『세계문학비교연구』 26, 2009, 402~403쪽 참조.
14 Albert Camus, 김화영 역, 『반항하는 인간(L'Homme révolté)』, 책세상, 2003, 31쪽.

다. 그는 이 반항을 형이상학적 반항과 역사적 반항의 두 가지로 나누어 생각했다. 여기서 형이상학적 반항이란 인간 조건과 창조 전체에 대하여 항거하는 운동을, 역사적 반항이란 혁명, 즉 세속적 질서를 전복하려는 반항을 가리킨다. 『반항하는 인간』(1951)에 따르면 역사적 반항 또한 형이상학적 반항의 원리로부터 파생되어 나오는 것이다.[16]

그가 말하는 반항의 원리 또는 원리적 모순이란 반항하는 자가 반항하는 데 머무르지 않고 스스로 입법자가 되고자 하는 데 있다. 그리고 이 한계를 모르는 반항으로부터 갖가지 인간적 비극이 발생한다. "이런 결과는 반항하는 인간이 반항의 근원을 잊고 '위'와 '농' 사이의 벅찬 긴장을 견디지 못해 지쳐 버린 나머지 포기하고서 모든 것을 다 부정하거나 전적으로 복종해 버리는 데 있다."[17] 반항이란 부정이라기보다는 도전하는 것인데, 이러한 반항이 한계를 모르고 폭력을 향해 나아갈 때 반항은 순수함을 잃어버리고 타락하게 된다는 것이다. 따라서 까뮈는 "'그 기원의 기억'을 간직하고 있는 반항, 그 본래의 무죄함, 순수성을 간직하고 있는 반항, 반항 그 자체를 신격화하지 않는 반항, 그 안에 어떤 공통적 가치를 긍정하는 반항"[18]을 주장했으며, 이럴 때만 반항은 자유와 정의에 봉사하는 반항이 될 수 있다고 생각했다.

『반항하는 인간』은 마르크시즘 비판 또는 소비에트 체제 비판을 함축하고 있었던 까닭에 마르크스주의자였던 장송 및 그와 친분이 두

15 위의 책, 49쪽.
16 위의 책, 184쪽 참조.
17 위의 책, 53쪽.
18 김화영, 「알베르 까뮈와 반항과 테러에 대한 성찰」, 위의 책, 535~ 536쪽.

터웠던 샤르트르와 격렬한 논쟁을 낳게 된다. 또 이러한 논쟁의 여파가 한국 지식계와 문단에도 상당한 파급력을 발휘했던 것으로 보인다. 1960년대의 순수, 참여 문학 논의나 이어령, 김수영의 불온시 논쟁 등은 까뮈냐, 샤르트르냐 하는 논점이 잠복되어 있었던 것으로 볼 수 있다. 이러한 요소가 작가 손장순에게도 어떤 형태로든 힘을 발휘하고 있었으며, 이것이 1960년대에서 1970년대로 나아가는 시대의 병목에서 손장순의 사회파적 기질로 하여금 『창작과비평』을 중심으로 한 '샤르트르적' 정치 참여의 문학, 즉 민족문학론 대열에 합류하지 못하도록 한 소인 가운데 하나가 되었을 것이다.

이러한 맥락을 감안하면 「입상」 류의 작품에서 『한국인』으로, 그리고 여기서 다시 『세화의 성』으로 나아간 사정이 다소 명료해진다. 『한국인』은, 전후의 혼란 속에서 자신의 삶의 길을 찾아 나선 지연의 고독한 반항 대신에, 외부적인 것의 전면적인 내부화 과정이 만들어 내는 제반 문제를 두루 살피면서 이 혼종적인 사회의 제 문제를 자신의 문제로 받아들이는 희연이라는 여성의 통찰적인 사유 세계를 제시한다. 이 소설의 주인공 희연은, 이혼에 직면한 오빠 관희와 자신, 또 자신의 이혼 상대자인 문휘의 문제를, 자신 또는 타자만의 문제로 간주하지 않고 '아프레게르한' 사회가 산출하는 삶 전체의 고통의 문제로 넓게 통찰하는 객관적 냉철함을 간직한 여성이다.

> '여기에도 아메리카니즘이구나. 샹송조차 재즈화되어 가다니. 아메리카니즘이란 이 거센 조류 속에서 어지럽게 자라온 것이 우리들이 아닌가. 한국은 그동안 무엇을 하였나. 어째서 우리는 자기의 것도 없고 남의 것도 제대로 받아들인 것이 없나. 자기의 것이 풍부한 사람만이 남의 것을

제대로 받아들일 수 있는 것이 아닐까. 강한 자기 확립이 타협에 빠르듯이. 문휘 같은 사람이 한국의 상태인지도 몰라. 그 애매모호한 혼란과 불확실성과 착란 같은 것이.'[19]

'이것이 바로 나다. 아니, 우리 세대의 생리다. '가고파'나 '산유화'가 우리의 생활에 밀착된 것이듯. 6·25 전쟁시에 들던 펫 분의 '투 영'이 그 숱한 재즈가 우리의 절실한 정서의 어엿한 일부분이 되어 있는 것이 아닌가. 그러나 물밀듯이 쏟아져 들어온 외화를 보고 음악을 듣고 원서를 읽고 자란 우리의 혼합된 높은 의식과 감각과는 달리 생활은 아직도 판에 박은 듯 고루하고 인습에 젖어 있다. 아니, 내가 부딪힌 운명이 그러하기에 더욱 불행한 것이다. 나의 지성으로 어쩔 수 없는 인습처럼 무서운 것은 없다. 아니, 이상과 현실의 거리감은 언제나 있는 것이지만 우리의 것은 좀더 역사적이다. 과도기에 있는 우리만 희생될 뿐이다.'[20]

위의 인용문들이 보여주듯이 희연은 문휘와 자신의 문제를 한국인이 지닌 정체성 부재의 문제로 보편화해서 사유한다. 이처럼 전통과 외래적인 것의 칵테일이 빚어내는 상충과 괴리를 갈파하는 희연의 모습에는 분명 서울대학교 불문학과에서 공부하고 이혼을 겪은 작가의 모습이 투영되어 있다. 그러나 이 소설은 자전적 성격을 지적하는 것으로 환원할 수 없는 담대한 풍속소설의 면모를 갖추고 있다.

한국에서 풍속소설에 대한 논의는 일제시대의 김남천, 채만식

---

19 손장순, 『손장순 문학전집 2 — 한국인 (하)』, 푸른사상, 2009, 190쪽.
20 위의 책, 191쪽.

등과 관련하여 이루어진 바 있으나 충분하다고는 볼 수 없다. 이때의 풍속소설 논의는 카프 해체 이후 리얼리즘 소설 또는 소설이 나아가야 할 새로운 방향과 관련하여 이루어졌으며, 장대한 시대 장경을 배경으로 인간의 삶과 운명을 그려냄으로써, 전형이론, 총체성이론에 치우친 리얼리즘이 봉착한 생경함, 앙상함을 넘어 육체적 소설을 쓸 수 있으리라는 기대를 수반한 것이었다. 김남천과 채만식은 발자크의 고전적인 리얼리즘 소설, 또는 풍속소설이 카프적 리얼리즘 또는 사회주의 리얼리즘의 한계를 극복할 수 있게 해주리라고 생각했다.

그렇다면 풍속소설이란 무엇인가? 이에 대해서는 미국의 풍속소설들을 전반적으로 연구한 제임스 터틀튼(James W. Tuttleton)의 개념을 참조해 볼 만하다.

> 내가 말하는 풍속소설은 어떤 주어진 시공간, 주어진 사회적 집단의 풍속, 사회적 관습, 민속, 관례, 전통과 같은 것들이 소설 속 인물들의 삶에서 지배적인 역할을 하고, 그것들이 그들의 생각과 행동에 통제력을 행사하며, 또 그것들이 그들이 열중하고 있는 행동들에 결정력을 갖는 소설, 그리고 이 풍속과 관습이 리얼리스틱하게, 즉 실제로 그 재현의 정확성을 중시하면서 묘사되고 있는 소설이다.[21]

그의 요점은 넓은 의미에서의 '풍속'이 그 시대와 사회를 살아가는 사람들에게 힘을 행사하는 양상을 리얼리스틱하게 보여주는 소설

---

21 James W. Tuttleton, *The Novel of Manners in America*, The University of North Carolina Press, 1972, p. 10.

이야말로 바로 풍속소설이라는 것이다. 즉, 풍속이 나타나는 소설을 풍속소설이 아니라고 할 수는 없겠지만, 그보다는 풍속이 사람들에게 미치는 영향력이 잘 그려진 소설이어야 좋은 의미에서의 풍속소설이 될 수 있다.

이러한 개념 규정을 위해서 그는 라이오넬 트릴링이 말한 풍속의 개념을 음미하고 있는데, 이것 역시 풍속이 무엇인가를 이해하는 데 상당한 도움을 준다.

> 내가 이해하고 있는 풍속이란 함축적인 의미를 갖는 문화의 수런거림(hum and buzz)이다. 풍속이란 명시적인 진술들이 만들어지는 모든 순간적인 맥락을 가리킨다. 풍속은 반쯤 언급되거나 언급되지 않는 가치 있는 표현들로 이루어지는, 문화의 일부다. 그 표현들은 작은 행동들, 때로는 의상예술이나 장식예술로, 때로는 어조, 몸짓, 강세, 리듬으로, 때로는 특별히 빈번하게 그리고 특별한 의미를 가지고 사용되는 말들을 통해 암시된다. 그 표현들은 그것들을 다른 문화를 가진 사람들로부터 분리시킨다. 그것들은 예술이나 종교나 도덕이나 정치는 아닌, 문화의 한 부분을 만들어낸다. 그럼에도 그 문화의 한 부분은 이 모든 높은 수준에서 정식화되는 문화의 영역들에 관계한다. 그것은 그 문화영역들에 의해서 수정된다. 그런가하면 그것은 그것들을 수정한다. 그것은 그것들에 의해 발생한다. 그러면서 그것은 그것들을 발생시킨다. 이 문화의 일부 속에서는 추정의 원리, 그것이 매우 자주 논리적 추론보다 훨씬 강력하다.[22]

22 위의 책, 8쪽.

풍속은 그러니까 예술, 종교, 도덕, 정치 같이 정식화된 문화의 상부구조는 아니지만 그것들과 밀접한 연관을 가지며 존재한다. 그것은 보이지 않고 들리지 않는 것 같지만 분명히 존재하면서 문화를 만들고 이끌어 간다. 이에 따르면 옷과 음악과 음식 같은 것들, 거리의 장식 같은 것들, 그리고 사람들이 사용하는 언어들, 그 언어의 구체적인 양상들이 모두 풍속을 구성한다고 할 수 있다.

이러한 의미에서의 풍속소설은 한 시대의 추이를 전반적으로 그리는 것이지만, 그것은 단지 사회 또는 시대의 외면에만 관계하지 않으며 그 시대를 꿰뚫는 진실을 드러내는 힘을 가진다. 발자크가 풍속을 중요시했던 이유가 바로 그것이었으며, 김남천이나 채만식이 사회주의 리얼리즘의 퇴조 이후 발자크 소설을 새롭게 탐구하면서 풍속 또는 세태의 묘사로 나아간 이유도 바로 여기에 있다. 풍속을 그림으로써 그 시대, 그 사회가 어디를 향해 어떻게 나아가고 있는가를 드러낸다. 부성의 몰락, 부르주아적 가치의 상승이라는 풍속적 추이 속에 문제적 인물 라스티냐크라는 청년을 적절히 배치해서 자신이 사는 시대를 꿰뚫어 보도록 하고, 또 자신의 삶의 과제를 스스로 안출하도록 한 것이 바로 발자크의 『고리오 영감』이다. 또 이러한 발자크의 선례를 따라 염상섭은 『삼대』의 '조덕기'와 『무화과』의 '이원영'을, 채만식은 『탁류』의 '남승재'를, 김남천은 『대하』의 '형걸'과 『사랑의 수족관』의 '이경희'를 창조한 것이다.

손장순의 『한국인』은 바로 이러한 풍속소설의 맥락 위에 놓여 있다. 이 소설에서 작가는 4·19 이후 민주당 집권 체제에서 5·16 이후의 과도 정부에 이르는 시대 풍속을, 희연을 중심으로 한 관희, 혜미, 소라, 영주, 문휘, 도수, 한선 등이 보여주는 삶의 태도의 문제를 중심으로 치열하게 묘사해 나간 것이다. 이 점에서 『한국인』은 발자크에 있어 리얼리즘의 승리라는 명제를 따라, 특정한 정치적 경향, 이념적 태도의 차원에 국한해서 해석될 수 없는, '조감적 리얼리즘'의 '승리'를 보여준 작품이다. 이러한 작가적 면모는 그가 불문학 연구자의 한 사람으로서 발자크, 스탕달, 플로베르 등에 관한 논문을 남기고 있다는 점을 상기시킨다.[23]

또한 이렇게 시대를 조감적으로 관찰해 보인다는 점에서 『세화의 성』은 『한국인』의 후속작이라 해도 과언이 아니다. 이 소설은 정인숙 피살 사건이 일어난 1970년 3월부터 박정희 대통령이 국가비상사태를 선언한 1971년 12월까지의 이야기를 그려 나간다. 정치사의 흥미진진한 사건을 원경 또는 근경에 부조해 놓으면서 이 소설은 『한국인』에 등장하는 도수나 한선을 합쳐 놓은 듯한, '범호'라는 세속적 야망의 소유자와 그에게 버림받는 '세화'의 이야기를 펼쳐 놓는다.

정치사를 배경으로 입신출세의 야망을 지닌 젊은이와 그에게 버림받는 여성을 그리면서도, 이를 정치적 담론의 장에 국한하지 않고 풍속이라는 넓은 조감적 시야 속에서 포착하고 있다는 점에서 『세화의 성』은 1970년대의 참여문학론, 민족문학론, 리얼리즘론이 지닌 위험성에서 벗어나고 있으며, 또한 그럼으로써 『창작과비평』 그룹의 경향이나 『문학사상』, 『현대문학』 그룹의 경향과도 거리를 가질 수밖에 없다. 때문에 이후 손장순은 『세화의 성』에 바로 뒤이어 『조선일보』에 『별들의 고향』을 연재한 최인호와 같은 '고독한' 작가의 길을 걸을

23 손장순, 「스탕달의 『적과 흑』에 나타난 소설관과 에고티슴」, 『불어불문학연구』 11, 1976: 「『마담 보바리』에 나타난 플로베르의 사실주의와 보봐리슴」, 『인문논총』 1, 1981: 「스탕달과 현대소설의 의미」, 『인문논총』 7, 1984 참조.

수밖에 없었을 것이다.

4. 리얼리즘이냐 풍속소설이냐
—손장순 소설에 나타난 상류층 인물들의 문제

황석영의 창작집 『객지』나 조세희의 연작소설집 『난장이가 쏘아올린 작은 공』을 둘러싼 리얼리즘, 모더니즘 논의 등의 화제성으로 인해 1960년대부터 1970년대에 걸쳐 문제작을 쓴 작가들이 상당수 잊혀졌다는 점을 염두에 두면 손장순 소설만큼 그 풍요로움이 새롭게 드러나는 세계도 흔치 않을 듯하다.

예를 들어 그녀의 첫 창작집 『대화』(현대문학사, 1969)에 수록된 「미세스 마야」나 「다께다 선생」 같은 소설은 나중에 발표되는 「우울한 빠리」(『현대문학』, 1976) 등의 단편소설과 함께 하나의 유형으로 분류될 만한 작품들로서, 한국 소설을 오리엔탈리즘 또는 포스트콜로니얼리즘론의 맥락에서 검토하고자 할 때 반드시 참조해야 할 것들이다. 그만큼 이 소설들은 한국사회를 안과 밖에서 보는 문제, 타자적 시선의 문제, 심상지리적 맥락에서 살펴보는 문제 등을 깊이 있게 함축하고 있다.

예를 들어, 「미세스 마야」는, 작가가 YWCA 기숙사에 머물면서 『한국인』을 쓰던 무렵의 경험을 바탕으로 쓴 일종의 모델소설로서, 미국에서의 불운한 생활에서 벗어나고자 한국으로 떠나온 여성 인물의 정황을 치밀하게 그려나간 것이다. 이 작품은, 미국인이라면 누구나 한국에서 우월한 위치를 점유하고 있는 것처럼 생각하기 쉽던 시대적 상황에서 하나의 '예외적' 인물을 통해 한국사회의 새로운 변모 양상을 날카롭게 포착해 보이면서 이러한 변화에 노출된 착오적 인물의 내면심리를 극적으로 드러내고 있다.

또한 「다께다 선생」은 필시 작가의 자전적 경험 세계 속에서 소재를 취한 것으로 어린 소녀의 눈에 비친 패전한 일본인 여성 교사의 모습을 회상적인 문체로 찬찬히 그려나감으로써 1945년 해방 또는 일본 패전의 아이러니를 드러내면서 이러한 역사적 상황에 노출된 개인의 내면 심리를 생생하게 그려낸다.

마지막으로 작가가 프랑스에 체류했던 경험의 산물로 보이는 「우울한 빠리」는 한 한국인 여성 유학생과 프랑스 청년, 알제리 청년, 튀니지 청년 등의 교차적 관계를 중심으로 서양과 아랍을 가로지르는 오리엔탈리즘적 시선의 문제, 서양인의 눈에 비친 동양 여성과 그 여성의 서양에 대한 위화감 또는 콤플렉스의 문제, 남성과 여성의 관계에 대한 문제 등을 복합적으로 부조해 놓은 작품이다. 이 소설의 여주인공은 프랑스 유학 중에 만난 남자들 가운데 프랑스 남자와만 하룻밤 관계를 맺지만 이것이 곧 임신으로 연결되는 뜻하지 않은 상황에 빠지게 된다. 이 과정에서 그녀는 앞에서 거론한 것과 같은 문제들을 경험해 나가지 않을 수 없게 된다. 짧은 단편소설임에도 작가는 이와 같은 문제들을 하나의 압축적인 그림으로 제시하는 역량을 발휘했다.

이러한 소설들은 『한국인』에서 『세화의 성』으로 나아간 손장순의 소설 창작 과정의 맥락에서 한국사회를 통찰적으로 조감하고자 한 작가의 문제의식이 한국인 또는 한국사회와 타자들의 관계를 중심으로 발전되는 양상을 보여주는 것이라 할 수 있다. 이 소설들에서 작가는 일종의 '예외적' 인물들, 전형적이라기보다는 개성이 두드러진 인물들을 그림으로써 사회와 개인 또는 개체의 낙차를 보여주며, 이를 통해서 민족, 국민, 계층으로 환원될 수 없는 독특한 개체들의 존재를 드러낸다. 이러한 손장순 소설의 인물들은 아직까지 심층적으로 탐구된 바 없다. 이러한 인물들은 리얼리즘론의 견지에서는 쉽게 포착되기 어려운데, 그것은 이 인물형이 계급, 계층을 대표하는 인물들을 중시하는 전형 이론, 총체성론에 부합하지 않기 때문이다.

다른 한편으로 손장순 소설들은 1960년대에서 1970년대로 나아가는 과정에서 민중이 아닌 상류계층, 그것도 관료적, 정치적 특권을 가진 계층에 속하는 인물들, 또는 이 세계에 편입하고자 애쓰는 인물들을 그림으로써 이 시대의 참여문학론, 민족문학론, 민중문학론으로는 접근, 충당할 수 없는 세계를 구축한다.

예를 들어 『세화의 성』에서 출세욕의 소유자 지범호가 맞닥뜨린 세계는 당대의 장관 홍국표의 집안이다. 이 집안의 둘째딸은 미국 유학을 앞두고 문교부에서 실시하는 영어시험을 준비하고 있는 음악도다. 본래 정치학과 지망생이었던 범호는 어린 이 예란 대신에 유란을 유혹하여 정략결혼을 하기로 마음먹는, 『고리오 영감』의 라스티냐크를 방불케 하는 인물이다. "금력, 권력, 쾌락은 그가 추구하는 3대 요소다."[24] 그는 결국 7년씩이나 사귄 약혼녀 세화를 버리고 유란과 결혼 하는 데 성공하며, 이 때문에 버려진 세화는 야당의 중진 국회의원인 남풍훈과 결혼하게 됨으로써 새로운 신분으로 재회하게 되는 운명에 처한다. 이러한 범호와 세화의 관계를 중심으로 상류사회의 허영과 부패가 모습을 드러낸다.

---

24 손장순, 『손장순 문학전집 4 — 세화의 성 (상)』, 푸른사상, 2009, 31쪽.

유란의 어머니 진형순 여사의 입장에서 보면 범호와 유란의 결혼은 유란을 고위층의 아들과 정략 결혼시키려던 것이 실패로 돌아가 스캔들만 남은 뒤끝이기 때문에 손해 볼 것이 없는 일이다. 진 여사의 남편 홍 장관은 짧은 장관 재직 기간 동안에 여성들을 모처로 불러들여 단체로 파티를 여는 정경유착형 인물의 전형으로 나타난다. 그는 또한 세간을 떠들썩하게 만든 정인숙 사건에 연루되어 있기도 하다.

작중 세화를 따라가 보면 야당의 중진 국회의원인 남풍훈은 당권을 둘러싼 경쟁을 앞두고 권력 쪽으로부터 비밀리에 정치자금을 받아내기도 하며, 묘진이라는 이름을 가진 여비서와 혼전, 혼후에도 여전히 이중적 관계를 지속시켜 나가고자 한다. 이 과정에서 범호는 정략 결혼 과정에서 얻은 장관 비서직을 잃어버리게 되자 새로운 도약을 위해 세화에게 접근하여 그 남편인 남풍훈의 비서가 된다. 작중 이야기가 전개되어 나감에 따라 부정부패, 정경유착, 입신 출세욕, 정략결혼, 미국열, 허영, 변절, 불륜, 권태(앙뉘) 같은 상류사회의 '비밀들'이 적나라하게 파헤쳐진다. 젊은이들은 젊은이들대로, 기성세대는 기성세대대로 어두운 욕망의 화신들이 되어 자기를 잃어버린 관계를 형성할 뿐이다.

그러나 이 소설의 흥미진진함에도 불구하고, 손장순 문학이 그려내는 이와 같은 상류계층 사회의 인간상들에 대해서 한국 현대문학 연구는 아직까지 심층적인 탐구를 시도하지 못하고 있는 상태다. 이것은 이러한 인물형을 탐구할 수 있는 문학이론과 비평적 방법론이 충분히 계발되어 있지 못한 데서 연유하는 것이기도 하며, 동시에 연구자들의 시각이 이 시대에 관해 이미 형성되어 있는 비평적 담론의 자장에서 자유롭지 못한 데 따른 것이기도 하다. 특히 문제적 개인을 전형적 상황 아래서의 전형적 인물로 한정하면서 이 계층 또는 계급의 인물에 주목할 것을 권장하는 경화된 리얼리즘론은 민중생활 및 투쟁과 관련된 계층, 계급에서 벗어난 인물들에 대한 형상화를 폄하하는 경향을 내면화하고 있다. 이러한 맥락에서라면 더욱이 손장순의 '풍속소설'이 제 위치를 확보하기 어려웠을 수 있다.

그러나 『세화의 성』만 하더라도 이 소설이 세계상을 재현 또는 제시하는 독특한 방법론을 구비하고 있음을 간과할 수 없다. 그것은 상류층 인물 또는 이 계층에 편입되고자 하는 인물의 정신의 모양을, 곧 그가 맞닥뜨린 세계의 모습이 투영된 것이라고 보는 것이다. 예를 들어서, 작중 주인공인 범호의 음습한 욕망의 화신 같은 정신 상태를, 작가는 그가 맞닥뜨린 세계의 실상이 그의 정신의 메커니즘을 통해 드러난 것이라고 본다. 작중에서 작가는 이러한 인식을 한 번은 범호의 말을 통해서, 다른 한 번은 화자의 설명을 통해서, 모두 두 번에 걸쳐 드러낸다. 다음은 그 앞에 해당하는 부분이다.

> "세화, 욕망이 반드시 나쁜 것일까. 어차피 인간은 어떤 종류의 욕망이든 가지고 있게 마련이야. 사랑을 하고픈 원초적이고 근원적인 욕망이든 출세하고픈 욕망이든. 요새는 금력과 권력의 위력이 제일이라는 것을 부인할 사람이 없겠지. 그것을 싫다는 사람이 있다면 그것은 거짓말이야. 손에 잡히지 않으니까 싫다고 말하는 거야. 내가 왜 행동파가 되었는지 알아? 우리 고향의 침체에서 벗어나려는 발버둥과 S대학교의 이념 과잉에서 오는 얄미운 프라이드와 부정적인 비판에 대한 반발, 그리고 나라는 가장 불편하고 모순투성이의 의식 구조에서의 탈피와 저항 같은 것이 쌓여서 강한 행동철학으로 집약되어 폭발하는 거야."[25]

작품의 뒷부분 결말 근처에서 작가는 작중 화자로 하여금 범호의 내면 심리를 갈파한 전지적 시점을 취하여 다음과 같이 그를 대신한 고백을 행하도록 하거나, 다시 화자의 제 위치로 돌아가 범호의 내면 심리를 설명하도록 한다.

> 나는 애초에는 누구보다 성실하고 정직한 인간이었다.
>
> 오늘날 내가 간악하고 위악의 덩어리라면 전적으로 내 자신만이 책임질 문제일까. 이 사회 전체가 함께 책임을 져야 한다. 사회의 연대성을 이런 경우 무시할 수 없는 것이다. 나는 의식적으로 악해지려고 무척 안간힘을 썼다. 위악 속에서 말할 수 없는 통쾌감을 느끼면서 피해를 받기만 한 나의 선善이 비로소 보상되기 때문이다.
>
> (중략)
>
> 이런 때마다 가난의 죄를 뼈아프게 실감하면서 그의 인간성은 조금씩 뒤틀려가기 시작했다. 그가 순진했으면 했을수록 그의 선성善性은 반비례로 악성으로 변해 갔다. 아니 의식적으로 위악해지려고 발버둥을 친 것이다.
>
> (중략)
>
> 이렇게 된 것은 누구의 탓도 아니다. 우선은 내 자신이 책임을 질 문제다. 그리고 내가 이렇게밖에 살 수 없었던 것은 이 사회가 조금은 책임을 져 주어야 한다.[26]

---

25 손장순, 『손장순 문학전집 5 — 세화의 성 (하)』, 푸른사상, 2009, 131~132쪽.

26 위의 책, 274~278쪽.

이와 같은 부분들을 참고하면, 결국 범호의 어둡고도 허황된 욕망은 당대 한국사회가 가진 똑같은 측면이 투영된 것에 지나지 않는다. 적어도 작가는 그렇게 생각하고 있다. 그리고 이는 이 범호와 같은 인물이야말로 황석영의 「삼포 가는 길」에 등장하는 영달이나, 정씨나, 백화만큼이나 리얼리스틱한 현실성을 갖추고 있는 인물이며, 한국사회 현실을 자기 한 몸과 영혼에 '총체적으로' 집약해 놓은 인물임을 의미한다. 아니, 그 드라마의 폭과 깊이 면에서 손장순 장편소설은 황석영의 단편소설들이 펼쳐 놓은 세상의 제상에 비해 더 많은 장면과 문제를 보여주고 있다고 말해야 한다.

비유해서 말한다면 작중의 범호는 일종의 라이프니츠적 모나드와 같은 존재로서 자신의 정신에 지각되는 외부 세계를 표상하는 정신세계를 가진 존재다. 그는 세계가 가진 모습을 자신의 고유한 메커니즘에 따라 변형을 가한 표상의 형태로 드러낸다. 뿐만 아니라, 나아가서, 손장순의 일련의 장편소설, 단편소설들은 당대 한국사회의 모습을 작가가 자신의 고유한 정신적 메커니즘을 따라 새롭게 표상화하여 제시한 것들이라고 말할 수 있다.

이렇게 해서 새로운 형상을 얻은 1960년대, 1970년대의 한국사회는 다채롭고도 풍요로운 모습을 보여준다. 그것은 『한국인』과 『세화의 성』, 그리고 일련의 단편소설들이 보여주듯이, 전통적인 것과 외래적인 것이 마구 뒤섞여 새로운 정체성을 향한 질병적 고민을 안고 있는 세계이자, 허영과 위선, 기만 같은 온갖 정신병적 요소를 가진 영혼들이 자신이 원하는 것을 찾아 방황하는 세계다. 그것은 아프레게르, 아메리카니즘, 데카당스, 비트의 세계이자, 군사혁명과, 경제개발과, 정인숙 사건과 사쿠라 정치와 국가비상사태선언의 세계다. 그것은 또한 그녀의 소설들에 등장하는 수많은 음악과 춤과 영화와 소설들, 기타 저작들로 대변되는 풍요로운 감성의 세계이기도 하다. 손장순이라는 작가는 이렇게 자신이 발 딛고 살아가는 세계를 자신의 소설 속에서 새로운 표상으로 재활성화함으로써, 독자들로 하여금 자신들의 삶을 이 세계상 속에서 성찰적으로 바라보도록 한다. 바로 이 점에서 손장순의 풍속소설은 통상적인 리얼리즘 소설보다 더 리얼한 특성을 구비하고 있다고 말해도 좋다. 그리고 이것이 바로 이 작가의 작품을 새롭게 음미해 보아야 하는 이유 가운데 하나다.

5. 맺음말 — 한국 현대문학사 연구의 맥락에서 본 손장순 소설

최근 한국 현대문학 연구는 일제 말기를 화두로 삼는 방향에서 급속히 해방공간의 문학과 전후문학을 탐구하는 쪽으로 움직여 가고 있다. 사실, 문학사에 있어 어느 시대나 중요하지 않은 시대란 없다. 문학사를 형성하고 있는 각각의 시대는 그 자격 면에서 동등하며 따라서 그 각각의 몫에 따라 귀중하게 취급되어야 한다.

그러나 이러한 문학사의 여러 시대를 구성하고 있는 작가와 작품이 언제나 정당한 자신의 몫을 분배 받는 것은 아니다. 비평방법과 시각, 연구자의 가치관과 취향에 따라 작가들, 작품들은 언제나 필요 이상의 주목을 받을 수 있고 또 부당하게 그 가치가 축소되거나 잊혀질 수 있다.

한국 현대소설사 연구의 가장 중요한 문제점 가운데 하나는 작가와 작품을 정론적 가치를 중심으로 선별하면서 그에 따른 정전의 질서를 구성하려는 경향이 농후하다는 점이다. 그리고 이러한 시각은 삶의 전체상, 문학 또는 문학 연구가 다루어야 할 주제들의 풍요로운 전체상에 비해 형편없이 앙상한 결과를 산출하는 데 머무르곤 한다.

이러한 난점에 비추어 바야흐로 새롭게 개시되어야 할 1960년대, 1970년대 문학 연구는 그 태도 및 접근 방법, 가치 평가 면에서 새로움을 추구할 필요가 있다. 무엇보다 이 연구는 기존의 비평적 담론들의 영향권에서 자유로운, 선입견 없는 귀납적 연구를 통해 이 시대 문학의 새로운 지형도를 그려낼 수 있어야 한다. 그것이 최인훈이나 이청준이나 박경리처럼 이미 정평이 내려진 대작가이든, 비평적 담론에 의해 그 위상이 한껏 높여져 있는 작가들이든, 이 논문이 취급하고 있는 손장순이나 그밖에 아직 그 위상이 충분히 논의되지 않은 여타의 작가들이든, 새로운 시각의 정사(精査)가 필요한 시점이다. 이러한 작업은 우리를 우리 자신이 아직껏 발견하거나 깨치지 못한 문학사의 실상 앞으로 인도해 줄 것이다.

손장순 문학은 그 시금석 가운데 하나다. 이 작가가 그려낸 1960년대, 1970년대의 현실과 이 현실을 살아간 인물들이 얼마나 창조적이었는지, 계시적이었는지 새롭게 검토해 볼 필요가 있으며, 이 논문은 이러한 작업을 위한 예비적 검토를 행한 것이라고도 말할 수 있다. 손장순 소설과 관련한 많은 문제들을, 이 논문은 충분히 드러내지 않은 채 단지 그 양상들만을 열거해 두기도 했는데, 이것은 향후의 작업을 위한 문제적 지점들을 기억해 두기 위해서였다. 해방 후 한국사회가 분단 및 6·25 전쟁을 계기로 오늘날의 형태를 향한 질풍노도의 길을 걸었다고 할 때 손장순 문학은 이 시대가 산출한 여타의 리얼리즘

소설들과는 다른 방식으로 증언적인 기능을 하고 있는 것으로 보인다. 이 문학이 한국 현대문학사에 어떤 기여를 했는가가 지금 새롭게 문제시되어야 한다.

1960년대 여성 지식인의 '자유'담론과 미국
— 박순녀, 손장순, 박시정 소설을 중심으로*

이선미

1. 1960년대 '근대화'와 여성 지식인

1960년대 벽두를 장식한 4·19는 자유와 평등이라는 민주주의의 원리를 관철시키기 위한 대학생 중심의 사회변혁 운동이었다. 아무리 가장 비참한 전쟁을 치루고 위기의식이 팽배해 있다고 하더라도 이미 민주주의의 원리가 사회 곳곳에 똬리를 틀고 있던 1950년대에, 획일적 자아를 요구하는 전체주의적 통치방식이 정치적 힘을 가지기에는 역부족이었던 것이다. 그리고 1950년대가 온갖 비민주적이고 전근대적인 것으로 부정된 까닭에 1960년대는 1950년대와의 단절 속에서 기대되었고, 그만큼 사회 변화의 논리 역시 단절론이 주를 이루기도 했다.[1] 특히 1950년대와 다른 것으로서 개인성이 보장된다는 의미

---

* 『현대문학』 29권(2006, 417~452쪽)에 수록되었던 논문을 수정하여 재수록한 것임을 밝혀둔다.

의 '자유'와 경제적 평등이나 합리적인 절차를 보장한다는 의미의 '민주주의'는 개별적 삶이 존중되기를 원하는 많은 지식인들에게 더없이 중요한 가치로 기대되었던 것이다.

그렇지만 이런 기대와 그를 향한 근대화 기획 속에서 여성들의 삶은 별로 달라지지 않는다. 심지어 여성들의 영역에서조차 자유와 민주주의를 실현시킬 만큼 사회적으로 여유가 없다는 담론이 우세했다.[2] 1960년대는 1950년대와 다름없이 2호, 3호로 불리는 첩이 존재했고,[3] 여성들은 순결을 지키기 위해 목숨까지도 던져야 할 만큼 정조관념에 묶여 있었으며, 여학생문화로 담론화되었던 댄스문화는 퇴폐적인 것으로 취급되어 댄스에 젖어 연애를 일삼는 여학생을 사회의 골칫거리로 취급했다.[4] 또 지식인 여성들조차 집안에서 정해준 사람과 결혼하는 계약결혼 풍속 때문에 사랑하는 사람을 자신이 선택할 수 없었으며,[5] 현모양처 이데올로기로 인해 사회적 활동을 제약 당

---

1 젊은 비평가들 중심으로 만들어진 1960년대 초반의 동인지인 『산문시대』의 "우리는 태초의 어둠 속에 서 있다"라는 시대 진단의 발언은 동시대를 부정하는 가운데 자기를 인식하는 대표적인 담론의 예이다. 이런 인식은 이들 젊은 비평가그룹의 성격이며, 동시대 젊은 세대들의 세대의식이기도 하다. 사상적 기반은 다르지만, 바로 이듬해에 등장하는 『비평작업』의 동인들 역시 이전 세대를 부정하는 세대의식으로 자신들을 새로운 것으로 규정한다는 점에서 같은 점이 있으며, 『산문시대』 동인들 중심으로 만들어진 1969년 동인지 『68문학』 역시 이 선언을 다시 강조하면서 출발한다.

2 『여원』 창간 초기인 1950년대 후반부터 여성 개인의 자유를 주장하는 것은 "자신의 권리만을 찾는 유행병"(이태영, 「현대여성은 지성을 상실했는가」, 『여원』 창간호, 1955. 10)처럼 시대의 어려움을 도외시한 이기적인 태도로 부정되기 일쑤였다. 이런 논조는 4·19 이후에도 민족의 근대화를 위해 개인의 자유는 희생되어야 한다는 논리에 흡수되어 일관성 있게 지속된다. 1960년대 『여원』의 여성담론과 관련해서는 김미란, 「김승옥 문학의 개인화 전략과 젠더」, 연세대학교 박사학위논문, 2005 참조.

3 1966년에 『현대문학』에 연재된 손장순 장편소설 『한국인』의 여성 인물인 수라의 언니는 2호로 살면서 여동생인 수라는 자신과 다르게 살게 하려고 미국 유학까지 보낸다. '2호'라는 용어는 당시 좌담에서도 스스럼없이 얘기될 정도로 일반적인 용어였다.

4 『여원』 창간호(최이순 외, 「좌담회·학생시대의 연애불가론」, 『여원』 창간호, 1955. 10)의 좌담회에서 이 문제는 본격적으로 다루어진다. 이 좌담회는 1955년의 일이지만, 여성들의 댄스 바람과 여대생의 연애 문제는 이후 계속 사회적인 이슈가 된다. 많은 여성과의 혼인빙자 사기사건으로 유명한 '박인수 사건'도 여대생의 연애 문제와 순결 문제를 사회적인 관심사로 떠오르게 했다.

했다. 심지어 피임이나 낙태가 불법이어서 출산통제의 자율권조차 가질 수 없었으며, 죄의식 속에서 불법 낙태를 일삼으며 몸을 망쳐야 했다.[6]

그러나 여성들의 삶이 여전히 전근대적인 방식으로 유지된다는 점을 단순히 남성들의 영역, 즉 공공영역에서는 근대화가 이루어졌고, 여성들의 영역에서는 근대화가 이루어지지 않았다는 영역별 불균등 발전의 논리로 설명할 수 있는 것은 아니다. 이는 1960년대 '근대화'의 성격과 직접적으로 연관되어 있기 때문이다.

4·19 이후, 한국사회를 이끌어가는 지배담론으로서 '근대화'의 성격은 여성들의 자유를 온전히 담론화할 수 있는 방향과는 사뭇 다르게 진행된다. '민족'의 부흥을 위한 '근대화'는 민족의 자유와 부의 축적을 위해 '개인의 욕망'을 지연시키거나 희생시키는 담론으로 발전되어 가기 때문이다.[7]

근대적인 교육을 통해 민주주의 원리로서 자유를 내면화했던 여

5 자본주의 초기 단계, 시민계급이 형성되는 단계에서 상류층 여성과 결혼하여 신분상승을 꾀하려는 정략결혼은 시민 계급 형성 초기에 일반적인 현상인 듯하다. 산업사회로 진입하는 1960년대 한국사회에서도 이런 결혼관은 출세를 꿈꾸는 남성들 사이에서 흔한 일이었던 듯하다. Wolfgang Rath, 장혜경 옮김, 『사랑 그 딜레마의 역사』, 끌리오, 1999, 174쪽 참조.

6 낙태는 1973년 모자보건법이 제정되면서 비로소 일정한 경우의 낙태를 허용하는 법조항이 생겼으며, 피임의 경우는 피임 행위는 불법이 아니었지만 1964년 가족계획사업이 본격화되기 전까지 피임 기구의 수출입이 모두 금지되어 있었기 때문에 사실상 불법이나 마찬가지 상태였다. 배은경, 「출산통제와 페미니스트 정치」, 『모성담론과 현실』, 나남, 1999, 139쪽 참조.

7 1960년대 박정희 정권의 정치적 실천으로서의 민족주의 담론은 4·19 이후의 민주주의적 논의들조차 배제하는 정치적 설득력을 발휘한다. 1950년대의 정치적 분열상을 부정하는 가운데, 민주주의를 표방하고 추진하는 세력이 보수적인 봉건지주층이라는 방식의 민주주의 부정론이 가능하게 된 것이다. 결국 "경제발전을 위해서는 개인의 자유가 희생"되어야 함을 인정하는 가운데 민주주의적 원리와 개인의 자유를 둘러싼 논의조차 부정된다. 여성들의 개인의 자유를 향한 지향은 이렇게 부정되는 과정에 놓여 있다. 이철승, 「근대화 담론에 관한 사회학적연구 — 한국의 1960년대를 중심으로」, 연세대학교 석사학위논문, 1997, 45~47쪽 참조.

성 지식인들은 1950년대의 가부장적 여성관에 짓눌리면서 4·19의 정치적 상황을 통해 '자유로운 개인'에 대한 열망을 가장 강하게 드러낼 수밖에 없었다. 그러나 이는 '민족'의 근대화라는 지배담론 속에서 재해석되거나 배제된다. 민족의 부흥, 민족의 근대화라는 근대화담론 속에서 여성은 "순수한 정신 혹은 생명력의 상징으로 그려지고", 이 여성 이미지는 "모성적 자질인 헌신성이나 출산력과 결부되어" 여성 개인보다는 민족의 어머니로서 자연화된다.[8] 따라서 당대 여성 지식인의 가장 큰 관심사였던 전근대적인 제도와 관습에서 자유로운 여성이 되고자 하는 욕망은 오히려 "이기적인 여성으로 부정"되기도 한다. 4·19를 계기로 '개인의 자유'와 '민주주의'가 논의되던 때에 자유로운 개인을 열망했던 여성 지식인들은 민족의 근대화라는 지배담론에 흡수되면서 가정의 근대화[9]를 담당할 근대적 주체 — 현모양처 — 로서 재규정되는 것이다.

그러나 지배담론이 아무리 강력하다 해도 이미 외국 유학까지도 경험한 바 있는 4·19 이후의 여성 지식인들은 쉽사리 이런 근대화 기획 속에 포섭되지 않는다. 많은 여성들은 화려한 서구 취향의 패션 스타일로 명동거리를 활보하면서 근대화된 정체를 확인하기도 하고, 피임을 통해 출산을 통제한다던가,[10] 핵가족화를 주장하는 논의도 펼친

---

8 이선옥, 「열광 그 후의 침묵과 단절의 의미 — 4·19 세대 여성작가」, 『4월혁명과 한국문학』, 창작과비평사, 2002, 301쪽.

9 김미란, 「4·19 혁명의 정치적 상상력과 개인서사」, 『겨레어문학』 35집, 2005. 12, 187쪽 참조.

10 출산을 통제하려는 여성들의 욕망은 점점 커졌고, 피임과 낙태가 공공연하게 이루어졌다. 이는 고부간 갈등의 원인이 되기도 하고, 모성의 신성한 의무를 저버리는 이기적인 여성으로 치부되는 비판 여론의 빌미가 되기도 한다. 그러나 이런 것은 아랑곳없다는 듯이, 낙태와 피임은 더 공공연해진다. 배은경, 앞의 글, 156쪽 참조.

다.[11] 이들은 다양한 방식으로 전근대적인 가부장적 문화의 구속으로부터 벗어나 자유로운 개인으로서 근대화될 가능성을 모색한다. 모성적 이미지를 교양 여성의 이미지로 계몽하는 여성담론에서도 이런 양상이 반영되어, 그 담론 자체를 균열시키기도 한다. 단적인 예로 1955년에 창간되어 1960년대까지 당대 여성 지식인들의 인기를 끌었던 여성지 『여원』은 여성 지식인의 교양적 성격을 지니면서도 미국 문화를 이상화하는 여성들의 문화적 취향을 부추겨 대중지로서의 막강한 위상도 유지할 수 있었다. 주로 남성 편집자에 의해 편집되어 '현모양처'나 교양적인 가정부인과 같은 국가권력의 여성정책에 부응하는 편집방향을 띠고 있었지만, 상업지로서 여성들의 다양한 현실적 관심과 갈등을 반영함으로써 여성들의 문제를 적극적으로 담론화하기도 했던 것이다.[12]

1960년대 여성 작가의 소설들은 이런 모순적인 자기 상황을 해명하기 위해, 혹은 벗어나기 위해 고군분투한 흔적이 역력하다. 특히 서울대, 연세대 등에서 수학하고 외국 유학까지 경험한 바 있는 박순

11 핵가족화를 비롯한 고부간의 갈등 등 가족 문제는 여성들의 최대 관심사였던 만큼 『여원』에서 자주 다루었던 논제이다. 「「특집」 가정의 평화를 위하여」, 『여원』, 1965. 1 참조.

12 『여원』은 남성 편집자에 의해 만들어진 여성지이다. 발간사를 비롯하여 매호 권두언은 사회 저명 남성 인사가 메꾸고 있으며, 발행인 역시 남성이다. 발간사에서는 민족의 주체로서 여성의 이미지를 강조하고 있다. 여성 스스로 자기 이야기를 만드는 것이 아니라, 남성에 의해 매개되어 여성 이야기가 만들어진다는 것 자체가 이미 남성적 시각에 의한 여성담론이 될 가능성이 크다. 게다가 상업지로서의 성격도 같이 갖고 있어서 당시 대중들의 관심사를 반영하는 것은 매체의 유지를 위해 가장 중요한 것이기도 했다. 이런 요인들은 서로 이율배반적인 성격으로서 매체의 성격이 대층화되는 데 역할한다. 남성 발행자라는 점이 갖고 있는 남성적 시각의 여성담론으로서의 성격과, 당대 여성들의 관심에 민감한 상업지라는 점이 갖고 있는 여성들의 삶의 문제를 대변하는 여성담론으로서의 성격은 서로 모순적이면서도 『여원』이라는 잡지가 오랫동안 인기를 누리며 생존하게 한 중요한 이유인 것이다.

녀, 손장순, 박시정의 작품들은 여성 지식인들이 처한 이중적 상황, 즉 근대적 교육을 통해 내면화한 개인의식과 민족의 근대화 논리 속에서 개인을 희생해야 하는 논리적 모순을 여성 인물의 성격으로 형상화한다.

사실 이 시기 많은 여성 작가의 작품에는 근대적 교육의 혜택을 받고 사회 활동을 하려는 욕망을 지닌 여성들이 현모양처의 규범에 의해 갈등하는 양상이 자주 등장한다. 이 세 작가는 1960년대의 문학사에서 중요하게 취급되는 희생적이며, 모성성이 강한 여성 이미지보다는 사랑과 섹슈얼리티로 정체화된 여성 이미지를 통해 여성들의 갈등 상황이나 모순적 상황을 형상화한다는 점에서 공통적인 특성을 지닌다. 세 여성 작가 모두 외국유학을 경험했거나 미국에서 생활한 경험이 있으며, 여학생 때부터 지속적으로 작품 활동을 한 점에서도 공통적이다. 결국 지적인 학문 활동을 지속하면서 지식인의 정체성과 여성의 정체성 사이에서 부유한 흔적이 역력한 작가들인 것이다. 이런 점들은 이들 세 여성 작가의 문학 작품의 주조를 이루며, 여성 지식인 소설로서 평가할 만한 소재와 주제적 유사성을 보여준다.[13]

이 세 작가는 여성 지식인들이 처한 모순적 상황이 '미국'을 향한 동경을 매개로 더 증폭된다고 여기는 점에서도 비슷하다. 이 작가들의 소설에서 여성 지식인들은 '미국'을 통해 근대성과 전근대성이 얽혀서 공존하는 자신들의 모순적 상황을 돌파해 보려는 것으로 형상화된다. 이 여성들에게 미국은 개인의 자유가 보장되는 '민주적인 제

13 세 여성작가의 작품은 양이나 주제 면에서 부족하지 않은데도 별로 연구되지 않은 편이다. 이 글의 논지와 관련해서 언급할 만한 연구도 찾기 어려웠다.

도'에 대한 갈망의 표상이다. '미국'은 추상화되어 여성들의 소망의 표상이 되고 있다.

그러나 한국에서 담론화되는 미국은 그 자체로 또한 다양한 스펙트럼 속에 있다. 여성들이 갈망하는 미국이 있는가 하면, 미군부대를 통해 흘러든 성문화로서의 미국이 있고, 동양인을 무시하고 차별하는 백인 우월의식과 통하는 인종담론으로서의 미국이 있으며, 물자가 풍부하고 잘 사는 나라이며 돈을 제일로 여기는 물질만능 가치관의 미국이 있기도 하다. 이 다양한 미국담론, 미국표상으로 인해 여성 지식인들의 개인적 자유에 대한 열망은 더 왜곡되기도 한다.

이렇듯 각각이 다양한 의미망 속에 놓여 있으면서도 여성 지식인들의 삶에서는 강한 열망의 대상으로 부상하는 근대화와 미국의 의미는 여성들의 삶에 절대적 요인으로 개입하기 때문에 더 중요하기도 하다. 따라서 이 글은 여성 지식인, 1960년대 근대화, 미국, 이 세 가지의 관계항이 작용하여 만들어내는 1960년대 한국의 '근대성'을 박순녀, 손장순, 박시정의 소설을 중심으로 해명해 보려는 것이다.

이 관계항을 탐색할 수 있는 여성들의 이야기는 여러 가지가 있다. 사랑, 성, 결혼, 이혼, 가족 등 사적 영역으로 제한된 여성들은 근대화를 향한 욕망의 주체로서 이 영역의 전근대적 요소들과 항상 긴장관계에 놓일 수밖에 없기 때문이다. 그 중에서도 미혼, 기혼을 가릴 것 없이 여성들이 가장 근본적으로 부딪히는 문제는 사랑과 그에 따라 자각되는 섹슈얼리티의 관계일 것이다.

여성들의 섹슈얼리티는 남성들에 의해 통제되고 지배되어 왔다고 해도 과언이 아니다. 이 시기까지도 남성들이 조강지처 이외에도 2호, 3호 식으로 여러 여성과 가족을 이루며 동거관계를 유지하는 것은 자연스럽게 받아들여졌다. 반면, 아무리 고등교육을 받고 남녀 구분 없이 사회적 자아로서 정체화된 여성이라 할지라도 순결을 잃은 여자는 나쁜 여자로 인식되었다. 자유와 민주주의가 공공연하게 담론화된 4·19 이후 1960년대에도 여전히 여성들의 성은 남성들에 의해 통제되는 구조 속에 있는 것이다. 그러나 이 와중에도 공론화된 담론 이면의 개별 여성들 사이에서 여성들은 근대적 교육과 시대의 이념에 편승하여 섹슈얼리티의 주체로서 '자유'를 말한다. 따라서 섹슈얼리티는 금기의 영역이 될 정도로 가장 억압된 만큼 그를 둘러싼 담론은 가장 근본적이고 급진적인 '자유' 담론이 되기도 한다. 이 글은 이런 사사로운 영역에서 비공식적으로 떠도는 '섹슈얼리티'와 그 귀결점으로서 '사랑과 결혼'의 이야기를 통해 가장 급진적인 자유담론을 구성할 수 있다고 보는 것이다.

2. '이기적인 여성'과 '(연애)관계'의 주체 사이

4·19 이후에도 자유연애가 '주장'될 정도로 여성들에게 연애는 금지되었고, 부모가 정해준 사람과만 연애를 하고 연애를 하면 반드시 결혼으로 결실을 맺어야 했다. 연애는 결혼을 하기 위한 전단계 과정이지 연애 그 자체로서 인식되지 않았던 것이다. 따라서 연애 상대자는 결혼 상대자로 정해진 사람일 뿐이고, 연애 상대를 선택하는 과정에서부터 여성들은 주체로 인정받지 못했다. 가장 사적이고 구체적인 관계에서 주체가 되기를 원하지만, 그 관계에서 가장 철저히 소외되기 때문에 근대적 교육을 통해 자유로운 개인으로 사회화된 여성

지식인들은 결혼 과정에서 가장 절망적으로 자신을 인식할 수밖에 없게 된다. 아무런 이유도 없이 공허감을 느끼고 방황하는 여성들의 삶의 문제는 바로 이 비주체성, 소외성에서 비롯된 것이다.[14]

여성들이 자기 삶의 주체가 되기를 바란다면, 사랑과 성에서 주체가 되기를 바라는 일에서부터 시작될 수밖에 없는 것은 이 때문이다. 근대화된 지식을 습득한 여성 지식인들은 한갓 성적 욕망과 사랑이라는 감정, 이 사소하고 미묘한 감정과 연관된 '자유'를 얻기 위해 목숨을 걸어야 하는 상황 속에 있는 것이다. 게다가 이는 모든 사람들에게 가장 내밀한 개인적 영역이고 욕망의 영역이기 때문에, 이기적이고 탐욕스러운 것으로 담론화되기도 한다. 그저 자신이 사랑할 사람을 자신이 선택하고, 사랑함으로써 생기는 성적 욕망의 자유로운 주체가 되고자 하는 열망일 뿐인데, 그것만으로 자신만 생각하는 이기적 존재, 사회적인 악이 되는 것이다.

손장순 소설 「바람개비」의 여성 인물 현아는 비극적 최후를 통해 여성들이 연애나 결혼의 주체가 되기가 얼마나 버거운 일인가를 잘 보여준다. 현아는 비록 서로 계약 관계로 결혼을 결정했지만, 결혼 날짜가 다가오자 약혼한 남자와의 사랑을 확인하고 싶어서 약혼 여행을 떠나기로 결심한다. 그러나 철저히 결혼을 계약으로만[15] 여기는 약

---

14 박시정의 「그들의 시대」의 선우나 손장순의 장편소설인 『한국인』의 희연, 수라 등 인과적 계기 없이 내면의 공허감만을 극대화시킨 여성 인물들은 이런 사회역사적 맥락의 형상으로 볼 수 있다.

15 결혼을 계약으로 여기는 결혼관은 표면적으로는 결혼을 신성한 것으로 여겨서 결혼에서 연애와 섹슈얼리티를 배제하려는 결혼관으로 포장되기도 한다. 이때 결혼은 사랑이라는 감정의 교류와 확인을 기반으로 하기보다 사회적 신분을 보장하는 조건으로서 인식되고, 이런 결혼 관계에 있는 주체들은 결혼의 주체는 될지언정, 사랑의 주체는 되지 못한다. 결혼과 사랑은 별 상관이 없기 때문이다. 이것은 근대적 결혼이라 할 수 있는 낭만적 사랑과는 어긋나는 전근대적 결혼관이다. 연애와 섹슈얼리티가 부정된 사회에서 결혼은 낭만적 사랑의 귀결이 되기 어려운 것이다. 낭만적 사랑을 꿈꾸고, 그에 기반하여 결혼을

혼자에게서 여행 후 아무런 변화도 찾지 못한다. 약혼자인 진서는 약혼 여행에서 섹스만을 위한 욕망을 드러내고서 오히려 관계를 더 어색하고 불편하게 여긴다. 이런 어색함으로 인해 연락을 끊어 버린 진서 때문에 현아는 결국 혼자 고민하다 자살하고 만다. 서로 성관계를 맺고서 더 친밀해지는 것이 아니라, 더 냉담해진 남자의 태도를 단절로 받아들임으로써 정조를 유린당했다고 생각하고는 그 절망감에 자살한 것이다. 여성의 이런 극단적 선택 앞에서 남자는 뭐 그런 일로 죽느냐는 듯한 태도를 내비치며 다른 여자와 맞선을 보러 나간다. 여성들에게는 목숨까지도 걸 만한 일이, 남성들에게는 실제로 하룻밤의 욕정에 불과할 뿐인, 성과 관련된 남녀의 사회적 관계의 차이를 적나라하게 보여주는 작품이다. 1960년대 어떤 여성도 이런 사회적 관계망에서 예외적일 수 없었다는 점에서 여성들의 사랑과 결혼 문제를 대변한 작품이다.

사실 이 소설에서 현아나 진서가 다른 결혼관을 갖고 있다고 말하기는 어렵다. 현아 역시 결혼을 통해 "진서의 집안에서 경영하는 여자사립대학의 학장 자리"를 얻으면 그만이라는 생각으로 결혼을 결정하기 때문이다. 그러나 여성인 현아는 결혼을 앞두고 남자보다 훨씬 마음이 복잡해지고 불안하다고 느낀다. 그저 계약이라고 단순하게 정리한 마음 한켠에는 사랑하지도 않으면서 결혼할 수 있을까라는 자의식이 도사리고 있기 때문이다. 결국 그 자의식과 그에 따른 욕망 때문

원하는 1960년대 한국의 근대화된 여성들에게 결혼은 갈등의 시작인 셈이다. 배은경은 1960년대 가족계획사업이 결혼의 성을 생식의 성으로 규정함으로써 결혼의 성에서 섹슈얼리티의 문제를 배제하는 계기로 활용된다고 한다. 이는 성매매의 사회적 위상과도 관련되는 문제이다. 배은경, 앞의 글 및 菅野聰美, 김경자 역, 「쾌락과 생식 사이에서 흔들리는 성노동」, 『노동하는 섹슈얼리티』, 삼인, 2006 참조.

에 변덕스러운 태도를 갖게 되고, 현아 스스로 제어하고 억압했던 복합적이고 분열적인 근대화된 여성의 정체성이 사랑을 확인하고픈 욕망으로 드러난 것이다. 일부러 외면하고 억압하려 했던 현아의 잠재된 자의식은 이 비극적 결말을 이미 예비하고 있었던 셈이다. 감정적 교감 속에서 서로를 원하는 낭만적 사랑을 통해 결혼을 꿈꾸면서도 결혼을 계약 관계로 여기는 시대풍조에 맞춰가려는 욕망 또한 저버리지 못한 현아는 정조관념이라는 또다른 덫에 걸려 결국 파멸하고 만 것이다.

이 복잡한 내면적 양상들은 현아라는 지식인 여성이 자리하고 있는 여러 사회적 계기들의 반영이라는 점에서 전형적이다. 즉 현아의 성격의 다층적 양상은 1960년대 여성을 통제하는 방식으로서 동원된 현모양처, 희생적 어머니, 순결한 여성, 가정의 근대화 등의 규범이 근대적 교육을 받은 지식인 여성의 내면에서 갈등하면서 생겨난 분열의 흔적이다. 남녀관계에서 사랑할 사람을 스스로 선택할 자유는 부모와 같은 타인에 의해서 차단되지만, 이미 여성 스스로 내면화한 결혼관에 의해서도 차단되어 있다. 현아의 분열적 내면은 이의 반영인 셈이다.

근대적 교육을 받은 여성들이 꿈꾸는 결혼은 남녀간의 주체적인 감정적 교류와 사랑 그리고 섹스를 통해 완성되는 결혼인데, 섹스가 사랑이라는 감정적 교류 없이 이루어진다면 그 섹스는 타락한 여성의 상징으로 전락해 버린다. 당대의 결혼관이나 사랑관, 그리고 결혼 안에서 섹슈얼리티에 대한 인식은 이렇듯 서로 분리된 듯이 존재했다. 서로 긴밀히 인과적으로 연관될 수밖에 없는 것들이 서로 모순적인 관계로 배치되기 때문에, 현아는 그 불연속적인 단절을 해명하지 못하고 자살이라는 극단적 선택밖에 할 수 없었던 것이다. 낭만적 사랑과 그의 표현으로서 섹스라는 과정을 도외시한 채 '신성한 결혼'만이 강조되는 사회에서 근대화된 여성이 취할 수 있는 유일한 선택을 보여준 것이다. 현아의 죽음이라는 필연적 결말은 '(연애)관계'에서 자유로운 주체가 되고자 하는 열망이 그 자체로 이미 비극의 씨앗을 내포한 현실임을 시시한다.

박순녀 소설의 여성 인물들은 사랑할 사람을 선택할 내적 기준을 정확히 제시한다는 점에서 색다른 면이 있다. 박순녀는 1960년에 등단하여 1970년 「어떤 파리」를 발표하면서 문단에서 주목을 받은 작가이다.[16]

'동백림 사건'을 소재로 한 「어떤 파리」는 정치적인 억압을 소재로 하고 있지만 박순녀의 작품에 일관성 있게 관통하는 여성의식을 엿볼 수 있다. 파리에서 간첩 활동을 한 것으로 몰려 부부가 나란히 서울로 잡혀온 친구를 변호하자고 나서는 여성 인물 '나'는 친구가 남편을 옥바라지하려고 서울에 온 것이 아니라 같이 동등하게 간첩 활동으로 몰려 잡혀온 게 보기 좋다고 말한다. 결혼으로 인해 여성들은 남성의 내조자가 되어 버리는 결혼제도의 문제점을 비판하는 작가의 관점이 잘 드러난 대목이다. 사랑에 있어서도, 결혼에 있어서도 섹스

16 「어떤 파리」는 『현대문학』에 발표되었으며, 1970년 『문학과지성』 창간호에 재수록된 작품이다. 그리고 같은 호에서 김병익은 정치소설로서의 가능성을 들어 이 소설에 찬사를 보내며, 박순녀 소설에 기대를 모은다. 박순녀 소설에 대한 평가는 정치적 문제를 정면으로 지적하면서 소설화한 이 작품을 중심으로 이루어진다. 이 작품 역시 박순녀 소설의 성적 자유와 근대화된 개인의 문제로 연결되지만, 정치소설의 가능성만을 중심으로 논의되는 비평적 맥락이 있다. 이는 결혼과 성의 주체로서 여성 개인을 정립하려는 '근대화'담론은 별로 주목하지 않았던 당대 평단의 경향을 짐작케하는 사례이다. 김병익, 「정치와 소설 —「어떤 파리」에 발단하여」, 『문학과지성』 창간호, 1970. 가을, 참조.

와 성적 욕망에 있어서도 남성과 같이 여성도 주체여야 한다는 것이 박순녀 소설의 가장 강렬한 주제의식이다. 나아가 그 남성은 어떤 남성이어야 한다는 자각이 뚜렷하다.

「대한민국의 거지」의 진하는 사랑을 마음의 기복을 따라 생겨나는 감정의 영역이라고 정의하면서 '사랑론'을 시작한다. 따라서 영원할 수도 없고, 오직 한 사람과만 사랑할 수도 없는 그야말로 변할 수 있는 감정이라고 생각한다. 그렇지만 이 마음의 기복을 따라 변하는 감정의 영역으로만 남녀간의 사랑이 유지되지 않는다고도 생각한다. 결국 감정에서 출발해서 서로 신뢰하는 마음이 쌓여갈 때 사랑은 감정에 지배되지 않는 이성적 관계로 전환된다고 본 것이다. 이 신뢰는 상호 주체성을 인정하는 가운데 형성되는 것이다. 여성의 주체성을 인정하는 남성은 감정의 기복이 사라진 후에라도 믿는 감정이 생겨서 관계를 지속하기 때문이다.

박순녀 소설의 여성들은 감정의 기복에 따라 변하는 것을 넘어서서 신뢰할 수 있는 사람을 "시시하지 않은" 사람이라 여기며, 그런 사람을 사랑할 만한 사람으로 선택한다. 서로가 갖고 있는 사회적 신분이나 물질적 부 같은 조건이 아니라, 남녀 사이에 감정을 교류하는 가운데 형성되는 내적인 요인들, 특히 서로를 주체로 인정하는 가운데 쌓이는 서로에 대한 신뢰를 통해 사랑을 논한다는[17] 점이 돋보이는 사랑관이다. 그렇지만 남자의 필요에 의해서 여자와 만나고 연애하고

---

17 기든스가 남녀 각 개인의 내적인 요인들만으로 이루어가는 관계라는 점에서 '순수한 관계'라고 명명한 관계와 유사하다. 1960년대 당시만 해도 결혼은 집안과 집안 간의 결합으로 인식되어, 결혼을 출세의 도구나 신분 변화의 계기로 삼고자 하는 결혼관이 팽배했다. 박순녀 소설의 여성 인물은 이런 결혼관과 상관없는 남녀 관계를 이상적으로 제시한 듯하다. Anthony Giddens, 황정미 역, 『현대사회와 성, 사랑, 에로티시즘 — 친밀성의 구조변동』, 새물결, 1996, 110~111쪽 참조.

결혼하는 것이라는 생각이 주를 이루는 사회에서 이런 남자와 사랑을 하고, 결혼해서 사랑의 감정을 유지하기는 쉽지 않다.

「대한민국의 거지」의 현세는 자신을 가장 잘 이해하고 동료로서 받아들여줄 것 같은 지주의 아들과 사랑에 빠져서 결혼하려 했지만, 남자가 결혼하려 하지 않는다. 현세는 그 남자가 "아담한 비둘기장 같은 집에서 에프론이나 두른, 빨래와 밥을 잘하는 예쁜 아내와 함께 소꿉장난 같은 결혼 생활을 인생 목표로 하는, 그런 사람일 리는 없다"고 생각하지만, 그 남자는 "그 누구보다도 밥이나 빨래를 잘하는 여자가 필요한 남자"였기 때문이다. 남자는 현세를 이해하지만, "연애 감정에서 눈을 떠보니 자기에게는 적합하지 않더라는 주장"을 하며, 현세와 이별한다.

마음의 기복을 넘어서 자신들이 꿈꾸는 신뢰에 기반하는 사랑을 어디에서도 찾을 수 없다고 여기는 진하는 고향에서의 추억을 떠올린다. 그녀는 공산화된 북한이 싫어서 월남했다. "거칠은 바다처럼 황량한" 마음이 되어 고향을 그리워하지만, 진하의 경험 속에서 사회주의자 남성들 역시 "빨래와 밥을 잘하는 예쁜 아내", "육체의 교섭" 만을 위한 성적 파트너로 여성을 생각하는 자본주의 사회의 남성들과 다르지 않다. 대학에서 일어난 사상투쟁이 "피에 얽힌 살풍경한" 상태로 진행되어 그 이유를 알고자 하는 진하에게 박이라고 불리는 좌경 학생은 "호젓한 산 속의 나무 밑에"서 "사상 강의 대신에 뜨거운 포옹을 해줬고", 진하는 그 이후로 사상 강좌를 듣고 싶어 하지 않았던 경험이 떠올랐기 때문이다. 여성은 남성에게 동료이며 애인이기를 원하지만, 남성은 여성이 그저 성적 대상이기만을 원하는 것은 자본주의 사회에서나 사회주의 사회에서나 별반 다르지 않다고 생각한다.

결국 사랑의 관계에서 동등하게 주체적인 개인들로 결합하려는 사랑관은 여성 지식인들이 가장 절실하게 원하는 것이었지만, 대부분의 남성들은 "필요에 의해" 남성을 보조하는 비주체적 여성을 원하는 게 현실이다. 「바람개비」의 현아는 그런 자기를 확인하려는 사소한 욕망도 가능할 수 없어서 자살로 최후를 맞고, 현세는 결국 '대한민국의 거지'도 못되어서 미국 이민길에 오른다. 남녀 관계에서 주체적이기를 원하는 여성들은 1960년대 한국사회의 어디에도 발붙일 수 없다는 것을 명확히 보여준 셈이다.

이런 여성들은 한국사회에 발붙이기도 어렵거니와 유난스럽거나 이기적인 여성으로 담론화된다. 「바람개비」의 현아는 진서에게 이해받고 인정받기를 가장 강렬히 원했지만, 진서는 유난한 여자로 인식할 뿐이다. 특히 결혼을 하고서도 이런 주체성을 위해 방황하는 여성들은 뚜렷한 이유도 없이 자식도 버리고 방황하는 여성들, 이기적인 여성들로 담론화된다.

박시정의 「분위기」는 이 방황이 주체성을 인정받지 못한 자의 소외감임을 절절히 보여준다. 결혼생활에서 느끼는 소외감을 도저히 견디지 못하고 집을 나와 낯선 시골의 여행자로 떠돌다가 다시 돌아올 결심을 굳히고서도 결국 두려워 돌아가는 것을 포기하는 여성 인물의 막막한 분위기는 그 자체로 잘 해명되지 않는 여성들의 소외감과 공허감을 상징한다고 할 수 있다. 반면 손장순의 『한국인』의 희연이나 「이혼여행」의 경미는 유난히 자신만을 생각하는 여성들로 인식되기도 한다. 박순녀 소설인 「잘못 온 청년」의 '나'나 「전시대적 이야기」의 서술자인 '나' 등 자신을 진정으로 신뢰하고 동반자로 여기는 사람들을 찾으며 방황하는 여성들은 종종 가정을 소홀히 하고 자기 감정에만 충실한 이기적인 여성으로 대우받는다. 부부관계에서 주체로서 인정받지 못하고 한갓 남성의 삶에 구색을 맞추기 위한 집안의 가구 정도로 취급되는 것을 거부할 뿐인데, 도리를 저버리는 이기적인 여성으로 담론화되는 것이다. 따라서 "때에 따라서 이 세상 어딘가에 제 아내가 있어 주기도 하고 없어 주기도 하는 사람, 그러한 당신을 이제 이 이상은 더 이상 눈감아 줄 수 없"[18]다고 말하는 아내는 오히려 참을성이 없는 여성이 되는 것이다.

그러나 박순녀 소설의 여성들은 비록 참을성 없는 이기적인 여성이 되더라도, '사랑'은 관계를 통해 관리되고 조율되어야 하는 것임을 말한 점에서 동시대 다른 여성 작가들의 낭만적 사랑과 다르다.[19] 개인의 감정에 기초한 낭만적 사랑은 감정에 기초함으로써 끊임없이 관계를 통해 유지되어야 하는 상호 주체적인 것으로 인식되기 때문이다. 이 '사랑'의 인식 속에서 여성은 주체로서 자기를 인식하게 되고, 사랑의 주체로서 '자유로운 개인'을 상상하는 '자유'담론의 가능성을 열어 놓는다. 즉 '연애'를 끊임없이 서로 조율해 가는 주체들의 관계로 인식하는 박순녀 소설의 사랑관은 자유담론의 한 양상으로 평가할

---

18 박순녀, 「전시대적 이야기」, 『칠법전서』, 일지사, 1976, 79쪽.

19 남성 중심적 가부장적 사회에서 겪는 여성들의 소외감을 낭만적 사랑으로 보상받으려는 사랑관은 이 시기 여성 작가의 주된 경향이라 할 수 있다. 이때, 낭만적 사랑은 절대적인 영원한 사랑으로서, 즉 구원의 의미로서 낭만화되고 이상화된다. 부부나 연인 사이의 현실적 사랑은 절대적이고 영원하기보다 상호 조절하고 관리해야 하는 '정서'라 본다면, 결국 여성들이 사랑을 이렇게 낭만화함으로써 오히려 사랑에서도 소외된다고 할 수 있다. 사랑을 영원한 것으로 인식할 때, 그 사랑과만 결부된 여성들 역시 영원히 변하지 않는 감정을 지닌 자로 신화화됨으로써 오히려 비인격적 대상으로 타자화될 가능성이 크기 때문이다. 1960년대 여성 작가들의 낭만적 사랑은 여성성의 신화화를 통한 여성의 타자화로 평가될 점이 다분하다. 이 글에서 다룬 세 여성 작가들의 낭만적 사랑은 개인적 감정에 기초한 사랑의 방식이라는 점만을 의미한다는 점에서 동시대 여성 작가들과 다르게 보아야 할 것이다. 『페미니즘과 소설 비평: 현대편』(한국문화연구회, 한길사, 1977)은 이 시기 여성작가들의 낭만적 사랑의 의미를 다룬 대표적 연구이다.

만하다.

여성도 남성도 관계의 주체이다. 사랑을 하면 영원히 모든 것을 수용하고 그대로 살 수 있는 것은 아니다. 관계는 감정에 기반한 것이고, 이 감정이 신뢰를 쌓아갈 수 있도록 서로 타협하고 조절해 나가지 않으면 유지할 수 없는 '관계'일 뿐이다. 낭만적 사랑은 절대 불변의 사랑이 아니라 끊임없이 감정을 관리하고 서로 확인하면서 만들어 가야 하는 관계인 것이다. 그리고 남성과 여성은 저마다의 개인성을 지니고서 존재하는 이 관계의 양쪽인 것이다. 사랑이라는 감정의 주체이기를 강조하는 여성들은 자기 감정만 생각하는 이기적인 여성이 아니라 관계에서 주체인 '자유'로운 개인을 열망하는 여성이다. 세 여성 작가의 여성 인물들은 '민족부흥'의 근대화에 밀려 주변화된 '개인의 자유'를 담론화함으로써 스스로 주변화되기도 하지만, 1960년대가 담보하지 못한 한쪽 면을 담지하고 있었던 셈이다.

3. 탕녀의 이미지와 사랑(= 섹슈얼리티)의 주체 사이

여성들이 결혼할 사람은 사랑하는 사람이어야 하고, 사랑한다는 것은 평등한 관계에서 신뢰를 쌓을 수 있을 때 가능하다고 생각하면서 사랑의 주체가 되고자 고군분투하는 것은 낭만적 사랑의 꿈이 있기 때문이다. 감정적으로 소통할 수 있는 상대와 감정을 교류하고 자아를 확인하는 행위를 통해 사랑을 정의한다면, 아직 여성을 사회적 자아로 흡수하지 못하는 '저개발'의 사회에서 근대화된 여성들이 자유로운 개인으로 인정받을 수 있는 관계는 낭만적 사랑일 수밖에 없는 것이다. 1960년대 낭만적 사랑의 담론이 바로 지식인 여성들의 자유담론으로 연결되는 것은 여성의 이런 '사회성' 때문이다.

낭만적 사랑을 통해 존재를 확인하려는 여성들은 "영혼"의 교류가 가능한 관계를 사랑으로 여긴다. 박시정의 초기소설 「그들의 시대」의 선우는 "그녀의 마음 빛깔에 공감해 줄" 영혼을 찾아 헤맨다. 사회적 자아를 확인할 수 있는 어떤 통로도 만들지 못하는 선우는 그것만을 유일한 소통의 가능성으로 여기고 있는 것이다. 그리고 진을 사랑하게 된 선우는 진과의 섹스를 사랑의 완성이라고 생각하고 주저하지 않는다. 선우에게 사랑은 내적인 조건들, 영혼의 공감과 감정의 교류를 통해서만 가능한 것이고, 사랑을 한다면 정신과 육체는 분리되지 않는다고 여기기 때문이다.

그러나 선우가 공감할 수 있어서 다르다고 여겼던 진 역시 결정적 순간에는 별로 다르지 않았다. 선우의 공허감을 공감할 수 있을 것 같던 진도 옛 애인이었던 수지를 순수한 여인으로 떠올리며 선우의 사랑의 감정과 그것을 드러내는 성적 욕망을 불결한 것으로 부정하기 때문이다. 선우는 사랑의 감정과 섹스가 분리되지 않는 것으로, 그리하여 영혼의 공감 속에서 섹스도 가능하리라 여기지만, 남성인 진은 사랑을 성적 욕망을 통해 표현하는 선우를 마치 창녀인 듯이 타락한 여자로 취급한다. 그런 진을 대하면서 선우는 결국 자신은 누구에게도 이해받을 수 없음을 자각한다.

> "나는 진씨가 그렇게 시시할 줄은 몰랐어요. 시시해요. 정말, 시시해요. 나를, 마치 내가 창녀인 것처럼 보지 마세요. 이래뵈도 당신처럼 통속적인 인간은 아니니까요."

> 선우는 통속적이 아니다, 에 힘을 주었다. 그녀는 서글펐다. 그가 그녀를 경계하고 거리의 여자쯤으로 그녀를 취급하는 것이 서글펐다. 절대로 나는 통속적인 여자는 아니다. 절대로 나는 그가 어떻게 해주기를 바랬던 것은 아니다. 이 밤에 나는 그와 함께 있고 싶었을 뿐이다. 같이 공존하고 싶었을 뿐이다. 그가, 다만 …… 그녀의 정신적 방황을 붙들어주기를. 그녀의 지성의 몸부림을 때로 허물고 싶어지는 그녀의 높은 성벽을 그만은 공감해줄 수 있을 것 같았다. 관념은 싫다. 자라껍질처럼 투박하고 각질긴 관념은 지긋지긋하다. 관념에서 해방된, 자유로 존재하는 인간이 필요했다.[20]

영혼을 공감할 수 있으리라 기대했던 진의 태도에 실망하고서 선우는 이렇듯 절규한다. 선우가 원했던 것은 영혼의 공감이지만, 그런 선우의 내면은 선우의 행동 속에서 창녀의 태도로 일반화되어 버려 선우라는 개인의 표현으로 이해받지 못하기 때문이다.

섹스는 사랑의 감정을 표현하는 것이나 성 매매로서의 행위와 표면적으로는 같은 것이다. 그러나 표현의 행위 양상이 같다고 그 행위가 같은 의미를 지니는 것은 아니다. 섹슈얼리티는 무수히 다양하고 세밀한 내적 계기들과 맥락 속에서 얘기될 수 있다. 그만큼 사적이고, 그래서 은밀한 영역이기 때문이다. 그러나 이 무수히 다양한 개별적 세계를 하나의 의미로 일반화해 버린다면, 섹슈얼리티는 사랑과 연관하여 아무 의미도 없게 될 것이다.

선우가 영혼을 공감할 수 있다고 여길 만큼 생각이 깊은 청년 진

---

20 박시정, 「그들의 시대」, 『현대문학』, 1969. 6, 233쪽.

도 다른 남자들처럼 이 다양하고 사적인 세계를 단순히 일반화한다. 순수한 이미지를 지녔던 옛 애인 수지를 선우의 개방적인 태도와 비교하면서 부정하고, 여성의 성적 욕망과 표현은 창녀의 것으로 일반화한다. 결국 정조관념 속에서만 여성을 사유하는 남성인 것이고, 이 남성적 인식 안에서만 여성의 사랑이 존재하는 것이다. 그리고 1960년대 여성의 섹슈얼리티는 이 남성의 시각에 의한 해석으로만 담론화된다. 이런 과정 속에 놓인 채, 사랑의 주체이면서 동시에(혹은 당연히) 섹슈얼리티의 주체이고자 했던 선우는 아무리 행위의 내적 계기를 특별하게 설명한다고 하여도 창녀와 같은 것으로 치부한 남성의 해석을 바꿀 수 없다고 생각한다. 그렇게 담론화될 인식의 통로도 없고, 당연히 담론적 권위도 없기 때문이다. 선우는 이 무력감으로 인해 누구에게도 이해받지 못할 것이라고 절망하고 진과의 소통을 포기한다. 결국 선우는 창녀가 되지 않기 위해서 세상과의 소통을 포기하고 "자라껍질처럼 투박하고 각질긴 관념"에 묶여 자신을 지우고 살아가는 방법밖에 없다고 생각하는 것이다.

> 그녀의 고뇌와 방황은 그녀가 태어날 때부터의 생리였고 바로 그녀의 생리였다. 그녀만을 위해 희생하고, 그녀의 전체를 포용하고, 그리고 세상에서 가장 미더운 그 사랑의 어머니 젖가슴을 떠난 이후로 그녀는 방황하고, 혼자 해결하기 어려운 생활과 시간 속에 버려져 왔던 것이다. 그녀는 버스의 덜컹거림에 몸을 맡기고 눈물이 흐르는 대로 내버려 두었다. 버스가 좀더 심하게 덜컹거리기 시작하고, 그녀는 그녀의 몸뚱이가 버스의 흔들림 속에서 학대받는 것을 쾌감하고 있었다.[21]

선우는 이해받지 못하고 자신의 방황도 끝낼 수 없을 것이며, "가장 착하게 즐겁게 살"지도 못할 것임을 자각하면서 자기학대를 쾌감한다. 결코 규범에 순응할 수는 없지만, 규범을 어길 수밖에 없기 때문에 사회가 요구하는 대로 착하게 살지 못하는 것에 대해서는 자학할 수밖에 없다는 자의식이다. 선우는 자신이 문제될 게 없다고 생각하며, 진에게 사랑받기 위해 자신의 태도를 바꾸지는 않지만, 진에게조차 이해받지 못한다면 세상 어디에서도 이해받을 수 없다는 것은 인정한다. 그리고 스스로 세상에서 인정받지 못하는 자기의 "생리"에 대해 자학한다.

이때 이 여성의 자각은 사랑과 섹슈얼리티의 주체로서의 열망을 포기하지 않는다는 점에서 '여성의 주체성'과 관련하여 주목할 만하다. 자학할망정 진의 정조관념에 길들여지려고 하지는 않기 때문이다. 즉 비극적이지만 사랑의 주체는 동시에 섹슈얼리티의 주체이기도 하다는 '개인적 감정의 주체로서의 여성'을 포기하지 않는다. 영혼이 공감할 수 있을 것 같은 남성인 진이어도 사랑과 성에 있어서 주체는 역시 자기 자신이어야 한다는 것을 포기하지 않는 태도이다.

이미 결혼을 해서 부부 관계 속에 있는 여성들에게도 사랑의 감정과 섹슈얼리티는 인과적 관계 속에 있는 것들이다. 결혼한 여성들은 이 인과적 관계항들 중에 사랑 때문에 소외되기도 하고, 성적 욕망 때문에 소외되기도 한다. 손장순의 「이혼여행」이나 박시정의 「분위기」가 사랑이라는 감정과 결혼이라는 관계가 인과적이지 않기 때문에 스스로 결혼 관계를 파기하고 자신의 감정의 주체가 되려는 여성을 보

---

21 위의 글, 239쪽.

여준다면, 박순녀 소설의 여성 인물들은 결혼이라는 조건과 상관없이 사랑의 감정은 섹슈얼리티와 인과관계 속에 있는 것이고, 여성은 이 모든 것의 주체라는 점을 말한다.

「전시대적 이야기」의 아내인 '나'는 "때에 따라서 이 세상 어딘가에 제 아내가 있어 주기도 하고 없어 주기도 하는 사람, 그러한 당신을 이제 이 이상은 더 이상 눈감아 줄 수 없"[22]다고 선언하고서 남편이 하는 대로 자신도 결혼 관계를 상관하지 않고 살기로 마음먹는다. 낭만적 사랑의 욕망조차 채울 수 없는 결혼을 놓고 낭만적 사랑을 요구하는 것이 아니라, 결혼이라는 제도가 사랑이라는 사적 감정과 무관한 것일 수 있다는 제도에 대한 문제를 제기한다. 또 거꾸로 결혼한 여성이라도 가정을 유지하면서 사생활로서 다른 남성과 사랑할 수 있다고 생각한다.

가정에 염증을 내고 떠나는 남편을 붙잡지 않으며, 떠난 남편은 그냥 그대로 두고 자신도 다른 남자와 사랑하기도 한다. 남편이 결혼이라는 형식에 딱히 얽매이지 않고 내키는 대로 살아가듯이, 아내인 여성도 떠난 남편은 그대로 두고 다른 남자와 사랑을 하기도 한다. (「전시대적 이야기」, 「잘못 온 청년」). 남편에게 매달리거나 도덕적으로 죄의식을 느껴 괴로워하지도 않는다. 그냥 그럴 수도 있다는 듯이 자연스럽게 받아들인다. 또 여성 스스로 조강지처가 아니라 2호가 되겠다고 나서는가 하면(「대한민국의 거지」), "(결혼) 십이 년 동안 그녀는 맞벌이, 피임, 적금, 출산, 김장 고추빻기에 이르기까지 얼마나 열심히 살고 가족을 사랑하고 집안을 잘 지켜왔던가"라고 생각하며, 닷새의

22 박순녀, 앞의 글, 79쪽.

휴가를 내서 낯선 남자와 사랑을 하기도 한다(「감사합니다」). 사랑은 그저 감정일 뿐이며, 자식이나 남편을 위해 희생하는 것이 아니라 자기 자신을 위해 사는 것이 중요하다고 역설한다(「장갑을 벗는 여자」). 이 여성들은 결혼이라는 제도와 감정의 영역으로서의 사랑을 분리시키며, 사랑은 섹슈얼리티와 인과관계에 있는 것이기 때문에 결혼제도 안의 사랑이 아니더라도 사랑을 하면 그 감정의 주체로서 섹슈얼리티의 주체가 될 수 있다고 생각하는 것이다.

결국 이런 사랑관은 사랑이라는 감정과 섹슈얼리티는 서로 인과관계 속에서 공존하는 것이고 결혼은 가족을 구성하는 하나의 제도라는 인식에 기반한다. 그리고 여성은 그 사랑의 감정의 주체라는 것이다. 이는 결혼이라는 제도를 무색하게 하는 당대 남성들의 사랑관과 흡사하다. 남성들이 2호, 3호 식의 첩을 두면서도 결혼을 유지할 수 있는 이유는 바로 사랑과 섹슈얼리티의 연관성과 그것의 의미 때문이다. 박순녀는 여성들도 똑같이 이런 감정의 주체라는 점을 들어 여성들의 사랑과 섹슈얼리티를 말함으로써 여성들이 사랑의 주체임을 역설하기도 하지만, 남성들의 결혼관이 여성적 주체를 인정하지 않을 때 얼마나 모순적인 남성중심적 사유인가를 역으로 비판하는 효과도 지니게 된다. '역지사지(易地思之)'라는 단순한 이론을 적용하여 여성의 주체성을 역설하면서 남성 결혼관의 가부장적 모순상을 비판하는 이중의 효과를 자아내는 것이다.

그러나 이런 '역지사지'의 형상화는 소설이기 때문에 가능할 뿐이다. 또 소설이더라도 남성적 세계에서는 어떤 방식으로도 호의적으로 이해받지 못한다. 박순녀 소설에 대한 비평이 한 쪽 면으로만 편향되어 있는 점에서도 알 수 있거니와 박순녀 소설 속 인물들 역시 어떤 여성도 이런 사랑관을 인정받으면서 살지 못하기 때문이다. 한국의 여성들이 정조관념에 기반한 여성관의 잣대에서 벗어나지 못하는 한, 이런 사랑관(결혼관)을 지닌 여성들은 자신을 온전하게 유지하면서 '주체'로서 살아가기는 불가능하다. 이때 '미국'은 많은 여성들이 마지막으로 희망을 거는 출구로서 기대된다.

4. '미국병'의 이면, 주체적 자아를 향한 마지막 비상구

1960년대 지식인 여성들에게 가장 억압적인 제도는 결혼이었다. 근대적인 교육의 수혜자였던 여성 지식인들은 자유의 이상을 내면화하고서도 가장 사적인 영역인 사랑과 성이라는 영역에서 가장 심하게 억압받음으로써, 가장 부자유하고 비주체적인 존재가 되었던 것이다. 결국 사랑과 결혼에서 주체가 되지 못하고, 소외된 여성들은 극단적 절망감에 빠져들 수밖에 없었다. 이 글에서 논하는 세 여성 작가의 작품에 등장하는 여성들은 이런 절망감에서 마지막 가능성으로 생각할 수 있는 것이 미국의 자유민주주의밖에 없다고 여긴다.

「대한민국의 거지」의 진하는 사랑하는 남자와의 관계에서 주체로 인정받고, 감정만이 아닌 신뢰에 기반한 관계를 유지할 수 없다고 절망해서 "거칠은 바다처럼 황량한 마음"이 되어 고향을 떠올린다. 그러나 친구인 현세는 진하를 위로하기 위해 미국 지도를 가져온다. 별 하나를 더 첨가시킨 지도를 보며 현세는 그 별이 우리의 고향이라고 말한다. 성과 사랑의 주체가 되고자 했으나 그런 주체를 인정하지 않는 나라에서 더 이상 그 나라는 고향의 의미를 지니지 못하기 때문이다. 동등한 주체로서의 사랑과 결혼, 그 사랑의 표현인 섹슈얼리티의 주체가 되기 원하는 여성 지식인들은 미국을 이상향으로 동경하는 것이다. 그리고 미국에 가기 위해 모든 방법을 다 동원하기도 한다. 당대에 여학생들의 사대주의적인 '미국병'으로 담론화된 현상은 이렇듯 단순하지 않은 당대 여성들의 자기 인식과 연관된 것이다.[23]

게다가 여성들의 '미국병'은 대한민국의 거지라는 자의식의 또 다른 면이다. 성과 사랑이라는 극히 사적인 영역에서조차 자유의지를 지닌 주체로 인정받지 못하며, 심지어 이기적이고 타락한 여성으로 담론화될 때, 이 여성들은 이미 대한민국의 거지로밖에 대우받지 못하는 신세가 되기 때문이다. 가정이라는 사적인 여성을 지키는 자로서 규범화된 여성의 자리를 이탈하는 '주체적인' 여성들은 대한민국의 정상적인 국민으로 호명 받지 못하는 것이다. 이미 너무 주체적이어서 국민의 자격을 상실하여 배제된 여성들은 나라가 과연 무슨 소용인가라는 근본적 질문을 던진다. 이 나라든, 저 나라든, 아무도 국가가 제시하는 규범을 따르지 않는 여성들을 국민으로 받아주지 않기 때문이다.

> "진하야, 우리에게 왜 나라라는 것이 있어야만 하니? 설혹 있다 치더라도 왜 이렇게 사랑해야만 하는 강제를 당해야 하니? 우리는 세계 어느 곳의 주민도 될 수 있어야 하는데 말야"

---

23 '미국병'이라는 말은 당시 매체에서 사용되기도 했고, 소설에서 여성들의 미국 모방 욕망을 비하하면서 사용되기도 했다. 송숙영의 「아! 아메리카, 아메리카」는 미국 상류사회 출신으로 하버드를 나온 백인 장교와 결혼하려고 애쓰다가 결국 인종 편견에 의해 순결을 잃고 결혼이 좌절되는 여대생을 다룬다. 이 소설에서는 이 여대생의 욕망을 지칭하기 위해 '미국병'이라는 말이 직접 쓰인다.

"……"

"참 어처구니 없지. 나무가 없는 우리의 붉은 산을 놓고 나무가 무성한 남의 나라의 산보다 붉은 우리 산을 더 정답다고 생각하자니 참……"

"……"

"어느날 밤 우리는 꿈을 꾸지 않니. 꿈에서 깨어나 문득 북쪽을 돌아다 볼 때, 나는 미국으로 가고 싶어 하는 자기를 느끼는구나……"

"현세야!"

나는 왠지 감격하여 그녀를 불러 보았다.

하기야 우리가 유럽의 한복판에 태어났어도 어딘가를 생각하는 버릇은 버리지 못했을 것이다. 그리고 우리가 왜 이 땅에 태어났을까? 많이 생각해본 것도 사실이었다. 이 땅에 태어났기 때문에 현세는 지금 저런 소리를 하고 있는 것이다. 나는 그녀가 가엾어졌다. 우리가 남자를 배반하는 정도만큼이라도 나라를 배반하는 자유를 부여받았다면—[24]

이 여성들은 사랑이라는 감정과 결혼의 주체이기를 원하는 여성들을 인정하지도 않으면서 그저 나라를 사랑하라고 하는 나라가 무슨 의미인가를 질문하면서, 남자를 배반할 수 있는 정도만큼이라도 나라를 배반할 자유가 부여되어야 하는 게 아닌가 생각한다. 어차피 개인의 삶을 존중하기보다 국가가 원하는 규범적 삶을 강요하는 국가는 개인들의 삶에 억압적 요인 이외의 다른 것이 아니기 때문이다. 이것은 개개인의 삶에서 국가의 의미를 묻는 것이며, 개개인의 '개인성'을 보장하지 않는 국가가 국가일 수 있는가라고 묻는 것이다.

---

24 박순녀, 「대한민국의 거지」, 앞의 책, 196쪽.

이런 질문은 민족의 근대화, 경제 발전을 위해 개인의 자유를 희생하는 것이 당연한 것으로 받아들여지던 1960년대 현실에서 반민족적, 반사회적 질문이었다. 민주주의가 봉건적이고 보수적인 것으로 담론화되면서 개인의 자유에 관한 담론은 오히려 후퇴하던 시기에,[25] 이런 질문은 오히려 가장 급진적인 면을 지닐 수 있으며, 근본적인 질문을 던지게 되는 것이다.

이렇듯 이 여성 인물들이 성과 사랑의 주체가 되기 위해 미국을 동경하는 것은 '미국병'[26]이라는 맹목적인 미국문화 모방 욕망의 의미를 넘어선다. 개개인의 구체적인 주권을 보장하지 않는 나라에서 민주주의나 자유라는 관념은 허상일 수밖에 없으며, 그런 나라는 배반할 자유라도 주어져야 한다는 것을 말하기 위한 것이다.

특히 박순녀는 북한의 사회주의 건설 과정에서 겪은, 사회주의 국가의 개인 통제를 혐오하며 월남한 바 있다. 이 경험 때문에 「대한민국의 거지」의 현세는 대한민국의 거지가 될망정 북한으로 돌아가지는 않겠다고 선언하기도 했다. 그런데 이제 대한민국에서도 나라가 무엇인가를 의심한다. 대한민국에서도 인정받지 못한다면, 더 자유롭고 민주적인 사회인 미국에서나 생존할 수 있다고 여기는 것이다. 성과 사랑의 주체, 성과 사랑의 자유는 바로 국가에 대한 질문으로 연결된다. 즉 주체성과 자유를 말하는 이 여성들의 '미국'담론은 이런 맥

25 이철승, 앞의 글 참조.

26 '미국병'은 '외래병'으로서 당대 많은 매체에서 한국인의 고질적인 병적 증상으로서 담론화된다. 특히 '외래품 애호광'이라고 하여 외래품을 무조건 선호하는 소비풍조를 사대주의적 매국행위로 비판한다. 외래병은 주로 문화적, 소비적 행위와 연관되어 여성들의 문화 취향이나 소비 풍속을 비판하는 데 적용되는 경향이 강했다. 김현옥, 「내나라를 '유행'하는 '남의 것'」, 『청맥』, 1964. 11: 이덕희, 「사대적 열등의식의 발로」, 『청맥』, 1964. 12 참조.

락 속에서 이해되어야 할 것이다. 이 미국담론은 미국이라는 구체적인 실체보다도 한국인들에게 자유와 민주주의로 표상된 미국의 이미지와 연관되는 셈이다.

그러나 여성들이 미국을 동경하는 이유가 모두 이렇다고 볼 수는 없다. 새롭고 선진적인 것을 추구하는 대중문화 코드로서 수용되고 모방된 경향도 있기 때문이다. 특히 여학생을 중심으로 한 여성 지식인들은 패션에 민감했기 때문에 선진적인 문화를 가장 먼저 따라함으로써 미국문화를 모방하는 주체로 역할하기도 했다. 미국영화의 여주인공을 따라하는 문화취향은 모든 여성들을 사로잡는 유행의 코드였던 것이다. 여성들의 미국담론은 이런 문화적 모방 욕구나 스타일과 섞여서 다양하게 존재했다.

박시정의 「초대」의 여성 인물은 스튜어디스가 꿈이다. "자유롭게" 이국을 떠돌아다니고 싶기 때문이다. 낭만적 사랑과 인격적 존재로서의 자유를 인정받을 수 있고 '멋진 여자'의 스타일을 가질 수 있다고 생각하기 때문이다. 자신이 있는 그대로 인정받는 것뿐만 아니라 다양하고 선진적인 문화체험을 할 수 있다고 생각하기 때문에 선망한다. 그러나 여성들이 미국에 갈 수 있는 방법은 많지 않았다. 또 가장 손쉬운 방법은 한국에 주둔한 미군과 결혼해서 미국 시민의 자격으로 미국에 가는 것이다. 따라서 이 여성들의 미국 지향은 미군과의 연애와 연관되고, 이는 미군을 상대하는 성매매 여성들과 구별되기 어려운 점이 된다. 지식인 여성들의 미국 지향이 미군과의 연애로 연결되어 몸을 파는 성매매와 혼돈되어 인식될 때, 이 여성들의 미국 지향에 내재된 성과 사랑의 주체가 되고자 하는 근대적 개인을 향한 열망과 같은 민주주의 의식은 묻혀 버리기 때문이다.

이렇듯 다양한 의미망을 지닌 여성들의 미국담론은 공적인 담론의 장에서 다양한 양상 그대로 해석되고 받아들여지지 않는다. 남성적 관점에 기반한 지배담론의 맥락에서만 해석된다. 그럼으로써 여성들에게 또 다른 억압의 요인이 된다.

「그들의 시대」의 여성 인물인 선우의 절망과 단절감은 진이라는 지식인 남성에 의해 해석되기 때문에 한층 더 극대화되는 것이다. 진은, 선우가 영혼의 교감을 느낄 정도로 합리적이고 포용력 있는 남성으로 성격화되어 있다. 자신이 방황하며 찾던 사람이라고 생각할 정도이다. 특히 진은 유일하게 비판적 인식을 갖춘 인물로서의 내면이 드러나 있다. 당시대의 세태인 맹목적인 미국 모방을 비판하는 가운데 자기 자신의 모습조차 그 안에 있음을 자각하는 반성적 인식은 사뭇 돋보인다. 그러나 그 비판의 화살은 결국 여성들의 맹목적인 미국문화 모방을 향해 있다.

> 그는 봄볕을 등에 받고 잔디밭에 쭈그리고 앉았다. 타임지를 들추었다. 얼른 들춰진 곳이 예술난이었다. 화니 걸, 올리버! 레이첼, 레이첼, 아카데미 후보작품 기사였다. 이삼 년 후에야 이 땅에 들어오겠지. 그리고는 마치 가장 감각이 새로운 최근의 명화인 것처럼 광고난은 난무할 것이다. 찌꺼기만 먹고 사는 민족, 문화인인 척 꼬부랑글씨를 펼치고 있는 나는 뭔가. 그는 자신을 치밀고 올라오는 역증으로 타임지를 저만치 던져 버렸고 벌떡 누웠다. 하늘이 푸르렀다. 무언가 내가 기쁜 얼굴로 집착할 것은 없을까. 하루가 천년같은 전방의 군대생활을 벗어나 푸른 하늘을 자유로 마시고 싶던, 살아서 내 시간을 살고 싶던 간절한 바램은

왜 이렇게 퇴색한 채 자기를 버려두는 것인지. 그는 잔디밭에 누워 가늘게, 그러나 강하게 외치는 그의 의지의 목소리를 듣고 있었다.

공책을 가슴에 안은 여대생이 진을 밀치고 먼저 버스에 오를 때 그녀의 스커트자락 아래로 내복이 드러나보였다. 스커트는 너무나 짧았다. 서양의 어떤 것이 이 풍토에 어울린단 말인지, 그는 씁쓸하게 냉소했다. 여자들은 왜 저렇게 민감하게 그들 몸의 생김과 풍치에 맞지 않는 치장들을 닮아가는 것일까. 그녀는 내복이 드러나는 것쯤 오히려 자연스러운 것으로 생각하는 모양 같았다.[27]

미국문화는 남녀를 불문하고 이 시대 젊은이들을 사로잡은 문화적 '취향'이었다. "타임지"를 보며 문화의 정체성을 확인하기도 하고, 미국영화를 보며 미국의 선진문화를 맹목적으로 이상화하기도 했다. 특히 젊은이들의 문화 취향에 미국이 끼친 영향은 막대했던 듯하다. 새로운 것, 현대적인 것으로 인식되었기 때문이다. 그런데 맹목적인 미국 지향 의식은 대중들에게서보다 지식인들 사이에서 더 심각하게 지적되었다.[28] 진은 이런 미국 지향 의식을 비판하면서, 자기 반성

27 박시정, 앞의 글, 228쪽.

28 1950년대는 미국을 모방하려는 욕구가 강렬했던 시대이다. 미국의 교육 원조나 국가 정책에 따라 단기, 장기 미국 유학이 대세를 이루었고, 미국 유학은 가장 기본적인 엘리트 코스로 인식되었다. 이 미국 유학생들은 1960년대부터 본격적으로 한국사회에 진입하여 지식층, 중산층을 형성한다. 미국 유학을 경험한 사람들의 미국문화 모방 욕망은 대중의 선진문화를 모방하고, 유행을 좇으려는 욕망만큼이나 강렬했다. 미국을 경험한 사실은 대중들의 선망의 대상이 됨으로써 우월한 경험이 되고, 이런 관계 속에서 미국문화는 자연스럽게 우월한 문화로 인식된다. 이는 동양인들의 '미국화' 욕망의 사회심리적 계기로 볼 수 있으며, 2차대전 이후 한국이나 일본에 유입된 미국문화가 급속도로 일상생활이나 문화를 재편하는 것은 이와 연관된다. 유선영은 식민지 시기 한국의 '미국화'에 관한 연구를 이미 진행한 바 있으며, 요시마 순야는 전전과 전중, 전후의 시기 구분을 통해 일본의 '미국화'를 논한 바 있다. 유선영, 「황색 식민지의 문화정체성—아메리카나이즈드 모더니티」, 『언론과 사회』 18, 1997, 吉見俊哉, 田島哲夫 역, 「냉전체제와 '미국'의 소비」, 『문화과학』 42호, 2005. 6 참조.

에까지 이르는 지적인 면모를 보여준다.

진은 그런 남성이어도 패션에 민감하고 유행을 주도하는 젊은 여성들의 미국문화 모방 욕망은 한 가지 맥락에서만 이해한다. 대중문화를 주도하는 여성들의 미국문화 모방을 일괄적으로 모두 남의 것을 그저 좋아하고 흉내내는 주체성 없는 사대주의로 몰아붙이는 것이다.

사실, 이 시기 대중문화는 맹목적으로 미국을 모방하는 사대주의적 요소를 지닌다. 미군부대를 통해 흘러든 퇴폐적인 성문화나 자본주의 문화는 패션에 민감한 여성들 사이에 먼저 퍼지기 마련이다. 또 과도한 정조관념에 시달렸던 많은 여성들에게 자유롭게 발산하는 성적 자유의 분위기 역시 선망의 대상으로 인식된다. 이 시기 젊은 여성들은 양공주로 오인 받는 것을 가장 두려워했지만, 그들이 누리는 서구적인 패션이나 자유로운 성의식을 부러워했던 것도 사실이다. 미국영화 관람을 위해 장사진을 치며 모여드는 영화 풍속도나 미국영화를 선진적으로 여기는 지식인 문화에서 이를 확인할 수 있다.

그러나 정조관념을 중심으로 여성의 근대화를 재편하려는 남성담론에서 여성들의 미국문화 추구와 자유로운 성적 주체를 지향하는 성담론은 인정될 수 없는 것이었다. 민주주의와 자유를 근간으로 하는 미국 표상을 이상화하면서도 여성들의 미국문화 모방 속에 내재된 자유담론은 인정될 수 없었던 것이다. 지배 이데올로기로서의 여성담론—현모양처 이데올로기, 순결 이데올로기 등—은 여성의 영역에서 성적 자유를 배제하는 것이었다.

미국문화 모방의 대중적 취향에는 물론 '맹목성'이 있다. 그러나 이 맹목성이 표면화되는 사이사이에 다양한 '지향'이 섞여 있는 것도 사실이다. 여성들은 미군과 연애하기를 원하고 그 미군에게 잘보이기 위해 최신 스타일의 패션을 모방하지만, 그것은 결국 정조관념으로 여성들을 사물화하는 한국사회의 여성 인식에 대한 저항의 몸짓이기도 하다. 따라서 어느 때는 목숨을 걸고 추구하는 절체절명의 대안이기도 한 것이다. 여성들의 미국 지향 의식은[29] 이 복잡하고 다양한 사회심리적 맥락을 반영한다.

그러나 이 시기에 미국을 모방하는 여성들의 욕망에 내재된 이 다양한 삶의 맥락과 그 안에 작용하는 여러 가지 열망의 양상을 염두에 둔 담론은 없었다. 진의 경우처럼 미국문화 모방 해석으로 인해 미국문화와 관련된 다양한 삶의 문제들이 남성적 해석으로 단일화되어 버리고, 여성들의 해석은 끼어들 여지를 잃고 마는 것이다. 결국 자유로운 개인을 향한 자유담론과 그것의 열망이 투영된 미국 표상의 문제는 여성들의 내면에서 절박하게 일어나는 일이지만, 미국문화를 모방하려는 대중문화 취향으로만 해석되는 남성담론에 의해 억압되고 은폐되는 것이다.

이렇듯 박순녀, 손장순, 박시정, 세 여성 작가는 성과 사랑의 주체라는 문제를 중심으로 여성 개인의 근대화를 담론화함으로써 가정 근대화의 주체, 즉 현모양처가 먼저 되어야 한다는 국가 이데올로기와 배치된다. 많은 여성들은 성과 사랑의 주체라는 개인적인 영역을

29 이 글에서 '미국 지향 의식'이라고 지칭한 내용은 미국문화 모방에 대한 연구에서는 '미국화'로 개념화되기도 한다. 이 글에서 다루는 세 여성 작가의 여성 인물들이 '미국'에 편입되기 위해 미국을 선망하는 것은 생활방식이나 문화 패턴을 '미국화'하려는 욕망으로 볼 수도 있지만, '미국화'라기보다는 미국적 자유의 이념을 지향하는 점에서 구별될 필요가 있다고 본다.

버리고 민족의 근대화, 가정의 근대화를 위해 현모양처, 희생적인 모성이 됨으로써 국가에 의해 인정받는다.[30] 그러나 이 세 여성 작가의 여성 인물들은 자살에 이르거나 자학을 할망정 끝까지 성과 사랑의 주체가 되기를 포기하지 않는다. 게다가 이런 여성들을 배제하는 국가보다는 미국이 낫다고까지 선언하는 것이다.

그러나 이 '선언'은 지배담론으로서의 민족담론, 혹은 근대화담론에 의해 미국을 모방하는 사대주의적 양상으로 통속화되기까지 한다. 결국 미국과 연관됨으로써 보다 근본적인 문제제기에 이르고 있지만, 사대주의적 매국적 현상으로 담론화됨으로써 더 이기적이고, 더 반민족적인 요소로 배제되는 논리적 악순환 속에 빠져 버리게 된다.

세 여성 작가의 여성 인물이 제기하는 자유담론과 그 담론에 내재된 '미국'의 의미를 여러 문화적 상황과 그를 작동시키는 욕망의 관계 속에서 다시 한 번 꼼꼼히 짚어야 하는 이유가 여기에 있다.

5. 결론

4·19 혁명 이후 1960년대 한국사회에서 근대화된 개인이란 어떤 개인일까? 이 글은 이런 문제의식에서 시작되었다. 그렇다고 이 글이 근대화에 대한 이야기라던가, 또는 개인에 대한 본격적인 이론적 탐색을 시도한 것은 아니다. 이론적인 탐색 이전에 한국의 근현대사에서 출몰했던 다양한 근대화의 논의들을 중심으로 그 담론적 상황

30 1960년대 모성성을 강조한 여성 작가들의 문학이 이에 해당한다. 이선옥, 앞의 글 참조.

을 짚어보고 개인에 대한 모색이 어떤 방식으로 진행되었는가를 탐색한 것이다.

이 글은 1960년대 여성 작가의 여성 인물들 사이에서 형성된 자유담론과 그 지향점으로서의 '미국'의 의미를 통해 한국사회의 근대성, 즉 근대화된 개인의 양상과 의미를 살펴보았다.

여성들은 성과 사랑의 주체가 됨으로써 근대화된 개인이 될 수 있다고 생각하고, 이 주체성을 위해 고군분투한다. 그러나 민족의 근대화를 이상화하는 지배담론(남성담론) 속에서 성과 사랑의 주체가 되기를 갈망하는 여성담론은 개인담론으로서 인정받지 못한다. 결국 이 자유의 의미는 '미국'을 출구로 마련하지만, 이 역시 사대주의적 매국적 발상으로 담론화되어 더 나쁜 이기적이고 타락한 욕망이 되어버린다. 여성들의 자유담론은 모두 억압되고 은폐되어 버리는 것이다. 이 글은 억압되고 은폐된 여성들의 자유담론을 여러 가지 미국담론 가운데에서 솎아내고 복원해 보려는 시도이다. 이 세 여성 작가의 여성 인물들은 그런 흔적에 해당한다.

이 여성 인물들은 '사랑'의 관계에서 주체가 될 때, 근대화된 개인으로 인정받는다고 생각했다. 사회적 자아로 인정받을 수 있는 통로가 없었던 탓에 낭만적 사랑의 주체일 때 근대적 주체임을 자각할 수 있었던 것이다. 비록 담론은 왜곡되고 은폐되었지만 그 의미는 짚어낼 필요가 있기 때문이다.

사랑과 성이라는 '관계'로서만 존재할 수 있는 이 삶의 영역에서 주체성을 논한다는 것은 또 다른 주체와 끊임없이 소통하고 합의를 이루어야 하는 과정 중에서 자기를 인식하는 것을 의미한다. 관계는 나로서 끝나는 것이 아니라, 나를 규정하고 제한하는 너를 인식함으로써 가능한 것이기 때문이다. 결국 이 영역에서 근대화된 개인을 이야기한다는 것은 소통과 합의를 위해 절차를 마련하고, 그 절차를 실현하는 과정에서 또 자기를 조절해 가는 민주주의의 구체적 실현이기도 하다. 기든스가 낭만적 사랑을 유지하기 위해, 즉 개개의 남녀들이 성과 사랑의 영역에서 '친밀성'을 유지하기 위해 서로 소통하고 합의해가는 과정을 일상생활의 민주화[31]라 규정한 맥락은 바로 이 개인의 문제 때문일 것이다. 이 여성 작가들의 여성 인물들은 바로 근대화된 개인의 상을 성과 사랑에서의 주체화 과정을 통해 일상생활의 민주화라는 주제로 치열하게 문제제기한다고 할 수 있다. 1960년대에는 비록 민족의 근대화에 의해 억압되고 은폐되었지만 개인의 근대화를 고민한 흔적으로서 중요하게 평가될 만하다.

31 Anthony Giddens, 앞의 책, 298쪽 참조.

프랑스 문학 사상 수용과 손장순 문학

장성규

1. 외국문학 수용의 문제와 '이식'에서 '전유'로의 전환

한국 근현대문학 연구에서 외국문학 수용의 문제는 중요한 위상을 지닌다. 한국 근현대문학의 성립 과정 자체가 일본을 매개로 한 서구문학의 수용과 굴절을 통해 진행되었으며, 이로 인해 한국, 혹은 동아시아 고유의 고전문학 양식만큼이나 외국문학의 수용이 한국 근현대문학을 규정하는 특성으로 작용했기 때문이다. 이러한 사정으로 인해 초기 근현대문학사 서술은 주로 서구 문예사조를 기준으로 하여 진행되었다.[1] 그리고 이를 통해 한국 근현대문학은 그 보편적 성취를 입증할 수 있었다.

---

1 대표적인 저술로 백철의 『조선신문예사조사』(백양당, 1949)를 들 수 있다. 이 저술은 한국 근대문학의 전개과정을 서구 자연주의와 리얼리즘, 모더니즘의 이식과정으로 파악하고 있으며, 출간된 지 60여 년이 지난 지금까지도 한국 근대문학 연구에 커다란 영향을 미치고 있다.

그러나 한국 근현대문학을 외국, 특히 서구의 문예사조를 중심으로 설명하는 것은 현재의 관점에서 보자면 분명한 한계를 지닌 것이기도 하다. 서구를 문화적 중심부—전파자로 한국을 주변부—수신자로 설정할 경우, 서구문학을 수용하는 과정에서 진행되는 능동적인 문제설정과 변용의 양상은 간과되기 쉽기 때문이다. 이러한 맥락에서 2000년대 이후 한국 근현대문학 연구에서 포스트콜로니얼적 의미에서의 '전유' 개념이 활발히 사용되는 것은 일정한 의미를 지닌다. 한국 근현대문학에서 두드러지는 외국문학 수용의 양상을 단순한 '이식'과 '모방'의 과정으로 파악할 것이 아니라, 특정한 문화적 정체성의 형성을 위한 문제설정을 통해 진행되는 공세적인 '전유'의 과정으로 이해할 필요가 있는 것이다.[2]

이러한 '전유'의 관점은 손장순 문학의 특성을 규명하는 데도 상당한 도움을 준다. 손장순 문학의 특성 중 하나는 프랑스 문학 사상의 능동적 수용과 독창적인 한국적 변용으로 볼 수 있다. 그러나 이에 대한 본격적인 연구는 거의 없는 것이 사실이다.

이 글은 손장순 문학을 관통하는 문제의식 중 하나가 독창적인 '아웃사이더' 의식과 여성주의라는 가설에서 출발한다. 그러나 단순히 작품에 나타난 몇몇 표면적 진술이나 인물 형상화를 통해 추상적 심급의 담론을 추출하는 것은 큰 의미를 지니기 어렵다고 판단된다. 특히 손장순이 소설가이면서 동시에 불문학 연구자임을 감안할 때, 그녀의 문학에 나타난 프랑스 문학 사상을 보다 섬세하게 규명하

2 포스트콜로니얼적 관점에서의 '전유'의 의미에 대해서는 Bill Ashcroft 외, 이석호 역, 『포스트콜로니얼 문학이론』, 민음사, 1996을 참조.

는 작업이 선행될 필요성은 더욱 크다고 할 수 있다. 동시에 과정에서 중요한 것은 그녀의 프랑스 문학 사상의 수용 과정에서 수행된 능동적인 '전유' 양상에 초점을 맞추는 것이다. 사실 그녀 스스로 작품 활동 초창기부터 "외국문학을 수업하면서 작가가 된다는 것은 그리 쉬운 일이 아닌 것 같다. 잘못하면 외국문학의 거대한 산맥에 압도되어 우리네의 작은 구릉은 명색이 없고 빛을 잃기가 일쑤며 그 밑에 짜브러져서 숨조차 쉬기 어렵기 때문이다. 더구나 우리나라처럼 산문의 전통이 짧고 모든 것이 부족하고 미약한 위치에 서 있다 보면 여간한 주체의식을 가지고 그들의 것을 받아들이고 소화시키지 않으면 이상한 위치에서 이상한 존재가 되기 십상이다."[3]라는 언급을 통해 이와 같은 문제의식을 표명하고 있다.

따라서 이 글은 우선 손장순의 프랑스 문학 사상의 수용 과정과 그 실체를 실증적으로 규명하고, 이를 기반으로 작품에 나타난 프랑스 문학 사상의 능동적인 '전유'의 양상을 해명하고자 한다. 특히 이 과정에서 기계적인 프랑스 문학 사상의 '모방'과 '이식'이 아닌, 손장순의 고유한 재해석과 능동적 변용의 양상에 주목하고자 한다. 이를 통해 큰 틀에서 산업화 시대의 여성문학으로서 손장순 문학을 자리매김하기 위한 단초를 마련하는 것이 이 글의 목적이다.

3 손장순, 「내가 影響받은 作家」, 『현대문학』, 1968. 6, 292쪽.

2. '아웃사이더' 의식의 형성과 프랑스 여성주의의 변용

앞서 잠시 언급한 것처럼 기존 연구에서는 손장순이 소설가임과 동시에 불문학 연구자라는 사실이 빈번히 간과되어 왔다. 그러나 손장순은 다양한 논문 및 평문, 에세이와 번역 등을 통해 프랑스 문학 사상에 대한 심도 깊은 인식을 표출한 바 있다. 이는 특히 시몬느 베이유와 보봐르의 수용에서 두드러지게 나타난다.

그녀의 시몬느 베이유 수용은, 특히 상대적으로 소략한 평문이나 에세이가 아니라 본격적인 학술논문의 형식으로 수행되었다는 점에서 주목된다. 「시몬느 베이유의 사상과 그 현대적 의미」, 「시몬느 베이유와 조지 오웰의 사상에 대한 비교분석」 등이 대표적이다. 이들 논문들은 손장순의 프랑스 문학 사상 수용이 여성주의에 국한된 것이 아니라 시대적 상황과의 교감 속에서 진행되었음을 방증한다는 점에서 주목된다. 그녀는 이들 논문에서 공통적으로 시몬느 베이유의 사유가 당대 현실문제와의 연관성 속에서 형성되었으며, 이로 인해 중요한 사상사적 위상을 지니고 있음을 강조하고 있다.

> 經歷만 보아도 베이유의 生涯가 平凡함과는 거리가 먼 特異한 것이었음을 알 수 있다. 파리의 부유한 유태系 醫師집안의 딸로 태어나, 로망로랑, 베로그송, 사르뜨르 같은 人材를 배출한 프랑스 최고의 名門校인 「高等師範學校」에 입학, 22세의 나이로 어렵기로 유명한 大學哲學教授資格試驗에 우수한 성적으로 합격했던 그녀는 哲學을 가르치는 職業에 安住하지 않았다. 몇 군데 高校 철학교사를 할 때부터 노동조합운동에 참여했는가 하면 스스로 공장노동에 종사하는 女工이 되기도 했다. 스

페인전쟁이 일어나자 反프랑코편에 서서 從軍했으며 농촌에 들어가 農婦생활도 자원해서 했다. 그리고 파리가 나치스독일에 의해 점령되자 美國을 거쳐 英國으로 망명, 프랑스의 自由와 獨立을 회복하기 위한 레지스탕스운동에 參與했다.[4]

베이유와 오웰은 西歐世界에 엄청난 破壞와 殺戮을 가져왔던 두 차례의 世界大戰 사이에서 旣成의 價値體系와 秩序가 무너지고, 政治·社會·經濟·文化·思想이 混亂과 衝突을 거듭했던 不安과 激動의 世代 - 1930年代의 諸問題를 몸소 體驗하고 이와 對決했던 代表的인 同時代人이다.

(중략)

그러면서도 一生을 통해 가난한 者, 사회적 弱者, 迫害받는 者들의 편에 서기를 自願했고, 이들을 돕는 知的 活動에 그치지 않고 때로는 實踐的 參與도 서슴지 않았다.

兩者는 다같이 感受性이 남달리 銳敏했으며 眞實을 追求하는 知的 自由와 知的 誠實性에 투철한 나머지 어떤 集團이나 權威에도 束縛되기를 拒否했던 處身 때문에 항상 孤獨한 아웃사이더(outsider)로 始終했다.[5]

위의 인용문에서 나타나듯 손장순은 시몬느 베이유가 보여준 지식인의 양심적인 현실참여에 대해 높이 평가하고 있다. 주지하다시피

---

4 손장순, 「시몬느 베이유의 思想과 그 現代的 意味」, 『인문논총』, 1984, 129쪽.

5 손장순, 「시몬느 베이유와 조지 오웰의 思想에 대한 比較分析」, 『불어불문학연구』, 1985, 267~269쪽.

시몬느 베이유는 자본주의 체제의 모순에 실존적으로 저항하였으며, 이를 위해 직접 노동 현장에 참여하기도 하였다. 나아가 스페인 내전 당시 프랑코 정권의 파시즘에 대항하여 직접 참전하기도 하였다.[6] 손장순 역시 시몬느 베이유에 대한 연구 논문을 통해 이와 같은 지식인의 양심적 현실참여에 대해 높이 평가하고 있다.

그런데 이보다 흥미로운 것은 손장순이 시몬느 베이유의 다른 측면, 즉 "孤獨한 아웃사이더"적인 존재 양식에 큰 의미를 부여하고 있다는 점이다. 이는 다음과 같은 진술에서 매우 뚜렷하게 나타난다.

> 시몬느 베이유의 政治·社會思想의 重要한 基調는 人間의 自由와 尊嚴의 守護에 있다. 그것은 이미 記述한 그녀의 勞動觀, 不幸論, 宗教觀에도 엿보이지만 共産主義, 나치즘, 파시즘 등 일체의 모든 集團惡을 嫌惡하고 拒否하는 것으로 나타난다.[7]

> 지성의 여러 가지 권위나 진보의 관념이나 집단의 요청에 대한 그녀의 철저한 부정은 '순수성의 흐름'으로 보는 문학사관까지 포함해서 일종의 '아나키즘'의 발로로 볼 수도 있다.
>
> 그런 점까지도 카뮈의 생각과 비슷하여 『아나키즘 사상사』에서 두 사람을 절대 자유주의자로 불리는 현재의 지적 '아나키스트' 계보에 포함시키고 있다.[8]

---

6 시몬느 베이유의 삶과 사상에 대해서는 Simone Peterment, 강경화 역, 『시몬느 베이유—불꽃의 여자』, 까치, 1978을 참조.

7 손장순, 「시몬느 베이유의 思想과 그 現代的 意味」, 『인문논총』, 1984, 137쪽.

8 손장순, 「시몬느 베이유」, 『손장순문학전집 12』, 푸른사상, 2009, 45쪽. 앞으로 이 전집을 인용할 경우 『전집』으로 표기하고 옆에 권수를 병기한다.

즉, 손장순은 일반적인 시몬느 베이유에 대한 평가인 지식인의 현실참여뿐 아니라 베이유가 지니고 있는 "아나키즘"적 경향에 보다 큰 의미를 부여하고 있는 것이다. 실제 베이유는 레닌에 대해 관료적인 당을 절대화한다는 비판한 바 있으며, 반대로 대중의 자발성을 강조한 로자 룩셈부르크에 대해서는 고평한 바 있다.[9] 그러나 일반적으로 베이유는 지식인의 현실참여라는 측면에서 고평될 뿐, 그녀의 "아나키즘"적 경향에 대한 평가는 부족한 것이 사실이다. 그런데 손장순의 경우 오히려 베이유의 "아나키즘"적 경향에 큰 의미를 부여하고 있다. 이는 손장순의 시몬느 베이유 수용이 당대 남한의 유신체제와 군부독재로 표상되는 전체주의적 시스템은 물론, 북한의 스탈린주의적 시스템에 대해서도 날카로운 비판의식을 표출하는 방향으로 진전되었음을 의미한다.

특히 이 과정에서 시몬느 베이유의 '아웃사이더'적 경향을 추출하고 있는 점은 주목할 만하다. 실제 베이유는 사상적으로나 생애에 있어서 '아웃사이더'적인 측면을 지녔을 뿐 아니라 가계의 측면에서도 부계는 유대인이었으며, 모계는 폴란드 태생인 특징을 지닌다.[10] 따라서 베이유의 '아웃사이더'적 경향은 이미 유년기 때부터 형성되었을 것으로 추정되며, 이후 파시즘으로 표상되는 전체주의 시스템에 저항하면서 이러한 경향이 보다 구체적인 사상으로 발전한 것으로 볼 수 있다.

한편, 손장순은 작품 활동 초창기 이미 "앞으로 나는 시몬느 ·

9 Simone Peterment, 앞의 책, 114~116쪽.
10 위의 책, 11쪽.

드·보부아르 女史의 知性과 접하고 싶다"[11]라고 진술한 바 있다. 그녀의 심도 깊은 보봐르 수용은 보봐르의 저서 『위기의 여자』를 직접 번역, 출간한 사실에서 단적으로 나타난다.[12] 그런데 이 책이 보봐르의 대표작으로 널리 알려진 『제2의 성』과는 다소 다른 양상에서 여성주의적 관점을 표출한 작품이라는 점에 주목해야 한다. 즉, 『제2의 성』이 "주체적이고 자율적인 여성상"을 제시했다면, 『위기의 여자』는 "현실에서 흔히 부딪히는 왜곡된 여성 인물의 형상화를 통해 여성의 현실적이고 구체적인 문제를 제기하려고 했던 것"[13]이다.

그렇다면 손장순의 보봐르 수용은 한국에서의 일반적인 보봐르 수용, 즉 『제2의 성』에 나타나는 서구의 급진적 여성주의와는 다소 다른 양상을 나타낸다고 볼 수 있다. 그녀는 실제 보봐르의 『제2의 성』에 내해 "보부아르는 글과 발에서 여자도 농능한 인간으로 태어났는데 남자들에 의해 여자로 길들여지기에 제2의 성에 지나지 않는다고 한탄하면서도 자신이 그런 여자의 숙명을 극복하지 못하였"으며, 이것이 "보봐르의 페미니즘"이 지니는 한계라고 지적한 바 있다.[14] 이러한 비판은 보부아르의 『제2의 성』에 나타난 여성주의가 제3세계 국가인 한국에 그대로 적용되기 어렵다는 사정에 기인한다. 따라서 그녀가 구체적인 현실에서 빈번히 나타나는 왜곡된 여성 인물을 통해 여성주의 사상의 실현 과정에서의 현실적인 난경을 표현한 『위기의

11 손장순, 「내가 影響받은 作家」, 『현대문학』, 1968. 6, 292쪽.
12 이 책은 1990년 문예출판사에서 번역, 출간되었다.
13 허경은, 「프랑스 여성주의 소설과 한국 독자의 독서의식: 시몬 드 보봐르의 『위기의 여자』를 중심으로」, 『프랑스학 연구』, 2002, 409쪽.
14 손장순, 「보부아르의 명성과 사후의 평가」, 『전집 12』, 51~52쪽.

여자』를 번역한 것은 필연적인 결과이다.[15] 그녀는 보봐르로 대표되는 프랑스 여성주의를 수용하면서도, 그 과정에서 한국적 특수성을 고려하여 구체적인 현실적 상황을 강조하는 양상을 보여주고 있다.[16]

즉, 손장순의 프랑스 문학 사상 수용은 크게 두 가지 축으로 진행되었다고 할 수 있다. 첫째, 시몬느 베이유 수용을 통한 독특한 '아웃사이더' 의식의 형성이다. 둘째, 보봐르 수용을 통한 여성주의 사상의 수용이다. 강조되어야 할 점은 손장순의 외국문학 사상 수용이 기계적인 모방이나 이식의 결과가 아닌, 당대 한국사회의 특수성에 입각한 독창적인 재해석의 과정을 경유한다는 점이다. 이를 통해 손장순의 자신만의 문학적 세계를 전개시켜 나갈 원동력을 생성할 수 있었다. 이제 구체적인 작품을 통해 이러한 손장순의 프랑스 문학 사상의 능동적인 수용의 실제를 고찰할 차례이다.

---

15 이와 관련하여 『위기의 여자』의 한국에서의 수용 역시, "여성 개인의 정체성 문제를 가족과 가정이라는 울타리 안에 제한하며 억압하려는 가부장적 윤리관"과 "문제의 해결을 개인보다는 타인, 더 정확히 말하면 나를 포함한 공동체의 의견에 비중을 두는 독자들의 태도"에 의해 굴절되는 양상을 수반한다는 지적이 주목된다(허경은, 앞의 논문, 424쪽). 이러한 사실은 서구 여성주의 사상이 제3세계 국가인 한국에 수용될 때, 구체적인 현실문제와 결합되어야 할 필요성을 단적으로 보여준다.

16 더불어 손장순의 여성주의적 사유가 남성과 여성의 대립구조를 중심으로 하는 좁은 의미의 서구 페미니즘과는 구별되는 것임에 주의해야 할 것이다. 실제 손장순은 그녀가 주재한 문예계간지 『라쁠륨』에 대한 몇몇 논의에 대해 다음과 같이 언급한 바 있다. "여성문학이란 범주를 기피하는 소설가가 있는가 하면 페미니즘의 부각이 『라쁠륨』 창간호에서 약했다는 불평불만을 토로하는 페미니스트 필자들과 여성도 있다. 이쯤 되면 곤혹감이 마비되어 그런 의견은 더 이상 아무런 자극이 되지 못한다. 차제에 분명히 하고 싶은 것은 『라쁠륨』이 페미니즘을 교조주의적으로 추구하고 그런 식으로 여권을 주장하는 문학지가 아니라는 점이다. 하지만 여성이 제2의 성이 아니라 남성과 동등한 이성이란 신념에는 변함이 없다." (손장순, 「여성 문학과 페미니즘의 차이」, 『전집 12』, 34쪽)

3. '낀-존재'로서의 여성의 자기 정체성 모색

손장순의 작품에서 자주 등장하는 모티프 중의 하나는 파리 유학과 귀국의 모티프이다. 이들 작품에서 두드러지는 특징 중 하나는 작중 인물이 '아웃사이더'로서의 정체성을 확인하는 서사구조를 취하고 있다는 점이다. 예컨대 「우울한 빠리」의 묘선이나 「도시일기」의 승연과 은영, 「침묵의 소리」의 태현 등이 대표적이다. 이들은 모두 프랑스 파리에서 불문학을 전공한 공통점을 지니고 있는데, 이들의 파리 체험은 자신의 정체성을 확인하는 데 중요한 계기로 작동한다.

「우울한 빠리」의 기본서사는 한국인 유학생 묘선과 프랑스 남성인 장, 그리고 프랑스의 식민경험을 지닌 알제리 남성인 모하멧 간의 관계에 대한 탐색으로 요약된다. 묘선은 장과의 정사로 인해 임신하게 되고, 결국 낙태가 불법인 프랑스를 떠나 영국에서 낙태 수술을 받게 된다. 이 과정에서 모하멧의 호의를 확인하게 되며, 낙태의 아픔을 극복하게 된다.

주목되는 것은 이들 간의 관계가 단순한 남녀관계에 그치는 것이 아니라 일종의 세계체제 속에서의 권력관계를 표상하고 있다는 점이다. 이는 프랑스 남성들의 치근거림에 대해 묘선이 "불란서 사람에게도 이처럼 치근대는 사람이 있을까."[17]라고 독백하는 장면에서 단적으로 나타난다. 특히 프랑스 남성인 장이 묘선의 임신을 확인하고도 "절제 받으러 가기 전에 개인병원에 가서 진찰을 한 번 더 받아보라고 유명한 닥터의 이름을 대주었다. 그뿐이다."[18]는 진술에서 더욱 강

17 손장순, 「우울한 빠리」, 『전집 13』, 22쪽.

하게 나타난다. 즉, 묘선은 제3세계 출신 여성이라는 이유로, 제1세계 중심부인 프랑스 출신 남성인 장에게 온전한 의미의 '주체'로서 배려받지 못하는 셈이다.

반면 모하멧은 정치적 견해는 묘선과 확연히 다르지만, 동일한 제3세계 출신 인물이라는 점으로 인해 묘선의 아픔을 이해하는 인물로 등장한다. 그는 "한국의 6·25 전쟁이 남한의 침략으로 야기된 것"[19] 이라고 주장하는 "소시알리스트"[20]이다. 그러나 다음과 같은 장면을 통해 묘선은 모하멧과 일종의 동질감을 확인하게 된다.

> "고마울 것 없어. 난 사회주의자라고 했지 않아. 너의 고통을 반분해 갖는 것쯤 아무것도 아냐. 사회주의의 원칙은 무엇이든지 나누어 갖는 거야."
> 묘선은 순간 그의 사회주의 이론을 공박할 용기가 나지 않는다. 만약에 장에게 도움을 청했다면 어떻게 나왔을까.
> 보나마나 뻔한 일이다. 그 후 장은 한 번도 묘선을 찾아오지 않는 것이다. 그는 임신의 사실을 알게 된 다음날 음악회에 함께 가자고 청했으나 그녀는 또 거절을 했다. 자유가 사회주의 대신에 신앙인 그의 에고이즘은 묘선에게 비정을 느끼게 한다.
> 역시 나는 동양의 촌뜨기인가.[21]

---

18 위의 작품, 34쪽.
19 위의 작품, 24쪽.
20 위의 작품, 같은 쪽.
21 위의 작품, 35~36쪽.

이와 같이 묘선은 파리 유학 과정에서 제1세계 중심부 남성의 폭력성을 확인하게 되며, 이로부터 제3세계 여성으로서의 자기 정체성을 인식하게 된다. 특히 이러한 자기 정체성은 실상 튀니지 인임에도 불구하고 타인에게는 자신을 프랑스 인으로 속이려는 치과 의사에 대한 부정을 통해 확연히 표출된다. 따라서 이 작품의 결말이 묘선이 동일한 제3세계 출신 인물 모하멧과 함께 분수를 보며 "전파로 된 물리 치료를 머리에 받고 있는 착각"[22]을 느끼는 것으로 끝나는 점은 의미심장하다.

이는 곧 제3세계 인물과의 관계 속에서 자기 정체성을 확립하는 과정을 통해 제1세계 남성에게 받은 폭력을 극복하는 장면으로 해석될 수 있기 때문이다. 그리고 이 자기 정체성은 제1세계의 중심부인 파리에서 불문학을 공부하고 있으나, 제3세계 주변부 여성이기에 어디까지나 '아웃사이더'일 수밖에 없는 존재로서의 자기 인식을 통해 형성된 것이다. 즉, 한편으로는 "지적인 불어 회화"를 구사하지만, 다른 한편으로는 "동양의 촌뜨기"를 벗어나지 못하는 존재인 셈이다. 묘선은 결국 세계체제의 중심부인 파리의 문화와 주변부인 한국의 문화 사이에서 스스로 자기 정체성을 모색해야만 하는 '낀-존재(in-between)'[23]로서의 자기 인식에 도달하게 되는 것이다.

이들 인물들은 파리 유학을 마치고 귀국했을 때, 다시 한 번 자신의 정체성에 대해 회의하게 된다. 「도시일기」에 등장하는 승연과 은영은 모두 파리에서 불문학을 전공하고 귀국한 여성이다. 승연은

---

22 위의 작품, 41쪽.

23 '낀-존재'에 대한 이론적인 논의는 Homi K., Bhabha, 나병철 역, 『문화의 위치』, 소명출판, 2003을 참조.

파리 유학 시절 개방적인 성문화를 즐겼으나, 이 때문에 "한국에 돌아와서는 결혼에 대해서 당당하지 못한 콤플렉스가 생긴"[24] 인물이다. 반면 은영은 파리에서 "착실히 공부를 하여 박사학위까지 받"[25]은 인물이다. 그런데 이들은 모두 귀국 이후 보수적인 한국사회의 문화적 풍토로 인해 배척당한다. 승연은 보수적인 남성 중심적 문화로 인해 결국 "얼굴이 일그러지고 동공이 광적으로 희번덕거리다가 공중에서 공허하게 방황"[26]하는 정신적 질환을 앓게 된다. 은영 역시 결혼 과정에서의 남성 중심적 구조로 인해 결국 "학생들과 레즈비언이 된 추문으로 인해 전임이 되었던 대학에서 사표를 강요받"[27]게 된다.

승연과 은영은 모두 파리 유학을 통해 개방적이고 자유로운 문화를 습득했으나, 귀국 후 보수적이고 남성우월적인 문화로 인해 다시 추방당하는 셈이다. 즉, 파리에서는 제3세계 여성이라는 이유로, 한국에서는 문화적 개방성을 지녔다는 이유로 결국 어느 곳에서도 정착할 수 없게 된다. 이들은 귀국에도 불구하고 여전히 파리에서와 마찬가지로 '낀-존재'로서의 자기 정체성을 모색해야 하는 상황에 처한 것이다.

이상으로 살펴본 것과 같이 손장순의 파리 유학과 귀국을 모티프로 삼은 작품들은 제1세계 중심부인 파리에서도, 제3세계 주변부인 한국에서도 자신의 주체성을 승인받지 못하는 여성 인물들의 존재 양식을 치밀하게 형상화하고 있다. 이들은 파리에서는 제3세계 여성이

---

24 손장순, 「도시일기」, 『전집 13』, 328쪽.
25 위의 작품, 376쪽.
26 위의 작품, 386쪽.
27 위의 작품, 386~387쪽.

라는 이유로 배척당하며, 한국에서는 문화적 개방성을 습득했다는 이유로 배척당한다. 그 결과 이들은 그 사이에 '낀-존재'로서의 자기 정체성을 스스로 모색할 수밖에 없다.

2장에서 살펴본 바와 같이, 손장순은 시몬느 베이유의 사상을 수용하면서 유독 그녀의 아나키즘적 경향과 '아웃사이더'적 경향에 초점을 맞추어 재해석하는 양상을 보여준다. 프랑스 문학 사상의 능동적인 '전유'는 구체적인 작품에서 제1세계 중심부인 파리와 제3세계 주변부인 한국의 양 틈 사이에서 이중으로 배제된 당대 여성 지식인의 자기 정체성의 모색 과정에 대한 정치한 탐색으로 나타난다. 이러한 성과는 1960~1970년대 급진적 담론과 보수적 현실 사이에서 균열을 보인 여성 지식인들의 내면을 적절히 형상화했다는 점에서 그 문학사적 의의를 찾을 수 있을 것이다.

4. 왜곡된 근대화 과정과 여성의 자각

한편, 손장순은 2장에서 살펴본 바와 같이 보봐르의 여성주의를 제3세계 국가인 한국의 현실에 맞게 재해석하려는 지적 작업을 소설을 통해서도 보여준다. 특히 손장순은 그녀가 번역하기도 한 보봐르의 『위기의 여자』에 나타나는 것과 같이 당대 왜곡된 현실 속에서 갈등하는 여성의 내면을 정치하게 형상화하는 것에 초점을 맞춘다. 나아가 손장순은 이러한 여성의 방황이 나타나게 된 당대 한국 현실에 대해서도 심도 깊은 탐색을 수행한다. 이에 해당하는 대표적인 작품으로는 「전신」, 「바람개비」, 「동류」, 「입상」, 「아치섬, 그 빈 가슴」 등이 있다.

「전신」에 등장하는 여주인공 수라는 자신의 사랑의 감정에 정직하고 적극적인 여성으로 형상화된다. 그녀는 "의무라든가 타성 같은 것"[28]으로서의 봉건적, 보수적인 사랑이 아닌, 스스로의 주체적 결단에 의한 사랑을 추구한다. 그 결과 결국 연인이 다른 여자와 결혼하게 되었음에도 불구하고, 임신한 아이를 낳아서 스스로 "허다못해 서벤트 노릇이라도 해서 기르겠"[29]다는 의지를 표명한다. 그녀는 이러한 주체적인 사랑을 통해 "실존해 있는 아름다움"[30]의 상징으로 진술된다.

적극적이고 진취적인 여성주의적 인물은 「동류」에서도 나타난다. 「동류」의 주인공 경빈은 대학 내의 부정적인 현실, 즉 "연구실이 복덕방에 지나지 않는 이 분위기"[31] 속에서도 현실에 적절히 타협하지 않는다. 오히려 그녀는 "혼자가 됨으로써 오히려 구원받을 길 없는 타인과의 고독에서 빠져 나"[32]오는 주체적인 선택을 보여준다.[33] 「입상」의 경우에도 유사한데, 이 작품의 주인공 지연 역시 남성의 일방적인

28 손장순, 「전신」, 『전집 13』, 161쪽.

29 위의 작품, 165쪽.

30 위의 작품, 166쪽.

31 손장순, 「동류」, 『전집 13』, 200쪽.

32 위의 작품, 201쪽.

33 「동류」의 주인공 경빈은 손장순의 자전적 분신으로 볼 수도 있을 것이다. 다음과 같은 수필에서 손장순과 경빈의 유사성이 확연하게 나타난다. "신문연재를 쓰느라고 정신을 긴장해서 소설을 짜내는 나의 교수실을 요란한 노크로 찾아오는 학생들이 있는가 하면 남의 방을 기웃거리지 않으면 그날의 일과가 무너지는 교수들이 찾아와서 커피를 마시며 잡담을 나누고자 한다. 일을 하는 것을 보고 인사치레로 물러가는 척 하다가 역시 인사치레로 들어오라고 하면 자신만 즐기러 온 것이 아니라 상대방도 즐겨주기 위해 왔노라는 투로 의자에 털썩 앉는다. (중략) 인간으로부터 소외되어도 좋다. 모임에 나오는 일, 선배를 만나는 시간에 내용이 충실한 창작 행위를 몰두해라. 네 자신의 깊은 고독 속으로 뚫고 들어가라."(손장순, 「교수실」, 『전집 11』, 77~79쪽)

시혜적인 사랑에 대해 "동정은 싫다"고 독백하며 이별을 맞이하고도 "부지런히 출근할 준비를 하기 시작"[34]하는 인물이다.

그러나 이들 여성 인물들은 자신의 주체적인 선택과 능동적인 사랑의 추구에도 불구하고, 남성중심적인 구조가 강하게 잔존해 있는 한국사회의 모순에 의해 고난을 겪게 된다. 「전신」의 수라는 과거 한국 전쟁 중 미군에 의해 강제로 "양부인"[35]으로 지낸 상처가 있다. 이는 작품의 현재 시점까지도 수라의 능동적인 사랑을 가로막는 장애물로 작동한다. 그녀의 연인인 현 전무는 수라의 과거를 알게 된 후 그녀와의 만남을 "악몽"[36]이라고 치부한다.

「바람개비」의 여주인공인 현아 역시 이와 유사한 고난을 겪게 된다. 현아는 "재벌의 아들로 모 대학의 임상학 교수"[37]인 진서와 약혼한 사이이다. 그러나 진서는 현아와의 약혼을 귀찮아하며, 약혼녀인 현아에게 "결혼은 무용한 것"[38]이라는 폭언을 내뱉는다. 현아는 이러한 진서의 "냉혹한 비정"[39]으로 인해 결국 자살하게 된다. 그럼에도 불구하고 현아의 자살 소식을 들은 진서는 "며칠 후 여전히 다른 여자를 소개받고 데이트를 한다."[40][41]

---

34 손장순, 「입상」, 『전집 13』, 216쪽.

35 손장순, 「전신」, 160쪽.

36 위의 작품, 162쪽.

37 손장순, 「바람개비」, 『전집 13』, 168쪽.

38 위의 작품, 173쪽.

39 위의 작품, 180쪽.

40 위의 작품, 185쪽.

41 이에 대해서는 다음과 같은 연구를 참조할 수 있다. "당대의 결혼관이나 사랑관, 그리고 결혼 안에서 섹슈얼리티에 대한 인식은 이렇듯 분리된 듯이 존재했다. 서로 긴밀히 인과적으로 연관될 수밖에 없는 것들이 서로 모순적인 관계로 배치되기 때문에, 현아는 그 불연속적인 단절을 해명하지 못하고 자살이라는 극단적 선택밖에 할 수 없었던 것이다. 낭만적 사랑과 그의 표현으로서 섹스라는 과정을 도외시한 채 '신성한 결혼'만이 강조되는 사회에서 근대화된 여성이 취할 수 있는 유일한 선택을 보여준 것이다. 현

이러한 여성주의적 인물들의 좌절과 고난은 당대 한국사회의 남성중심적 가부장성에 기인하는 것이다. 이들 여성 인물들은 여성으로서의 주체성을 추구하며, 자신의 감정을 능동적으로 표출하고자 하지만, 아직까지 봉건적 성격을 완전히 극복하기 못했던 한국사회의 현실에 의해 가로막히고 만다.[42]

1960~1970년대 한국사회는 표면적으로는 급격한 산업화, 근대화 과정을 경유하고 있었으나 위로부터의 강압적인 형태의 근대화는 부작용을 낳을 수밖에 없었다. 이는 여성의 삶에도 적용되었다. 점차 여성주의 담론이 여성 지식인 층을 중심으로 형성되기 시작했으나, 실제 사회문화적 토대는 봉건적 성격을 강고하게 유지하고 있었다. 게다가 유신체제로 표상되는 파시즘의 메커니즘은 강력한 상징적 부권(父權)을 통해 자신의 정치권력을 확대 재생산하는 속성을 지녔기에, 봉건적인 가부장성은 오히려 더욱 강화되는 경향을 나타내기도 했다.[43] 이러한 사회적 배경과 여성주의의 문제를 결합시켜 형상화한

아의 죽음이라는 필연적 결말은 '(연애)관계'에서 자유로운 주체가 되고자 하는 열망이 그 자체로 이미 비극의 씨앗을 내포한 현실임을 시사한다." 이선미, 「1960년대 여성 지식인의 '자유'담론과 미국」, 『현대문학의 연구』, 2006, 426~427쪽.

42 이에 대해서는 다음과 같은 연구를 참조할 수 있다. "60년대 작품 속에서 칼날 같았던 여성들의 당당한 입상이 1970년대 들어서 점점 무뎌지면서 근대화의 노고 속에서 자신을 지키고자 애쓴 그 자리에서 고개를 숙이고 버거움을 곱씹어야 하는 여성들의 위치는 곧 1970년대 여성들의 현주소인 셈이다. 많은 작품을 통해 되새김질해도 약자일 수밖에 없다는 결론에 이른 작가의 외침은 진정한 여성성 회복이 요원한 상태임을 확인해 주는 메아리일 뿐이다. 그러나 설령 공허한 메아리라도 반복되는 작가의 외침은 작으나마 진동과 울림을 기대하는 여성들의 목소리를 대변함으로써, 1970년대 손장순 작품이 존재해야 하는 자명한 이유를 명백하게 드러내고 있다." 이명희, 「여성성의 모색을 통한 삶의 근원적 탐색」, 『여성문학연구』, 2000, 240쪽.

43 이는 한국에서의 유신체제가 일본 파시즘의 영향 속에서 형성되었기 때문에 생겨난 특징이다. 주지하다시피 일본의 파시즘은 서구의 파시즘과는 달리 대중의 자발적인 복종 대신 천황을 정점으로 하는 국가의 가족 구조화를 주된 특징으로 한다. 이에 대한 자세한 논의는 丸山眞男, 김석근 역, 『현대정치의 사상과 행동』, 한길사, 1997을 참조.

작품 중 주목해야 할 것이 「아치섬, 그 빈 가슴」이다.

이 작품은 '아치섬'으로 표상되는 전근대적 공동체로부터 '서울'로 표상되는 새로운 근대적 도시로의 이행을 공간적 배경으로 설정하고 있다. 주인공 정례는 본래 '아치섬'에 살았으나, 서울에서 온 대학생을 사칭한 윤식에 의해 성적 수탈을 겪는다. 그녀는 윤식을 찾아 '서울'로 상경했으나 만나지 못하고, 결국 돈을 벌기 위해 방직공장에 취업한다.

흥미로운 것은 그녀가 "맥주홀의 웨이트레스로 갈 뻔한 유혹을 용케 잘 물리치고" 이후 "양장 기술을 배워 살롱을 차리는 것"[44]을 목표로 하여 방직공장을 선택한다는 점이다. 성적 폭력에도 불구하고 나름의 주체적인 삶의 의지를 통해 서울에서의 생활을 설계하고 있다는 것이다. 나아가 정례는 윤식의 동생인 갑주와의 성관계를 통해 나름의 복수를 수행하기에 이르며, 이후 그녀는 다음과 같이 결심한다.

> 정례는 그간 서울에서 벌어 모은 돈으로 아치섬에 돌아가 얼마간 쉰 다음 부산에 나와 내복류와 남양 나일론 제품 같은 것의 직매점을 경영해 볼 생각이다.[45]

인용문이 주목되는 것은 급격한 산업화, 근대화 과정에서 억압되고 배제된 하층 여성인 정례가 자신에게 가해진 성적 폭력에 대해 수동적으로 체념하는 것이 아니라, 오히려 '서울'로 표상되는 폭력적

---

44 손장순, 「아치섬, 그 빈 가슴」, 『전집 13』, 414쪽.
45 위의 작품, 420쪽.

근대화를 역으로 활용하여 자신의 주체적인 삶을 꾸려 나갈 의지를 구체적으로 제시하고 있기 때문이다. 정례는 이와 같은 과정을 통해 표면적 층위에서의 근대화 과정에서 역으로 심화된 여성에 대한 가부장적 폭력을 극복하기 위한 여성으로서의 자기 인식을 획득한다. 이러한 맥락에서 「아치섬, 그 빈 가슴」은 당대 왜곡된 근대화 과정으로 대표되는 한국적 특수성 속에서 여성주의적 가치의 보편성을 모색하려는 문제의식의 소산으로 고평될 수 있을 것이다.

2장에서 살펴본 바와 같이 손장순의 여성주의적 사유가 지니는 특성은, 보봐르로 대표되는 서구의 여성주의를 제3세계 국가인 한국의 특성에 맞추어 재해석하는 것으로 볼 수 있다. 위에서 살펴본 작품들은 공통적으로 여성주의적 사유를 토대로 삼고 있으면서도, 왜곡된 근대화라는 당대 한국의 사회적 특성에 맞추어 이를 변형시켜 형상화하는 특성을 지니고 있다. 이러한 작품이 지니는 문학사적 의미는 매우 큰 바, 추상적 심급의 서구 여성주의에 그치지 않고, 한국적 현실에 맞는 여성주의의 가능성을 추구했다는 점에서 그러하다. 특히 현재까지도 한국에서의 서구 여성주의 담론의 수용이 다소 추상적인 층위에 국한되어 있다는 사실을 상기할 때, 그 문학사적 의미는 여전히 중요한 위상을 지닌다.

5. 프랑스 문학 사상 수용과 산업화 시대의 여성문학

이상으로 손장순 문학을 프랑스 문학 사상의 능동적 수용이라는 관점을 중심으로 살펴보았다. 이 글에서 주로 다룬 작품들은 1960~

1970년대 발표된 것들이다. 기존의 문학사 구도에서 이 시기의 문학은 큰 범주에서 주로 '산업화 시대'에 대한 대응으로 평가되어왔다. 이러한 구도 속에서 급격한 산업화의 모순을 다룬 황석영, 조세희, 이문구 등의 소설들이 주된 성과로 평가되어 왔다.

그러나 이러한 구도는 민족 대 외세, 노동 대 자본, 통일 대 분단 등의 거대 담론을 중심으로 설정되어 왔다. 이로 인해 정작 상당한 양적, 질적 성과를 거둔 여성문학에 대한 평가는 충분히 이루어지지 못한 감이 있다. 하지만 현재의 관점에서 볼 때, 왜곡된 산업화의 최대 피해자 중 하나가 여성이라는 사실을 간과할 수 없을 것이다.

이러한 맥락에서 이 글에서 다룬 손장순의 문학 작품들은 1960~1970년대 산업화 시대의 여성문학의 중요한 성과로 재조명될 필요가 있다. 손장순은 프랑스 문학 사상에 대한 심도 깊은 인식을 보여주며, 나아가 단순히 이를 모방하는 것이 아니라 구체적인 한국적 현실에 맞추어 적극적으로 전유하는 양상을 보여준다. 그 결과 손장순은 한편으로는 시몬느 베이유의 아나키즘적 경향을 '아웃사이더' 인식으로 발전시켜 당대 지식인 여성들의 주체성을 정치하게 탐색하는 문학적 성과를 이루었다. 다른 한편으로는 보봐르의 여성주의를 왜곡된 근대화 과정의 한국의 현실에 결합시켜 재해석하여 당대의 급격한 근대화 과정 속에서도 오히려 강화되었던 남성중심적 가부장성을 비판하는 문학적 성과를 거두었다. 이러한 문학적 모색을 통해 손장순은 1960~1970년대 산업화 시대의 여성문학의 한 흐름을 형성하는 데 성공했다.

기실 현재의 관점에서 산업화 시대를 재평가하기 위해서는 근대성과 봉건성의 모순적인 결합 구조 속에서 이중의 억압과 배제를 받아온 여성들의 목소리를 복원하는 것이 필수적인 과제일 것이다. 이는 특히 생생한 삶의 증언을 가능하게 만드는 소설의 경우는 더욱 그 중요성이 커진다. 그렇다면 지금까지 1960~1970년대 손장순 문학이 지니는 의미는 유효할 것이다. 무엇보다 그녀의 작품들은 당시 여성들의 내면과 고뇌를 사회적 현실과의 긴장 관계 속에서 뚜렷하게 기록하고 있기 때문이다. 그리고 이러한 문제의식은 지금도 여전히 우리 문학의 현장에서 끊임없이 진화하고 있는 중이기 때문이다.

여성성의 모색을 통한 삶의 근원적 탐색
— 손장순의 1970년대 작품을 중심으로*

이명희

1. 서론

1958년 단편 「입상」과 「전신」으로 문단에 데뷔한 손장순은 1960년대 많은 작품을 산출하면서 줄곧 자본주의적 근대화의 과정에서 나타날 수 있는 허황된 가치 추구의 제 양상들을 속속들이 들추어냈다. 그런데 자본화의 진입 과정에서 파생되는 부정의 징후들에 예민했던 손장순은 남녀 상관관계의 코드 속에서 자본화로 인한 인간적 가치의 파멸을 드러내고 있어 우리의 주목을 요한다. 특히 손장순은 여성들을 자본주의적 근대의 속성에 오히려 대담하거나 그러한 가치에 과감히 적응하고 있는 것으로 그리고 있는 반면 남성들은 한결같이 비적응자 내지는 정신적 피해자로 남겨 놓고 있다.

* 『여성문학연구』 제3호(2000, 223~242쪽)에 수록되었던 논문을 수정하여 재수록한 것임을 밝혀둔다.

다시 말하면, 손장순은 자본주의적 근대화의 결과로 남는 인간성 상실과 거래라는 삶의 방식이 얼마나 인간적 삶을 훼손시키는가를 드러내는 데 남성을 이용하고 있으며, 현대 자본의 잉여가치의 논리 속에서 적응력을 발휘하는 존재로서 여성을 그리고 있다. 따라서 손장순은 가부장제가 안고 있는 어찌할 수 없는 단절의 벽을 허물고 억압의 무게가 가지고 있는 불합리성을 깨우치고자 남성에게 여성이 얼마나 피해받고 있고 상처받고 있는가를 드러내는 구도보다 여성이 자신의 입장과 신념을 어떻게 정립해 나가며 그 과정에서 남성들이 얼마나 모순되고 허약한 존재인가를 드러내는 방식으로 이 문제를 해결하고 있다.[1]

이런 방식은 손장순에게서 보이는 특이한 점이다. 그에게 가장 중요한 것은 「입상」에서 보듯이 '나만이 내 삶을 만들어갈 수 있는 의미'이다. 강박관념에 가까운 이러한 자의식과 정체성 찾기는 자신이 실존해 나가는 쾌감을 순간순간 의식하면서 자신을 입상해 나가는 여성상을 표상한다.

그런데 이런 작품세계는 1970년대에 들어서면서 1960년대 여성들이 보였던 지나치게 자립적인 입상들이 다소 누그러들면서 남성들과의 관계 속에서 삶의 문제를 진지하게 고민하는 여성들이 대거 등장한다. 이것은 남녀관계 속에서 인간의 진정성을 찾고자 하고 문제를 남녀가 같이 해결해야만 한다는 것을 인지한 작가의 성숙한 자아와의 만남에서 가능한 일이다. 1970년대에 들어서서 작가는 자본화의

1 이명희, 「폐쇄된 통로에서 화합에의 길찾기 — 손창순 1960년대 작품」, 『현대문학과 여성』, 깊은샘, 1988, 176~177쪽.

허구적인 양태를 보여주는 데 그치지 않고 그 속에서 진정한 삶의 가치가 무엇인가를 끈질기게 고심한다. 손장순의 고심들은 말로 설명할 수 없는 삶의 문제들을 반드시 설명할 수밖에 없는 철학자의 운명적 형벌처럼, 여러 작품에서 끈질기게 혹은 처절하게 나타난다. 그의 고민은 해답 없는 물음의 성격을 띠고 나타나며 존재론적 물음과 맥을 같이 한다.

이 글은 손장순의 1970년대 작품을 살펴보면서 1960년대 작품에 나타난 여성성의 층위가 어떻게 변화를 하는지를 들여다보고자 한다. 그러다보면 작가가 줄곧 자신에게 물음을 던지는 진정한 여성성의 실체가 무엇인지 자연스럽게 밝혀질 것이다. 작품에서 진정한 여성성의 획득이 이루어지지 않고 끊임없이 탐색되는 것으로 끝나야 하는 여성들의 현주소는 바로 한국사회에서 여성이 겪는 모순된 삶을 그대로 드러내는 한 단면의 층위이다. 결국 이런 것들을 밝히는 일련의 작업들은 희망의 조짐조차도 헤아리기 어려운 현실의 그 자리가 1970년대 여성들이 짊어져야 할 운명임을 확인하는 거점이 될 것이다. 아울러 1960년대 작품에서 여성의 확고한 자존과 입상을 살렸던 것과는 달리, 1970년대 들어서 여성들의 고개 숙임을 그려냄으로써 작가가 현실과 타협하고 있음을 확인할 것이다.

2. 불신시대와 병리학적 증후군

본격적인 자본주의 근대화로 향하는 길목이기도 한 1960년대와 1970년대는 비록 한국전쟁으로부터 시간적으로 거리감이 있기는 하지만 여전히 그 상흔에서 벗어날 수 없었던 시기이다. 또한 이 시기는 산업화와 자본화가 가져다 준 물리적 안락함과 편리함에 젖어들면서 동시에 그 대가로 산업사회의 메커니즘에서 비롯되는 무생명력에 종속되어 갔던 시기이기도 하다.

1960년대 손장순은 자본주의적 근대화로 파생되는 인간성 상실, 물화된 가치로 교환되는 인간, 오직 거래에 의해서 지배되는 인간관계를 드러내는 데 전력을 다했다면, 1970년대에 들어서면 속물이 되지 않고는 견뎌낼 수 없는 시대상을 보여주는 동시에 진정한 삶의 가치는 어디에 있는가를 세심하게 진단한다. 도시적 합리성에 근거한 인간관계를 냉소적으로 파헤친 것이 1960년대라면, 진흙탕으로 읽혀지는 당대 자본 사회에서 우리의 영혼을 건질 수 있는 구원의 열쇠가 어디에 있는지 찾고자 한 작가의 탐색을 만날 수 있는 것이 1970년대 작품이다. 아울러 한국전쟁이 남긴 상처의 흔적을 더듬으며, 그는 '왜 우린 이렇게 살아야 하는 것일까'라는 반문을 통하여 삶의 존재론적인 물음에 이른다. 그러나 그 과정에서 전쟁의 상처를 치유할 수 있는 가능성을 찾지 못한 채 그 상처들을 우회적 방법으로 드러낸다. 병리학적 증후군이 그것으로, 이는 사회적 틀을 직접적으로 극복할 수 없는 상황에서 만들어 낸 작가의 전략적 기호로 쓰인다.

1970년대 고속 성장을 대변해 주는 고속도로 건설과 아파트 붐은 우리가 가난에서 벗어날 수 있는 가능성을 보여주기도 했지만 동시에 그것은 우리 모두가 속물이 되지 않고는 견딜 수 없음을 담보로 해야만 했다. 아파트를 사고 판 차익이 남편 월급의 몇 배가 되는 상황은 복부인의 등장을 가능케 했고 그들의 등장은 불로소득으로 연결되었다. 작가는 그러한 세태를 고발하고 시대의 탁류 속에서 우리의 자화상을 어떻게 만들어가야 하는지를 고심한다.

「개와 정승」은 이 같은 상황을 잘 드러낸 작품이다. 성실한 삶을 꾸려가는 청미는 친구의 아파트 당첨 후 사고파는 과정에서 굴러들어오는 돈을 보고 친구를 따라 휩쓸려 다니다가 문득 자신을 돌아본다. 이 작품을 통해서 손장순은 한탕주의를 가능하게 하는 부동산 투기의 광풍 속에서도 우리가 지향해야 하는 것은 성찰임을 끝없이 제시한다.

「타산」은 미국 유학 생활에서 얻은 '거래'라는 삶의 방식에 익숙해지고자 하는 명리라는 여주인공을 통해, 그러한 삶의 방식이 심리적 상실감을 가져오며, 그로 인해 인간성이 훼손되는 양상을 나타낸다. 이 작품은 계산적이고 합리적인 삶의 방식이란 반드시 인간성 상실이라는 대가를 지불해야만 유지될 수 있음을 전달한다.

그밖에 정신보다는 물질이 지배하는 세계관이 도래하고 있음을 극명하게 드러내주고 있는 「달빛」, 인간관계에 있어서 거짓과 기만으로 사는 인간들은 잘살고 성실과 진실을 바탕으로 하는 사람들은 좌절된 인간군으로 남는 부조리한 세상을 꼬집은 「기러기 도시락」, 친구간의 우정이 철저하게 이해관계에 의해서 움직이고 권력 체계로부터의 탈출을 모색하고 있는 「우정」에서도 우리는 삶의 양태를 '비정과 부조리의 공모성'[2]이라고 단정 짓고 있는 작가의 견해와 만난다. 특히 손장순은 「우정」을 쓰면서 '창작일기'에 다음과 같이 말함으로써 그가 이 작품을 쓰게 된 동기를 엿볼 수 있도록 하고 있다.

2 손장순, 「기러기 도시락」, 『문학사상』, 1978. 7, 84쪽.

> 불신시대 — 이 말은 언제부턴가 현대를 극단적으로 표현하는 대명사로 쓰여 왔다. 불신, 이것은 곧 부재를 의미하고 부재는 곧 인간 생활의 사막화를 초래하게 되었다. 삶의 진정한 가치와 그 가치 기준은 어디에 있을까. 이 문제는 특히 현대에 심각하게 대두되었고 이러한 문제의 제기는 그만큼 가치 기준이 전도되고 있음을 입증했고 삶의 사막화를 탈피하고자 하는 몸부림이었다.[3]

이 시대를 불신시대로 명명한 작가는 잘못된 삶의 양태를 짚어내면서 진정한 삶의 가치를 찾아야 함을 제시한다. 세상 돌아가는 이치가 모두 계산된 것임을 드러낸 「웃는 웃음」, 남녀의 관계나 결혼도 모두 상호 계산된 거래에 불과함을 보여주는 「달빛」, 허황된 물신숭배에 의한 남녀의 만남에 섬처녀의 기구한 역정과 그에 상응하는 보복을 그린 「아치섬, 그 빈 가슴」, 가치관의 혼동을 단적으로 드러내고 있는 「로스엔젤레스 총각」 등은 당대의 단절된 인간관계와 기계적인 사회생활에 의해 기만되어 온 인간성을 드러낸다.

그 대신 우리가 지불해야 할 것은 인간성이 말살된 후 밀려오는 공백감이며 흥정과 거래의 사회에서 파생되는 불안 심리나 불신임 그리고 영혼의 고갈이다. 작가는 이것의 심각성을 드러내는 데 주저가 없으며 그들이 삶의 무의미성을 떨쳐버리지 못하고 일말의 인간성 회복을 위해 몸부림치지만 결국 그들에게 남는 것은 상처와 불안정한 심리 상태임을 집요하게 끄집어낸다.

작품 속에서 페미니스트와 히스테리 환자의 형상은 근대성의 성

---

3 손장순, 「우정」, 『월간문학』, 1973. 6.

별 정치를 밝히는 핵심적인 상징으로 나타나는데, 이때 히스테리 환자는 사회에 대해 수동적이며 궁극적으로 자기파괴적인 거부를 표현한 대표적인 사례[4]이다. 골동품을 병적으로 사 모은다든지 살인을 저지른다든지 하는 병리학적 현상은 사회가 주는 삶의 무의미성을 거부하는 불안한 심리상태를 나타낸다. 특히 이때 여성들의 불안 심리와 히스테리는 작가의 분신으로서 작가 자신의 불안과 분노의 이미지[5]를 드러내고 있기도 하다.

한국전쟁 때 아버지가 납치된 이후 집안이 기울어지면서 6·25의 상흔을 안고 살아가는 한 가족의 초상을 통해 그 시대 우리 민족의 아픔과 전상(戰傷)을 보여주고 있는 「선비의 후예들」에서는 한 집안의 몰락을 통해서 영원히 물리적 내지 정신적 불구자로 살아갈 수밖에 없는 민족의 어두운 그림자를 보여주고 있다.

불구자로서 결혼을 하나 다시 친정으로 쫓겨오는 큰딸 소녕, 거듭되는 사업 실패로 빚에 쪼들리는 큰아들 소걸, 뭔가 집안에 도움이 되고자 장사를 해보나 비참한 현실과 맞닿을 뿐인 소영, 집안에서 유일하게 대학 교육을 받았으나 어떠한 도움도 되지 못하는 막내딸 소정, 이들의 실패와 낙오 그리고 모자람은 전쟁이라는 기나긴 고통의 터널을 극복해야만 하는 과정에서 겪는 병리학적 증후군을 단적으로 드러내고 있다.

그 밖에 아메리카 드림에 들떠 왜곡된 삶을 살고 있는 가족의 극한상을 보면서 살인을 하나 미수에 그친 병리적 현상을 그린 「유학」,

---

4 Rita Felski, 김영찬·심진경 역, 『근대성과 페미니즘』, 거름, 1998, 24쪽.
5 Toril Moi, 임옥희 외 역, 『성과 텍스트의 정치학』, 한신문화사, 1997, 71쪽.

병원의 부패상을 들여다보면서 대상과 싸우는 고독한 인간의 의지를 펴나 결국 그것이 극복되지 못하고 삶의 무의미성으로 치닫는 「유리디체」, 속물적인 인간들과 맞서 철저하게 인간적 외로움과 고독을 즐기는 고립된 인간상을 보여주는 「동류」, 삶의 공허감을 채우기 위해 병적으로 골동품을 사모으는 「골동품」, 물화에서 오는 생명력 잃음을 도벽이라는 범법 행위로 해결하는 「깨이지 않는 잠」에 등장하는 인물군들은 인간적 가치에 대한 상실과 그로 인한 공허감을 메우기 위해 몸부림치는 상처받은 영혼의 소유자들이다. 이들의 병리학적 증상은 근대적인 양식과 사회 변화에 대한 거부감 내지는 저항의 징표로 나타난다.

그러므로 작가는 근대가 안고 있는 긍정적 가치보다는 개인의 사회적 병폐들에 주목하면서 등장인물들의 정신적 공황들을 내세워 근대화의 부정적 징후들과 대립하거나 항거하는 입장을 고수한다. 이것은 진정한 삶의 모색 과정에서 나타난 작가의 대응 양상이지만, 다른 한편으로 삶이 함유하고 있는 진실을 찾고자 노력하는 작가의 모습이기도 하다.

3. 순수한 영혼과 자연의 만남

자본의 논리에서 살아남을 수 있는 삶의 방식으로 손장순은 거래를 제시한다. 그에게 있어 모든 인간관계의 방식은 거래이며, 여기에는 인정이라든가 인습적 도리가 끼어들 수가 없다. 그는 거래라는 삶의 방식이 인간적 가치에 대한 상실을 가져왔고, 이것이 우리의 생명력을 잃게 한 것으로 본다. 1960년대 이런 문제에 예민했던 작가는 1970년대 들어서 그것이 삶의 존재론적인 문제들과 얽히면서 해결방안을 모색한다. 이러한 작가의 태도는 주로 1970년대 작품에서 나타나는데, 이것은 패기만만한 여성들이 어떤 희생을 치르더라도 자기의 입상을 세워나가는 1960년대 작품에 나타난 여성들의 자아 정립과는 사뭇 다르다. 이는 남성중심 사회에 대한 작가의 완곡한 저항 원리가 힘을 잃고 타협의 길로 들어선 것으로 보인다.

그런데 불신시대가 주는 공허감에 대한 항거로 나타난 병리학적 증후들은 근대적인 삶의 양태를 거부하고자 하는 작가의 시선일 뿐 어떠한 해결책도 되지 않는다. 등장인물들의 자아는 단절의 벽을 허물지 못한 패배감으로 팽배해 있으며, 삶의 근원적인 고독감을 극복하지 못해 자신을 세상에 내던지거나 포기한다. 이때 작가가 내린 처방은 순수한 영혼 내지 때묻지 않은 자연과의 만남이다. 척박한 실제 삶에서 순수한 영혼을 만날 수 없기에 작가는 작품 속에서 순수한 영혼의 만남을 갈구하거나 그러한 인물들과 조우한다.

정신적인 사랑에 대한 갈구를 그린 「자신의 칫수로 보는군요」나 운명적인 사랑의 실현을 형상화한 「금발의 제니」는 패배감을 불식시킬 수 있는 순수한 영혼과의 만남을 꿈꾼다. 「금발의 제니」는 미술가 황아영의 서울과 미국에서의 생활이 교차되면서 삶의 가치관을 비교한다. 작가는 가치관의 혼돈에 머물렀던 이전의 작품에서 과감히 벗어나 순수한 사랑의 방식에 손을 들어줌으로써, 자신의 가치관을 명확히 독자에게 전달한다. 이 작품은 소통되지 않는 사랑이 아니라 영혼적 또는 정신적으로 소통되는 사랑을 기대한 작가의 심정이 그대로 노출된다. 지치고 메마른 영혼을 적시는 순수함을 갈구하는 작가는 근대에 대하여 병리학적 증상으로 맞섰던 항거의 모습이 또다른 형태로 드러난 것이다.

「자신의 칫수로 보는군요」에서 작중 화자 '나'는 가영이라는 인물을 통해 정신적인 사랑이 과연 현실적으로 가능한 일인가를 진단하면서 순수하고 영혼적인 사랑에 대한 갈증을 토로한다.

이렇듯 손장순은 단절의 경계를 풀고 대립과 갈등의 벽을 허무는 융화의 힘을 성(性)과 사랑의 방식에서 찾고 있다. 그에게 있어서 성(性)은 고통을 이겨내기 위한 처방이며 불모의 시대에 생명을 확인하기 위한 몸부림이다. 그래서 손장순의 작품에서 나타난 성행위는 생식을 위한 것이 아니라 철저하게 고독을 잊기 위한 행위이며, 성(性)을 통해서만 작가는 남녀의 합일 또는 통합을 이룬다. 즉 막힌 것을 풀어내는 생명의 힘으로 작용한다. 인간이 기계화되고 계산만이 오고가는 삭막한 삶의 현장에서 작가는 인간의 생명을 확인하는 과정이 필요했던 것이다.

그러므로 그에게 있어서 성(性)은 생명을 확인하는 행위이며 육체로 감지되는 삶의 진실이다. 이것은 자본의 메커니즘에서 유일하게 작가가 찾은 안식처이자 화해의 장이다. 1960년대 후반부터 근간을 이루는 작가의 이러한 논지는 1970년대 장편 『공지』와 『세화의 성』에 이르러 공고해진다.

『공지』 후기에서 작가는 『세화의 성』에서 사랑과 권력을, 『공지』에서 사랑과 금력을 다루고자 했음을 고백했듯이, 그에게 있어 사랑이란 삶의 진위를 가늠할 수 있는 척도가 된다. 이성간의 사랑이야말로 삶을 타진할 수 있는 본체임을 『공지』 후기에서 우리는 확인할 수 있다.

사랑한다는 것이 가장 의미 있고 최고의 가치임은 틀림이 없는 사실이다. 이것만은 불변의 진리요, 선이요, 아름다움이다.

그러나 참되고 가치 있는 사랑은 쉽게 이루어질 수도 없고 발견할 수도 없다. 사랑의 실재를 추구할수록 사랑의 부재가 드러나는 것은 웬일일까. 사랑에의 신앙은 신에의 길과 통하는 것인지도 모른다. 신의 절대성이 허물어지면서 사랑에의 신앙도 붕괴되었기 때문이다.[6]

그런데 손장순에게 있어 생명의 안식처로 등장하는 성(性)은 때때로 산으로 나타나기도 한다. 작가는 산에서도 생명의 회복을 기대한다. 그에게 있어 산은 고독으로부터 탈출하여 자연의 순수성과 만나 정신의 안식을 얻을 수 있는 곳이다. 철저하게 계산된 관계와 거기서 파생되는 고독을 잊기 위해 또는 생명과 하나되기 위해 산은 절대적인 고독과 싸우는 곳이며 사랑과 존재를 확인하는 장소로 다가온다. 순수성을 잃어 가는 인간에게 산은 때묻지 않는 자아와의 대면을 허락하며, 그 자아와의 대면을 통해 무한과 거짓을 극복한다.

「빙벽에 핀 설화」(1979)에서는 산악인 석준이 로체 페이스를 정복하기 위해 목숨을 걸고 산행을 하다가 중국인 산악인 장서룡과의 사이에서 난 아들 대천을 만난다. 이 작품은 이런 우연 같은 운명적 사건 속에서 인간이 지닐 수 있는 궁극적인 지향점이 인간애임을 확인시켜 준다. 석준이 산을 타는 이유는 모든 혼란과 갈등에서 벗어나 영혼의 자유를 만끽하기 위해서이다. 아래 인용은 이를 대변해 준다.

---

6 손장순, 「『공지』 후기」, 『공지』, 일지사, 1975.

산에 오르면 알파니스트는 고독하지 않다.

석준은 어렸을 때부터 사회적인 야망과 반면에 정서적인 욕구가 컸다. 이런 양 극단의 공존은 그를 때로 갈등 속에 몰아넣기도 한다.

석준은 그 갈등 속에서 벗어나기 위해서도 오로지 산행을 줄기차게 계속해 왔다. 산을 오르는 순간만이 그 갈등에서 해방되는 시간이다.[7]

광활하고 순수한 자연을 만나면서 생명과 진실한 삶을 확인하는 산행의 의미를 작가는 「빙벽에 핀 설화」에서 보여주고 있다. 그는 산 속에서 또는 산악인으로서 새로운 삶의 방식을 찾고자 한다. 그 속에서 그는 삶과 죽음, 정열과 고독, 사랑과 배반을 체험하면서 삶의 의미를 되새기고 삶의 해답을 얻고자 한다. 손장순이 후에 「고슴도치」(1977), 「불타는 빙벽」(1977), 「돌아가지 않는 나침반」(1978), 『절규』(1987), 「허상과 실상」(1989) 등 산악소설을 쓴 것은 이런 면에서 보면 당연한 귀결인지도 모른다. 그에게 있어 산은 '신비와 영웅이 살아 있는 유일한 광장'이며, 육체의 본능이 감지하는 순간의 총체성과 맞먹는 생명선이기도 하다.

그래서 손장순이 이제는 절제하고 차분하게 다듬어 가면서 문학을 재정리하고 싶다고 고백할 즈음에 산악소설 창작집 『절규』가 나온다. 자본주의 사회가 주는 경쟁의식에서 헤어나오지 못하게 하는 삶의 치열성에서 잠시 벗어나 이제는 삶을 정리하는 단계에서는 산의 자연성이 필요했던 것이다. 손장순은 어찌 보면 산악소설에서 삶의 의미와 생명의 건전성을 찾았는지도 모른다. 그런 의미에서 성(性)과

7 손장순, 「빙벽에 핀 설화」, 『현대문학』, 1979. 11, 93쪽.

산은 손장순에게 있어서 영혼의 안식처이자 생명력을 확인할 수 있는 공동의 장이며 존재 회복의 길이었던 것이다.

4. 여성의 삶을 통한 정체성 탐색

손장순 작품의 특징은 여성의 자유 의지에 의해 주체적 자아 찾기의 과정이 아주 중요한 주제로 드러난다는 것이다. 또한 작가에게 있어 이것은 그가 소설을 쓰는 이유가 되기도 한다. 1960년대 작품 「입상」, 「살얼음 속의 수초」, 「이혼여행」, 장편 『한국인』에서 확인할 수 있는 바, 작가의 분신인 등장 여성들은 확고한 개체적 자아를 확립하고자 한다. 작가의 분신인 작중 여성들은 '자기 자신'이 선택한 자유와 만족 그리고 즐거움이야말로 삶의 의미라 생각한다. 그리고 그녀들을 움직이는 것은 '자기 스스로 결정 선택하여 살아가는 것'이다. 즉 손장순의 소설에 등장하는 여성들은 자신의 상을 명확하게 세워 나간다. 이에 비해 남성들은 한결같이 사회 부적응자 또는 병리학적으로 피해망상에 사로잡힌 인물들로 등장한다.

이때 남성들의 왜곡된 정신 상태는 생명을 꿈꿀 수 없는 냉혹한 1960년대의 비정한 현실을 함축하는 상징기호이기도 하지만 다른 한편으로 여성들의 가부장적 이데올로기 극복에 동조할 수 없는 남성들의 비협조자로서의 실상을 드러내는 기호 체계이기도 하다.[8]

그러나 1970년대에 이르자 손장순은 남녀의 관계 속에서 정체

8 이명희, 앞의 책, 177쪽.

성을 찾고자 하는 문을 조심스럽게 연다. 그러다 보니 남성들은 성격 파탄자에서 건전하고 자립적인 인물들로 대거 등장하며 여성들도 그러한 남성들과 함께 어울리면서 자신의 정체성을 진지하게 탐색한다. 파리 유학 생활 중 개방된 성생활 속에서 자신을 찾아가는 과정을 그린 「우울한 빠리」와 「빈 청사진」은 여성의 성 정체성과 한국인의 자화상을 통해 한국 여성성의 층위를 재확인하게끔 한다.

「우울한 빠리」에서는 성이 개방된 불란서 사회에서 자신의 삶을 냉정하게 제어해 나가지만 어쩔 수 없이 모순적인 성 정체성에서 벗어나지 못하는 묘선이라는 한 여인의 궤적을 보여준다. 이렇듯 1970년대 작품에서 보여지는 여성들은 모순된 여성의 현실에 눈을 뜨고 어쩔 수 없는 한국의 여성임을 자각하는 가운데 자기 성찰에 이른다.

그런데 「빈 청사진」에서 작가는 정금을 통해 한국 여성들의 여성성의 문제가 무엇이고 그 해결책을 어디에서 얻을 수 있는지 해답을 준다. 작가는 한국에 대한 지나친 피해망상에 걸려 있는 여성의 성 정체성이 지니고 있는 이중성을 수정을 통해 보여주고, 정금을 통해 그 이중성을 극복할 수 있는 가능성을 제시한다. 여성의 성 정체성의 탐색을 후배 정금을 통하여 분명하게 전달하고 있는 아래 인용에서 우리는 작가의 여성성 탐색 지점과 만난다. 파리에서 생활하는 동안 한국인의 성관념에 일종의 피해의식을 느끼고 있는 선배 수정에게 후배 정금은 다음과 같이 말함으로써, '행위에 대한 신념과 성실성'만 있다면 어느 것도 문제가 되지 않음을 천명한다.

> "언니. 나 때문에 염려할 것 없어요, 그런데 언니 한 가지 이상한 것이 있네요. 말하는 사람들이 악취미지만 한 남자와 깊이 사귀는 것이 사실

이라면 남들이 무어라건 그것이 무슨 상관이에요. 자기가 하는 행위에 신념과 성실성만 있다면. 그런 것쯤 초월해 버려야죠. 피를 흘릴 필요야 없지 않아요." (중략)

"그건 언니답지 않은 이야기네요. 그런 잡음을 가지고 왈가왈부할 남자와 결혼할 필요는 없죠. 그런 것이 두려우면 사람을 사귀지 말던가. 이것이 우리 한국 지성인들의 이중의 의식구조의 모순된 점이에요. 빠리에 와서 십년 살았다면서 언니도 그런 자가당착과 복잡한 의식구조 속에서 살고 있어요. 몸은 빠리에 와서 빠리식으로 살면서 사고는 지극히 한국적이네요. 좀 실망했는데요."[9]

정금은 수정에게 자신이 행한 일에 신념과 성실성만 있다면, 즉 남자를 사귀는 데에 있어서 진실을 바탕으로 하고 그것에 충실했다면 왜 남의 눈과 말을 의식하는지 반문한다. 그리고 정금은 수정의 피해망상이란 귀국해서 결혼하는 데 지장이 있을까 걱정하는 데서 나오는 자가당착이라고 꼬집는다. 그러면서 파리에 와서 생활하는 한국 지성인들의 모순된 의식구조를 비판한다. 사고는 여전히 보수적인 사고방식에서 벗어나지 못하면서 몸은 개방된 성생활을 즐기는 이중구조 속에서 방황하거나 모순을 안고 산다는 것이다. 그 동안 작가의 갈등과 번민 속에서 방황하던 영혼들이 이 대목에서 탐색의 값진 대가를 어느 정도 얻는다.

「빈 청사진」의 이정금은 「우울한 빠리」에서 자신의 입상을 세워나가기 위해 뼈아픈 상처를 낼 수밖에 없었던 묘선과는 상당한 거리

9 손장순, 「빈 청사진」, 『신동아』, 1976. 3, 411~412쪽.

가 있다. 오히려 「빈 청사진」의 정수정이 「우울한 빠리」의 묘선과 같은 위치에 놓인다. 불란서식 생활양식에 적응한 당당한 자신의 지나친 자존을 지키기 위해 자신이 만들어 놓은 덫에 걸려 벗어나지 못하는 그들은 그 대가로 자신이 소중하게 생각했던 자존에 상처를 입히고 만다. 그러나 「빈 청사진」의 이정금은 어느 만큼 성숙해 있다. 이중적 모순에서 벗어나 자신의 삶에 확고한 신념을 가졌으며, 더 나아가 그것을 성실히 이행했다면 그것이 어떠한 사고방식과 부딪쳐도 문제될 것이 없다는 결론에 다다른다.

「빈 청사진」의 이정금이야말로 1960년대 고통의 긴 터널을 통과하여 손장순이 도달한 여성성의 정체이다. 1960년대 작품의 경우, 손장순이 그린 남성들의 왜곡된 정신상태와 여성들의 굳건한 입상에 대한 신념은 쌍방에 깊은 상처를 입혔다. 이제 1970년대를 지나면서 작가는 남을 의식하거나 나 자신을 속이면서까지 자신의 위치를 세우고자 했었던 왜곡된 에고와 결별한다. 이제 쌍방간 대립이라는 긴 터널을 지나 어려우나마 동참하는 남성들을 껴안으면서 여성의 문제를 해결하고자 한다.

이쯤 되면 1960년대 보여 왔던 정신파탄자의 남성들은 보이지 않는다. 그들이 당면한 문제들과 맞서며 그 과정에서 작가는 여성의 현실을 객관적으로 냉철하게 읽어 버리는 눈을 가지게 된다. 1975년을 유엔에서 '여성의 해'로 정하자 한국에서도 그것을 강조한다. 이를 계기로 손장순은 「막내리다」에서 여성의 문제를 재진단한다.

'여성의 해'라는 기치 아래 여성들의 권리가 알게 모르게 강해지고 그것이 현실적으로 여성 중심의 사회로 변화된 듯하지만 실제로 여성들의 삶은 오히려 더 고달프고 공허하며 사회에서 이단자로 남을 수밖에 없음을, 이 작품을 통하여 손장순은 통렬하게 비판한다. 또한 직장 생활을 하는 여성의 다중고에 초점이 맞추어지면서 여성의 문제가 해결된 것 같지만 기실 더 많은 문제들을 내포하고 있음을 보여준다.

> 아니 남자들이 모두 이쯤 타락하고 있는 것일까? 여자가 경제적으로 보호를 받던 시절은 지났다. 그렇다면 여권을 부르짖는 것은 당연하지 않은가.
>
> 그런데 남자들은 이 기승에 점점 위축이 되어 가고 그렇다고 여권이 근본적으로 해결되었거나 시정된 것도 없다. (중략)
>
> 그녀가 벌어들인다고 해서 살림을 도외시할 수 없는 것이 여자의 고충이다.[10]

이런 고충을 안고 있는 주실은 남편 인환과 애인 성진의 이기성을 보면서 새삼 여성의 해가 얼마나 피상적인가를 뼈저리게 느낀다. 이러한 주실의 시각은 작가의 시선이라 할 수 있다. 왜냐하면 '여성의 해가 따로이 있었다는 자체가 여성이 약자임을 상징하고도 남는다는 쓸쓸한 상념'에 부딪친 주실의 입장은 바로 작가의 생각을 가식 없이 드러낸 곳이기 때문이다. 여성의 해가 서서히 막을 내리고 주실에게 남은 것은 이혼과 고독이라는 마지막 서술은 바로 여성의 해를 맞아 여성들의 삶이 오히려 하락하거나 그렇지 않다면 넘어야 할 산이 중첩되어 있음을 보여준다.

---

10 손장순, 「막내리다」, 『세대』 157, 1976. 8, 356~357쪽.

작가의 철저한 개인의식의 확립에서부터 출발한 1960년대 작품은 '나'가 존재한 후에 '너'가 존재한다. 그리고 '나'에게 피해가 되지 않는 한도 내에서 '우리'가 형성되며, '우리'를 가장한 '너'에게 피해를 주는 '나' 역시 있을 수 없었다. 그러나 '나'만이 존재하는 우리의 삶은 있을 수 없다. 또한 다중적인 권력체계 내에서 타자와 약자인 여성의 지나친 자립적 입상은 남성 중심적 체계에 칼을 들이대는 확고한 입지이기도 하지만, 그 칼날이 거꾸로 여성을 겨누는 상황 모순에 빠지게 한다.

이러한 인식에서 작가는 '우리'의 존재 안에서 '나'는 어떻게 살 것이며 무엇이 '나'의 정체성을 세우는가 고민하면서 조심스럽게 여성성을 탐색한다. 따라서 작가는 1970년대 작품에 와서 비로소 다중고에 시달리면서 의무만 있을 뿐 권리는 찾을 수 없는 여성들의 삶을 들여다본다. 이 자리는 현실을 정확하게 바라보는 작가의 시선이 머문 자리이기도 하나, 불행하게도 남성 중심의 사고가 팽배하는 현실과 타협하는 작가의 숨낮은 호흡도 함께 한다.

5. 결론

이 글은 손장순의 1970년대 작품에 주목하고 있다. 그러나 작가는 1958년에 문단에 데뷔하여 1960년대 줄곧 많은 작품을 발표하였고 그 추진력은 1970년대에도 이어진다. 그래서 1970년대 작품의 평가는 1960년대 작품의 평가와의 대비 속에서 얻어야 한다. 이 글은 1960년대 작품에 나타난 여성성의 층위가 1970년대 어떻게 변화를 가져오는가를 살펴보고자 했으며, 1970년대 작가는 왜 작품 세계의 변이를 감당했어야 했는가를 해명하고자 하였다. 이와 같은 작업은 동시에 여성성의 현주소를 확인하는 길과도 통한다. 이렇듯 작품을 통한 여성들의 자화상 엿보기는 결국 1970년대 여성들이 짊어져야 할 운명이 무엇인지를 가늠하도록 하며, 이러한 일련의 작업은 1970년대 손장순의 작가적 의미를 확보하는 것과도 무관하지 않다.

1960년대 작가는 자본주의적 근대의 양식에 대담하거나 그러한 가치에 과감히 적응하는 여성들의 등장과는 다르게 남성들을 비적응자 내지 정신적 파탄자의 모습으로 형상화했다. 이런 남성상을 통해 작가는 근대화의 결과로 드러나는 인간성 상실과 자본의 속성인 잉여가치의 삶이 얼마나 인간적 삶을 훼손하는가라는 점을 들추어낸다. 또한 남성들의 이러한 모습은 여성의 확고한 정체성 확립이라는 명제 속에서 비협조자로서 등장함으로써, 여성들이 신념을 정립해 나가는 과정에서 남성들이 얼마나 모순되고 나약한 존재였는가를 드러낸다. 이것은 여성의 정체성에 걸맞는 건전한 동반자 내지 동조자 의식을 남성들에게 촉구하는 작가의식의 소산이라 할 수 있다.

그러나 1970년대에 들어서자 작가는 지나치게 자립적인 여성들을 다소 누그러뜨리면서 그들을 통해 여성의 정체성을 진지하게 고민한다. 이것은 자본주의적 근대화의 제 양상 속에서 인간의 진정성을 찾기 위한 길은 남녀가 같이 가야 하는 길임을 인지한 작가의 성숙됨에서 가능한 일이다.

우리가 지고 있는 짐은 전쟁이라는 굴레이며 불신과 부조리의 인간관계임을 간파하면서 작가는 진지하게 삶의 진정성에 다가간다. 그 탐색의 과정에서 병리학적 증후군으로 나타난 인간군들은 근대적인 양식과 사회 변화에 대한 작가의 거부감 내지 저항의 징표로서 작용한다. 상처받고 뒤틀린 자아들은 자신을 보호하고자 정신적 질환을 앓는 환자로서 등장하지만, 치유하기 위해 순수한 영혼과의 만남을 갈구하며 메마름을 적시는 자연과의 교감을 간절히 바란다. 이러한 작가의 생명력에 대한 갈망은 1970년대 장편 『공지』와 『세화의 성』을 완성한다. 그리고 숨이 움트는 자연과의 교감을 염원했던 작가의 무구성은 1970년대 손장순의 산악소설로 이어지며 그 후 산악소설집 『절규』의 탄생을 예고한다.

비적응자로서의 남성 인물의 모습이 1970년대 들어서 여성 인물에게도 나타남으로써, 작가는 시대의 사회 병리학적 증후군을 우리 모두의 문제로 여긴다. 이쯤 되면 작가는 여성들이 지니고 있는 이중적인 성 정체성의 실상을 들여다보는 여유도 생긴다. 그 결과 작품 속 여성들이 남을 의식하거나 나 자신을 속이면서까지 자신의 위치를 세우고자 했었던 왜곡된 에고에서 벗어나 남성들과 함께 삶의 근원적인 것이나 여성의 문제들을 풀어나간다. 들뜨지 않는 가운데 여성의 위치를 제대로 보고자 한 작가의 시선으로 손장순은 여성의 해를 맞은 1970년대 여성들의 삶이란 다중고에 시달리면서 아직도 넘어야 할 산이 중첩되어 있음을 정확하게 짚어낸다.

'나'만을 위한 삶이 '우리'의 삶으로 확대되면서 작가는 그 속에서 여성의 위치를 정확히 직시하고 진지하게 여성의 정체성을 탐색한다. 그 결과 1960년대 '나만이 내 삶을 만들어 갈 수 있는 의미'에서 1970년대 '행위에 대한 신념과 성실성'으로 심화된다. 그러나 심화는 말만 다를 뿐이지 타협과 동어이다. 여기에는 줄곧 부정하고픈 여성들의 질곡과 맞닥뜨리게 된 작가의 시선도 있지만, 갈 길이 먼 여성들의 위치를 '나'만의 자존과 입상으로 지켜 가기에는 너무나도 버거운 작가의 고개 숙임도 숨어 있다.

1960년대 작품 속에서 칼날 같았던 여성들의 당당한 입상이 1970년대 들어서면 점점 무뎌지면서 버거움을 곱씹어야 하는 여성들의 위치는 곧 1970년대 여성들의 현주소이다. 많은 작품을 통해 되새김질해도 약자일 수밖에 없다는 결론에 이른 작가의 외침은 진정한 여성성 회복이 요원한 상태임을 확인해 준다. 그러나 반복되는 작가의 외침은 작으나마 진동과 울림을 기대하는 여성들의 목소리를 대변함으로써, 1970년대 손장순 작품이 존재해야 하는 이유를 명백히 제시하고 있다.

제2부

손장순의 문학과 삶

여성 주체의 세 가지 실존적 모험
— 손장순 장편소설의 변화양상

안서현

1. 들어가는 말: 『한국인』 그리고 그 이후

손장순 소설에 대한 평가는 그동안 주로 대표작인 『한국인』을 중심으로 하여 이루어져 왔다. 따라서 "한국인으로서의 여성의 자기 정체성에 대한 고뇌를 밀도 있게 그려낸"[1] 점이나 "1960년대의 근대화 신화에 대한 통렬한 비판의식"[2]을 보여주고 있다는 점 등이 중점적으로 언급되어 왔다. 그러나 그 이후에 추가된 짧지 않은 작품 목록을 볼 때 대표작 중심의 연구 경향에서 벗어나 그녀의 문학에 대하여 좀 더 다각적인 분석과 총체적인 평가가 이루어져야 할 시기라고 판단된다.

---

1 권영민, 「시대적 인간형의 탐색과 그 서사 미학」, 『손장순 문학전집 1』, 푸른사상, 2009, 22쪽.
2 임헌영, 「손장순론」, 『손장순 문학전집 2』, 푸른사상, 2009, 382쪽.

『한국인』을 포함하여 손장순의 소설세계 전체를 관통하는 핵심 주제는 바로 여성의 삶과 주체성 확보의 문제이다. 그녀의 소설—특히 장편소설들—은 일반적으로 부르주아 계층의 여성 주인공을 내세우며, 그 주인공이 남녀관계에서 오는 갈등이나 결혼생활에서 오는 모럴의 충돌을 겪으면서 자아의식과 사랑의 양립을 놓고 고민하게 되는 내용을 다룬 것이 대부분이다. 이러한 줄거리 구성은 첫 장편소설 『한국인』을 포함하여 1990년대에 창작된 『야망의 여자』, 『돌바람』에 이르기까지 일관된 경향으로 나타난다. 그러나 이러한 점, 즉 여성의 삶과 실존에 대한 문제를 줄기차게 제기해 왔다는 부분에 있어서는 그동안 손장순 문학이 온당한 평가를 받지 못한 것이 사실이다.

이 글에서는 『한국인』(1967), 『공지』(1970), 『세화의 성』(1972), 『행복을 찾는 여자』(1978), 『야망의 여자』(1990), 『돌바람』(1995) 등 여섯 편의 장편소설을 대상으로 삼아, 그 안에 제시된 여성상에 초점을 맞추어 각 작품의 문제성을 분석한 다음, 손장순 소설 전체를 관통하는 여성의 삶에 대한 문제의식과 다시 조우시킴으로써 궁극적으로 그녀의 작품세계 전체에 대한 이해를 심화하고자 한다.

이 글에서 대상 작품에 대한 생산적 독해를 위해 참조하는 것은 손장순 자신이 국내에 번역 소개하기도 했던 실존주의 여성비평가 시몬 드 보봐르의 사상이다. 제1세대 여성주의 사상가의 대표격인 그녀는 여성을 남성에 의해 규정된 성, 즉 '제2의 성'으로 규정하고 그러한 타자로서의 허구적 여성성을 파괴함으로써 남성과 동등한 주체의 지위를 얻고자 하였다. 그리하여 여성의 남성과 동등한 권리 획득, 그리고 여성의 활발한 사회 참여 등을 주장하였다. 이러한 보봐르의 평등주의 노선은 이후 여성의 본질적인 면, 즉 남성성과 근본적으로 구별되는 여성성의 정체에 대한 문제에 초점을 맞추어 소위 '차이의 페미니즘'이라 불리는 제2세대 여성주의 또는 문화적 관점에서 바라본 성차 즉 '젠더' 논의를 활발하게 해나가고 있는 제3세대 여성주의 등 후진들에 의해 비판적 극복의 대상이 되고 있다. 그러나 보봐르의 사상은 손장순이 창작 활동을 하던 당시에는 물론 지금도 여전히 일정 부분의 유효성을 지니고 있다. 이는 그만큼 여성의 삶을 둘러싼 제반 조건이 쉽게 변하지 않는 현실을 반증하는 것이기도 하다.

손장순이 「보부아르의 명성과 사후(死後)의 평가」에서 샤르트르와 보봐르가 기존 결혼 제도를 거부하고 대신 선택했던 대안인 이른바 계약결혼의 허점을 신랄하게 비판한 것을 들어 혹자는 보봐르에 대한 그녀의 비판적 입장에 초점을 맞추고 있으나, 한편으로 그녀 역시 여전히 보봐르의 실존적 여성주의 사상을 여전히 주요한 참조점으로 삼고 있었다.[3] 주지하듯이 보봐르의 『제2의 성』은 남성에 대해 대타적으로 구성된 여성이라는 성의 허구성을 간파하고 이를 적실하게 지적하였으며, 손장순은 「여성문학과 페미니즘」이라는 글에서 "(이 글에서 강조하고자 하는 것은—인용자 주)『라뻴륨』이 페미니즘을 교조주의적으로 추구하고 그런 식으로 여권을 주장하는 문학지가 아니라는 점이다. 하지만 여성이 제2의 성이 아니라 남성과 동등한 이성이라는 신념에는 변함이 없다."[4]라고 하여 보봐르가 피력했던 여성성에 대한 견해에 동조하고 있는 것이다.

그녀가 비판의 각을 세우고 있는 것은 다만 샤르트르와의 계약

3 손장순, 『손장순 문학전집 12—이룰 수 없는 서원』, 푸른사상, 2009, 50~52쪽 참조.
4 위의 책, 34쪽.

결혼 등 보봐르 자신의 삶 속에서 드러난 한계에 한정된다. 이는 그 사상적 패기와 달리, 관습적 제도로서의 결혼에 대한 거부의 결과로 오히려 더 고통을 겪은 그녀에 대한 안타까움일 뿐, 그 사상의 무용성을 지적한 것은 아니다. 오히려 그러한 삶의 흥미로운 면면에만 관심을 보이는 잘못된 국내의 보봐르 수용에 대한 항의의 표시를 하고 있다고도 할 수 있다. 실제 손장순의 소설 안에서 보봐르가 직접 언급되는 경우도 왕왕 있다. 따라서 보봐르의 사상을 하나의 참조점으로 삼아 그의 소설을 독해해 봄으로써 손장순 소설의 의미에 한발 더 접근하고자 하는 것이 이 글의 목표이다.

2. 결혼(사랑): 권태와 고독에서 벗어나기 위한 불가능한 노력

명실공히 손장순의 대표작인 『한국인』에 인상적으로 등장하고 있는 희연이라는 인물상은 이후 손장순 소설에서 반복되는 여성 인물형의 원형을 이룬다고 할 수 있다. 희연은 강인한 성품과 독립성을 지니고 있는 것이 특징이며, 그러한 성격의 기원은 전후의 니힐리즘이다. 그녀의 의식은 전후의 허무주의에 깊이 침윤되어 있어, "권태라는 질환이 만성병균처럼 체내에 잠복하여 수시로 재발"하던[5] 전후의 정신구조를 잘 보여준다.

5 손장순, 『손장순 문학전집 1 — 한국인 (상)』, 푸른사상, 2009, 178쪽. 앞으로 이 전집의 텍스트에서 인용할 때에는 괄호 안에 권수와 쪽수만 명기함.

한편 이러한 전후의 의식구조는 이중적이다. 한편으로 그것은 삶의 재건을 목표로 하는 건설주의와 연결되어 있는 것이다. 허무주의의 성향을 띠고 있지만 오히려 그런 만큼 더 자아에 대한 역설적인 집착을 가지고 있는 것이다. 희연은 인간은 모두 개별적인 자아를 가지고 또 개아(個我)로서의 타협할 수 없는 숙명을 가지고 있다는 것을 알기 때문에, 이성과의 관계에 대해서 큰 기대와 환상을 갖지 않는다. 결혼 역시 탈낭만화하여 바라보는 것이다.

> "오빠, 여자에겐 결혼이 인생의 전부일까."
> "그렇지 않다면 넌 결혼도 일종의 도락(道樂)으로 생각하니? 마치 입고 싶은 옷을 입어 보듯. 그건 나보다 더 위험한 생각이야."
> "모든 것을 너무 심각하게 생각하면 오히려 내 자신이 파괴되고 말아. 마치 소중하게 다루는 물건이 부서지기 쉽듯이. (중략) 또 전쟁을 겪고 난 우리에게는 모종의 니힐이 항상 지배하고 있어요. 말하자면 죽었던 셈치고 한번 살아본다는. 때로는 '아웃사이더'로 아무런 구애 없이 살 수도 있다는."
> "전후의 풍조냐."

그러나 한편 그녀는 결혼을 통하여 자기애를 만족시키고, 또 자신의 삶을 재설계하고자 하는 욕망 역시 가지고 있다. "나에게 결혼은 건설이면서 허황된 정열의 체념이야."라는(2, 37) 이러한 모순성의 공존은 전후의 내적 풍경을 반영한다.

> (가) '아, 우린 정말 이질된 사람들끼리 한 지붕 안에서 우격다짐으로

무리하게 살고 있었어. 그러고도 이때껏 별로 고독을 느끼지 못했다면 나의 무딘 감성은 어디서 고장이 난 것일까. 전진(戰震) 속에서 꿈과 더불어 모든 감성을 몽땅 빼앗긴 뻥 뚫어진 마음인가. 전쟁의 강한 타격이, 모진 아픔이 감성의 기능을 편리하게 마비시켜 버린 것일까. 그렇다면 난 전쟁의 간접적인 희생자? 하긴 난 어떠한 고통 속에서도 니힐이란 편리한 종교가, 도피처가 있었지. 죽었던 셈치고 살아보는 여유가. 아니 그 고통 때문에 생명의 소중함을, 더 열심히 삶을 살고 싶은 의욕을 한때 느낀 것이 아닌가. 나를 스치고 달아나는 시간과 생명의 순간순간을 확인하며.'(2, 177)

(나) 희연은 어떤 남자를 만나도 어차피 고독해지지라 생각한다. 그렇다면 어떤 남자나 그녀에겐 다 마찬가지다. 그녀에게 있어서 남자의 가치란 여자의 욕망을 충족시켜 줄 수 있는 능력에 좌우된다. 그 이상 한 푼 어치의 값어치도 없는 것으로 치부한다.
따라서 그녀에겐 결혼이 엄밀히 말해서 여자로서 인생을 살아나가는 수단이요, 방법에 불과하다고도 생각할 때가 있다. 그녀가 중매결혼에 의존하려는 것도 이런 타산에 의해서다.(1, 33)

결국 그것의 정체는 (가)에서와 같이 극단적 허무의 반작용으로서의 역설적인 삶에의 의욕이며, 그것의 표출은 (나)에서처럼 안이한 결혼관으로 이어지게 되는 것이다.

그러나 고도의 지적 교육을 받은 그녀의 의식과 달리 여전히 전근대적인 결혼의 제도는 그녀에게 큰 고통으로 다가온다. 이러한 인습적 제도는 여성 주체의 실존, 즉 보봐르의 용어로는 '초월'을 불가능하게 하는 것이면서 동시에 여성을 '내재'의 영역에 가두어 두는 것이다. 여성을 종속시키고 주관성을 훼손시키며 타율적 삶 안에 머무르도록 하는 척박한 실존의 조건인 것이다.

희연의 남편 문휘는 어머니의 과잉된 애정으로 인한 만성적 애정결핍 상태인 동시에, 전후의 사회에서 빨리 한 자리를 차지하고 싶으나 그렇게 하지 못하는 "사회에 대한 욕구불만"(2, 36)을 희연에게 발산하고 있다. 또한 그는 열등감을 해소하기 위하여 희연을 정신적으로 착취하고, 그녀에 대한 권력적 우위를 확인하기 위해 일부러 그녀에게 상처를 입히는 가학적 태도를 보인다. 이것은 가부장제 하에서 가정 내 질서의 주재자인 남성들의 교육에 의해 예속되고 길들여지는 여성성을 보여준다.

『한국인』에 나타난 이러한 손장순 특유의 여성 인물 형상은—높은 교육수준과 취향, 남성에게 의존하기보다 자기의 삶에 충실하고자 하는 독립성을 지닌 여성—『공지』의 나희에서 반복된다. 나희는 희연과 유사하면서도 더욱 더 당당한 여성으로 '올드미스'이면서도 결혼에 얽매이지 않는 당당함을 지니고 있다. 그녀 역시 사랑에 있어서의 '니힐리스트'에 속한다.

> '옳지. 결혼이란 지겹게 권태로운 시간을 메우는 부담을 반분하는 데 필요한 것이구나'
> '허지만 기막힌 미인도 매일 보면 의미가 없어진다는데 같은 남편과 아내로, 송진처럼 엉기는 삶의 앙뉘를 해소시킬 수 있을까'(3, 85)

위의 인용문에 나타난 결혼에 대한 회의적 시각은 『한국인』의 희연의 그것과 흡사하다. 사랑이란 결국 상대의 타자성의 끊임없는 확인에 지나지 않으며 이러한 관계의 불모성에 대한 그녀의 인식은 '공지'라는 상징으로 표현되고 있다. 그것은 희연에게서와 마찬가지로 전후의 내면적 양상을 보여주는 것인 동시에 시대를 초월한 애정의 본질론이기도 하다.

> 결국 인간은 혼자다. 고독한 존재다. 나 이외의 그 누구도 엄연히 타인이다. 영원히 알 수 없는 미스테리를 가진. / 나희의 가슴속은 갑자기 황막한 공지(空地)가 되어 버린다. 빈 가슴엔 공허한 바람만이 쓰리게 불어 온다. 분지(盆地)처럼 다사롭고 온화하던 가슴속에.
>
> "난 원래 사랑에 대해서는 허무주의자였어요. 그러던 내가 덕택에 며칠 동안이나마 사랑을 경험하게 됐어요. 행복한 시간이었어. 너무나 짧은 순간이었지만. 앞으로 분지가 공지가 되더라도 후회하지 않겠어요. 직장에서 일을 하면서도 탈호 씨의 생각을 하면 활력이 충만해 오고 삶이 즐겁기만 했어요. 마치 꿈을 꾼 것 같아."(3, 136~137)

위의 인용문에서도 볼 수 있듯 그녀가 니힐리즘을 깨고 다시 타산에서 벗어난 사랑을 할 수 있게 되기까지는 에로스적 사랑이 큰 구실을 한다. 그러나 이렇게 활기를 띠게 된 그녀와 탈호 사이의 관계에도 큰 장애가 있는데, 바로 불신이다. 이 역시 여성인 동등한 위치에서 대하기를 거부하는 남성 특유의 의식에 기인한다. 여성을 자신에게 종속된 존재로 매어 두고 자기가 상대적으로 우월한 위치에 서고자 하는 남성의 지배욕이 은연중에 발휘되는 것이다.

그것을 계기로 하여 그들의 관계는 균열되며, 이러한 실패는 다시

되먹임되어 전후 주체의 허무주의를 강화시키는 방향으로 작용한다.

> (가) "역시 그랬었군. 우리 사이에는 보이지 않는 금이 있었던 거야. 그렇지. 열렬한 애인 사이에도 금은 있는 거야. 나와 또 다른 나 사이의 금이. 다정하면서 비정한 타인이야. 근본적인 통화란 있을 수 없는 건가 봐. 이런 경우 어떻게 나를 다 표현할 수 있을까. 요컨대 혼자서 사랑하다가 혼자서 끝나 버리는 거야. 사는 것도 그래. 혼자서 살다가 혼자서 죽어 가는거지. 애인에게 이해되지 않는 자신을 설명해야 하는 고통과 고독감. 사랑은, 섹스는 인간의 이런 근본적인 고독을 눈가림하는 것이 아니면 외면하는 공연한 짓이야. 극단적으로 말하면 인생에 대한 투시력을 마비시키는 행위야. 술이나 마약처럼."(3, 155)

> (나) 우린 피차가 사랑을 믿지 못하는 현대의 불구자. 나는 불신과 기만을 용서하지 않는 불모지에 난 야생초. 이 불모의 공지엔 환상의 꽃도, 어떤 낭만의 꽃도 피지 못한다.(3, 213)

(가)에서와 같이 주체가 고독 혹은 삶의 앙뉘(ennui: 권태)에서 벗어나기 위해서는 에로티시즘이 필요하다. 그러나 에로스의 순간성과 불완전성은 더 큰 고독을 불러온다. 결국 (나)와 같이 모든 인간은 공지(空地)라는 존재론을, 근원적 결핍과 텅 빈 불모의 자아성을 받아들여야만 한다. 그러한 존재의 공동성(空洞性)을 직시할 때에야 비로소 다시 사랑을 시작할 수 있다. 사랑의 부조리요, 모순이다.

"잠깐만. 나희, 그래도 탈호를 사랑해 왔다고 하지 않았어요."

"그것은 순간에 국한된 것이고, 이상한 것은 현재 탈호의 부재가 더 강한 실재로 안겨 온다는 사실이에요. 그런데 가슴 속에는 회오리바람이 불어요. 텅빈 공동(空洞)에."

"그것은 사랑이 아니고 무엇이에요."

"그 부조리를 나는 무어라고도 말할 수 없어요."(3, 347)

이러한 부조리는 "사랑이란 고독에서 시작하여 고독으로 되돌아가는 것. 결국 사랑은 없는 것인가—"(3, 183), "사랑의 실재(實在)는 부재(不在)를 전제하고 부재는 실재를 의미하는 것일까."(3, 213), "사랑을 알고 난 뒤에는 고독에 대한 열광과 몰입을 잃게 된 것 같애. (중략) 아냐, 고독의 맛을 더 탐욕스럽게 맛보게 되었어."(3, 331) 등의 모순어법으로 거듭 천명된다. 그리고 사랑의 (불)가능성을 알게 될수록 그들은 거기에 빠져들어, 결국은 살해라는 극단적인 충동에로까지 몰리게 된다.

이렇게 니힐리스트인 『한국인』의 희연이나 『공지』의 나희는 이렇게 사랑 혹은 결혼이라는 모험을 감행하고 있다. 그것은 그녀들의 개체적 실존을 (불)가능하게 한다. 인간의 실존에 있어서 타자는 있어서도, 없어서도 안 되는 하나의 모순 지점인 것이다.

『한국인』의 희연이 이혼을 선택하거나 『공지』의 나희가 탈호를 살해하는 등의 극단적인 선택을 하는 것은 그만큼 그들의 실존의 조건에 대한 강렬한 저항의 의미를 지닌다. 이는 남성의 억압에 의한 여성 주체의 삶의 부조리에 대한 현실적 저항이자, 근원적으로 인간의 사랑에 깃들인 불가능성에 대한 존재론적 저항으로서의 의미를 동시에 지닌다. 그러나 이러한 해결이 극단적인 결말을 통해서만 가능했다는 점은 시대 자체의 한계를 반영한다고도 할 수 있겠다.

3. 독립: 사랑의 갈등을 통한 역설적 자기 확인과 실존적 자유 인식

『한국인』에서도 혜미의 경우는 희연과 정반대의 인물로 설정되어 있다. 혜미는 어린 시절 사랑을 듬뿍 받고 자란 덕에 타인에게 절대적인 애정을 기대하며 사랑에 대하여 큰 환상을 갖는다. 역시 자기애가 강한 현대적 여성이지만 희연과 전혀 다른 방식으로 그러한 특성을 표출하는 것이다. 또한 『공지』에서의 신애나 지아의 형상 역시 중심인물인 나희와 대조를 이루고 있다. 신애나 지아는 각각 다른 의미에서—신애는 강이라는 인물에게 집착한다는 의미에서, 지아는 계속해서 대상을 바꾸어 가며 일회적 사랑에 열중한다는 의미에서—사랑에서만 삶의 의미를 찾을 수 있는 여성이다. 이들은 둘 다 "사랑을 빼놓으면 할 일이 없고 인생이 텅 비어 버리는 곤혹"(3, 120)을 느끼는 것이다. 차기작인 『세화의 성』의 세화는 이러한 인물 유형들의 연장선상에 놓여 있다.

『세화의 성』은 사랑에 모든 것을 걸었던 세화, 끈질긴 집념과 야망의 소유자 범호, 인격적이지만 사랑하는 사람과 결혼하지 못한 풍훈 등을 통해 연인 혹은 부부 간의 엇갈린 애정의 행보와 그로 인한 관계의 파국을 보여주고 있다. 이 소설 속의 세화의 모습은 연인인 범호와의 이별이나 남편인 풍훈과의 갈등을 통해 비로소 자아를 인식하게 된다는 점에서 시몬 드 보봐르의 『위기의 여자』 속 인물과 닮아 있다.[6] 그러나 결국은 "사랑만이 중요한 여자. 그것만이 삶의 의미요 보람인" 여자였던 자신은 "어느 의미에서 인생을모르는 철부지"(5, 93) 였다는 깨달음에 이른다.

> 그러나 그녀의 사랑이 진실하면 했을수록 오랜 세월 두고 점철된 사랑의 자국은 그와 비례한 아픔을 줄 뿐이다.
> 그녀는 야망을 위해 그처럼 소중하게 쌓아온 사랑의 역사를 너무나 간단히 무너뜨려 버리는 범호의 패덕(悖德)에 분노를 느끼면서도 여지없이 마음이 돌아서 버리고 만다. 추태를 부리기에는 너무나 아껴온 자신이다. 단지 죽음보다 무서운 낙망과 실의가 가슴을 무겁게 짓누른다. (중략) 순수한 사랑? 행인들이 가가대소(呵呵大笑)하는 것 같다. 싸늘한 비웃음이 얼굴마다 묻어나온다. 어리석다고 손가락질도 하는 것 같다.
> 인생은 결코 유현한 첼로의 현이 아냐. 배반, 아픔, 쓰디쓴 고배. 나를 찾아야 한다. 퇴폐한 유행가로 전락해서는 안 된다.(5, 104~105)

손장순에 따르면 『위기의 여자』 역시 애정의 위기라는 난관을 통과하면서 여성이 겪게 되는 자각에 관한 것이라 할 수 있다. 그리고 "그 과정 속에서 그때까지 모르고 지내온 자아를 재발견하고 인간의

---

6 『위기의 여자』의 주인공은 남편이 다른 여자를 만나고 있다고 선언한 이후 "아직까지 나는 나 자신에 대해서는 거의 생각해 본 일도 없다. 남편이 나를 사랑해 주었기 때문에 내가 보증되어 온 것이다. 그런데 만일 남편이 나를 사랑하지 않는다면 …… 내가 걱정하고 있는 것은 바로 그렇게 되는 경우뿐이다. 그가 나를 더 이상 사랑하지 않게 되었다면, 나에게 그럴 만한 이유가 있었던 것일까? 아니면 이유는 내게 있는 것이 아니라 그가 치사한 인간이기 때문일까"라고 하며 근본적인 정체성의 혼란을 겪는 모습을 보여준다. Simone de Beauvoir, 손장순 역, 『위기의 여자』, 문예출판사, 184쪽.

실존의식에 점차 눈을 떠가면서 정신적 위기를 극복하려는 한 중년 여성의 몸부림을 표현"[7]했다는 것이다. 『세화의 성』에서의 세화의 사랑의 곤경 역시 여기에서 그 의미의 실마리를 찾을 수 있다.

> 사랑, 결혼, 이런 것들은 다 자주적인 것이 못 되고 상대적인 것이다. 인간이 불완전한 인간을 사랑하고 신뢰한다는 일처럼 허망한 일이 어디에 있을까. 불안정하게 유동하는 그 자체가 인간의 생생한 일면이 아닌가. 남에게 의존하고 거기에서 얻어지는 타율적인 행복보다 자기 세계를 개척해서 얻어지는 자율적인 행복에 눈을 떠야 한다.
> 첼로는 바로 그녀의 세계이다. 그녀 혼자서 노력만 하면 스스로 얻어지는 행복이 있다.
> 이루어지지 못한 꿈은 고성(古城)에 묻어둔 채 거기에 망향을 지니면서 첼로리스트로서의 길을 한 걸음 한 걸음 닦아가자.
> 이미 들어선 자리의 주인이 내가 아니더라도 쫓아낼 때까지 나는 의지를 다하여 그 자리를 지키자. 세화는 그 대신 누구도 침해할 수 없는 자기만의 성을 다시 마음속에 간직하고 싶다. 그 성은 그녀의 자존심이다. 꿈은 깨어졌지만 성은 아직도 살아 있다. 그 성 속에 풍악이 다시 울릴 날이 있겠지. 영원히 없을지도 모르지만.(하, 26)

그리고 위의 인용문에서 보듯이 이 소설에서는 세화가 자각하게 된 개체의 실존적 자유라는 것이 '성'이라는 공간적 이미지로 표현되고 있다. 성은 고독이 긍정되는 공간이다. 손장순은 『어릿광대여

7 손장순, 「해설」, Beauvoir, 앞의 책, 206쪽.

나팔을』에 수록된 「나의 성(城)」이라는 수필에서 "나의 캐슬(城) 안에서 나는 조금도 공허하거나 고독하지 않다. (중략) 나의 성(城)은 나의 자존심이다. 성(城)은 나의 모든 것을 상징하고 의미한다. 그 속에는 나의 꿈이, 이상이 있으며 내가 원하는 모든 세계가 있다."(11, 31)라고 하여 성을 개인적 상징이자 보편적 상징으로 설정한 바 있다. 본래 『세화의 성』에서 성은 사랑에 대한 환상을 나타낸다. "옛날의 성주는 범호였다. 범호는 왕이고 세화는 왕녀"(6, 26)였던 것이다. 그러나 사랑의 실패 후에 그것은 세화 혼자만의 성이 된다. 그것은 그녀 개인의 독자성의 영토를 의미한다.

『행복을 찾는 여자』에서도 역시 유사한 여성의 자아 각성의 플롯이 반복된다. 이 소설은 사람은 모두 개아로서 존재하며 사랑하여 결혼한 사이라 할지라도 그 개인의 내밀한 영역은 끝내 공유될 수 없다는 문제의식을 미스테리 형식에 녹여 내고 있는 소설이다. 안나는 인생유전 끝에 빚 문제로 자신을 괴롭히는 대혁을 피해 선배 언니인 영애에게 의지하게 되고, 또 한편 소개받은 철주와 결혼을 하게 된다. 남편과 결혼 관계를 유지하고 있으면서도 영애와 여전히 가족적인 유대관계를 유지하고 있는 안나의 자유분방한 면모는 마치 부부관계 안에 제3자적 관계를 자유롭게 끌어들였던 샤르트르와 보봐르의 일탈적 관계를 연상시킨다. 그러나 소설의 결말 부분에서 안나는 결국 이러한 허위적인 관계로부터 벗어나면서 진정한 자신을 찾고 있다. 이러한 관계의 혁명을 통한 자기 확인과 자아 독립, 이것이 바로 손장순이 그리고 있는 여성 주체의 두 번째 존재론적 모험인 것이다.

어떤 여성들은 사랑이 없으면 존재의 이유를 잃는다. 이는 근원적 애정결핍 증세를 보이는 손장순 소설의 한 여성인물군의 성격이기도 하다. 그러나 그녀의 소설 속에서 이 인물들은 타자와의 관계 속에서 자신의 실존이 위협받고 있음을 깨닫고 혼자가 되는, 즉 고독을 받아들여 독립하는 존재론적 모험을 수용한다. 상호주관성(상호의존성)과 주체성 회복을 시도하는 것이다. 그러한 독립의 과제가 선결되어야만 보봐르가 의미한 여성적 실존, 즉 초월의 단계가 가능해지기 때문이다.

4. 야망: 여성의 사회적 자기실현과 삶의 균형 모색

『세화의 성』에는 형순(진 교수)이 친구인 동현의 한국의 여인이 위대하다는 말에 대해 "위대한 게 아니라 자신의 운명을 개척하는 데 지극히 무능하지. 난 이런 말을 들을 때마다 역겨워. 이혼을 하려고 해도 애들 때문에 희생하고 산다고. 그런 거짓이 어디 있어. 실은 자신이 문제인 거야."(6, 182)라고 이야기하는 장면이 나온다. 이러한 문제의식을 더 이어나가 자신의 운명을 스스로 개척하려는 여성 인물의 능동성을 극대화해본 것이 차기작인 『야망의 여자』나 『돌바람』일 것이다.

지금까지 살펴본 바에 따르면 여성 주체에게는 사랑(결혼)도, 고독에의 귀의도 모두 일종의 모험에 해당한다. 그렇다면 후자의 경우를 택해 자신만의 세계를 계속 추구하여 사회적으로도 일가를 이루게 되었을 때의 결과는 어떠할까? 즉 세화가 자신만의 성에 들어간 후 오랜 시간이 흘러 누구도 침범할 수 없는 성을 쌓은 후에 그녀는 자신의 삶에 만족할 것인가? 『야망의 여자』의 화련이나 『돌바람』의 설화, 빙아 등은 그러한 질문에 답하기 위하여 이른바 세화형 인물의 연장선상에서 설정된 인물이다. 또한 이전의 작품에서는 주로 남성 인물들에게서 드러나던 사회적 야망을 여성들에게 부여하였다는 점에서 『세화의 성』에서의 범호형 인물이 여성화된 것이라고도 할 수 있다. 이 지점은 매우 흥미로운데, 앞에서 언급하였듯이 여성이 표면상 남성과 동등하게 사회활동을 펼치는 것은 보봐르를 비롯한 제1세대 여성주의자들의 소목표이기도 했기 때문이다. 손장순의 『야망의 여자』는 남성성을 전유함으로써 남성들이 독점적으로 누리던 사회적 지위 역시 동일하게 누리게 되는 화련이라는 인물을 통해 이러한 여성의 사회 진출과 이를 통한 자기 성취라는 새로운 장면을 한껏 펼쳐 보이고 있다.

한편 이러한 인물의 설정은 변화한 사회 분위기를 반영하고 있는 것이기도 하다. 작가는 프롤로그에서 "추락하는 남성에 비해 상승일로에 있는 여성. 억압되었던 여성의 저력이 한꺼번에 폭발하고 있다고 해서 남성들이 위축되는 것은 지극히 불행한 일이다. 상대적 빈곤, 상대적 열등감, 상대적 박탈감, 이런 것들이 항상 문제가 되기 때문이다. 남녀가 상부상조하면서 균형 있게 발전해 나간 성공적인 사례와 그 이면의 애환과 애증을 다룬 작품도 한 번 쓸 만하다고 생각할 정도다."(7, 17)라고 밝혀 놓고 있는 것이다.

그녀의 이러한 야망의 추구가 호남으로부터 버림받은 경험에 의해 촉발된 것이라는 점에서 화련은 세화의 연장선상에 있는 인물이라고도 볼 수도 있다. 그러나 그 이후 "해방"되고 "사물을 보는 눈이 달라"지게 되는 각성의 단계를 거친 그녀는 "한 남자만을 사랑하고 한 남자에게서 사랑을 받는 것만으로 행복하다고 생각한 것이 지금 생각하면 맹목"(7, 179)이었음을 깨닫는다. 이전 작품들에서와 같은 여성의 자각담의 변주가 계속 이어지고 있는 것이다.

그러면서도 작가는 경험적으로 삶의 균형과 총화를 이야기하는 부모세대의 인물들을 나란히 등장시킴으로써 여성의 실존의 문제가 단순히 여성주의자들이 말하는 것과 같이 사회적 성취—남성과 동등한—만을 통해 가능해지는 것이 아니며 오히려 사랑을 통해 그러한 깨달음과 기쁨이 비로소 가능하게 되는 측면도 있다는 것을 놓치지 않는다.

> 이따금 내 가슴속에서 피맺힌 통곡이 나올 때가 있어요. 부부가 애 손목을 양쪽에서 잡고 다정하게 웃으며 걸어가는 것을 볼 때 저런 것이 평범한 행복이구나 하고 잊어버렸던 것을 다시 발견한 기분이에요. 작은 기쁨과 잔잔한 행복이 무척 아쉬울 때, 남이 보기에 내가 무척 화려하고 야망에 불타는 생활에 만족하고 있는 것 같지만, 순간순간 피눈물을 흘려요. 그러나 호남 씨를 다시 차지할 마음은 눈곱만치도 없어요. 이미 깨진 것을 이어 붙여서 행복하기란 부자연스런 거짓일 테니까요.(7, 320)

위와 같은 미경에 대한 화련의 고백을 통하여 작가는 여성의 삶을 두 가지 자아 사이에서의 갈등과 균형—낭만적 자아와 사회적 자아 사이의—으로 파악하고 있음을 보여준다. "결혼이 여자의 최선인 그런 시대는 지났어요. 요컨대 얼마나 의미 있는 삶을 즐겁게 사느냐가 중요해요."(7, 328)라든지 "(……) 반드시 결혼과 양립하는 사회 활동만이 이상적이라고 생각하지 않아요. 어느 방면에서나 프로가 되자면 가정생활은 장애가 될 뿐이에요."(7, 352)라고 당당히 소신을 표명하는 모습을 보여주는 장면과는 상반된다.

작가는 이 문제에 있어 화련을 구세대 여성인 영심과도 대립시킴으로써 대화적 공간을 만들고 있다. 영심과 화련 모녀는 남성 중심의 사회와 맞서 자신의 뜻을 펼쳐 나간다는 점에서는 동일하지만, 그럼에도 불구하고 서로 미묘한 차이를 드러낸다. 영심의 경우에는 화련이 가정생활과의 균형을 추구하기를 바라지만, 화련의 경우에는 사랑 없이도 자신의 야망이 성취되는 것만으로 충일감을 느낀다.

> 화련은 나날이 인기가 높아가고 뉴스 해설을 할 때 제법 프로다운 면모까지 보이기도 한다. 화련은 마치 사회적으로 눈부시게 발전하는 것만이 호남을 복수하는 것이라도 되는 듯이 자신이 하는 일에 치열하게 매달리고 있다. 화련이가 영 · 불어를 자유자재로 구사하면서 끊임없는 공부로 지적인 이미지를 주는 앵커우먼으로 만인의 사랑을 받고 있는 것이 한편 흐뭇하고 대견하면서도 꼭 자신의 모습을 화련에게서 보는 듯하여 거부감을 느낄 때가 있다.
>
> 그것은 자기와 비슷한 모습을 자식에게서 보고 싶지 않는 근친 혐오의 감정 같은 것이다. 그녀는 딸의 야망과 출세에 질투를 할 만큼 졸렬하지는 않다. 한때 화련이 평범한 결혼에 뜻을 두었을 때 실망을 하면서도 말리고 싶지 않았다. 그녀는 자신처럼 바쁘게 사는 딸과 며느리보다 화평한 가정 속에서 평범한 삶을 즐기고 사는 모습을 보고 싶었다. 자신의 생활이 얼마나 고달프며 때로는 전의가 필요한 만큼 거칠다는 것을 잘 알기 때문이다. (중략) 영심은 화련의 야심이 어디까지 뻗쳐나갈 것인지 아직은 확연히 알 수가 없다. 때로 딸의 열성과 집념을 보고 무서움을 느낄 때가 있다. 그러나 부모로서도 자신의 삶을 창조하며 살아가겠다는 딸의 의지를 무엇으로도 꺾을 수가 없다. 그녀는 다만 말없이 옆에서 두고 볼 수밖에 없다.(7, 242)

소설의 마지막 장면에서 그녀는 백완희와 그녀에게 돌아온 호남 가운데에서 백완희를 선택한다. 그리고 외국행과 승진이라는 두 가지 가운데에서 또 하나를 선택할 수 있게 된다. 그리고 이 장면에서 그녀의 실존 가능성은 이러한 자기 선택의 가능성 그 자체에서 찾아지고 있다.

> 한 잔의 커피를 맛있게 음미하며 그녀는 생각한다. 양자택일을. 그녀에게 앞으로 기회는 얼마든지 있다. 외국행도 승진도. 그녀는 침체가 계속되면 언제든지 도전을 또 할 수 있다. 그녀는 생각한다. 인생은 수없는 도전으로 점철된다고. 아버지가 최후의 도전이라고 하면서 다시 사고가 난 건축 현장에서 재기의 몸부림을 하고 있는 것을 생각한다. 긴장이 풀어져 무기력 속에서 허우적거리던 아버지에게 의욕과 생동감이 다시 되돌아온 것도. 아버지는 이제 피난 가서 먹었던 꿀꿀이죽의 맛을 아쉬워하지 않아도 되는 것이다. 생존의 고난 속에서 맛보는 삶의 묘미는 정신과 마음의 고난에도 있는 것이다.
>
> 오늘따라 한 잔의 커피 맛은 유난히 맛이 있다. 그녀는 혼자 있을 때 자기와의 진실한 대면 속에서 비로소 충실한 삶을 확인한다. 자기 영혼과의 공감. 행복은 바로 거기에 있는 것이다. 그녀의 망막에 호남과 완희가 엇갈려 지나간다. 소중한 시간들의 의미는 거기에도 있었다.
>
> 화련의 눈에 습습한 것이 고여 떨어진다. 살아있음의 환열인지, 삶의 페이소스인지 알 수 없는. 아니 그것은 상처를 주고받으며 성취해 온 삶의 비장감인지도 모른다.(7, 397~398)

그녀는 이러한 자신의 선택 속에서 두 가지의 균형을 잡으며, 또 고통이 온다 하더라도 "고통만이 참다운 희열"을 동반(7, 398)한다는 것을 기억하며 실존적 감각을 유지하고자 한다. 즉 이전의 인물들은 이 둘 사이에서 하나를 선택하는 극단에 서 있었지만, 화련은 이 둘 사이에서 균형을 잡으며 삶의 크고 작은 선택들을 계속해 나간다는 것이다. 이어서 창작된 『돌바람』에서는 이른바 성공한 여성들의 중년 이후의 생활을 그리면서 이들이 잃고 얻은 것은 무엇인지를 조명한다. 다음의 대목에서는 설화라는 인물을 통해 여성의 활발한 사회 진출에 따르는 생활의 염증을 표현하고 있다.

> 설화는 기분이 씁쓸하고 뒷맛이 좋지 않다. 인사동에서 팔각정까지는 얼마 안 되는 거리건만 거리가 마치 주차장인 양 게딱지 같은 차들이 한 데 몰려 꼼짝도 하지 않는다. 앞뒤로 정체된 차의 오너가 하나같이 여자들인 것이 눈에 띈다. 좌우를 돌아보아도 하나같이 여자들이 운전대를 잡고 있다. 이 모든 여자들이 거리에 쏟아져 나와 도대체 무슨 바쁜 용무가 있는 것일까.
> 부엌으로부터의 해방을 마음속으로 부르짖으며, 아니면 마지못해 하는 살림살이에 필요한 것을 사러 나온다는 구실로 하나같이 너도나도 거리로 쏟아져 나온 여자들에 대해 설화는 오늘처럼 거부감을 느낀 적이 없다. 일종의 근친 혐오감 같은 것일까. 거울 속에 비친 자신의 모습을 들여다볼 때 느끼는 것 같은. (중략) 인간은 누구나 보상심리가 있게 마련이다. 그래야 심리적 균형을 유지하기 때문이리라. 그러는 여자들에게 억눌리고 쌓인 한이 있기 때문이라 해도 적당히 싸워가면서 자기 권리를 찾으면서 살지언정 그런 흐름을 타는 것은 결코 쌍수를 들어 환영할 일은 못 되지 않을까? 하긴 시몬느 드 보봐르도 샤르트르가 죽은 다음 회고록을 통해 그 보상심리를 유감없이 드러내기는 했지만, 그녀가 작

가로서 일생을 살아가는 동안 여자로서 부엌 관리가 깔끔하지 않아 항상 음식 먹고 난 그릇들이 즐비했다는 일화가 할 일 없이 운전대 잡은 여자들에게는 얼마나 고무적이었을까. 부엌을 내팽개친 여자로서의 갈등을 느끼지 않게끔 해주는 데 도움을 주었을 테니까.(8, 30~31)

이는 여성에 대한 사회적 억압의 반작용 또는 그에 대한 보상심리에 의해 추동된 해방의 몸짓이 어느 지점에서 과잉되고 있음을 지적하고 있는 장면이다.

또한 아래와 같이 그동안 누적된 삶 속의 풍요에 대한 욕구가 정신적 허기의 형태로 분출되고 있음을 드러내는 장면도 있다.

"요사이 저의 가장 큰 고통은 자기 반란입니다. 평범한 삶에서 느끼는 작은 기쁨들을 놓치고 산 삭막함이 누적된 듯합니다. 예를 들면 집에 누가 꽃을 사 오면 전에는 그 꽃을 관리하는 것도 힘들어 부담스럽고 짜증스러웠습니다. 허나 이제는 집에 꽃을 가꾸고 살 수 있는 인간적인 삶에 대한 아쉬움이 절실합니다. 평범한 여자의 속성과 사회성이 강한 여자의 양면이 공존하여 서로가 서로에게 장애가 되고, 때로는 서로 싸우며 내부에서 격렬한 갈등을 일으키죠. 그것이 요사이 극에 달한 듯합니다."(8, 111)

『돌바람』에서도 작가는 역시 여성의 사회 진출 문제를 다루며 성공한 여성들 역시 결국은 자기염오와 허무에 이르게 된다는 것을 지적한다. 그러면서 이들의 사회생활과 가정생활의 균형을 문제 삼는다. 이들은 '나는 과연 성공한 것이며 빛나는 삶을 산 여자일까. 행복한 결혼이 여자의 정도란 통념이 많이 퇴색했지만 사회적 성공만으로 과연 잘 살았다고 말할 수 있을까.'(8, 96)라는 번민을 하게 된 것이다.

결국 작가가 이야기하고자 하는 것은 중년 이후 여성이 느끼는 '상처 속의 실존'이다.

> 다 알 수 없는 것이 인간의 본질이란다. 나도 자신을 알 수 없는 것. 그리고 고통의 절망과 극한에 가면 살아 있음의 희열이 미리 준비되어 있었던 것처럼 모습을 드러내곤 했지. 마치 겨울의 마루턱에서 봄이 준비되듯이. 아마도 판도라의 상자가 있기 때문인가 보지.(8, 386)

이들은, 즉 설화나 빙아는 사회적으로 크게 성공했음에도 불구하고 중년 특유의 허무의식과 마주할 수밖에 없다. 이제 중년을 맞아 삶을 돌아보는 그녀들에게는 사랑과 고독 사이의 양자택일보다도 순간순간 그 사이에서의 선택을 마주하며 삶을 끝까지 충실하게 살아나간다는 것, 그리고 그러한 삶 속에서 때로 겪게 되는 상실의 고통까지도 충만한 실존적 의미로 받아들이는 일이 중요해진다. 그것이 손장순 소설 속 여성 인물들의 마지막 모험일 것이다.

손장순이 지적하고 있듯이, 여성들이 남성들과 다를 바 없이 사회에 적극 진출하여 자신의 야망을 실현해야 한다는 식의 근시안적 여성해방의 주장은 오히려 자녀의 어머니로부터의 치명적 소외라는 비극을 낳는다. 그리하여 남성들이 오히려 "남성해방의 기수"로 나설 정도로 "가정다운 가정의 따뜻하고 포근함"(8, 342)을 아쉬워하게 만드는 것이다. 이는 곧 가정의 희생이며 동시에 에로티시즘을 통한 생명력의 추구 가능성을 거세해 버리는 것을 의미한다. 따라서 손장순은 이 두 작품을 통해 앞에서 발견해 놓은 여성적 주체의 삶에서의 두 가지 항, 즉 타자와의 불가능한 합일을 추구하는 사랑과 독립적 개체로서의 실존이라는 두 가지 과제 사이에서 균형 잡기가 가장 큰 야망에 해당함을 주장하고 있는 것이다.

그러고 보면 1990년대 손장순의 소설이 그 이전의 소설에 비해 다소 보수화되는 경향을 보인다고 오해받는 것도 무리는 아니다. 그러나 여기에는 사회에 본격 진출한 맹렬 여성들에 의해 본의 아니게 희생을 겪어야 했던 자녀 세대에 대한 그녀 세대—여성의 사회 진출 1세대라고 할 수 있을—의 미안함이 담겨 있다. 즉 세대적 맥락이 게재되어 있는 것이다. 그리하여 전후 세대인 작가 자신의 세대와 당시의 신세대인 자녀 세대 사이의 화해의 문제를 이 두 편의 소설에 담아내고 있는 것이다. 그리고 더욱 중요한 것은 이러한 여성들의 표면상의 가정에로의 회귀가 외부에 의해 강요된 타율적 선택이 아니라 여성들 자신의 내적 요구에 의한 것이라는 점이다. 여성들 스스로가 자기 삶의 여러 가능태들을 인식하는 것은 그 자체로 여성 주체에게 더 큰 실존적 권위를 부여한다.

또한 주목해야 할 점은 여기에서 여성들 사이의 대화적 연대의 가능성까지가 모색되고 있다는 점이다. “여자가 여권을 갖거나 사회적으로 뻗어 나가려 할 때 장애가 되는 것은 남성이 아니라 같은 여성”(7, 331)라는 지적도 있을 만큼 이 작품 안에서 “모녀간에 도사리고 있는 삶의 방법에 대한 치열한 대결”(7, 354)이 나타나지만, 그러면서도 이러한 지성적 대화를 통해 여성의 삶의 행로에 대한 다양한 탐색이 가능해지고 있기 때문이다. 이러한 점에서 손장순 소설은 경직된 여성주의 문학이 아니라 여성의 삶을 다룬 문학이며, 그중에 소설 속에서는 드물게 조명되는 사회적으로 성공한 중년 여성들의 삶을 그려

놓음으로써 그 다채로움을 입증하고 있는 것이다.

5. 맺음말—불가능한 모험을 권유하는 문학

손장순의 장편소설은 우선 그 자체로 해방 이후 한국 여성의 삶의 변화 양상을 잘 반영해 내고 있는 풍부한 여성학 텍스트라는 점에서 문제적이다. 당대 여성의 삶을 충실히 재현하고 있다는 점에서 여성작가의 제1의 직무를 훌륭하게 수행해 낸 셈이다. 또한 실존주의라는 렌즈를 통하여 사랑과 실존이라는 두 과제 사이의 긴장 관계를 그려 내고, 그것을 삶 속에서 양립시키기 위한 여성들의 불가능한 모험을 치열하게 다루어 내고 있다는 점에서도 주목할 만하다.

특히 실존주의 사상의 영향을 받았으면서도 이를 경화(硬化)시키지 않고 삶 속에서 더욱 풍부한 통찰로 해석해 내고, 또 소설적으로 구체화해 내었다는 점에서 그녀의 소설은 지식에 대한 삶의 우위, 이론에 대한 텍스트의 우위를 고고히 증명하고 있다. 일반화될 수 없는 여성의 삶'들', 그 틈새에서 계속되는 이야기'들'을 보여주고 있는 것이다. 요컨대 손장순의 소설은 여성의 삶에 대한 글쓰기를 통하여 여성의 실존적 모험에 대한 우리 시대 이야기의 원형을 제시하고 있는 더없이 풍요로운 텍스트라 할 수 있는 것이다.

손장순 소설에 나타난 여성상에 대해서는 더 연구할 지점이 많이 있다. 특히 다른 여성 작가들과의 변별점 등에 대해서는 보다 천착해 볼 필요가 있을 것이다. 이를 다음 글의 과제로 남겨 둔다.

아프레게르, 그리고 도저한 실존주의

박진숙

1. '아프레게르', '아프레걸'의 자장

한국의 전후는 당대인들에게 어떻게 감각되었는가? 고은에 의하면 "1950년대란 바로 전쟁이 만들고 전쟁이 버린 고아의 시대"였으며, "역사가 인간을 버리고 예술 자체가 인간을 버린 유기의 시대"[1]였다. 이로 인해 1950년대 문학은 "아아 공허한 시대여!"라는 영탄을 벗어날 수 없는 지표 위에 서 있다.

한국문학사에서 전후문학에 대한 연구는 대체로 1950년대 혹은 1960년대 초반 정도에 바쳐진 것이라 할 수 있다. 이 글에서는 손장순의 장편소설 『한국인』(『현대문학』, 1966~1967 연재), 『공지』(『월간중앙』, 1970 연재), 『세화의 성』(『조선일보』, 1971 연재)을 대상 텍스트로

1 고은, 『1950년대 — 그 폐허의 문학과 인간』, 향연, 2005, 24쪽.

삼아 손장순 문학에 나타나는 '전후'의 의미를 밝혀보고자 한다.[2] '전후'란 대체로 1950년대 문학을 대상으로 삼아 왔다는 점에서 이 글의 문제의식은 한국문학사에서 '전후'라는 것의 의미가 확장될 필요가 있음을 제기하는 데 있다고 할 수 있다.

손장순은 1958년 서울대 불문과를 졸업했으며 단편소설 「입상」과 「전신」을 『현대문학』에 발표하면서 등단한 작가이다. 전쟁 체험 세대이기도 하고, 외국문학 그것도 불문학을 전공한 그의 이력은 '전후'의 의미와 실존주의에 다가갈 수밖에 없는 운명을 지니고 있었는지도 모르겠다.

'전후'라는 단순히 역사적 사건과 관련된 시간 규정을 넘어서 '아프레'라는 단어 자체에 다른 맥락이 형성된 것은 어떤 연유에서였을까? 다음 고은의 프랑스 전후 상황에 대한 소개에 주시하며 한국문학에서의 '아프레게르, 아프레걸'의 자장을 정리해 보도록 하자.

> 모든 것은, '아프레!' '아프레!'로부터 시작했다. 아프레가 그들의 고향이었다. 이른바 빅토르 위고의 노트르담 고딕 사원 아래에 사르트리앙들이 사르트르와 시몬 보부아르를 둘러싸고 사진으로 서 있고 옛 시대의 주일에 종소리가 울렸지만 모든 것이 아프레였다.
>
> 말하자면 그들은 전쟁이 끝나자마자 될 수 있는 대로 빨리 그 쓰라린 괄호를 닫아 버리려 했고 마치 아무런 일도 일어나지 않았던 것처럼 전전상태의 어떤 증후까지도 뛰어넘어서 소급하려는 무리로 나타났다. 아

---

2 대상 텍스트는 『손장순 문학전집』, 푸른사상, 2009을 참조하기로 한다. 작품 인용시 작품명과 쪽수만 밝히기로 한다. 이후 다른 책의 경우에도 따로 표시하지 않았음.

프레는 망각을 위한 것이다.

제1차 대전은 오히려 휴머니즘을 낳았으나 제2차 대전은 휴머니즘이 죽어버렸다. 그 사망한 휴머니즘을 위해서 사르트르의 실존주의는 바로 프랑스 전후문학의 깃발이 되었다. …… 아무튼 프랑스는 그 고통스러운 과거를 악몽으로 돌리려는 태도를 추구한 것이다. 그것이 파리에는 아직도 보들레리앙의 우수가 가능했다는 것, 그것이 정치적 문학의식과 자아의식, 조금씩 변질된 샹송의 현실화를 가능케 했다는 것으로 발전한 것이다.[3]

샤르트르의 실존주의가 프랑스 전후문학의 깃발이 되었으며, 망각을 위한 것으로 아프레를 외치지만 실재하는 것은 보들레리앙의 우수를 토대로 형성된 새로운 자아의식이었음을 확인할 수 있다. 한국의 1950년대 역시 한국전쟁을 겪으면서, 프랑스의 전후문학에 영향 받아 "모든 고전음악과 낭만파 음악, 제1차대전 후의 「글루미 선데이」, 아니 어떤 간음 풍속까지도 전후의 실존적 감정에 포함되는 유례없는 사이비 문학 시대"[4]가 등장했던 것이다.

1950년대의 지식인 혹은 문인들이 명동 노천주점에서 취한 채 부르짖는 것은 "앙뉘! 앙뉘!"였다. 앙뉘(ennui)는 권태의 프랑스어로, 손장순의 소설에서 매우 반복적으로 등장하는 단어 중 하나이다. "앙뉘!"를 술안주로 사용한 그들의 현주소는 분명히 폐허 서울이었으나 그 폐허를 아주 먼 곳에 있는 실존주의의 발상지 파리로 만들었던 것

3 고은, 앞의 책, 25쪽.
4 위의 책, 37쪽.

이다.[5]

아프레게르와 아프레걸은 어떻게 정리할 수 있을까? 다음 내용을 보도록 하자.

> 아프레걸(aprés girl)이라 불렸던 전후 여성의 형상, 戰後라는 뜻의 프랑스어, 즉 아프레겔(aprés guerre)를 여성화한 이 독특한 조어는 이미 전후—실존주의—여성이라는 쌍의 결합을 암시하고 있는데, 명명의 본래 취지는 '아프레겔' 혹은 '전후파'라 칭할 만한 현상이 여성을 통해 나타나는 경우를 가리키는 데 있었을 것이나, 조어의 선정성은 곧 '아프레걸'이 '아프레겔'의 용법을 압도하고 대치하는 결과를 만들어 냈다. 본래 '아프레겔'이란 형을 찔러 죽인 청년, 여성 편력 끝에 성병을 얻은 10대 소년, 충동적인 권총 강도 등 실상 '패륜'에 가까운 자극적 사건을 수식하는 문구였다. '아프레걸'은 "분방하고 일체의 도덕적인 관념에 구애되지 않고 구속받기를 잊어버린 여성들"을 뜻하는, 성적 방종이라는 의미로 편향된 단어이다. 그리고, "아프레적인 요소가 이번에는 실존주의라는 무장을 갖추고 나타났다"는 김동리의 심사평에서 보이듯 '아프레걸'의 면면은 쉽게 실존주의와 연관되어 받아들여졌다. 적어도 대중적 감성에서는 그러했다고 말할 수 있다.[6]

아프레게르가 여성을 통하여 나타나는 경우 '분방하고 일체의 도덕적인 관념에 구애되지 않고 구속받기를 잊어 버린 여성들'을 뜻

---

5 위의 책, 409쪽.

6 권보드래, 「실존, 자유부인, 프래그머티즘」, 『아프레걸 사상계를 읽다』, 동국대학교 출판부, 2009, 79쪽.

하는 성적 방종이라는 의미로 편향된 단어 '아프레걸'로 전이되었거니와, 이 아프레걸은 실존주의와 연관되어 받아들여지기도 했다는 것이다. 이 점에서 본다면 『공지』와 『세화의 성』은 1970년대에 연재된 작품이긴 하지만, '전후'라는 의미의 자장 속에 존재하고 있는 것이다.

실존주의는 작가 손장순에게 어떻게 받아들여지고 있었는지, 작가가 논문으로 쓴 다음 대목에서 이를 확인할 수 있다.

> 실존주의는 신에 대한 반항이며 메카니즘과 전체주의로 인해 말살되고 소외되는 인간의 부재를 실재로 환원시키는 인본주의이다. 합리주의로 인간을 속박하거나 전형을 만들려는 사실주의에 대한 반기로서 어떤 이유로도 설명할 수 없는 부조리한 인간의 복잡한 내면을 표현하고자 하는 것이다. 그것은 신이 없는 인간의 고독이며 자유인가 하면 허망에 도전하는 더 강한 의미의 창조이기도 하다.[7]

'인간 부재의 실재로의 환원' '어떤 이유로도 설명할 수 없는 부조리한 인간의 복잡한 내면', '신이 없는 인간의 고독과 자유', '허망에 도전하는 더 강한 의미의 창조' 등 실존주의의 특성으로 내세워진 이러한 점은 손장순의 소설에서 인물을 그려 나가는 데 있어 가장 중요한 부분이다. 위에서 제시된 실존주의의 철학적 특성이 소설 속 등장인물의 개체성을 구현하는 데 바쳐지고 있는 셈이다.

한국인이 겪은 한국전쟁은 세계 1, 2차 대전을 겪은 세대에 버금

---

7 손장순, 「『마담 보봐리』에 나타난 플로베르의 사실주의와 보봐리슴」, 『인문논총』 1, 한양대학교 문과대학, 1981. 9, 254쪽.

갈 정도로 "절대적이라고 믿었던 전통적 가치와 질서가 허무하게 무너지는 사무치는 경험"과 "외부에 있는 모든 것이 영구적이 못된다는 환멸"을 주고, "내부에 잠겨서 움직이지 않는 존재의 핵심을 찾"[8]게 하는 원동력을 제공한 계기가 된 것이다.

손장순에 대한 기존의 평가는 "심리분석의 섬세함에 있어서 근래의 좋은 수확",[9] "'아프레게르'의 인간형을 그리는 작가",[10] "특이한 개성의 작가"[11]라는 것으로 정리된다. 여기에는 물론 부정확한 언어의 사용, 객관성과 일반성의 확보 불충분, 사건 형상화보다 작자의 설명이 더 앞서 흥미를 반감시킨다는 점 등의 비판적 평가가 전제되어 있기도 하다. 그럼에도 불구하고 손장순 문학이 의미를 갖는 이유는 윤병로가 지적한 바 있듯이 "고민하는 한국의 젊은 세대 속에 어떤 탈출구를, 어떤 도표를 제시해 보려는 노력"을 하고 있다는 점이며 "장편 『한국인』은 바로 이와 같은 과정에서 이 작가가 하나의 종합적인 조감도를 그려 놓은, 모럴을 탐색해 본 야심작"이라 평가할 수 있다.

이 글에서는 장편 세 편을 분석한 후 손장순의 '전후' 의식이 소설 속에서 어떻게 구체화되어 나타나며 보편적인 '현대' 문학에 육박해 가는지를 보여주고자 한다. 손장순은 전후의 실존을 현대인의 일반적인 실존 문제로 확장해 가는 과정에서 참다운 예술의 의미에 주목하고 있다.

---

8 조가경, 『실존철학』, 박영사, 1991, 421쪽.
9 김우창, 「탐구된 사랑」, 『경향신문』, 1967. 7. 17.
10 윤병로, 「문제 작가 문제 작품 : 손장순의 『한국인』론」, 『현대문학』, 1967. 9, 267쪽.
11 김윤식·정호웅 공저, 『한국소설사』, 예하, 1993, 419쪽.

2. 전쟁 허무주의와 아메리카니즘, 소외되는 미국 유학생

『한국인』은 1966년 1월부터 1967년까지 『현대문학』에 연재된 장편소설이다. 소설에서 다루는 시간은 한국전쟁, 4·19, 5·16을 거쳐 제3공화국, 1964년 대일굴복외교 반대데모시기에 이르기까지로 설정되어 있다. 이 소설은 전쟁 후 한국 지식인 남녀의 어긋난 관계에 대한 보고서라 할 수 있다.

희연 가족이 소설의 중심에 놓여 있으며, 희연과 문휘의 결혼 전후 파경에 이르기까지의 과정, 희연과 그 친구인 쑤한, 희연의 오빠 관희와 그의 처 혜미의 결혼 전후와 혜미의 자살 과정, 도수와 경숙, 한선과 소라 등의 관계를 중심으로 전개되고 있다. 문휘, 도수, 한선, 쑤한 등 미국 유학을 다녀온 이들의 한국 정착 과정에서 발생하는 소외의식과 아메리카니즘의 문제 그리고 이에 대해 냉혹하면서도 자신의 삶을 성실하게 구성해 보고자 하는 희연이라는 여성의 좌절을 남녀의 어긋난 사랑을 통해 구현하고 있다.

희연은 작가에 의해 '여성이지만 지성인'이라 명명되고, 오빠 관희의 입을 통해 "의식적으로 젊은이다운 정서를 부정하고 살려는 태도"를 지니고 있는 인물이다. 희연이 오빠 관희와 주고받는 다음 대화를 보자.

> "또 전쟁을 겪고 난 우리들에게는 모종의 니힐이 항상 지배하고 있어요. 말하자면 죽었던 셈치고 한번 살아본다는, 때로는 '아웃사이더'로 아무런 구애 없이 살 수도 있다는."

"전후의 풍조냐."

"전쟁이 남기고 간 상흔이랄까. 우린 전쟁의 간접적인 체험만 가지고도 그 부작용은 무섭게 커요. 그것은 우리의 체내에 독버섯처럼 번식하여 어엿한 일부분이 되어 있어요. 전쟁 속에서는 어떤 권위도 기존의 가치도 허무했어요. 우린 지금 아무런 신조도 없이 살고 있지 않아요."

"세대의 차이라고 할까. 전쟁의 직접적인 참여자인 나는 폭탄이 빗발치는 전투지에서도 평화에 대한 선망과 어떤 꿈을 가지고 있었어. 삶에 대한 집념도."[12]

작가는 이 소설이 1966~1967년에 연재되고 있는데, 이들 주인공의 의식은 전쟁의 상흔, 전후 풍조에 연루되어 있다는 점을 이와 같이 밝히고 있다. 희연뿐만 아니라 희연의 어머니조차 니힐의 지배를 받고 있는 인물로 그려지고 있는데, 이는 전쟁이 끝난 지 10년이 지났고 정치상황이 달라지고 있건만, 이들은 여전히 전후라는 장 속에 놓여 한국의 역사를 살고 있음을 보여주고 있는 것이다.

그렇지만 희연은 한국의 현실과 거리가 먼 자신의 생활을 돌이켜보며 무의미한 생활의 나태감, 고답적인 향락 생활의 고독감 등이 사치스러운 것이라는 생각을 하며, 성실한 시민으로서의 자각이 차츰 생겨가고 있고, '전후'의 상흔 속에 아웃사이더로 살기에는 사회가 너무나 격동하고 있음을 인식하는 인물이다. 그녀는 "니힐을 짓씹고 부정하기보다는 현실을 직시하여 지성인답게 건실하게 사는 것이 그녀가 할 수 있는 최소한의 현실 참여"라고 생각하기도 하는 긍정적 인

12 『한국인 (상)』, 38~39쪽.

물이다. 한편 문휘는 미국 하버드대학교 대학원을 다니다 한국에 대한 향수 때문에 중도에 유학을 포기하고 돌아온 인물로, 미국에서 한국인으로서 당했던 모멸감을 한국사회에서는 따돌림이라는 것으로 겪게 된다.

> 미국 유학이 가져오는 불구성은 여기에도 있다. 그들은 그들의 학문이 이곳에서 실용성이 없고 무력한 것을 절실히 느끼고 있다. 지성의 풍토성과 현실성과 거리가 먼 미국 유학. 따라서 현실 참여를 훌륭하게 할 수 없는 이들의 고민은 실로 심각하다. 어쩔 수 없이 자존심만 높고 현실엔 무용한 비참한 존재가 되어 버리는 것이 아닌가. 인재가 남아돌아가는 포화 상태 속에서는 이래저래 욕구 불만만 생기게 마련이다.
>
> 미국 유학생은 어느 면에서나 핸디캡을 갖게 마련이야. 한국 사정에 어둡거든. 마치 우리가 미국에서 핸디캡을 가졌던 것처럼.
>
> 이래저래 우리가 들어설 구석은 없어. 어디서나 국적이 부재한 이방인이야. 미국에선 황인종이라 해서, 여기선 미국에 있다 왔다 해서 거부를 당하고 우리 같은 정신적 튀기가 살 곳은 어디일까.[13]

희연의 친구 쑤한의 다음과 같은 이야기는 희연이 미국 유학생들의 아픔과 빗나간 심리에 대해 이해할 수 있는 계기가 되어 문휘를 인내하고 결혼을 유지해 가는 힘이 되기도 한다.

> 나의 이름도 튀기지. 마치 나의 생리가, 우리 사회가 아메리카니즘과의

---

13 『한국인 (상)』, 90쪽.

혼합물이듯이. 한은 나의 성 그대로이고 쑤는 그들이 편리하게 불러주던 이름이야. …… 지금 생각하면 내가 무엇 때문에 이처럼 차가운 모국을 그리워하고 홈식에까지 걸렸는지 알 수가 없어.[14]

한국 이름 영주는 쑤한으로 불리는데, 쑤한을 통해 한국사회가 아메리카니즘과의 혼합물인 것처럼 미국 유학생은 '정신적 튀기'로 명명되어 한국사회에서 제 자리를 찾기가 쉽지 않다. 자신에게만 집중하다 관희와 이혼한 후 미국인 맥스윈과 연애를 하게 되는 영문과 출신 혜미는 한국에 있으면서 미국적인 것을 감각하는 자신을 두고 '미국과 한국의 혼혈아'라는 표현을 쓰고 있는데, 관희는 그녀를 잘못 소화된 아메리카니즘과 한국의 기형적인 혼합사회가 배출한 불건전한 현대 여성의 표본으로 생각한다. 한국에 있으면서 미국을 생각하고 동경하는 이들이나 미국 유학을 갔다가 좌절한 후 모국에 돌아온 유학생이나 이방인이라는 점에서는 유사한지도 모른다. 한국에서조차 적응이 쉽지 않았던 쑤한이 다시 미국으로 돌아가고, 혜미는 끝내 창녀로 전락하여 자살에 이르게 되는데 이는 정신적 혼종성이 초래한 비극이다.

미국 유학생인 문휘, 도수, 한선 역시 각각 인생이 파탄에 이르게 되는데, 이들의 비극은 희연에 의해 다음과 같이 파악된다.

'여기에도 아메리카니즘이구나. 샹송조차 재즈화되어 가다니. 아메리카니즘이란 이 거센 조류 속에서 어지럽게 자라온 것이 우리들이 아닌가.

---

14 『한국인 (상)』, 112~113쪽.

한국은 그동안 무엇을 하였나. 어째서 우리는 자기의 것도 없고 남의 것도 제대로 받아들인 것이 없나. 자기의 것이 풍부한 사람만이 남의 것을 제대로 받아들일 수 있는 것이 아닐까. 강한 자기 확립이 타협에 빠르듯이. 문휘 같은 사람이 한국의 상태인지도 몰라. 그 애매모호한 혼란과 불확실성과 착란 같은 것이.'[15]

문휘를 비롯한 미국 유학생들의 파탄은 결국 당대의 한국사회를 보여주는 한 지표이기도 한 것이다. 그리하여 작가는 희연의 눈을 통해 이들이 불우한 세대로, 적극성과 선취성이 부족한 것은 한국 남성이 처한 불운한 시대의 산물로 파악한다. 경제의 불안정성, 실직, 병역, 목표와 희망을 상실한 정치와 삶은 그들을 초조로 몰아가고 있다는 것이다. 그러나 끝내 문휘는 영규와의 동성애에 몰입하고 의처증에 시달리며 희연에 대해 열등감을 느낀 나머지 정신병원으로 가고, 도수는 경숙과의 도착적 사랑행각을 벌이다 경숙의 총에 맞아 죽으며, 한선은 미국인 컥스와의 동성애 관계 후 사기횡령으로 소라 앞에서 체포된다. 이는 미국 유학생에 대한 한국사회의 홀대 및 미국 문화 수용의 문제점과 제대로 정착하지 못한 개인주의의 과도기적 한 단면을 보여주는 것이다. 주체의 제대로 된 정립이 불가능했기 때문에 비롯되는 문제였던 것이다.

이 소설을 끝내 지탱하는 것은 개체의 절대적인 고독을 잘 알고 있는 희연이다. "어떠한 불행도 자신을 근본적으로 변화시킬 수는 없다고 생각한다. 인생은 깨어져도 자아가 파손될 수는 없다. 자기 이상

15 『한국인 (하)』, 190쪽.

소중한 것이 없지 않은가."라는 것이 희연의 결론이다.

> '하지만 뭐 그리 안달을 하며 살아야 할 거 없지 않은가. 인생이란 애환 그 자체라고 하지만 온몸에 상처투성이로 피를 흘려가며 괴로워할 필요가 있을까. 아니 난 한때 작가가 되고 싶었지만 작가가 된다는 것도 대단치 않게 생각할 만큼 이상적인 평범한 인생에 의미를 두었던 것이 아닌가. 그러면서도 고통스런 나 자신을 바라보는 또 하나의 내가 있다. 아니 대체 어떤 것이 진정한 나란 말인가. 나를 자꾸 복잡하게 만드는 것은 무엇인가.'
> 결혼을 최악의 경우, 살아가는 수단으로 생각한 것은 역시 이도저도 뜻대로 안 될 경우 불행에 대한 예비책이고 희연은 인생 자체를 그 무엇과도 바꿀 수 없는 하나의 예술로 생각한 것임에 틀림이 없다. 문휘로 인해서건, 6·25 전쟁이란 참담한 전쟁을 통해서건 아스라한 꿈은 사라져 갔더라도.[16]

희연의 이러한 의식은 어디서 비롯된 것인가. 문휘는 희연을 선택할 때 "가정의 전통이 전혀 없이 무질서한 교육을 받고 자란 전후파 여성보다는 희연이 그의 가정에 적응할 수 있는 가능성이 더 많을지도 모른다"[17]고 한 바 있다. 희연은 아프레걸이라기보다는 전쟁이란 거대한 진통을 겪으며 감정이 마비되어 버린 상태로, 다른 의미의 전쟁 희생자이다. 전쟁 속에서 꿈과 함께 감성을 몽땅 빼앗긴 뺑 뚫어진

---

16 『한국인 (상)』, 320쪽.
17 『한국인 (상)』, 131~132쪽.

마음을 가져 버린 '전쟁의 간접적인 희생자'인 것이다. 희연에게는 작가가 되고 싶었던 꿈이 남아 있다.

3. 아프레게르의 전이 아프레걸, 예술을 추구하다

『한국인』에서의 주인공 희연은 불문과 출신이며 데카당한 기분의 소유자이지만 엄격한 가정과 지나친 자제력 때문에 한 번도 자신에게 충실하게 살아보지 못한 인물이다. 그런 그가 문휘와 결혼하여 경험하게 된 고통 앞에서 자신이 작가가 되고자 했던 꿈을 기억해 내는데, 희연은 『공지』와 『세화의 성』에서 나희, 묘진, 세화라는 인물로 증식되고 있다. '분방하고 일체의 도덕적인 관념에 구애되지 않고 구속받기를 잊어버린 여성들'을 뜻하는, 성적 방종이라는 의미로 편향된 단어 '아프레걸'은 희연에게서는 실존주의와 결합되어 받아들여졌다는 의미에서 연결되어 있다고 할 수 있다.

『공지』에는 "중심이 없고 종잡을 수 없는 곤란한 여자" "전형적인 아프레야. 아주 개방된"이라고 묘사되는 지아가 등장한다. 이에 맞서 지경모라는 플레이보이가 아프레걸에 해당되는 정도의 성 개방 의식과 권태에 사로잡혀 있는 남성으로 짝을 이루고 있다. 『공지』의 주인공은 이들보다는 오탈호와 나희, 고강이다. 『공지』는 『한국인』과 『세화의 성』에서 그려지는 남녀의 성 심리학 부분을 극대화하여 탐구한 보고서라 할 수 있다. 흥미로운 것은 『공지』에는 시대적 배경이 크게 문제되지 않는다는 점이다. 단지 '아프레'나 '앙뉘', 밀수 등 몇 가지 표지가 등장할 뿐 현대인의 성 모럴에 대한 내용을 주조로 하고 있다.

이 소설 속에 등장하는 대부분의 인물은 권태, 무료, 자아라는 고독, 자유에 대한 추구, 공허를 느끼고 있는 에고이스트이다. 이들이 살고 있는 곳은 그래서 '불모의 공지'인지도 모른다. 다음은 소설 속 나희의 읊조림이다. "우린 피차가 사랑을 믿지 못하는 현대의 불구자. 나는 불신과 기만을 용서하지 않는 불모지에 난 야생초. 이 불모의 공지엔 환상의 꽃도, 어떤 낭만의 꽃도 피지 못한다."[18]

이 소설은 오탈호에 대한 묘사로 시작된다.

> 오탈호(吳脫鎬)는 도시의 번잡을 가르며 걸어가고 있다. 거의 자동적인 이 기계는 토요일만 되면 아침부터 그 구조에 이변이 생긴다. 사개가 물러나고 때로는 이상한 마찰음을 내면서 버그러진다. 기름이 마른 기계는 먼지와 때가 끼고 녹이 슬어서 기능이 발휘되지 못한다. 이 기능을 윤활하게 할 원동력은 어디에 있는 것일까.[19]
>
> 탈호는 이미 녹슬고 버그러진 기계지만 똑바로 직장으로 향한다. 그는 관광공사의 사무실로 들어가기 전에 커피숍에 들른다. 캐셔에 앉은 여종업원의 오렌지빛 블라우스가 붉게 웃는다.
>
> '너도 아침부터 허전한 모양이구나. 아무렴. 누구나 다 그럴 테지. 외로움을 죽여야 하고말고. 죽일 수 없으면 달래기라도 해야지'
>
> 그는 모닝커피를 마시며 아침부터 솜처럼 쌓이는 앙뉘를 달랜다.

---

18 『공지』, 213쪽.

19 『공지』, 17쪽.

새로 입사한 지 얼마 안 되는 여직원이 어느 동료와 함께 커피숍 안으로 들어오고 있다.

'어느새 저렇게 되었나. 내가 사귀려던 것인데'

'남들이 여자를, 명예를, 지위를 열심히 나꾸는 시간에 나는 오로지 돈을 쫓아다니고 있다. 돈을 번다는 목적이 없었다면 나는 벌써 자살해 버렸을지도 모른다. 내가 받은 인생의 상처가 삶을 지탱해 나가는 힘을 만들어 주었다. 생명력까지도'[20]

이 부분에 주목해야 하는 이유는 이러한 묘사가 손장순 소설에서 빈번히 등장하는 대목이라는 점 때문이다. 이 소설의 시작 역시 허전함, 외로움, 앙뉘 등에 대한 집중적 묘사로 시작하고 있다. "나희에게도 권태와 앙뉘는 적이다. 나쁜 병균처럼. 그녀에게도 무력하고 공허한 시간은 있다. 생의 공백이."[21]와 같이 이 소설의 인물들은 모두 현대인으로서의 권태와 공허감을 견디기 힘들어 하는 인물들로 설정되어 있다. 오죽하면 같은 단어 '권태와 앙뉘'라는 비문법적인 반복을 통해 이를 강조하고 있겠는가.

이 소설은 탈호와 나희의 사랑 이야기가 주서사로, 탈호-지아, 지경모-나희, 고강-신애, 고강-지아, 지경모-지아, 지경모-신애, 나희-고강 등의 어긋나는 육체적 성관계를 둘러싼 사랑의 심리학 탐구 보고서라 할 수 있다. 탈호와 고강이 동시에 나희라는 여자에게 관심을 가지며 우연히 격투를 하게 되고, 이 사건이 계기가 되어 나희는

20 『공지』, 18쪽.
21 『공지』, 83쪽.

처음 탈호와의 육체적 사랑으로 접어든다. 나희는 이 과정에서 스스로 심리적 불감증 환자가 아니라는 것을 확인하고자 한다. 이 불감증의 근원은 어디인가? 또 전쟁으로 환원된다.

> '…… 사랑이 없는 섹스는 결코 할 수 없는 것은 사랑의 진실을 너무 완벽하게 추구하기 때문이 아닐까'
> '어차피 그런 것이 없다면 나를 멋있게 속일 수 있는 남자라도 있다면 멋있게 속아 주마. 멋있게 나를 속일 수 있는 남자도 없단 말인가. 내가 사랑이 없는 불구자가, 심리적 불감증 환자가 아니라는 것을 확인시켜 줄'
> 이런 모놀로그만을 뇌까리던 무의미하고 빛깔이 없는 공백의 시간들.
> '그런데 지금은 다르다. 보이지 않는 마력이 나를 취하게 만들고, 나를 끌어가고 있다. 술을 마셔도 취하지 않는 내가 최면술에 걸린 것처럼. 아무리 걸리지 않으려고 발버둥쳐도 그 의식과 더불어 순간에 넘어가듯이'
> 이런 상태를 일찍이 나는 경험한 적이 있었던가. 보들레르는 이런 이중의 상징적인 기분의 연속 속에서 살았겠지. 그의 시적인 렌즈를 통해서는 추한 거리와 연인도 아름답게, 퇴폐미도 지상의 건강한 아름다움으로, 이 메마른 가슴속에 음악이 꽉 차 흐른다.[22]

여기서 주목해야 하는 것은 나희는 사랑의 진실을 완벽하게 추구하는 인물이라는 것, 탈호의 매력에 넘어가는 자신의 상태를 보들

22 『공지』, 43쪽.

레르의 퇴폐미에 비유하고 있다는 점이다. 이는 프랑스 전후문학이 지녔던 보들레리앙의 우수 어린 분위기와 연결되고 있다. 나희와 탈호는 서로 사랑을 나누지만 공허를 어쩌지 못한다. 사랑을 하면 할수록 사랑이 무엇인지 알 수 없는 지경이 된다. 탈호는 나희로 인해 직장을 잃고 나희에게 집착하는 시간을 보내며 가슴 속이 텅 비어 있는 외로움을 느끼며, 나희 역시 그 정체가 무엇인지 알 수 없는 상태가 되고 있다.

나희는 불안한 자유와 안정된 결속 중 하나를 택하라고 하면 서슴지 않고 불안한 자유를 선택하려고 하는 타입의 여자이다. 생의 참다운 묘미는 평화로운 침체 속에 있는 것이 아니라 부단한 생동 속에 있다고 믿고 있기 때문이다. 나희는 결혼하자고 하는 탈호와 이별하려고 하지만, 탈호는 계속 나희에게 집착한다. 나희는 고강에게서 탈호에게는 없는 정서적인 측면을 느끼며 고강과도 사랑을 나누게 된다. 고강과의 관계를 알고 탈호는 미니 권총을 가진 채 나희를 데리고 교외로 나간다. 나희는 자기도 모르는 사이 탈호를 향해 총을 쏘고 만다.

미결수의 구치감 감방에서 나희는 자신이 모두가 가 버린 공지에 홀로 있음을 깨닫는다. 탈호의 부재는 나희에게 더 강한 실재를 안겨 온다는 사실을 확인하게 된 것이다. 나희는 면회 온 고강에게 "신이 없는 곳에 사랑은 없다"고 한다. 사랑은 신의 섭리에 접근하는 방법이니까. 구치감 면회실에 들른 고강에게 나희는 책을 읽고 싶다고 말하며, 도스토예프스키 작품을 구해 달라고 한다. 나희는 신문에서 '금괴 대량 밀수범 검거'라는 제목 하에 탈호의 이름이 있음을 확인하며 허탈감에 빠진다. 나희에게는 책을 읽으며 참다운 예술가의 삶을 사는 길이 놓여 있을 뿐이다.

손장순은 『한국인』에서도 『세화의 성』에서도 도착적인 사랑에 대한 탐구를 계속 한다. 『공지』는 그 부분이 확대되어 쓰여진 남녀 사랑의 성 심리학에 관한 소설이다. 희연의 작가 되는 길, 나희의 도스토예프스키를 읽겠다는 의지는 『세화의 성』에 와서 완성된 형태의 서사를 구축해낸다. 희연, 나희는 『세화의 성』에서는 표면적으로는 묘진으로 이어지지만 세화로 완결된다고 할 수 있다.

『세화의 성』은 1970년에 발생한 정인숙 피살사건을 가리키는 '어떤 죽음'을 첫 장의 제목으로 하여 세화와 지범호, 지범호와 유란, 남풍훈과 묘진, 남풍훈과 세화를 둘러싼 남녀관계의 엇갈림을 서사의 축으로 하고 있다. 세화가 지범호에게 버림받고 남풍훈과 결혼했다가 다시 지범호와의 삼각관계에 빠진 후 이를 청산하고 미국으로 가 위대한 첼리스트가 되는 성장의 과정, 유란이 동욱과의 관계에서 빚어진 첫 상처를 안고 범호와 결혼하여 가정을 지켜보겠다고 노력했으나 실패하고 자신의 어머니 진 여사로부터 자유를 얻어 불가로 귀의하기까지의 과정, 묘진이 남풍훈과 열렬하게 사랑했으나 결혼으로 귀착되는 것을 두려워하여 자살하기까지의 과정, 지범호가 사회로부터 받은 상처를 다른 여성과의 관계에서 휘둘려 자신 역시 파멸에 이르게 하고 다시 시작하는 삶을 보여주는 과정이 『세화의 성』이라는 서사를 구축하고 있다.

묘진의 경우를 먼저 보자. 손장순의 소설에서 작가가 되는 길을 열어 놓고 있는 희연, 나희는 묘진에 와서 그 구체성을 확보한다. 다음은 남풍훈이 결혼한 후 그를 떠난 묘진이 보낸 편지이다. 이 편지를 보면 묘진은 삶의 허무를 극복하기 위한 한 방편으로 작가의 길을 선택하고 있다.

그러나 지금은 생각이 많이 바뀌었습니다. 작가가 가장 멋있고 존경할 만한 인물이라고요. 그 무한한 자유(사고와 판단과 행동의)와 성실한 고백과 위대한 증언(사회에 대한, 그리고 진실의). 그것 이상 가는 멋있고 강한 파워가 어디에 있습니까. 그 무기를 제대로 보람 있게 구사하기만 한다면. 대중과 가슴을 맞댄 충실한 대화의 매력. 그 무서운 영향력. 그 위력을 부릴 수 있는 가치 있는 작가가, 참다운 예술가가 이 나라에 몇이나 됩니까. 진실을 과감하게 말할 수 있고 죽음조차 두려워하지 않는 작가가 …….

저의 견해로서는, 글을 쓰는 일밖에는 아무것도 의미가 없다는 결론이 굳어진 것은 벌써부터입니다. 불문학에서 받은 영향과 도스토예프스키에게서 받은 감동 때문이 아니냐고 묻는다면 굳이 부인하지는 않겠습니다.

그러나 거기에는 보다 근본적인 동기가 있습니다. 삶은 죽음의 준비과정입니다. 어렸을 때부터 삶의 허무와 시한을 느낄 때마다 생명의 소모를 보상할 만한 일로 창작을 생각하곤 해왔습니다. 어떤 의의와 결산을 남기고 죽어야 한다면 저는 남선생님의 원대한 의미에 얹혀서만 살 수는 없다고 생각합니다. 아무도 대신 살아줄 수는 없는 것입니다.

저는 요사이 그래서 작가 수업 중입니다. 여류작가가 아닌 떳떳한 작가가 되기 위해서예요. 제가 어디 인격이 빠진 기생 작가가 될 수야 있겠어요.[23]

---

23 『세화의 성 (하)』, 70쪽.

묘진은 2세를 낳을 수 없는 몸이라는 핑계를 대며 남풍훈과의 결혼을 피하지만, 사실은 결혼에 대한 두려움을 갖고 있다. 묘진은 조울증을 앓고 있으며 공허한 여백과 권태를 느끼는 인물이다. 성적으로 개방적인 백정아를 우연히 만나 나눈 대화에서 "순수하기로 따지면 히피족이나 우리나라의 아더메치족 이상 가는 것이 있겠어?"라고 언급하는 묘진은 사실은 당대 정치적 상황에 대해 정확한 눈을 가지고 있는 작가를 대신하는 인물이다.

히피족은 1966년 미국에서 탈사회적 행동을 하는 젊은이를 지칭하는 용어이고, 아더메치는 특히 다방이나 극장의 그 주변에 붐비는 청년 남녀들의 입에서 흘러나온 말로 "아니꼽다" "더럽다" "메스껍다" "치사스럽다" 등등의 말들에서 그 첫째 글자 하나씩을 떼어서 만들어진 것이다. 그 의미는 이 땅의 현실이 날마다 뒤바뀌어지는 것을 목격하고서 부풀어오르는 불만과 불신에 근거를 두고 아무런 거리낌이 없이 멋대로 빈정거리는 뭇청년들[24]을 이르는 말이다. 당시 상황은 소설에서도 묘사되듯이 "퇴폐풍조 일소는 그들부터. 부정부패를 한 재벌, 권력층의 명단을 제시하라. 교련 강화를 개선하라. 학생들의 데모의 이슈는 대충 이런 것이었다. 그러나 정세는 나날이 흉흉하고 분위기가 술렁대는 것이 심상치 않다."[25]

묘진이 자살한 후 남 의원과 묘진의 스승이었던 화가 최동현의 대화 속에 나타나는 묘진의 자살 이유는 다음과 같다. 남 의원과의 결혼을 생각하니 조금도 행복하지 않은 것처럼 소설을 성공적으로 쓰고

---

24 이가원, 「아더메치」, 『동아일보』, 1971. 3. 3.
25 『세화의 성 (하)』, 285쪽.

나도 허무할 거라는 생각에 도달하여 결국 인생은 살 의의가 하나도 없다는 데 이르렀기 때문이다. 작가는 남풍훈과 최동현의 대화를 빌려 다음과 같이 말하고 있다.

> "시지프스의 신화처럼 굴러내리는 돌을 끝없이 끌어올리는 허망한 되풀이가 인생이라면 살 의의가 하나도 없다고도 볼 수 있겠죠."
> "그렇지만 인간은 그런 데에 굴복해서는 안 되겠죠. 비록 허망한 되풀이지만 그럴수록 끝없이 끌어올리는 의지에서 인간의 의미와 존엄을 찾아야죠. 허망에 도전하는 긍정적인 자세죠."[26]

그는 허망에 도전하는 긍정적인 자세가 필요함을 역설하는데, 이는 세화가 위대한 첼리스트가 되는 과정으로 구체화되어 나타난다. 세화는 지범호에게 버림받으며 인생을 포기한 듯한 자세를 취한다. 작가는 이를 '나의 성은 산산조각이 나서 깨어진 지 오래다. 그러나 나의 성은 아직도 내 가슴 속에 살아 있다. 아무도 찾아주지 않고 폐허가 된 고성이.'로 표현하고 있다. 세화는 위대한 첼리스트가 되어 돌아옴으로써 묘진이 버린 예술가의 길을 완성하고 있음을 보여주고 있다.

그런데 소설 마지막 부분에서 작가는 위대한 첼리스트가 되기 위해 미국으로 가려고 하는 세화로 하여금 '국가비상사태선언'임을 신문에서 확인하게 하고 있다. 작가는 약간 엉뚱하게도 "정부시책안보 최우선이란 서브 타이틀은 혹시 곧 전쟁의 위험이 있는 것은 아

---

26 『세화의 성 (하)』, 291쪽.

닐까 하는 현혹감마저 준다"[27]고 쓰고 있다. 작가는 새삼스럽게 세화로 하여금 여덟 살 때 겪은 6·25 전쟁 기억을 떠올리게 한다. 세화는 6·25를 통해 전쟁이 무엇이라는 것을 어린 아이의 경험인데도 끔찍하고 참혹한 기억으로 생생하게 기억하고 있다.

이러한 설정은 『세화의 성』의 많은 인물들이 사실은 저마다 무의식 중에 끔찍하고 참혹한 기억들에 매어 있음을 보여주고자 하는 장치이다. 『세화의 성』은 1960~1970년대 젊은 한국 남녀의 사랑의 교차와 스탕달의 『적과 흑』의 한국판 줄리앙 소렐이라고 평가된 지범호의 욕망에 대한 이야기를 1950년대 전쟁 경험으로 인도하고 만다. 이런 점에서 『세화의 성』은 여전히 '전후'의 문제의식을 담고 있는 아프레게르의 문학 범주 안에 있다고 평가할 수 있다.

4. 아프레게르, 그리고 실존주의

손장순은 1958년 등단하여 최근에 이르기까지 50년을 소설가로 살아온 작가이다. 그가 1935년 출생으로 전쟁을 체험한 세대였다는 것, 불문학을 전공한 교수였다는 점은 그의 문학 세계를 '전후'의식과 실존주의에 결박당하게 할 수밖에 없는 요인이었다. 이 글에서는 1966년부터 1971년 사이에 연재된 세 장편소설 『한국인』, 『공지』, 『세화의 성』에 주목하여 논의를 해 보았는데, 논의 결과 한국문학사에서의 '전후'라는 의미가 1950년대에만 국한되지 않는다는 데에 이

27 『세화의 성 (하)』, 304쪽.

르렀다.

1960~1970년대를 살고 있는 인물의 의식이 사실은 전후의 상흔에 지배되어 뒤틀리며, 당대 정치 상황 속에서 제 역할을 찾지 못한 나머지 존재 기반을 확보하지 못하는 결과에 이르는데 이들 인물은 하나같이 에고이스트이다. 바로 이 점이 손장순 소설에 등장하는 인물의 특이한 점이라 볼 수 있거니와, 모두 자기애를 주장하며 자기애에 충실한 삶을 사는 나머지 이들의 관계는 매우 파괴적이다.

다음의 내용에 근거해서 볼 때 손장순 소설에 등장하는 인물들은 거절할 수 있는 능력을 지니고 있으며 회의한다는 점에서 자유를 추구하는 실존주의에 그 토대를 두고 있다.

> 자유란 단적으로 '아니다'라고 말할 수 있는 힘이다. 질서는 인간 바깥에 있으므로, 인간을 '자율적' 존재로 규정할 수 있는 것은 그의 창의적 발명의 힘이 아니라 거절할 수 있는 능력이다. 샤르트르가 보기에는 회의야말로 자유로운 행동의 전형이다.[28]

세계의 질서가 눈앞에서 와해되는 전쟁을 경험한 세대가 허무에 휩싸여 있음을 가장 적나라하게 보여줄 수 있는 것이 남녀관계의 사랑임을 파악한 작가 손장순은 집요할 정도로 '개인적인 너무나 개인적인' 인물들을 소설에 등장시켜 그들이 어떻게 파멸해 가는가를 보여주고 있다. 파멸의 이면에 남는 것은 그리하여 예술뿐이다. "예술은 사랑과 삶의 완성을 위해 존재하는 것"[29]이기 때문이다.

---

28 조가경, 앞의 책, 160쪽.

『한국인』, 『공지』, 『세화의 성』은 1960년대 정치 현실을 기반으로 전쟁 체험의 상흔을 지닌 젊은이들의 실존을 탐구한 작품으로, 한국의 '전후'라는 의식이 확장될 필요가 있음을 제기하고 있다. 특히 『공지』와 『세화의 성』은 한편으로는 '전후' 의식에 닿아 있으면서, 1970년대 최인호의 『별들의 고향』(1972), 조선작의 『영자의 전성시대』(1973), 조해일의 『겨울여자』(1975), 한수산의 『부초』(1977) 등 욕망의 분출을 성적 일탈과정으로 보여주는 일련의 소설들과 같은 맥락에 위치하여 한국문학사를 구성하는 데 기여한다. 1970년대 성담론은 정치적 담론이 억제되는 장소에서 정치적 담론을 드러내는 간접적 방식이다.[30]

---

29 『세화의 성 (하)』, 292쪽.

30 김현주, 「조해일의 『겨울여자』론 — 거짓과 병적 대응의 세계」, 『1970년대 장편소설의 현장』, 국학자료원, 2002, 168쪽.

현대소설의 도시생태적 독법에 대한 연구
―손장순의 『한국인』을 중심으로*

전혜자

1. 손장순―'서울'의 메신저

손장순은 1935년 서울 출신 작가이다. 발자크의 파리, 디킨스의 런던, 도스토옙스키의 페테르스부르크, 도스 패서스의 뉴욕, 제임스 조이스 하면 더블린을 연상하듯이 손장순에게 서울은 '손장순의 서울'이다. 손장순은 서울이란 도시성이 몸에 배어 있는 작가로 1984년 창작집 『도시일기』를 출간할 만큼 서울은 그에게 압도적으로 중요한 공간이다. 그는 서울을 병든 도시로 생각하면서도 체질적으로 사랑하고 있다. 그의 소설을 읽고 있으면 그가 가장 서울을 잘 아는 작가란 생각이 들 만큼 그의 서울에서의 도시경험은 그의 소설을 읽는 이들

* 본 연구는 1999년도 경원대학교 학술연구비의 지원으로 이루어졌음.
『손장순 문학전집 1』(푸른사상, 2009, 341~390쪽)에 수록되었던 논문을 수정하여 재수록한 것임을 밝혀둔다.

에게 리얼하게 전달된다.

『한국인』은[1] 1966년 1월호부터 1967년 7월호까지 『현대문학』에 연재된 손장순의 최초의 장편으로 한국전쟁 후 급속하게 미국화되어 몸살을 앓고 있는 서울이란 도시의 아노미현상을 당시의 정치적, 사회적, 경제적 문제와의 관련에서 사실적으로 서사화한 작품이다. 주로 미국에 유학 갔다 온 인물을 중심으로 미국화와 한국적 전통의 이중 갈등 속에 고뇌하는 젊은이들의 모습이 자연주의적 결정론과 허버트 스펜서 식의 적자생존이론을 기저로 적나라하게 구현되어 있다.

리차드 레한[2]은 신도시를 개념화하는 도시역사가들의 관점을 세 가지 측면에서 언급한다. 첫째, 현대도시의 기원을 강조하며 도시와 농촌을 대척적인 차원에 두고 인간생활의 뿌리는 땅에 있음을 주장한다. 도시는 닫힌 체계가 되고 엔트로픽하며 문명의 몰락을 초래하는 곳으로 결국 본능은 이성에, 신화는 과학이론에 희생이 된다는 관점이다.[3]

둘째, 현대도시의 외적, 형태적 법칙에 관심을 집중시키는 경우이다. 도시는 표면적으로 그 자체의 법칙에 의해 외형적으로 환상(環狀)형으로 발달되며 조직되었다고 주장하는 것이다.[4]

셋째, 주민에 대한 도시의 영향이다. 이 문제에 관해서는 스펭글러가 특히 관심을 가졌으며, 이것에 체계를 세운 학자는 뒤르켕, 짐멜

---

1 『한국인』은 1967년 제4회 한국여류문학상을 수상했으며 1985년 여동찬의 번역으로 프랑스 출판사 La Pensee Universelee에서 『Les Coréens』로 현지 간행된 바 있다.

2 Richard Lehan, *The City in Literature — An Intellectual and Culture History*, University of California Press, 1998, pp. 6~9에서 참고함.

3 대표적인 학자로 Osward Spengler와 Lewis Mumford를 들 수 있다.

4 Robert E. Park와 Ernest W. Burgess를 들고 있다.

을 들 수 있다. 뒤르켕은 도시마다 각각 도시 나름의 정신상태를 창조하며 각 도시문화는 행위를 조절할 규범을 세우고 이런 규범은 개인 개성의 주요 요소로 내면화된다고 하였다. 짐멜 역시 현대도시 휴머니티의 유형학을 창조했는데,[5] 베버가 경제적인 요소를 강조하는 데 비하여 짐멜은 심리학적인 것을 강조하여 현대 도시인은 과도한 스트레스에 놓여 있으며 불필요한 존재가 되고 무개성이 되는 것을 두려워하는 것이 공통적인 신념이라는 것이다.

이렇게 도시역사가들은 개념적인 체계를 통해서 도시를 표현하는데 비하여 작가들은 상상력 체계를 통해서 도시를 표현한다고 레한은 말한다. 특히 레한은 계몽시대부터 포스트모던시대에 걸쳐 도시통으로 알려진 작가들[6]의 문학적 상상력을 통해 도시문명의 역사를 조감한다. 또한 그는 도시의 역사가 문명의 역사를 포함하므로 텍스트를 읽는 것은 마치 도시를 읽는 것과 같으며 지적, 문화적 역사와 관련있는 도시읽기라고 생각한다.[7] 말하자면 도시를 문학적 상상력의 부산물로 보고 도시의 생태를 텍스트로 고찰하는 관점이다.

『한국인』의 '서울'은 해방 후, 6·25 전쟁, 제1공화국시절, 장면정권, 4·19 혁명, 5·16을 거치면서 과도기정권 하에서의 혼란된 경제, 사회, 정치 그 자체이다. 전쟁 후의 서울은 부정과 부패로 오염되고 추(醜)로 얼룩진 중심도시로서 권력과 돈, 탐욕과 사기, 모함이 만연하여 순수와 미덕이라고는 찾아볼 수 없는 공간으로 나타나고 있다.

---

5 Richard Lehan, 앞의 책, 7쪽 참고, 인간관계는 중요한 것이 아니고 이차적이며 유용성과 능률을 유도했으며 타인과의 유대관계나 혈족관계는 희생하는 것을 골자로 하고 있다.

6 디킨스, 보들레르, 엘리어트, 만, 울프, 페서스, 조이스 등을 주로 예로 든다.

7 Richard Lehan, 앞의 책, 298쪽.

외형적으로는 텍스트 상의 서울이 중심가인 회현동, 무교동, 가회동, 조선호텔, 반도호텔을 중심으로 모더니즘적인 낭만주의적 분위기가 지배적으로 읽혀져서 손장순의 도시비전이 번성하고 성장하는 분위기와 불가분리의 관계망을 구성하고 있는 것 같다. 그러나 미국문화와 한국 유교문화와의 갈림길에서 방황하는 인물들의 일탈행위 서술에서 환경결정론과 사회구조적 결정론에 책임을 돌리고 있는 화자의 음성을 단일적으로 읽어낼 수 있다.

『한국인』의 허구적 서울은 실상 허구가 아닌 1960년대 초반의 있는 그대로의 서울이다. 특히 해방과 6·25 전쟁 후의 부작용으로 혼란하고 피폐해진 사회, 정치 현실의 서울은 '도넛 콤플렉스'[8]라는 용어로 명명하기에 적절하다.

도시에 관한 기존 연구가 대부분 시골과 도시와의 대척적인 이분법의 입장에서 연구되어 온 것에 비하여 『한국인』은 서울이란 도시를 문학적 상상력으로 정치적, 산업적, 경제적, 문화적, 개인의식과의 관계에서 텍스트화한 것이라 생각한다. 또한 『한국인』은 리얼리티 의식이 명백하기 때문에 읽는 이들의 도시경험을 확인시켜 주는 기능도 갖고 있다. 이런 관점에서 『한국인』을 읽는 것은 도시를 읽는 것이라 볼 수 있다. 이 글은 위에 언급한 레한의 이론에 근거해서 『한국인』이란 텍스트에서 서울이란 도시를 읽어내는 작업을 시도하고자 한다.

---

8 William Sharpe and Leonard Wallock, *Visions the Modern City — Essays in History, Art and Literature*, the Johns Hopkins University Press, 1987, p. 38, 전쟁 후의 미국도시를 특성화하는 말로 George Sternlieb와 James W. Hughes에 의하면 도넛의 구멍은 부패된 중심도시이고 주변의 원은 번성하고 성장하면서 근교도시와 지역을 말하는 용어이다.

2. '도넛 콤플렉스'의 서울

스턴리에브와 휴즈는 전쟁 후의 미국도시 모양을 '도넛 콤플렉스'라고 부른다고 했다. 도넛의 구멍은 부패한 중심도시이고 도넛 주위의 둥근 원은 번영하고 성장하는 지역을 의미한다. 『한국인』은 상·하 1, 2권으로 1권은 5장 46절, 2권은 6장부터 10장까지 54절로 모두 10장 100도막으로 구성되어 있다.[9] 스토리시간은 8·15해방 후부터 6·25 전쟁, 4·19, 5·16을 거쳐 제3공화국, 군부권위체제, 1964년 6·3 대일 굴복외교 반대데모시기에 이르기까지이나, 실제 서사담론시간은 제2공화국 시작부터 제3공화국 대일외교 반대데모가 절정인 1964년까지이다.

『한국인』의 서울은 우리 현대사에서 가장 중요한 1960년대 초반의 카오스적 의미를 대변하고 있다. 스턴리에브와 휴즈 식으로 얘기한다면 통상적인 의미에서의 '도넛 콤플렉스'라고 이름붙일 수 있다. 서울의 외면적 모습은 도넛의 둥근 원처럼 달콤한 도시풍물 그 자체이다. 회, 수, 청자, 상록수, 진, 초원다방 등의 다방문화를 중심으로 반도, 조선, 국제, 사보이, 스카이라운지 등의 호텔문화와 을지로, 소공동, 회현동, 관훈동 등의 순(純) 서울거리가 인물들이 항상 배회하는 활동무대로 등장하며 서울은 도시무드의 찬란한 크로노토프로 비쳐진다. 주인공 희연의 언어를 빌어 온다면 서울은 장밋빛 인생이고 서울생활은 아름다움과 희열이 넘치는 핑크빛 앙상블이다.

---

9 1장은 7절, 2장 8절, 3장 8절, 4장 11절, 5장 12절, 6장 10절, 7장 12절, 8장 11절, 9장 11절, 10장은 10절로 구성되어 있다.

또한 화자인 작중인물들이 반복해서 사용하는 도시언어적 외래어의 난무는[10] 도시를 개념화할 수 있는 기호가 된다.[11] 그러나 논평적 화자의 음성이나 미국에서 유학하고 돌아온 미국화된 작중인물들의 반복된 목소리는 1960년대 초반의 정치, 사회, 경제 등의 부패 성토에 집중되어 있다.

도시는 지적인 자극과 도전의 근본이 되는 공간으로 청년들이 그들의 운을 추구하는 절대적인 무대이다.[12] 『한국인』에서 서울은 전쟁후유증과 연속된 역사적 사건으로 인한 경제위기, 정치혼란 상태에서 대중의 생존이 위협받는 공간으로 등장한다. 특히 미국에서 유학을 하고 돌아온 인물들의 이런 한국사회에서의 정신적·심리적, 소외의식과 이상과 현실의 괴리에서 오는 체념이 텍스트 전체에 걸쳐서 리얼하게 구사되고 있다. 마치 엘리어트가 「황무지」에서 런던을 지옥의 도시라고 수사한 것처럼 서울 역시 술수와 음모가 뒤끓는 아비규환의 도시로 전지적 화자는 후진국, 불운한 시대란 언표를 서슴없이 반복한다.

> 겉은 윤기가 나고 풍성하나 속은 빈곤과 적자의 지속. 그나마 AID원조자금을 도로 몽땅 뺏어가려고 벌떼같이 모여든 숱한 외국인 상사들, 계획성 없는 경제행정, 자급자족적이 안 되는 원자재(原資材), 산업 부진. 이래저래 딸리고 몰려서 떳떳치 못한 증원만을 외친다. 그래도 전세계

10 나이트클럽, 웨이터, 라운지, 스카치, 샹송, 선글라스, 아프레, 팹콘, 트위스트, 하이웨이, 세단, 기프트 숍, 스카이라운지, 그릴, 파티, 하이볼, 코미션, 아르바이트, 레스토랑, 룸펜, 프린세스룸, 밍크오버 등등이다.

11 레한에 의하면, 도시연구방법을 유용하게 하는 방법 중 하나는 도시풍경을 문학작품의 풍경과 유사한 형식으로 상상하는 것이라고 했다.

12 Richard Lehan, 앞의 책, 128~130쪽 참고.

의 관심이 집중하던 동란시에는 반공 투쟁이란 명분 아래 모든 것이 여유 있고 풍부하게 돌아갔으나, 오히려 이것이 한국 경제의 균형을 파괴하고 자활의 능력을 잃게 한 요소가 아니었을까.[13]

위의 인용은 한국전쟁 후 소비성 생활수준과 비교적 발전했다고 보는 화려한 건축분야의 실내장식의 겉치레를 비판하는 목소리다. 이것은 전후의 미국원조를 물적 기반으로 하여 시대적 혼란 속에서도 민생안정과 산업부흥이라는 정책기조 하에 소비재의 수입대체 산업화가 진행된 것과 무관하지 않다.[14] 사회부패는 모두가 공범이라고 지적할 만큼 사회 불안정과 상업에 대한 불신이 극도에 달한 분위기이다. 특히 음성수입을 조달하기 위해 자선사업이라는 미명 하에 구호물자를 둘러싼 부정이 고아원 경영자와 목사, 민간구호단체의 물자부 직원 간에 공공연히 이루어지는 것이 대표적 예라 볼 수 있다.

상탁하부정(上濁下不淨)인가 하면 계장은 과장의 입을 틀어막고, 과장은 국장의 눈을 감기기 위해 음성 수입을 골고루 할당한다. 이런 공모는 이미 상식에 속하고, 이것은 급기야 음성 거래의 범람을 가져온다. 이런 부수입이 없이는 살아갈 길이 막연한 하급 관리의 생태, 부조리한 사회상, 그것만 해도 벌써 자유당 말기 때의 일이다. 민주당 집권의 지금은 어떠한가.[15]

---

13 『한국인 (상)』, 45~46쪽.
14 한국정신문화연구원, 현대사연구소 편, 『한국현대사의 재인식 4』, 오름, 1989, 224쪽.
15 『한국인 (상)』, 47쪽.

이런 사회부정은 특히 정치에 대한 불신과 상응하고 있다. 정치가 모든 것을 지배하고 영향력을 발휘하는 풍토를 권위적 화자는 후진성이라고 지적한다. 사업도 정치적인 배경이 있어야 하고 권력은 출세의 미끼가 되는 상황을 한국의 아득하고 불운한 시대의 장래라고 개탄하는 화자의 드러난 외침은 손장순이라는 작가의 현실의식을 여과하지 않은 채 그대로 보여주고 있다.

> 거기에다 군소정당의 난립, 수백만 환으로 흥정되는 매관매직, 일주일마다 교체되는 내각, 신임한 지 일주일이 되어도 정책담화문 하나 발표 못하는 불발탄 장관, 권력의 대립으로 갈라진 구파, 신파에다 신파의 노장파 소장파. 그런가 하면 남북협상론의 대두, S당의 중립국 제안, 이 혼란과 무질서를 타고 책동하는 간첩, 느는 것은 실직자뿐이고 데모만 연속될 뿐이다.[16]

정치무용론을 들고 나올 정도로 경제, 사회 위기가 맞물리는 현실묘사는 김우창이 지적한 것처럼[17] 소박한 시사해설로 작가가 제재를 이해하는데 경제, 정치에 대한 지식으로서 도움은 줄 수 있으나 소설을 현실 그대로가 아닌 허구라는 차원에서 볼 때 작가의 프리즘을 통한 형상화에 미숙성을 드러내고 있다.

역사가 칼 스콜스크(Karl Schorske)는 광범위한 문화영역에서 도시의 자아 인식을 세 가지 측면에서 언급했다.[18] 즉 계몽주의시대는

16 『한국인 (상)』, 175~176쪽.
17 김우창, 「探求된 사랑」, 『경향신문』, 1967. 7. 17.
18 William Sharpe and Leonard Wallock, 앞의 책, 7쪽.

미덕의 도시로 인간의 완전성을 상징하는 신예루살렘에, 빅토리안시대는 악의 도시로서 부(富)와 물질욕으로 형벌을 받는 바빌론으로, 또한 현대도시는 연대의식의 상실인 바벨에 비유했다. 『한국인』에서의 1960년대 초반의 서울이란 도시는 정치, 경제, 사회위기 구조의 피폐한 상황 하에서 정신적, 심리적 소외의식에 방황하는 인물들로 가득찬 공간으로 스콜스크식으로 얘기한다면 바빌론과 바벨의 이미지를 띠고 있다고 보겠다.

3. 미국 유학생 인텔리의 욕망과 갈등

근대문학의 개념을 한마디로 얘기한다면 서구화라고 말할 수 있고, 서구화는 곧 미국화라는 통념적인 의식이 지배적임을 사실상 부인하기가 어렵다. 해방 후부터 6·25 전쟁에 이르기까지 자유세계 방위를 위한 미국의 십자군적(?) 행위와 경제원조는 경제적으로 최후진국이었고 정치적으로도 미숙했던 한국의 입장에서 구세주나 다름없었다. 특히 식민지 민족의 질곡과 독립 염원에 대한 윌슨 대통령의 지원정책은 전쟁으로 황폐화된 한국인들에게 미국이 표면적으로는 진정한 휴머니즘 국가라는 인식을 심어 주기에 부족함이 없었다.[19] 이런 왜곡된 인식 하에서 '양키문화'의 무비판적 수용은 오늘날의 시각에서 볼 때 과도할 정도로 심각한 상황이었다고 볼 수 있다. 특히 정치, 경제, 문화, 사회 등의 모든 면에 걸친 미군정 하에서의 영향은 현재

19 한국정신문화연구원 현대사연구회 편, 『한국현대사의 재인식 1』, 오름, 1998, 35~36쪽.

까지도 지대하다고 볼 수 있다.

> 문화면에서는 저급한 양키문화와 물질적 향락 추구의 문화양식이 한국 사회의 전통성은 물론이고 전통적 가치관과 윤리의식을 침식시키고 말았다.—이러한 이질문화 자체가 당시의 정치적 상황, 즉 미군정의 통치라는 성격을 통해서 우세문화로서 기능하게 되었다. 그 결과 한국인에게 있어서 문화가치나 윤리 면에서 심한 갈등과 혼동을 가져옴과 동시에 정신적 아노미 상태로까지 몰고갔다.
> 또한 교육면에서는 제도나 이념, 방법 등에서 무조건 미국식의 도입을 시도했기 때문에 건전한 인격이나 자기 수련보다는, 이른바 지극히 계산적인 인간관계—이것을 합리적 인간관계라는 말로 미화했다—나 기능 위주의 교육, 경제 중심의 교육이라는 상황과 조건, 그리고 민족의 전체적 목표를 상실한 교육의 비민족주의적 성격이 나타나게 되었다.[20]

무엇보다 미국문화의 영향은 한국 전통문화와의 관계에서 심한 갈등을 초래했으며, 위에 예시한 것처럼 그것은 정신적 아노미상태로까지 전이되었다. 인간관계에 있어서도 에고센트리즘, 바로 그 자체였다.

『한국인』은 1960년대 초반 미국에 유학 갔다온 인물들을 중심으로 유학생의 애환, 정신적 튀기의식, 이상과 현실의 괴리, 미국 유학의 불구성, 국적 부재의 이방인으로서 동포에게조차 따돌림당하는 유학생들의 소외의식, 인재 소화불량증의 1960년대 초반의 사회상황 등

---

20 陣德奎, 「美軍政의 政治史的 인식」, 『解放前後史의 認識』, 한길사, 1980, 60쪽.

을 비교적 신랄하게 파헤치고 있다. 그 이유를 사회, 정치 등의 구조적인 문제에 두면서도 미국문화와 한국 전통문화와의 차이가 주요한 요인으로 지적되고 있다. 서울은 이런 미국 유학생들이 활동하는 주요 중심 무대로 서울거리의 배회와 호텔 지하 바와 다방 등의 폐쇄적 공간 속에 스스로 감금된 인물들이 몸부림치는 도시로 시종일관 그려져 있다.

주요 등장인물은 희연·문휘 부부, 관희·혜미 부부, 한선·소라 부부 등이며 그 외 주변적인 인물로 혜림, 쑤 한, 도수, 경숙 등으로 각 인물들의 행위가 병렬적 구성으로 짜여져 있다. 텍스트 전체는 10장 100도막으로 이들 중 희연과 문휘에 관련된 것이 54도막이고 관희·혜미는 24도막, 소라·한선이 11도막, 경숙·도수가 10도막, 쑤 한이 1도막으로 화자가 집중적으로 관찰하고 포인트를 둔 인물들은 희연과 문휘 부부라고 말할 수 있다. 이들 가운데서 미국에 유학을 다녀온 인물들은 문휘, 관휘, 한선, 쑤 한이며 혜미나 혜림이는 유학을 실천에 옮기지 못했어도 미국 유학이 꿈인 인물이다.

이들은 출세지향적인 젊은 인텔리, 즉 여피(Yuppie)[21]로 이들의 공통되는 상황을 몇 가지로 집약시켜 볼 수 있다. 첫째, 이들은 직장이 없거나 혹시 직장이 있어도 기반이 채 잡히지 않은 불안한 상태에 놓여 있다. 둘째, 미국 유학의 불구성이다. 미국학문이 한국의 현실과 거리가 먼 무용지물이란 점이다. 기대수준은 높고 현실은 빈약한 상황에서 우월의식만 내세우는 유학생들이 한국 현실에 아무 쓸모가 없는 초라한 존재인 것을 인식하면서 그 욕구불만이 최절정에 오르게

21 William Sharpe and L. Leonard, 앞의 책, 28쪽.

된다. 셋째, 이들의 입장은 미국에서도 마찬가지이다. 미국, 한국 어느 쪽에서도 그 나라 사정에 어두울 뿐만 아니라 따돌림을 받는다. 결국 이들은 국적이 부재한 이방인으로 소위 '정신적 튀기'로서 어느 곳에도 안주할 곳이 없다. 넷째, 유학생들이 공통적으로 가진 에고센트리즘과 독존의식이다. 다섯째, 저개발국가에 대한 미국인의 무시와 경멸, 그들의 교활한 행위에 대한 들끓는 분노의식을 유학생들에게서 읽을 수 있다. 그것은 미국의 주거공간이었던 아파트에서 느낀 단절감과 홈시크(homesick), 불면증, 노이로제 등의 강박관념과 맞물려 있다.

유학생 인텔리들의 삶은 마치 도시 건축물의 장식처럼 외관으로는 화려하면서도 내적으로는 소화불량증에 시달리고 있다. 그러나 무엇보다 텍스트 전체를 관통하는 유학생 인텔리들의 문제점은 암담한 현실이며 또한 서구문화와 보수와의 힘겨운 갈등이다. 이것의 결과는 부부파경으로 나타나며, 그것의 원인은 전통과 반전통의 대립에서 오는 것이기도 하나 무엇보다 시대현실이 결정론적인 원인이 된다.

『한국인』의 기본적 술부는 문휘와 희연, 관희와 혜미, 한선과 소라 세 쌍의 인물들의 비정상적인 애정관계를 중심으로 부부행위자들 상호간의 사랑과 증오, 대립, 마음의 변화, 그리고 파경사건 등이다. 가장 주된 인물들이라고 볼 수 있는 문휘 부부의 경우, 아내 희연과 시모, 남편 문휘 세 인물 사이의 대립이 심리적인 차원에서 디테일하게 그려져 있다.

하버드대학교에서 대학원은 중퇴했지만 상경학을 전공하고 귀국한 문휘는 외무부 사무관으로 근무하면서 사업도 하는 인물이다. 문휘는 미국식 실용주의 사고와 사회제도에 익숙해 있으며 정도 이외에는 어떤 것과도 타협하지 않을 만큼 조직적이고 체계화된 인물이다. 그러면서도 향토적인 것에 향수를 느껴 유학을 중도에 포기할 만큼 한국적인 인물이기도 하다. 특히 가족관계에서 문휘의 정신적 자세나 사고방식은 완전히 전근대적이다. 아내는 모름지기 그의 구조에 맞는 부속품이어야 하고 아내 및 어머니로서의 자리만 강요당한다. 지배욕과 에고, 아집으로서의 남성 특권의식을 지닌 남편에 대한 희연의 염오와 환멸이 결국 부부를 파경에까지 이르는 결말을 초래하지만, 문휘가 타협을 모르는 폭군으로까지 변모하게 되는 중요한 요인은 콤플렉스에 있다.

관희의 아내 혜미에 대한 자세 역시 비록 폭력적인 지배자까지는 아니어도 그의 전근대적 사고의식은 문휘와 다를 바 없다. 문휘와 희연, 관희와 혜미, 한선과 소라 세 부부관계는 미국 유학생활에 끝까지 잘 적응하지 못한 좌절과 열등의식, 고국에 돌아와서의 이방인 취급과 유학생이란 프라이드에서 온 자만심 그리고 에고센트리즘, 또한 유교이데올로기에서 온 가부장적 지배의식 등에서 파경의 비정상적 상황이 될 수밖에 없는 필연성을 지닌다.

근대의 전환기를 거친 현대사회 시점에서, 그것도 1960년 전반기를 배경으로 서울문화가 중심이 되어 서사담론이 전개되는데도 남녀 이분법 원칙 하에 남녀의 수직적인 관계가 그대로 존속되고, 경제생산 면에서 남성은 가정의 공적 영역을, 여성은 가정의 사적 영역에 고정화되는 가부장적 가족현상[22] 고수는 아이러니컬하다. 더욱이 지성을 갖춘 희연, 소라, 혜미의 경우, 이런 새로운 형태의 가부장적 가

---

22 국제한국학회 지음, 『한국문화와 한국인』, 사계절, 1999, 279~278쪽 참고.

족제도에 안주함은 이들의 성격이나 인생관에서 잘 드러나고 있다.

희연에게 결혼은 여자로서 인생을 사는 중요한 수단이요 방법에 불과하고 감상이나 환상보다는 현실 그대로를 수용하는 것이 중요하다. 희연에게 결혼은 드라이한 사무이다. 이런 계산적 성격은 『한국인』에서 서울여자의 근성으로 설정되고 있다. 혜미 역시 자기중심적인 사고가 부부관계를 파경으로 몰고 가게 하는 원인이 된다. 시집 식구와의 관계에서 자신이 중심이 되지 못하는 것에 대한 자존심 싸움은 사실 깨어난 여성의식이라고 보기가 어렵다.

『한국인』에 등장하는 남성 인물들은 외면상으로는 아메리카니즘에 익숙해 있으면서도 내부적으로는 유교적 가부장제의 핵심 이데올로기를 견지하면서 여성을 종속적인 보조자로만 인정하려고 한다. 이에 반해 여성 인물들은 1960년 고도경제 성장기에 경제생산은 남성이 맡고 가정은 사적 영역으로 주부가 중심이 되는 성별 분업 상황하에 놓여 있지만 핵가족화를[23] 갈망한다. 따라서 남성과 여성 인물의 대립은 불가피하고, 이 대립이 전후 혼란된 상황과 맞물려 결국 이들의 부부관계는 파국을 맞게 되는데 이는 특히 대가족 중심의 기능이 약화되는 서울이란 도시공간이기 때문에 더욱 그렇다. 그런데 여성 인물의 경우, 남편과 동등함을 내세우면서도 남편을 상징적 권위로서 부계혈통 중심주의로 생각하는 여성의식이 텍스트 전체를 지배하고 있어서 지적이고 현대적인 여성의 이미지가 오히려 남성우월주의에 예속되는 모순을 보이고 있다.

---

23 위의 책, 273쪽.

4. 내면화된 타자의식의 부재

도시가 긍정적인 면에서는 생명에너지를 생성하고 분출하지만, 도덕적으로 고갈될 때에는 무질서가 광포한 유아론적 개인주의를 낳으며 폭발을 기다린다.[24] 개화기소설에서 경성은 이상향으로 문명과 생명의 소리가 들리는 미래지향적인 도시로 출발을 했으나 일제강점기 시대의 서울은 가난과 절망의 공간, 빈부의 차이, 이드 발현의 인물등장 등 긍정적인 이미지보다 부정적인 이미지가 지배적이었다.[25] 특히 1960년대 소설부터 본격화된 도시는 전쟁 후의 상흔과 경제, 사회, 정치 면에서의 오르기(Orgy) 현상이 결정론적 요인이 되어 더욱 부정적인 이미지를 지닌다.

1960년대의 도시는 인구집중 현상과 빌딩 건축, 호텔, 그릴, 스카이라운지, 하이웨이, 네온사인 등의 도시풍물로 외관상 번성해 보이지만 정작 사회의 발전 변천 과정에서 오는 발전현상과는 거리가 멀다. 서울은 진실된 사랑과 우정의 부재공간으로서 물질화된 가치가 난무하는, 말하자면 데카당스의 종말적 분위기가 지배적이다.

『한국인』은 인물 설정에서 등장인물 대부분이 에고 마니아이며 자신에 대한 강박관념과 결정적 사고 및 의지의 박약, 열등의식 등에서 헤어나지 못하고 있다. 이들 주요 인물들의 성격에 지배적으로 나타나는 특징은 몇 가지로 유형화할 수 있다. 첫째, 콤플렉스를 지닌 인물들의 나열이다. 둘째, 소위 모성고착이나 부성고착을 지닌 인물

24 W. Sharpe & L. Wallock, 앞의 책, 132쪽.
25 전혜자, 『현대소설사연구』, 새문사, 1987, 304~306쪽 참고.

의 등장으로 외디푸스 콤플렉스와 엘렉트라 콤플렉스형 인물들의 등장이다. 셋째, 사디스트적이고 매조키즘적인 호모행위이다. 넷째, 나르시시즘적인 인물의 자기애 편집증이다.

개인심리학의 가장 중요한 발견의 하나라고 보는 열등의식은 아들러에 의하면, 개인이 그것에 대해 잘 적응하지 못하거나 준비되어 있지 않아서 열등의식을 해결할 수 없다는 자기의 확신을 언행으로 표현하게 되는 하나의 문제가 닥쳤을 경우에 나타난다고 한다.[26] 그리고 열등감은 기관성 열등, 응석받이, 무시의 세 가지 근원으로부터 비롯된다는 것을 밝혀냈다.[27]

문휘의 경우는 응석받이와 관련해서 말할 수 있다. 그는 하버드 대학교를 나온 수재로 외모도 출중하고 유학생이란 자존심이 대단히 높은 인물이다. 그는 오남매 중에서도 어머니로부터 과도한 편애를 받고 자랐다. 6·25 때 인민군 지원을 강요받자 어머니가 동생을 대신 내보낼 정도로 유난히 떠받들어졌던 인물이다. 이런 데서 형성된 문휘의 우월감과 독존의식은 사회에서 난관에 봉착했을 때 사회성 결핍과 적응력의 결여로 나타나 더욱 큰 열등감으로 야기된다. 소년시절부터 골수에 박힌 열등감은 지적인 아내에 대한 의처증을 야기시킴은 물론 세계에 대한 증오와 욕구불만으로 열등의식이 극에 달해 있다.

관희와 혜미 역시 서로 열등의식을 지니고 있다. 혜미는 관희가

---

26 A. Adler, H. Orgler 지음, 설영환 역, 『아들러심리학해설』, 선영사, 1992, 85쪽.

27 위의 책, 304~351쪽 참고. 기관성 열등은 인간기관의 손상이 기능적인 장애를 일으켜 비정상적인 과정을 초래한다고 생각, 그런 손상이나 결함 전체를 말한다. 또 응석받이는 오로지 자신에게 관심을 집중시키며 사회성이 결핍하며 어려움에 부딪혔을 때 적응력의 결여로 야기되는 열등감이다. 무시열등감은 무시받으며 자란 어린이들이 삶을 자연스럽게 잘 헤쳐가는 사람의 모습을 통해 자신의 열등감을 키워가는 것이다.

언니의 옛 약혼자였다는 점에서 열등감을 갖고 있고, 관희는 혜림과의 사랑의 실패에 대한 기억을 지우지 못하는 데서 오는 열등의식을 보인다.

한선과 소라 역시 마찬가지이다. 한선은 유학생 대열에서 낙오된 패배감과 이기적이고 타산적인 생각이 실현되지 못하는 데서 오는 강한 열등감을 제어하지 못한다. 소라는 자기 모녀를 돌보지 않는 아버지 때문에 남자에 대한 근본적인 멸시와 피해의식이 뿌리박혀 있는 인물이다. 이들은 모두 야망과 열등의식 사이에서 방황하는 고독한 지성인으로서 소외와 외로움으로 외부세계에 잘 적응하지 못하는 인물들이다.

『한국인』은 또한 외디푸스 복합 갈등을 지닌 이상심리적 인물설정이 지배적이다. 문휘와 관희의 경우는 시모와 며느리와의 관계가 부부의 파경을 맞게 되는 동인이 된다. 두 인물에게 공통적으로 나타나는 현상은 부친의 부재이다.

관희는 홀어머니에게 보람의 대상이며, 관희가 사업체를 가질 수 있었던 것은 어머니의 결단력과 굳은 의지력이 밑받침이 된다. 특히 유아일 때 유모의 젖을 결코 빨리지 않고 어머니의 품을 떠나지 않은 관희는 외아들의 특이한 성격 소유자로 모친에 대한 극기가 심한 인물이다. 그런 관희가 결혼을 했다고 해서 어머니에 대한 효도가 달라질 리 없다. 관희에게 모성고착은 절대적 의무로 아내는 어머니에게 며느리를 마련해 주기 위한 하나의 수단으로 비쳐질 정도이다.

문휘의 모성고착 역시 이상심리적 관점에서 고찰할 수 있다. 유년기의 문휘는 타인과 격리된 고독 속에 강한 모성의 보호 아래에서 금기와 부자유를 강요당하면서 성장해 왔다. 오남매 중 유일하게 편애를 받아 온 데서 초래한 독존의식은 나르시시즘적인 아내와 불협화음을 일으킬 수밖에 없는 필연성을 갖는다. 또한 문휘 모친은 아들에 대한 독점욕에서 아들 내외의 결혼생활을 간섭하고 구속하는 지배적인 자세로 며느리한테서 아들을 빼앗으려는 무서운 집념을 갖는다. 문휘 모친에게 남편은 객지를 방랑하는 무의미한 존재이기 때문에 아들을 통해 인생의 젊음을 갈구하려는 욕망을 더욱 야기시키는 요인이 된다. 이런 모친이 문휘에게는 한국적 향수이며 향토적 정서 그 자체이다.

여성 작중인물의 경우도 외디푸스 정황에서 헤어나오지 못하는 것은 마찬가지이다. 혜미 자매는 부성고착적인 인물이란 점에서 남성 인물과 유사하다. 두 자매는 부친의 말에 무조건 복종한다. 또한 부친 백 의사에게 두 딸은 딸이면서 친구이고 동시에 애인이기도 하다. 백 의사가 혜림을 관희와 파혼시킨 것도 여성으로 성숙해져서 아버지의 보호를 떠나는 것이 두렵기 때문이었다. 관희, 문휘의 모친들에게 각각 그 아들들이 전(全) 보람이듯이 백 의사 역시 두 딸이 인생의 전부이다. 두 자매도 예외가 아니다. 그들 또한 아버지의 사랑과 보호 아래서만 행복해질 수 있다고 생각한다.

소라와 모친 홍 교장 역시 엘렉트라 정황에서 설명될 수 있다. 남편의 가출과 딸을 사위 한선에게 빼앗겼다는 홍 교장의 피해의식이 딸 소라를 냉대하고 오히려 딸의 친구인 쑤 한에게 호위를 베푸는 행위로 나타난다. 이 행위는 '안채문화'[28] 또는 바깥문화란 차원과는 별개의 문제이다. 이런 작중인물들의 일관된 이상심리는 '정적인 외디

28 국제한국학회 지음, 앞의 책, 268쪽.

푸스복합'[29]으로 들뢰즈와 가따리 식으로 얘기하면 일종의 편집병 증세라고 볼 수 있으며,[30] 유아기 때의 외디푸스 정황에서 벗어나지 못한 미성숙된 인물들의 나열이라고 볼 수 있다.

다음 문휘와 한선의 동성애는 '자아-이질적 동성애'[31]로 이성간의 관계를 원하면서도 어쩔 수 없이 동성애 때문에 주관적인 괴로움을 경험하는 경우이다. 즉 자신들의 의지와는 상반되게 문휘는 미소년 영규에, 한선은 미스터 킥스를 대상으로 동성애에 집착하는 것이다. 그것은 아내에 대한 불안정과 소외 당하는 것에 대한 자신의 결핍을 보상받기 위해서이다. 문휘에게 영규는 희연에게서 위축된 자아를 찾는 탈출구가 된다. 지적인 면에서 아내를 정복해 보지 못하는 문휘의 공허는 쉽게 독점할 수 있다고 생각하는 영규를 통해 도착된 애욕을 일으킨다. 그러나 결말에 가서 문휘는 우울증, 불안의식, 수치심, 죄책감 등으로 인한 괴로움 때문에 정신병원에 입원하게 된다.

마지막으로 나르시시즘은 긍정적으로 생각되기보다 부정적인 차원에서 더욱 많이 거론되어 왔다. 『한국인』의 인물들은 자아가 제대로 형성된 인물이 거의 없다. 미드(M. H. Mead)는[32] 자아를 'I'와 'Me'라고 하는 분석적으로 구별될 수 있는 두 측면 사이의 내면적 사회과정으로 보고 있다. 자아 속의 'I'의 측면은 개인의 충동적이고 즉각적이며 비조직적인 생활경험으로 표현되는 것이다. 반면에 'Me'는 그 개인 속의 내면화된 타자(Internalized Other)로서 자기가 소속

---

29 원호택, 『이상심리학』, 法文社, 2006, 52쪽.

30 Gilles Deleuze, Felix Guattari, 최명관 역, 『앙띠 오이디푸스』, 1994, 406쪽.

31 원호택, 앞의 책, 337쪽.

32 전병자, 『社會心理學』, 經文社, 1995, 181~182쪽에서 재인용함.

되어 있는 일반화된 타자에 의해 만들어진 의미 일반인 것이다. 미드는 인간의 행위가 'I'의 형태에서 출발하여 'Me'의 형태에서 끝난다고 말했는데, 『한국인』에 등장하는 대부분의 인물들은 'I'만 있을 뿐이지 'Me'는 결여되어 있다. 미드는 인간에게 자아가 있다는 말은 다음의 세 가지 점을 암시한다고 말했다.[33]

인간이 자아를 가지고 있다는 말은 첫째, 곧 개인 그 자체가 사회의 축소판이라는 것을 의미한다. 즉 개인이 남들과 상호작용을 하는 것과 마찬가지로 개인은 그 자신의 자아 속에 있는 'I'와 'Me'를 통해 부단한 내면적 대화를 함으로써 자신의 마음 속에 자기 나름대로의 세계를 이루고 있다는 말이다. 둘째, 인간이 자기자신을 대상으로 행동할 수 있다는 말은 곧 인간에게는 정신적인 생활이 가능하다는 말이기도 하다. 셋째, 인간이 자아를 가지고 있다는 말은 인간은 자기의 행동을 스스로 규제할 수 있는 능력이 있다는 말이기도 하다. 즉 인간은 내적인 충동이나 외적인 자극에 맹목적으로 반응을 보임으로써 행동하는 것이 아니라 끊임없는 의식의 흐름 속에서 자기의 행동을 구축하는 것이기 때문이다.

『한국인』에서 문휘나 관희는 미드 식의 자아가 아니다. 이들은 아집과 자의식, 독선이 강하며 즉각적이고 충동적인 인물이다. 한선과 소라 역시 타협을 모르는 오만과 이기주의로 부부간의 불행을 자초했고, 혜미 또한 자기애에 도취된 인물이다. 희연은 자기애가 강하면서도 지성을 갖고 비교적 문휘와 융화를 도모하려는 인물로 그려져 있으나, 남자의 가치는 여자의 욕망을 충족시켜 줄 수 있는 능력에 좌

---

33 위의 책, 182쪽.

우될 뿐 그 이상의 가치도 없으며 결혼은 여자에게 인생의 수단 방법에 불과하다고 생각하는 기계론적 결정론이 문제가 된다.

위에 예시한 인물들의 열등복합심리는 1960년대 초반의 아노미 현상을 형상화한 것이라 볼 수 있다. 이들은 파르마코스적인 인물들로, 1960년대 초반의 시대적 불행이 낳은 스케이프코트이다.

5. 나르시시즘적 글쓰기로서의 서울

이 글은 레한의 이론을 원용해서 손장순의 최초의 장편인 『한국인』에 나타난 '서울'이란 도시생태 읽기를 시도해 본 것이다. 레한은 역사적, 문화적, 사회적 병화 속에서 도시 텍스트의 개념화가 어떻게 설정되는가를 고찰했다. 이 관점은 문학적 텍스트와 도시 텍스트 사이의 공조현상에서 도시를 문학적 상상력의 부산물로 보고 도시의 생태를 텍스트 읽기로 분석한 것이다.

『한국인』에서 서울은 해방정국과 6·25 전쟁을 겪은 후의 아노미현상에서 출발해서 1960년대 초반 제3공화국시절에는 그 오르기(Orgy) 현상이 극치였음을 읽어낼 수 있다. 특히 미국에 유학 갔다 돌아온 인물들을 중심으로 1960년대 초반을 풍미했던 아메리카니즘과 한국 전통문화와의 괴리에 초점을 맞추고 '바(Bar)'문화에 젖은 인물들이 역사적, 사회적, 경제적, 정치적 불행의 상황 속에서 얼마나 몸부림치고 있는가를 작가 특유의 이데올로기 외침으로 나타내고 있다.

첫째, 서울은 외관상 성장하고 번영하는 도시로 보이지만 내적으로는 마치 도넛 가운데의 구멍처럼 부패와 부정으로 인한 위기의식이 팽배한 공간으로 글쓴이의 사회구조적, 환경결정론적인 시각이 두드러진다.

둘째, 미국에 유학 갔다온 인물들의 실용적 합리주의 사고가 걸림돌이 되는 한국사회와의 충돌에서 오는 여피(Yuppie)들의 방황과 좌절, 남성문화가 지배적인 가정 안에서의 전통과 반전통의 갈등 속에서의 그들의 몸부림을 읽어낼 수 있다.

셋째, 이런 아노미현상에서 왜곡된 의식을 지닌 인물들의 콤플렉스현상은 외디푸스, 엘렉트라, 동성애, 나르시시즘적인 편집증 징후 속에 부부관계의 파경과 정신병원에 입원하는 등의 결말을 가져오며 1960년대 초반 피폐한 사회현상에서 불가피하게 초래된 병리학적 인물 설정의 열등의식이 텍스트 전체를 지배하고 있다.

무릇 글쓰기란 메시지를 산출하고 의미를 확대시키는 것이며 글읽기란 글쓴이가 창조한 담론에 반응을 다양하게 나타내어 읽는이의 흥미와 관심에 따라 재편집하고 개념작용을 겪는 과정을 말한다. 이런 의미에서 알콘(H. W. Alcorn Jr.)은 텍스트를 기본적으로 작가의 나르시시즘과 독자의 나르시시즘을 연결시키는 공간이라고 했다.[34] 손장순의 나르시시즘적인 글쓰기는 작중인물들의 갈등과 욕망추구 좌절을 통해 작가 자신의 현실인식을 사회적, 문화적, 심리학적으로 구조화시킨 것이라 볼 수 있다.

서울이란 도시는 여성의 현실참여 활동이 부재하는 공간이며, 여성 인물들 스스로가 여성의 잠재력은 생명잉태와 양육이라는 19세기식 사고의 틀에서 벗어나지 못하고 있다. 여성은 지성과 오만한 자

---

34 H. W. Alcorn Jr., *Narcissism and the Literary Libido*, New York University Press, 1994, pp. 12~19 참고.

존심만을 내세우면서 주변적 존재 또는 배제된 존재의 틀을 아직도 벗어나지 못하고 있다. 그것은 희연, 혜미, 소라의 의식과 행위에서 감지할 수 있다. 남성 인물의 경우, 서울은 그들의 이상실현 추구의 활동무대로서 활용되고 있으나 서울은 닫힌 체계로서의 의미만 주어질 뿐 생명력을 상실하고 있다. 그런 의미에서 손장순의 나르시시즘적인 글쓰기는 라캉식으로 말하면 상상계에 머무르고 있는 단계일 뿐이다.

『한국인』은 기록자적 서술과 인물적 시각의 서술을 기조로 글쓰는 이의 주장에 대해 글을 읽는 사람에게 강력하게 동의를 구하고자 하는 분위기가 지배적이다. 그러나 결말에 가서 정신병원에 입원한 문휘가 학생 데모대의 아우성이 생방송으로 중계되는 것을 들으면서 힘이 불끈 솟으며 새로운 의욕이 솟아오름을 확인하는 장면으로 대단원의 막을 내린 것은 리얼리즘적 관점에서 개연성이 부족하다. 또한 환경적 결정론과 관료제도나 가부장제도 등의 사회구조적 결정론적 관점론들이 수사적 장치를 여과하지 않고 조야한 언어 그대로를 표현하고 있는 점이 한계로 보여진다.

불행, 성숙에 이르는 길

—『한국인』의 손장순론

장두영

1. 총체적 자화상으로서의 '한국인'

손장순의 『한국인』은 1966년 1월부터 이듬해 7월까지 1년 반 동안 『현대문학』에 연재된 장편으로 작가의 출세작이자 대표작이다. 이 작품은 발표 당시부터 세간의 화제를 불러일으켰으며, 작가 스스로도 작가로서의 주가를 올려준 작품이라 공언한 바 있다.[1] 여러 차례 재출간을 하면서 작가가 문장을 다듬는 정성을 기울인 것이라든가, 해외 주제발표에서 『한국인』을 자신의 대표작으로 내세우면서 작가가 직접 작품에 대해 설명하고 평가한 것[2]을 보면 작가가 이 작품에 쏟은 애정의 정도를 쉽게 짐작할 수 있다.

---

1 손장순, 「작가의 말 — 1994년 판」, 『손장순 문학전집 2 — 한국인 (하)』, 푸른사상, 2009, 337쪽.

2 「한국 현대소설의 흐름과 특성」, 「동과 서의 만남」 등이 있다.

그뿐만 아니라 이 작품은 작가의 문학세계에 관한 평론과 연구 논문에서 꾸준히 논의의 대상이 되어 왔다. 기존의 논의들은 대체로 이 작품이 여러 인물군상의 조형을 통해 1960년대 초반 한국사회의 현실과 모순을 제시하는 데 주력하고 있다는 점에 동의하고 있다. 이러한 기존 연구의 평가는 당대 사회와 풍토가 만들어낸 한국인의 자화상을 그리고자 하였다는 「작가의 말」[3]과도 상통하는 바이지만, 논의의 시각에 따라 다소 차이를 보이고 있어 간략히 정리할 필요가 있다.

김우창과 강인숙의 평론은 독특한 인물형의 창조에 주목하고 있다. 이 작품이 남녀의 사랑에 관한 탐구로서 의의가 있다고 평가한 김우창은 파탄으로 귀결되는 '성의 전쟁'을 그려내는 과정에서 활용된 심리분석의 섬세함을 고평하고 있으며, 등장하는 인물 모두가 사회적 조건에 기인한 좌절감에 사로잡혀 있다는 점을 지적한다.[4]

작품에 내재된 자전적 요소에 주목한 강인숙은 "자신에 차 있는 강한 여성, 이지적이고 합리적인 사고의 주인공"으로 제시된 주인공 희연의 개성적인 면모를 집중적으로 거론하고 있다.[5] 나아가 강인숙은 "지적이고 합리적이며 관념성이 농후한" 작품의 특성을 확장하여 "작은 것을 갈고 다듬는 섬세함보다는 거시적인 것을 지향"한다는 점에서 작가의 작품세계가 '탈여성적' 면모를 보인다고 설명한다.[6]

한편 이명희, 이선미, 전혜자의 연구는 현실에 직면한 인물이 겪는 갈등이 지니는 의미를 해석하는 데 중점을 두고 있다. 이명희는 남

---

3 손장순, 「작가의 말 — 1969년 판」, 『손장순 문학전집 2 — 한국인 (하)』, 푸른사상, 2009, 336쪽 참조.

4 김우창, 「탐구된 사랑」, 『경향신문』, 1967. 7. 17.

5 강인숙, 「전신으로 사는 자체의 투영」, 『한국문학전집 24권』, 삼성출판사, 1985, 408쪽.

6 위의 글, 411쪽.

녀 주인공인 문휘와 희연의 대조적인 성격에 주목하여 이 작품이 남성을 통해 자본화의 논리가 정신적 파탄을 초래하는 모습을 보여주고, 여성을 통해 사회에 대한 비판을 수행하고 있다고 분석한다.[7] 이선미는 '민족부흥'이라는 기치를 내건 근대화의 분위기 속에서 희연과 같은 여성 인물은 "가정을 소홀히 하고 자기감정에만 충실한 이기적 여성"으로 배척되고 있음을 지적하면서, 작품 속 여성들의 미국 지향성은 자유와 민주주의에 대한 열망이 표출된 결과라고 해석하고 있다.[8]

여성주의적 입장을 보이는 이상의 두 연구가 비판자로서의 여성 인물의 의의와 역할을 강조한다면 전혜자의 연구는 이 작품이 급격한 미국화로 인해 아노미상태에 빠진 서울의 모습을 사실적으로 제시하고 있다는 점에 더 큰 관심을 보이고 있다. 전혜자는 작품에서 구현된 서울이 부패와 번영이 공존하는 '도넛 콤플렉스'의 도시이며, 이러한 도시의 생태는 미국 유학생들을 중심으로 한 각종 병리학적 인물 설정을 통해 제시될 수 있었다고 설명한다.[9]

이상에서 살펴본 바와 같이 기존의 논의들은 주로 남녀 주인공인 희연과 문휘의 대립과 갈등을 중심으로 인물의 개성적 면모를 분석하는 데 주력하고 있다. 두 주인공을 중심으로 한 작품 분석은 두 사람의 이야기가 작품 전체 서사의 중심축을 형성하고 있다는 점에서

---

7 이명희, 「폐쇄된 통로에서 화합에의 길찾기 — 손장순의 1960년대 작품」, 『현대 문학과 여성』, 깊은샘, 1998, 167쪽.

8 이선미, 「1960년대 여성 지식인의 '자유'담론과 미국 — 박순녀, 손장순, 박시정 소설을 중심으로」, 『한국문학의 연구 29』, 2006, 430, 446쪽 참조.

9 전혜자, 「현대소설의 도시생태적 독법에 대한 연구 — 손장순의 『한국인』을 중심으로」, 『현대소설연구』 12, 2000.

일견 타당하다고 할 수 있지만, 작품의 제목이 표명하는 '한국인'의 총체적인 자화상을 파악하는 데는 다소 아쉬움이 있다.

가령 이 작품에서는 자생력을 상실한 채 철저히 미국의 원조정책에만 의존하는 상황을 당대 한국경제의 근본적 문제로 설정하고 있는데, 이러한 상황은 청와대 비서관 출신으로 고고한 자존심을 내세우는 문휘와 같은 인물보다는 도수와 같은 마키아벨리적 인물을 통해서 그 실체가 더욱 생생히 파악될 수 있다는 점에서 분석의 폭을 넓힐 필요가 있음을 알 수 있다. 또한 남편과 시어머니로부터 희생을 강요당하는 희연을 볼 때 이 작품이 남성 중심의 사회에 대한 강한 반발을 전면화하는 듯하지만 혜미와 같은 인물에 대해서는 "잘못 소화된 아메리카니즘", "모든 것을 자신에게 유리하게만 적용하는 한국의 기형적인 혼합 사회가 배출한 불건전한 현대 여성의 표본"[10](상, 244)이라는 부정적인 평가가 내려질 수도 있다는 점에서 이 작품을 남성인물에 대한 비판과 여성 인물에 대한 옹호라는 이분법적 구도로만 파악하기에는 무리가 있음을 알 수 있다.

이 글에서는 기존의 연구 성과를 참조하면서 분석의 폭을 넓히고자 한다. 2장에서는 이 작품의 기본적인 서사를 구성하는 남녀의 결합에 관한 내용을 중심으로 서사의 근본적인 추동력이 되는 인물의 심리에 대해 분석하고자 한다. 이것은 여러 유형의 남녀관계에서 공통적으로 발견되는 인물의 심리를 파악하고 그것이 서사 전개와 어떠한 관련이 있는지를 확인하려는 시도이다. 3장에서는 당대 사회를 관

10 손장순, 『손장순 문학전집 1 — 한국인 (상)』, 푸른사상, 2009, 244쪽. 이하 작품 인용은 '상', '하'를 표시한 다음 해당 쪽수만 표기하기로 한다.

찰하고 조망하는 인물의 시선을 분석하고자 한다. 2장에서의 분석이 주로 가정 내부의 사적 영역에 관련된 것이라면 3장에서는 당대 한국사회에 대한 지식인의 현실인식을 위주로 한다. 아울러 4장에서는 주인공인 희연의 정신적 성숙의 과정을 중심으로 그녀가 도달하게 되는 현실에 대한 새로운 인식을 살펴본다. 이를 통해 남녀의 만남과 헤어짐이라는 기본적인 서사 전개가 한국사회와 한국인에 대한 진단 및 형상화의 문제와 일정한 상관성이 있음을 확인하고자 한다.

2. 실패하는 남녀의 결합에 관한 서사와 경쟁심

『한국인』은 적지 않은 작품 분량에 비해 서사 전개의 구조는 비교적 단순하다. 작품의 주요한 이야기 전개는 대체로 남녀의 결합이 실패하는 과정에 관한 것으로 집중된다. 이때 여러 갈래의 이야기 중 가장 규모가 큰 것은 희연과 문휘에 관한 이야기이다. 두 사람이 중매로 만나 결혼을 결심하는 내용이 작품의 초반부, 2년간의 결혼생활의 갈등에 관한 내용이 작품의 중반부, 심각한 갈등 끝에 두 사람이 결별하게 되는 내용이 작품의 후반부에 대응하고 있다.

또한 희연과 문휘의 이야기 주변에는 관희와 혜미, 한선과 소라라는 추가적인 두 쌍의 부부에 관한 이야기가 병치되어 있다. 이들 부부에 관한 이야기는 정신병원 신세를 지게 되는 문휘로 인해 실패로 귀결된 희연 부부와 마찬가지로 작품의 말미에 이르러 혜미는 자살을 하고, 한선은 경찰에 체포됨으로써 하나같이 불행한 실패로 끝나게 된다. 이들 세 쌍의 부부에 관한 이야기는 서술의 분량상 절대적인 비중을 차지하고 있다는 점[11]에서도 이 작품을 실패하는 남녀의 결합에 관한 이야기로 파악하는 데에는 큰 무리가 없다.

> 처음부터 맞서는 개성의 대립은 두 사람으로 하여금 다 같이 실망과 환멸을 느끼게 한다. 그러나 피차의 융화를 위해서는 많은 노력과 시간이 필요하다는 것을 그녀는 깨닫지 못한다. 더구나 생활과 습관이 다른 두 개체가 모여 사는 데는 애정만으로 해결되지 않는 많은 난관이 있는 것도.(상, 169)

위의 인용은 가정불화를 겪는 혜미를 향한 서술자의 비판적인 발언이다. 작품의 초반부에 나오는 이 발언은 대가족을 이끄는 가장으로서의 책무를 짊어진 관희와 미국적인 생활방식을 선망하며 시집 식구와 불화를 겪는 혜미가 결국에는 '개성의 대립'을 극복하지 못하고 이혼하게 되는 것을 예견하는 내용이지만, '개성의 대립'이라는 문제는 불화를 겪는 다른 두 쌍의 부부의 경우에도 그대로 적용될 수 있어 주목을 요한다.

이 작품에 등장하는 여러 남녀는 서술자의 표현을 빌릴 때 '상극과 갈등'의 양상을 여실히 보여준다. 결혼이 오랜 기간 동안 다양한 경험을 통해 확립한 각기 다른 두 자아가 만나는 일이라는 것을 생각할 때, 애초부터 모든 결혼에는 두 자아 사이의 '상극과 갈등'이 예견되어 있다. 다만 각자의 부단한 노력과 적지 않은 인내의 시간을 통해

---

11 서술의 비중을 양적으로 분석한 다음의 언급을 참조할 만하다. "텍스트 전체는 10장 100도막으로 이들 중 희연과 문휘에 관련된 것이 54도막이고 관희, 혜미는 24도막, 소라·한선이 11도막" 전혜자, 앞의 글, 220쪽.

융화하는 길이 있을 뿐이며, 이를 위해서는 어느 한쪽이 자신의 자존심을 굽히는 양보가 필요하다. 그러나 이 작품에 등장하는 대부분의 인물들은 '양보'보다는 '대결'이라는 삶의 방식을 선택한다. 이때 작가의 세심한 심리묘사는 최종적으로 파국에 이르는 남녀 간의 갈등을 포착하는 데 성공적으로 활용되고 있다. 이러한 심리묘사는 주로 상대방에 대한 불만 가득한 속마음을 숨김없이 드러내는 냉철함을 지니고 있다.

작중인물들의 파국은 남녀를 막론하고 그들이 최고 수준의 교육을 받은 지식인이자 엘리트로 설정된 것과 일정한 관련이 있다. 유난히 예민한 자존심을 지닌 그들은 융화를 위해 자신의 배우자에게 양보하는 행위를 일종의 '패배'라 여기고 있으며, 이때 상대방은 애정의 대상이 아니라 '경쟁'의 상대로 인식된다. 배우자를 일종의 경쟁자로 생각하게 된 것은 인간관계의 왜곡이라고 볼 수 있는데, 이러한 왜곡은 문휘가 희연에게 가지는 생각에서 잘 드러난다.

새로운 사업을 구상하는 자신에게 아내 희연이 조언을 하는 것을 못마땅하게 여긴 문휘가 "이 여자는 너무 똑똑해. 나보다 앞서는 어떤 두뇌도 나는 원하지 않는다. 이 똑똑한 의식을 짓눌러 버려야지. (중략) 앞으로 또다시 이런 말을 해서 내 자존심을 상하게 하면 용서 안하겠어."(상, 288)라고 폭군과 같은 면모를 보이는 것이 단적인 예이다.

배우자의 애정을 시험하고 상대방을 굴복시키기 위해 귀경을 하지 않고 친정인 부산에서 버티어 보는 혜미나, 배우자의 화해를 이끌어내기 위해 오래간만에 집에 돌아갔다가 사소한 트집을 잡아 자존심의 승리를 느껴 보려는 한선 역시 자신의 배우자를 일종의 경쟁대상으로 여긴다는 점에서 문휘와 다르지 않다. 이러한 그들의 경쟁심은 "상대방을 감정적으로 독점지배함으로써 자신의 불완전성을 보상하려"[12] 하는 심리가 작용한 결과로 볼 수도 있을 것이다.

이 작품에서 경쟁심은 남녀의 불화를 조장하기도 하지만 역설적으로 남녀를 결합하게 하는 역할을 하기도 한다. 이때의 경쟁상대는 자신이 선택한 배우자가 아니라 주로 자신의 동창이나 동료, 때로는 자신의 가족이 되곤 한다.

예를 들어 혜미가 관희를 배우자로 선택하게 된 데에는 동창과 가족에 대한 경쟁심이 동시에 작용한다. 그녀는 어릴 때부터 아버지의 사랑을 독차지하던 언니 혜림에게 은근한 경쟁심을 가지고 있었다. 여기에는 아버지가 원하는 남자와 결혼함으로써 아버지의 사랑을 언니로부터 빼앗아 오겠다는 경쟁심이 작용한다. 특히 언니의 애인이던 관희와 결혼함으로써 언니에 대한 열등감을 보상하고자 하는 묘한 심리가 작용한다. 동창들이 하나둘 미국 유학길에 올랐다는 소문이 들려올 때 미국 유학을 포기해야 했던 그녀는 성공한 청년 실업가이자 좋은 집안의 자손인 관희와의 결혼을 선택함으로써 위안을 얻고자 한다. 주위 동창들이 부러워할 만한 남자인 관희와의 결혼은 곧 '경쟁'에서 패배하지 않는 한 가지 방편에 불과한 셈이다. 또한 미국 유학파인 한선은 자신의 유학파 동료들이 번듯한 집안의 사위가 되는 것에 뒤지지 않으려고 장관의 딸 소라와의 결혼을 선택하였고, 국내 명문대 출신인 소라 역시 동창생들에게 보라는 듯이 상공부 장관의 비서인 한선과의 결혼을 선택하였다.

12 김우창, 앞의 글.

그들은 자신의 주체적인 자유의지에 따라 배우자를 선택했다고 여기지만, 실제로 그러한 선택은 철저히 타인의 시선을 의식한 결과이자 경쟁심에서 비롯한 비주체적인 선택에 불과한 것이며, 여기에서 일종의 판단 착오가 발생한다. 그들은 가정이라는 사적 영역뿐만 아니라 사업이나 사회활동과 같은 공적 영역에서도 그와 비슷한 판단 착오를 반복한다.

특히 미국 유학파인 문휘나 한선은 다른 인물들보다 더욱 강한 자존심을 가지고 있기에 판단 착오의 정도는 더욱 심하다. "그들은 그들의 학문이 이곳에서 실용성이 없고 무력한 것을 절실히 느끼고 있"(상, 90)기에 현실과의 괴리를 절감하고 있지만, 단지 영어를 잘한다는 이유로 4·19 이후 과도정부에서 대통령 비서나 장관 비서에 발탁되었다. 그러나 5·16으로 인해 전혀 예상치 못한 상태에서 실업자의 신세가 되었을 때, 당장의 호구책을 마련해야만 하는 절박한 상황에 놓이게 된다. 그럼에도 불구하고 그들은 선뜻 생계를 위한 활동에 나서지 못한다. 그들은 미국 유학파라는 주위의 선망에 보답이라도 하듯 시시한 일자리는 성에 차지 않는다.

> 과정이 제3공화국으로 넘어가 상공부 장관의 비서진이 자동적으로 해체되자 한선은 암담한 나날을 보내야 했다. 따분한 신세가 한동안 계속되자 그는 누구에겐가 막연히 의지하고 싶은 심정이 생기었다. 같은 비서진 중에서 더러는 개인회사에 취직을 서두르기도 하지만, 아예 모든 것은 단념하고 '불고깃집'을 차리는가 하면 처가 덕에 가족회사에 한몫을 끼는 등, 제 나름의 새로운 길들을 개척해 나가는 것을 볼 수 있었다. 그는 취직 경쟁이 심할수록 미국 유학의 자존심이 취직을 거부함으로써

자존을 느끼게 된다.(상, 98)

자신은 물론 처자식을 부양해야 하는 상황에서도 그들의 관심은 여전히 자신의 자존심을 유지하는 데에만 그치고 있다. 동료들은 회사원이 되거나 자영업자가 됨으로써 스스로의 길을 개척하지만, 미국 유학파의 최고 엘리트라는 자존심은 생활인의 길을 부끄럽게 여긴다. 고위 공무원이나 규모가 큰 기업의 고위직 정도의 제안이라면 만족하겠지만 그러한 자리는 정치적 변동으로 인해 기대하기 어렵게 된 마당에 아예 취직을 안 하는 길을 선택한다. 그들은 실제로는 취직을 못 한 것이지만 자신의 의지로 취직을 안 한 것이라 허세를 부린다. 누구보다도 경쟁심이 예민한 그들은 경쟁을 회피함으로써 경쟁에서 패배할 때 맛보게 될 자존심의 훼손을 피하고 있다. 여기에는 주위의 시선과 기대에 휘둘린 채 현실에 적응하지 못한 자의 자기위안만이 존재할 뿐이다. 비서직 사임 이후 문휘가 한동안 자발적인 실업 상태에 머물면서 허세를 부리는 것도 한선과 같은 이유에서 비롯하며, 문휘가 자신의 처지를 감안하지 않고 무리하게 사업을 하다 실패하는 것 역시 현실을 직시하지 못한 채 주변의 인정을 받으려고만 노력했기 때문으로 볼 수 있다.

일반적인 욕구단계이론으로 볼 때, 목전의 생존과 생계를 위한 욕구보다는 타인에게 인정을 받고 싶다는 욕망이 보다 차원이 높은 것임은 분명하다. 그러나 자존감과 열등감 사이를 부단히 왕복하며 타인의 인정을 갈구하는 그들의 욕망이 주체 내부의 문제는 도외시한 채 철저히 주체 외부에 의존하고 있다는 점에서 결코 긍정적일 수는 없다.

더욱이 문휘나 한선이 사회활동에서 실패한 것은 고스란히 가정의 불화로 이어지고 있다. 그들은 가정 외부에서 위축될수록 가정 내부에서 자존심의 근거를 찾고자 한다. 배우자를 일종의 경쟁자로 여기는 이들은 사회에서의 패배를 만회라도 하듯 가정 내부에서 "공허한 사디스트의 경향을 드러내기도 한다."[13] 앞서 언급한 바와 같이 이 작품의 중심적인 서사 전개의 축이 남녀의 결합이 실패하는 과정을 드러내는 것임을 상기할 때, 두 남성 인물의 왜곡된 경쟁심은 서사적인 갈등을 증폭시키는 데 활용되고 있다.

덧붙여 남성 인물뿐만 아니라 여성 인물인 혜미 역시 주위 동창들과의 경쟁심 때문에 자신의 결혼생활을 스스로 망치고 있다는 점도 추가될 필요가 있다. 그녀가 선택한 소위 '타산결혼'은 단지 사회적·경제적으로 유망한 배우자를 얻는 것뿐만 아니라 행복한 모습을 타인에게 '보여주어야' 한다. 전통적인 방식의 시집살이가 영문과 동창들이 선망하는 미국적인 결혼생활에 비해 열등한 것이라 여기는 그녀는 친정으로 내려가 지루한 감정의 줄다리기를 감행하고 결국 자신이 선택한 결혼을 파탄으로 이끌고 만다. 이로써 가정불화의 직접적인 원인제공자에 해당하는 문휘, 한선, 혜미 세 사람의 뒤틀린 경쟁심은 갈등을 고조시킴으로써 서사의 중심축을 이루고 있는 남녀 결합의 실패에 결정적인 요인으로 작용한다.

이상에서 살펴본 바와 같이 남녀의 결합이 실패하는 과정이 주를 이루는 작품의 서사 전개는 주로 경쟁심 내지 자존심의 문제로 표현되는 인정욕망과 밀접한 관련을 맺고 있다. 인정욕망은 엘리트 지

13 이명희, 앞의 글, 167쪽.

식인이라는 인물 설정의 특성상 더욱 강화되며, 이는 섬세한 심리묘사의 수법을 통해 생생하게 포착되고 있다. 중매결혼 또는 타산결혼이라는 과정을 거친 남녀의 결합은 사랑과 같은 주체의 욕망이 아닌 주변 인물의 시선을 의식한 일종의 경쟁의식에서 비롯되었으며, 결합이 파국으로 치닫게 된 갈등의 원인 역시 자신의 배우자를 일종의 경쟁자로 설정하고 우위를 점하려는 심리에서 비롯된 것이고, 현실 사회에서 맛본 패배감은 가정의 불화를 촉진하는 악순환의 구조를 형성하고 있는 것이다.

3. 인물적 서술 상황의 활용과 세태의 조망

『한국인』에서 활용된 서술 기법은 서술자가 인물의 내밀한 감정을 여지없이 서술의 표층으로 끌어올리는 방식이 주조를 이루고 있지만, 서술자보다는 인물 각자의 시선을 통해 파악된 당대에 대한 지식인의 현실인식이 직접적으로 제시되는 방식도 빈번하게 활용되고 있다. 이를 초점화 이론으로 설명하면 전자는 '작가적 서술 상황', 후자는 '인물적 서술 상황'으로 부를 수 있다.[14] 전자의 방식은 앞서 2장에서 살핀 바와 같이 남녀 결합의 실패라는 작품의 기본적인 서사 전개를 발생시키고 발전시키는 주요한 추동력인 경쟁심을 드러내는 데 적극적으로 활용되며, 후자의 방식은 인물의 시선을 통해 당대 현실을 관찰하고 동시에 관찰된 현실에 대한 평가를 수행하는 데 쓰이고 있

14 초점화에 관해서는 F. K. Stanzel, 김정신 역, 『소설의 이론』, 탑출판사, 1990 참조.

다. 전자는 인물 내부의 감정 문제를, 후자는 인물 외부의 현실인식 문제를 다루는 데 있어 선택적으로 활용되고 있다. 다음의 인용은 인물의 시선에 파악된 1960년대 초반 서울의 풍경을 잘 보여주고 있다.

> 가회동 막바지에 올랐을 때 지은 지 얼마 안 되는 새로운 스타일의 양옥들이 선명하게 희연의 눈에 띈다. 그녀는 이것을 볼 때마다 경쟁을 하다시피 나날이 늘어가는 화려한 실내장식을 갖춘 다방들을 상기한다. 6·25 전쟁 이후 눈부시게 발전한 것이 있다면 소비성 생활수준과 바로 이 건축 분야가 아닐까.
> 그러나 국가경제나 시민경제는 이런 표면과는 너무나 판이하다. 겉치레의 모든 것이 외래의 수입품이듯이 한국의 경제는 자주성이 없이 액면 그대로 경원에 의시하고 손속되고 있지 않은가.
> 겉은 윤기가 나고 풍성하나 속은 빈곤과 적자의 지속. 그나마 AID 원조자금을 도로 몽땅 빼어 가려고 벌떼같이 모여든 숱한 외국인 상사들, 계획성 없는 경제행정, 자급자족이 안 되는 원자재, 산업 부진.
> 이래저래 딸리고 부족하여 떳떳치 못한 증원만을 외친다. 그래도 전 세계의 관심이 집중하던 전쟁 시에는 반공투쟁이란 명분 아래 모든 것이 여유 있고 풍부하게 돌아갔으나, 오히려 이것이 한국 경제의 균형을 파괴하고 자활의 능력을 잃게 한 요소가 아니었을까.(상, 57)

여기서 주목할 점은, 인용된 내용의 첫 부분은 서술자의 목소리로 시작하지만 현실에 대한 본격적인 인식을 드러내는 부분에 이르러서는 인물의 생각이 서술자의 중개적 역할 없이 직접적으로 제시되고 있다는 것이다. 비단 희연의 사례만이 아니라 비틀어진 경쟁심의 화신처럼 제시되어 있는 문휘의 경우에서도 비슷한 현상을 발견할 수 있다. 그는 자신의 배우자 희연과의 관계에서는 감정적으로만 행동하지만 당대 사회의 세태에 대한 인식의 측면에서는 객관적이고 이성적인 판단력을 발휘하고 있다. "모국에 돌아오니 이곳도 아메리카니즘의 영향인지 고유의 정서를 잃고 역시 인정이 메마르게 돌아가고 있다. (……) 그것은 부유하고 문화수준이 고도한 부류일수록 더욱 그러했다. 그는 어느새 상류사회에 대한 증오가 싹트고 있었다."(상, 133)라는 대목에서, 유학을 마치고 귀국한 문휘가 변화한 한국사회의 세태를 자신의 관점에서 이해하고 평가하고 나서 "그는 ~ 있었다."라는 지점에 와서야 서술자는 다시 제 목소리를 낸다.[15]

이처럼 이 작품에서는 전반적으로는 전지적 작가 시점을 활용하고 있으나, 당대 현실에 대한 인식을 언급하는 대목에서는 인물의 시선(초점)을 빌려 그 내용을 서술의 표면에 드러내는 방식을 활용함으로써 보다 직접적이고 생생한 느낌을 창출하고 있다. 또한 이와 같은 시점 운용의 역동화는 1960년대 초반 한국사회의 세태와 역사적 조건을 보다 생동감 있게 형상화하려는 시도로 해석될 수 있다.

희연의 시선에 포착된 1960년대 서울의 모습은 미국의 경제원조 정책에 의존하여 유지되는 한국사회의 허약함으로 귀결된다. 그녀가 파악하는 사태의 본질은 소비와 생산의 괴리이다. 겉치레에만 치중한

15 또한 서술자의 설명적 진술 대신 인물의 생생한 목소리를 통해 현실을 진단하려는 시도는 한 인물의 사색뿐만 아니라 여러 지식인 인물의 대화 장면에서도 활용되는데 다방에 모여든 유학파 청년들의 대화를 예로 들 수 있다. "말하자면 미국 유학생은 어느 면에서나 핸디캡을 갖게 마련이야. 한국 사정에 어둡거든. 마치 우리가 미국에서 핸디캡을 가졌던 것처럼."/"이래저래 우리가 들어설 구석은 없어. 어디서나 국적이 부재한 이방인이야. 미국에선 황인종이라 해서, 여기선 미국에 있다 왔다 해서 거부를 당하고 우리 같은 정신적 튀기가 살 곳은 어디일까."(상, 90쪽)

새로운 스타일의 양옥과 화려한 실내장식을 갖춘 다방은 오로지 소비를 위한 건축에 불과하다. 소비를 위한 양옥과 다방만이 가득한 공간인 서울에서 생산을 위한 산업시설 따위는 도무지 찾을 수 없다는 것이다.

희연의 관찰 내용은 소비재의 산업화가 진행되었던 당시의 상황과도 무관하지 않다는 점에서 타당한 판단이다.[16] 생산을 하지 못한 상태에서 경제원조에 의존한 소비만 이루어질 때, 적자와 빈곤이 늘어가는 것은 당연하다. 여기서 소비와 생산의 불균형보다 더욱 심각한 문제는 '자활의 능력'이라 표현된 자립적인 산업화의 기반 마련을 위한 노력이 결여되어 있다는 점이다. 스스로의 노력이 필요함을 깨닫지 못한 채 반복적으로 증원만을 요청하는 상태가 지속될 경우 발전의 가능성은 전무하다. 이것은 정책적인 차원에서의 노력이 요구됨을 의미하는데 당시의 정치 상황을 볼 때 희망의 가능성이 보이지 않는다. 작품 속에서 정치권은 실질적인 국민경제의 향상을 도외시한 채 권력욕과 사리사욕에만 몰두하는 것으로 그려진다.

이는 작가가 이 작품을 발표할 무렵 쓴 정치 시론에서도 분명하게 강조하고 있는데, 작가는 공염불에 불과한 구호적인 말들보다는 "국민소득을 올릴 수 있는 구체적이고 실질적인 방안의 개진"이 더 시급함을 역설하고 있다.[17] 작품 내에서 경제에 대한 고민뿐만 아니라 정치에 대한 고민이 많은 것도 같은 이유에서이다.

---

16 전혜자, 앞의 글, 217쪽 참조. 전혜자는 역사학계의 연구를 원용하여 "이것은 전후의 미국원조를 물적 기반으로 시대적 혼란 속에서도 민생안정과 산업부흥이라는 정책기조하에 소비재의 수입대체 산업화가 진행된 것과 무관하지 않다."라고 평가하고 있다.

17 손장순, 「1967년 두 대권 후보의 대결」, 『손장순 문학전집 12 — 이룰 수 없는 서원』, 푸른사상, 2009, 189쪽.

혁명은 경제 정책의 혁신으로부터 시작되어야 하지 않을까. 이것이 없이는 한 집권자의 경질이 있을 뿐 사회의 양상은 마찬가지다. 경제 의식에 대한 새로운 각성 없이는 미국의 경원에 의지해서 사는 후진국가의 운명도 영원히 면하지 못한다. 경제의 독립이 없이는 어떠한 독립도 있을 수 없다.(상, 59)

경제원조에만 의존하는 경제상황은 부정부패가 만연한 정치상황으로 이어진다. 자체의 생산 기반 없이 외부에서 오는 공여로만 운영되는 경제체제는 누가 그것을 배분할 것인가라는 문제만이 중요하게 된다. 배분하는 역할은 권력자에게 집중되고, 서로 그 지위를 차지하기 위해 쟁탈을 벌이는 것은 당연하다. 그런데 문휘와 한선이 각각 청와대 비서, 상공부 장관 비서로 설정되어 있어 이들을 통해 정치에 관한 내용을 풀어나갈 수도 있었으나, 실제 작품 내에서 정치적 상황과 관련한 두 인물의 역할은 지극히 미미하며 단지 최고권력자와의 대면이 무대장식처럼 스쳐지나가는 식으로 언급될 뿐이다.[18]

반면 도수가 중심이 되는 민간구호단체와 관련된 삽화들은 상당한 비중을 차지하도록 배치되어 있다. 미국에서 온 구호물자를 중간에서 받아 고아원에 배분하는 일은 곧 경제 원조를 국민경제에 전달하는 정치의 역할과 닮아 있다는 점에서 구호단체 내부의 권력 투쟁은 정치상황의 축도로 활용될 수 있다. 도수의 비리를 한선이 고발함으로써 축출하는 과정은 4·19로 정권이 교체된 상황을 연상하게 한다.

18 작품에서는 '제2공화국 총리 M씨(장면)', 'N대통령(윤보선)', '군사혁명의 주체 B장군(박정희)' 등이 등장하지만, 구체적인 이야기 전개와는 무관하게 등장할 뿐이다.

도수를 몰아낸 한선은 마찬가지로 비리에 가담함으로써 도수와 별반 다를 바 없는 인물이 되고, 민간구호단체는 직원의 명단이 일부 수정되었을 뿐 계속해서 비리의 온상으로 남아 있다는 것은 4·19 이후 정권이 교체되었음에도 불구하고 일말의 개선 없이 여전히 위정자들이 자신의 이익을 챙기기에만 급급한 것과 연결된다.[19]

> 자국의 경제 정책상 필요해서 하는 일이니깐 그다지 감지덕지할 것도 못 되지. 말하자면 구호나 경원은 자국의 안전 방어를 위한 자유진영의 정책이 되면서, 잉여생산물로 인한 자국 내의 디플레이션을 막는 방법도 되니까. (중략) 그들의 선행과 대의명분에 협조해 주는 거지. 미국의 경원 정책의 약점을 십분 이용하는 거야. 아무쪼록 많이 받아 그쪽 순환도 시켜주고 너나 할 것 없이 골고루 배불리면 될 것 아냐. 어차피 우린 누구에겐가 붙어 얻어먹게 되어 있고, 미국이란 파워에 의존한 이상 철저하게 긁어 먹는 겁니다.(상, 116~117)

도수라는 인물은 작품에 등장하는 여러 인물 가운데 상당히 독특한 개성을 지니고 있다. 그는 4·19 당시 사회정의 수호의 최전선을 자임한 기자였으나 4·19 이후 달라진 것 없는 정치현실에 실망한 채 S민간구호단체로 흘러들어갔다. 비리가 적발되어 내쫓겨서도 정부기관지의 어용기자 생활을 하며 재기를 노리고, 혁명정부 실세인 천 대

19 다음과 같은 서술자의 발언을 볼 때도 김도수의 위악적인 성격과 행동은 당시 정치 체제의 비유로 설정된 것임을 확인할 수 있다. "그는 어딘가가 잘못 되어가고 있다. 일선 기자로서 혁명에 참여했던 그가 S민간구호단체를 거쳐 현재에 이른 그 과정에 많은 변모가 있다. 그동안 한국의 정권이 몇 번씩 바뀌고 사회가 격동하듯이."(상, 174쪽)

령의 부인 경숙을 이용하여 시청 청소과장, 시장 비서까지 올라가는 야심가이다. 한때 양심을 지키고자 고민했던 지식인에서 철저한 마키아벨리적 인간이 된 그는 작중에 등장하는 여타 지식인이 현실에 적응하지 못하는 것과 적절한 대비를 이룬다.

서술자는 탁류의 한복판에 몸을 담고 있는 도수의 눈과 입을 빌려 부패하고 타락한 현실의 부정성을 드러낸다. 권력의 생리를 민간구호단체를 통해 철저하게 체득한 도수는 한국의 상황은 미국에 "붙어 얻어먹"는 것에 불과하기에 정치권력은 책임을 방기한 채 "긁어먹는" 일에만 몰두하게 된다고 결론을 내린다. 또한 "집권자들은 민중과 유리되어 권력을 위한 당이나, 당리 당략을 위한 투쟁이나, 힘겨루기를 위한 놀음을 한다. 제2공화국도 결국 이 예에서 벗어나지 못하고 국민들은 이에 벌써 실망하고 있다."(상, 172)라는 도수의 결론은 서술자의 서술과 중첩되어 제시되고 있으며, 『한국인』이라는 작품이 파악하는 당시의 정치 상황 역시 이것과 한 치도 다르지 않다.

> 관희는 한국의 젊은 세대들이 불안한 현실에 쫓기고 몰리어 허덕이며 방황하는 번민을 너무나 잘 알고 있다. 아무도, 이 사회가 그들에게 삶의 지표나 신념에 보장을 주지 못한다. 거기에다 한국의 지성인들, 특히 구미 유학생들의 기대 수준은 극히 높고, 그들의 현실은 형편없이 빈약한 고민, 어쩔 수 없이 강해지는 건 자존심뿐이다.
>
> 그러한 문휘에게 아무런 심리적 갈등도 일어나지 않는다면, 오히려 안일과 타성 속에 안주해서 사는 야망도 분발하려는 의욕도 없고, 자기 위치도 의식할 줄 모르는 지극히 범상한 인물에 지나지 않는다. 의식하고 괴로워한다는 것은 향상의 기점이 된다. 요는 그런 열등의식을 극복하

여 어떻게 그것을 밟고 일어서느냐가 문제다.

관희는 문휘의 마음속의 혼란을 이해할 수 있을 것 같다.(상, 145)

서술자의 설명보다는 인물의 시선(초점화)을 통해 1960년대 초반 당시의 정치·경제 상황을 파악하고 평가하는 서술상의 방식은 특정 인물에 대한 평가에서도 활용된다. 위의 인용에서 보듯 관희는 문휘의 마음속 혼란을 헤아리며, 그것이 유학파 엘리트 지식인의 현실 부적응과 관련된 것이라 판단한다. 유학파 지식인의 대표로 제시되는 문휘는 모성고착으로 발현되는 오이디푸스 콤플렉스, 사디스트적이면서도 매조키즘적인 동성애 취향, 나르시시즘적인 자기애 편집증 등[20] 정신적 미성숙의 여러 국면을 보여주는 인물이다.

이와 같은 심리적 갈등과 열등의식은 한편으로는 개인적인 차원에 속한 것이지만, 관희의 평가와 같은 서술적 장치를 통해서 그것이 사회 콘텍스트 안에서 발생[21]하는 것이기도 하다는 점이 강조되고 있다. 또한 자존심과 열등의식을 오가는 문휘의 병리적인 징후의 발현은 서사 전개의 측면에서 볼 때 가정 내부와 외부의 경쟁에서의 패배함으로써 심화되고 결국 정신병원 신세를 지게 되는 결말로 이어진다는 점에서, 비틀어진 경쟁심으로 인해 파국을 맞이하는 남녀의 결합에 관한 이 작품의 주제가 궁극적으로 당시 사회의 조건과 밀접하게 결합되어 있음을 보여주고 있다.

20 문휘의 정신병리학적 속성과 관련해서는 전혜자의 정리를 참조. 전혜자, 앞의 글, 223쪽.
21 김우창, 앞의 글.

4. 성숙의 계기로서의 불행과 한국인의 정체성 찾기

앞서 살펴본 바와 같이 이 작품에서 특징적으로 활용되는 소위 심리소설적 기법은 크게 두 가지로 구분된다. 하나는 자존심이 강한 인물이 주체적인 판단력을 상실한 채 주로 왜곡된 경쟁심에 좌우됨을 작가적 서술을 통해 치밀하게 해부하는 방법이며, 다른 하나는 특정 인물의 눈과 입을 통해 당대의 경제와 사회적 조건을 관찰하고 평가하게 함으로써 시대적 모순과 한계를 생생하게 드러내는 방법이다. 이때 전자는 문휘, 한선, 혜미 등 남녀 결합의 실패의 과정이라는 이 작품의 기본적인 서사 전개에 있어서 불화의 일차적 원인제공자의 뒤틀어진 심리를 강조하는 데 사용되었으며, 후자는 그 외의 다른 인물이 가정 내부보다는 외부의 현실을 바라보게 시선을 돌림으로써 이 작품의 배경이 되는 1960년대 초반 한국사회에 대한 진단을 수행하는 데 주로 활용되고 있다.

이때 주로 평가의 시선을 제공하는 희연, 관희 등은 문휘를 비롯하여 왜곡된 경쟁심을 지닌 인물과는 달리 사태를 객관적으로 파악할 수 있는 인지적 균형감각을 지니고 있는 인물로 설정되며, 위악적인 성격을 지닌 도수의 경우 그 양상은 다르나 현실에 부적응하는 문휘와 같은 인물과는 달리 상황의 본질을 꿰뚫는 시선을 보유한 인물로 설정되고 있다.

환언하자면 경쟁심에 휘둘려 반복적인 내부 갈등에서 벗어나지 못하는 인물들은 주로 현실 부적응자의 유형에 속하고, 현실에 대한 조망을 가능케 하는 인물들은 주로 현실에서 한발 물러서서 관찰하거나 반대로 부정적인 의미이기는 하지만 가장 투철하게 현실에 발을 담그고 있는 인물이 되는 셈이다. 그런데 스스로 지식인의 양심을 저버리고 있는 도수는 어디까지나 문휘와 같은 인물이 현실에 적응하지 못하는 모습을 부각시키기 위한 대척점으로 기능하고 있으며, 관희는 자신의 결혼 실패 이후 서사에서 소외되어 버리고 문휘가 희연의 집안에 대해 가지는 묘한 경쟁의식을 드러내기 위한 배경처럼 다루어지고 있다. 결국 작품의 시작부터 끝까지 이어지는 남녀 결합의 실패라는 서사의 의미해석에 관심을 기울일 때 이성적인 판단을 수행할 수 있는 인물은 오직 희연 한 사람만이 남게 된다.

기존의 논의에서는 희연을 작가의 분신으로 간주하는 경향이 강한데, 이 작품이 자전적 요소를 많이 지니고 있다는 전제하에 "희연은 우리가 일찌기 본 일이 없을 정도로 자신에 차 있는 강한 여성이며, 이지적이고 합리적인 사고의 주인공"[22] 내지 "확고한 개체적 자아를 확립하고자" 하는 여성[23]이라는 설명은 곧잘 작가의 속성과 결부되기도 한다. 이 글 역시 이러한 설명에 공감하는 바이지만, 인물에 대한 허구화의 과정을 유심히 살펴보면 간과할 수 없는 한 가지 흥미로운 사실을 발견할 수 있다.

당시의 한국사회가 미국의 경제원조 정책에 의존함으로써 자생력을 잃었다고 분석하거나, 문휘와 같은 미국 유학생 그룹이 스스로를 "정신적 튀기"로 규정하면서(상, 90) 한국과 미국의 중간지대에서 끊임없이 정신적 방황을 거듭하는 존재임을 꿰뚫어보고 있을 때, 희연의 인식적 지위는 작품 내에서 모든 것을 조망하고 판단하는 서술

22 강인숙, 앞의 글, 408쪽.

23 이명희, 「여성성의 모색을 통한 삶의 근원적 탐색 — 손장순의 1970년대 작품을 중심으로」, 『여성문학연구』 3호, 2000, 234쪽.

자의 수준에 도달해 있다. 그러나 자신이 속한 사회와 주변의 인물에 대해서는 서술자와 같은 수준에서 관찰하고 평가하는 것에 비해 자신의 운명에 대해서는 여전히 작중 인물이 지니는 인식적 한계 내에 위치한다.

달리 말해 인물이나 사회를 관찰하는 역할을 수행할 때는 서술자와 동등한 위치에 서 있지만, 결혼을 하고 불화를 겪은 끝에 파국에 이르게 되는 남녀 결합의 실패라는 서사에서의 한 인물로서는 철저히 한 치의 앞을 내다보지 못하는 작중 인물로서의 한계를 지닌 것으로 설정된다. 확신에 가까운 판단과 평가를 수행하는 희연과 자신이 겪는 불행에 휩쓸리는 희연이 분리되어 있다는 것이다.

> (A) 희연은 이때껏 한국의 현실과 거리가 먼 생활을 해온 자신이 무색하게 느껴진다. 무의미한 생활의 나태감, 고답적인 향락 생활의 고독감, 이런 것들은 무척 사치한 것들이 아닐까.
> 그녀는 성실한 시민으로서의 자각이 차츰 생겨가고 있다. 현실의 권외에서 아웃사이더로 살기에는 사회는 너무나 조석으로 격동하고 있다. 니힐을 짓씹고 일체를 부정하기보다는 현실을 직시하여 지성인답게 건실하게 사는 것이 그녀가 할 수 있는 최소한의 현실에의 참여가 아닐까.(상, 59)

> (B) 나는 결혼을 숭고한 의무로 생각해 왔으니깐 염려 없어요. 난 지금 여자의 갈 길을 가는 것이고 나의 생활을 갖고 싶어요. 삶의 와중에 뛰어들어 나 자신이 주체가 되어 살고 싶은 거예요. (중략) 언니, 그 말은 잘 알겠어. 결혼을 무슨 한가한 올드미스의 도피처로 생각하는 것은 아

니야. 결혼만이 내게는 의문으로 미지수에 속하는 것도 사실이지만, 그렇다고 호기심 많은 소녀처럼 기대와 희망에 부풀어서 결혼의 문을 두드리는 것은 아니야. 나도 인생을 보지만 말고 리얼하게 살고 싶은 거예요.(상, 62)

위의 (A)와 (B)는 결혼하기로 마음먹는 희연의 결심을 드러내는 내용이다. 그녀에게 결혼은 전쟁 이후 일체의 권위와 가치가 붕괴된 이후 니힐리즘만이 지배하는 정신적 상황, 즉 아웃사이더로서의 생활을 극복하는 일인 동시에 여성으로서의 의무와 한 주체로서의 생활을 영위하는 의미로 다가온다.

그녀는 남편 문휘의 가학적인 심리와 태도를 두고 결혼 초반에는 "한국 현대 지성인들이 모든 행동에 있어 적극성과 선취성이 부족한 것은 그들이 처해 있는 불운한 시대와 사회의 부산물"이라 여기고 "그들을 이해하기 위해 좀 더 노력하지 않으면 안 된다."(상, 115)라고 마음을 다잡으면서 자신의 희생과 헌신을 스스로 독려하는 모습을 보이기도 한다. 그녀가 이러한 모습을 보이는 것은 "이제부터가 여성의 역사의 시작이라는 의지를 가지고 결혼에 임한 것", "괴롭고 고통스럽지만, 거기엔 생의 충실한 내용이 있다"(상, 293)는 생각에서 비롯한다. 작품 초반에서 희연은 고통을 생에 충실하고자 하는 자가 필연적으로 맛볼 수밖에 없는 것이며 니힐의 수렁에서 탈출할 때 겪는 성장통과 같은 것으로 여기고 있다.

(C) 희연은 처음엔 그런 것이 결혼생활인가 보다, 하고 멋모르고 지냈으나, 이제는 여자의 숙명적인 비참한 위치에 대하여 자각이 생긴다. 그

녀는 이 자각이 괴롭기에 이제는 그녀의 현실에 어울리지 않는 판단력이 부질없게 생각되고, 그 지성이 슬플 뿐이다. 의식과 생활의 유리, 이념과 실천의 거리 속에서 그녀의 위치는 뒤뚱거려지고 가소로워지는가 하면, 그 비참함에 자조가 일어나기도 한다.(하, 91)

(D) 희연은 문휘의 정신세계가 없는 겉치레를 한때 멋으로 오해한 자신이 한심스럽다. 정신세계가 풍부한 사람에게 정리나 결백이나 겉치레가 생활의 전부일 수는 없다. (중략) 희연은 역시 이질 속에 오류가 더 무서운 것임을 뼈아프게 체험한다. 문휘의 자기 불안에서 온 소심과 공포를 겸허로, 엄포를 위엄으로 착각하고 감상과 의지박약을 한국적 인간미로 잘못 해석한 것을 날이 갈수록 선명하게 느낀다.(하, 152)

희연은 결혼생활이라는 실제의 삶을 경험하면서 애초에 결혼에 대해 지녔던 자신의 이상이 일종의 판단착오였음을 시인하지 않을 수 없게 된다. 당대 사회의 경제적, 정치적 구조에 대해서는 통찰력을 지녔으며, 서술자의 인식과 거의 동등한 수준의 지적 능력을 발휘할 수 있는 희연은 이 대목에서 자신의 운명과 삶에 관해서는 철저히 한계를 보이고 있다. 그렇다고 해서 그녀의 결혼이 아무런 의미가 없는 것은 아니다. 결혼 전 희연의 말대로 결혼이 아웃사이더에서 인사이더로의 전환을 의미하는 것이라면 그녀가 절감하게 되는 환멸은 현실과 맞부딪힌 끝에 깨닫게 되는 새로운 차원의 이해로서 의미가 있다. 이 점에 이르면 희연의 배우자 선택에서 시작하여 그 결합이 실패로 끝나는 작품의 서사 전개는 한 인물이 삶의 본류에 뛰어들어 현실의 무게를 몸소 체험함으로써 얻게 되는 깨달음의 과정으로 이해할 수 있다. 1960년대 초반 한국사회의 정치와 경제적 상황이 온갖 모순과 한계를 지니고 있다는 깨달음은 고스란히 한 여성으로서 자신의 삶에서 주체가 되어 맞부딪히면서 모순과 한계를 절감한 희연의 인식으로 수렴되고 있는 형국이다.

> 여기에도 아메리카니즘이구나. 샹송조차 재즈화되어 가다니. 아메리카니즘이란 이 거센 조류 속에서 어지럽게 자라온 것이 우리들이 아닌가. 한국은 그동안 무엇을 하였나. 어째서 우리는 자기의 것도 없고 남의 것도 제대로 받아들인 것이 없나. 자기의 것이 풍부한 사람만이 남의 것을 제대로 받아들일 수 있는 것이 아닐까. 강한 자기 확립이 타협에 빠르듯이. 문휘 같은 사람이 한국의 상태인지도 몰라. 그 애매모호한 혼란과 불확실성과 착란 같은 것이.(하, 190)

결혼생활에서 환멸을 느끼고 자신의 판단이 착오였음을 깨닫게 된 희연은 마침내 자신의 남편인 문휘가 당시의 전형적인 한국인의 표상이라고 생각하게 된다. 이 순간 그녀의 결혼은 한국인의 전형, 좁게는 한국 지식인의 전형과 마주함으로써 당시 사회의 실체를 알게 되는 과정 그 자체가 된다. 장학금을 받고 미국 유학을 한 남편 문휘가 한국인의 전형이라는 인식은 철저히 미국의 경제원조에만 기생하여 지탱하는 한국사회의 상황에 대한 인식과 중첩된다. 원조정책의 최대 수혜자 중 하나인 미국 유학생 문휘가 현실에 적응하지 못하고 가치관의 혼란을 겪으면서 자멸하는 모습은 일체의 모든 문화가 미국화된 채 주체적인 면모를 상실하여 혼란을 겪는 한국사회의 전형이 된다. 앞서 2장에서 분석하였던 문휘의 경쟁심이란 결국 주체성을 잃고 타인의 시선에 휘둘리는 삶의 태도에 관한 또 다른 표현이었다는 점을 상기한다면 문휘로 대표되는 당대의 한국인은 곧 주체성을 확보하지 못한 채 한계를 노정하는 인간형으로 정리될 수 있다.

> 희연은 걸인 사회의 조직과 분업의 질서를 감탄하기보다는 서글픈 생각이 겹친다. 빈부의 차는 극심하고 가난은 마냥 늘어가고 있다. 요정은 대폿집으로, 대폿집은 꿀꿀이죽 장사로 전락해 간다. 사회가 변동될 때마다 실직자, 고급 룸펜 등 부동층만 늘어간다.
> 희연은 없는 사람은 더욱 못살게 되고, 있는 사람은 더욱 잘 살게 되는 모순이 오늘따라 절실하게 느껴진다. 같은 인간으로서 걸식을 해야 하고 거의 동물적인 최하의 생활을 하지 않으면 안 되는 모순을. (중략) 현실은 더 비참하고 절박하다. 거기에 비하면 그녀의 불만과 불행은 좀 더 사치한 것이 아닐까.(하, 321~322)

희연과 마찬가지로 결혼의 실패를 맛본 관희는 "모든 불행은 인간을 성숙하게 만든다."(상, 142)라는 생각에 도달한 바 있다. 이러한 명제는 희연의 경우에도 그대로 적용된다. 희연은 단지 결혼생활의 환멸을 느낀 것이 아니라, 자신의 결혼 내지 남편 문휘와 만나게 되면서 한국사회와 한국인의 정체성에 대해 깊이 고민을 할 수 있었고, 그 결과 보다 성숙한 깨달음을 얻게 된다. 자신의 결혼생활이 비극으로 끝이 난 시점에서 그녀가 걸인과 조우하게 되는 대목에서 그러한 성숙의 흔적을 감지할 수 있다.

불행을 통해 성숙해진 희연은 걸인의 모습을 통해 한국인의 비애가 가난에서 비롯된 것이라는 생각에 이르게 된다. 명문 여고와 한국 최고의 학부를 졸업하고 경제적으로도 아무런 어려움 없이 살아왔던 희연은, 그동안 자신의 내부 문제에만 몰두해 왔었지만 작품의 결말 부분에 와서야 비로소 서울의 거리에 넘쳐나는 빈곤의 실체를 직시하게 된다. 그동안 한국의 경제·정치적 모순을 관념적으로만 인식해 왔다면 결혼이 실패로 돌아가고 난 이후 비로소 시야의 확대가 가능해진 것이다. 물론 이러한 개안의 순간은 결말 부분에 다소 이질적으로 배치되어 있어 자연스러운 서사 전개를 저해하는 측면이 없지는 않지만, 작품 전체를 당대 한국사회와 한국인에 대한 관찰과 진단의 시도로 볼 때 작가의 의지를 엿볼 수 있는 대목이라는 점에서 의의가 있다. 여기에 이르면 희연을 중심으로 이루어진 남녀의 결합이 실패로 종결되는 내용이 주를 이루는 『한국인』은 단순한 세태의 관찰이 아니라 역사적 현실을 진단하고 새로운 전망을 모색하려는 탐색의 시도임을 알 수 있다.

5. 지식인 인물을 통해 조망한 한국사회

이 글에서는 손장순의 장편 『한국인』을 서사 구도와 인물의 심리 묘사를 중심으로 살펴보았다. 이 작품은 희연과 문휘의 만남과 헤어짐을 중심으로 그 주위에 관희와 혜미, 한선과 소라 부부를 병치하여 총 세 쌍의 남녀 결합에 관한 이야기를 기본적인 서사 전개의 축으로 삼고 있다.

이들의 결합은 공통적으로 실패로 귀결되는 것이 특징인데, 남녀의 실패로 끝나는 과정에 관한 서사에서 가장 근본적인 요인으로 작용하는 것은 바로 경쟁심이다. 경쟁심은 애정과 친밀감의 대상이 되어야 할 자신의 배우자마저 경쟁의 상대로 여기게 만들고 결국 부부 생활의 파탄을 초래한다. 이보다 앞서 경쟁심은 동료나 친구와 같은 타인의 시선을 의식하여 배우자를 선택하도록 이끌었다는 점에서 역설적으로 남녀의 결합을 가능하게 한 요인으로 작용하기도 한다.

작품 속 인물의 결합을 가능하게 하고 동시에 그 결합이 실패로 끝나게 만든 요인인 경쟁심은 가정 외부의 활동에도 지속적인 영향력을 행사하는데, 문휘나 한선이 사회부적응자의 신세가 되고 마는 것 역시 주체성을 상실한 채 끊임없이 타인의 시선을 의식한 결과로 해석될 수 있다. 이러한 경쟁심은 인물의 내면을 꿰뚫어보는 작가의 치밀한 심리 묘사의 수법을 통해 효과적인 서술적 장치로 기능하게 된다.

한편 이 작품은 당대 한국사회를 형상화함에 있어 지식인으로 설정된 여러 인물의 시선에 의존한다. 이 작품에 등장하는 주요 인물들은 남녀를 막론하고 최고의 교육을 받은 엘리트 지식인으로 설정되어 있는데, 이들은 가정 내부의 문제에서는 왜곡된 경쟁심에 쉽게 휩싸이지만 가정 외부의 문제, 즉 공적 영역에 대한 문제에 대해서는 이지적이고 냉철한 현실감각을 지니고 있다.

경쟁심과 같은 인물의 은밀한 속내는 작가적 서술 상황에 의존하고, 당대 현실에 대한 파악은 인물의 시선을 통한 초점화인 인물적 서술 상황에 기대고 있다. 긍정적인 인물로 설정된 주인공 희연뿐만 아니라 병리학적 문제를 안고 있는 문휘 역시 당대의 세태를 관찰함에 있어서는 통찰력을 발휘하며, 심지어 작중에서 가장 부정적인 인물로 설정된 도수 역시 미국의 원조정책에만 의존하는 한국경제의 모순을 예리하게 포착한다. 이러한 서술 상황의 이중적인 운용을 통해서 한편으로는 남녀 결합의 실패라는 서사 전개를, 다른 한편으로는 당대 사회의 형상화를 동시에 추구하고 있는 것이다.

남녀 결합의 실패라는 서사 전개와 당대 한국사회의 세태 관찰의 시선 제공은 주인공 희연의 인물 설정에서 하나로 통합된다. 타자의 가치기준에 종속된 나머지 경쟁심이 강한 여타의 인물과는 달리 희연은 자기중심적인 삶의 태도를 견지하면서 주변 인물과 사태를 서술자와 동등한 지위에서 조망하지만 결혼의 실패라는 자신의 운명에 관해서는 철저히 작중 인물로서의 인지적 한계를 지닌다. 희연은 다른 인물과 마찬가지로 '불행'을 경험하는 것이다. 그러나 "모든 불행은 인간을 성숙하게 만든다."라는 명제처럼 희연에게 불행은 성숙의 계기로 작용한다. 경제적으로 큰 어려움 없이 살아오는 동안 다분히 관념적으로만 사고했던 그녀는 불행을 겪음으로써 작품의 결말부에 이르러 사회의 현실적 모순을 직시할 수 있게 된다. 요컨대 남녀 결합의 실패에 관한 서사는 희연이라는 인물의 내적인 성장 과정으로 환원되며, 이 작품의 진정한 주제는 당대 한국사회와 한국인을 역사적인 맥락에서 조망하고 진단하는 것임을 알게 된다.

여성 정체성 찾기와 손장순식 페미니즘
—『세화의 성』을 중심으로

문흥술

1. 권력과 여성 문제의 소설화

손장순의 『세화의 성』은 『조선일보』에 1971년 6월 16일부터 2년에 걸쳐 연재된 장편소설이다. 이 작품에 접근하기 위해서는 작품이 연재될 당시의 시대적, 문단적 상황을 고찰할 필요가 있다.

1961년 5·16 군사쿠데타로 정권을 잡은 군사독재정권은 1972년 10월유신 체제를 통해 장기 집권에 들어간다. 이 과정에서 군사독재정권은 '긴급조치'로 대표되는 검열과 감시와 통제 체제를 통해 개인의 자유를 억압한다. 그러면서 '우리도 한번 잘 살아 보자'와 '조국 근대화'라는 미명 하에 1962년부터 경제개발 5개년 계획을 시행한다. 1962년부터 1966년까지 1차 경제개발, 1967년부터 1971년까지 2차 경제개발, 1972년부터 1976년까지 3차 경제개발을 통해 한국사회는 산업사회로 급속하게 진입한다. 그러나 이러한 산업화는 '위'로부터 강제적으로 행해진 것이기에, 그 결과 '부익부빈익빈(富益富貧益貧)'이라는 구조적 모순을 잉태한다.

이처럼 자유의 억압 그리고 파행적 산업화로 인한 경제적 불평등으로 요약되는 1960~1970년대 한국사회의 모순에 대해 한국문학은 치열하게 맞선다. 그 응전의 대표적 상징물로 다음 세 작품을 들 수 있을 것이다.

이문구의 『관촌수필』은 급속한 산업화로 인한 농촌 공동체의 붕괴를 다루고 있다. 황석영의 『객지』는 부랑노동자를 대상으로 열악한 노동환경과 비인간적인 처우를 비판하면서, '동혁'의 다이너마이트로 상징되듯 강렬한 저항 의지를 표출함으로써 노동 문제에 그 소설적 관심을 집중시킨다. 조세희의 『난쟁이가 쏘아올린 작은 공』은 난쟁이 일가로 대표되는 소외 계층을 대상으로 하여 폭력적인 사회구조를 비판하고, 그 구조에 희생당하는 이들의 고통스러운 삶을 형상화하고 있다.

이들 작품들은 본격소설 계열에 해당한다고 볼 수 있다. 한편 최인호의 『별들의 고향』과 조선작의 『영자의 전성시대』로 대표되는 대중소설 계열에서는 호스티스, 매춘녀 등과 같이 사회의 가장 밑바닥을 살아가는 이들의 삶을 통해 한국사회의 저변에 깔려 있는 황폐성과 불모성, 그리고 타락상을 전면화한다.

이런 시대적, 문단적 상황에서 나온 『세화의 성』[1]은 사회 지도층에 해당하는 인물들을 다루면서, 동시에 여성의 정체성 찾기를 전면

---

1 이 글에서는 푸른사상에서 간행된 손장순 전집에 수록된 『세화의 성』(2009)을 기본 텍스트로 삼는다. 이하 『세화의 성』 상권은 "상"으로, 하권은 "하"로 약칭한다.

적으로 다룬다는 점에서 주목된다.

2. 부패한 권력과 권력지향적 욕망

이 작품은 크게 두 가지 서사구조로 이루어져 있다. 먼저, 권력을 다루는 구조이다. 이 구조는 당대 한국사회의 권력 상층부에 해당하는 국회의원, 장관, 재벌, 교수 등을 중심으로 하여 권력에 대한 욕망을 다룸으로써, 한국사회의 부패한 권력을 비판하고 있다. 다음, 여성의 정체성과 관련된 구조이다. 이 구조는 권력지향형의 남성과 그런 남성에 의해 이용당하고 희생되는 여성을 통해 이 시대 여성이 자신의 정체성을 찾기 위해 어떤 태도를 취해야 하는지를 문제 삼고 있다.

먼저 권력을 다루는 구조이다. 이 구조를 이끄는 중심인물은 홍국표, 지범호, 남풍훈이다. 이들을 통해 당대 한국사회의 권력 풍속도를 읽을 수 있다. 첫째, 홍국표 장관은 당시 지배 권력층의 속성과 부패를 압축적으로 보여주는 인물이다.

> (i) 과도정부 때 원호처장을 지낸 이후, 대학의 시간강사로, 그것도 그녀의 주선으로 한직에 있으면서, 남편은 일구월심日久月深 잠꼬대가 장관직에 한번 앉아 보는 것이다. 그녀는 귀에 젖은 남편의 최대의 소망을 해결해 주기 위해 같은 대학에 있는 청와대의 측근으로 여당의 비주류 국회의원이자 당무위원의 부인에게 이른바 로비를 하였다.(상, 37~38)

> (ii) "한마디로 말해서 충복형이지. 상부에 복종 잘 하고 자기 나름의 이

데올로기도, 고집도 없다는 점에서. 이분이 세미나에서 무어라고 말한 줄 아나. '한국 경제는 이상이 없음' 해서 참석자들이 폭소를 터뜨렸다네. 무얼 알아야 문제성도 거론하게 되지. 모르니까 숫제 '이상이 없음' 얼마나 말막음하기가 좋은가."(상, 73~74)

(i)은, 홍국표가 아내 진형순 교수의 치맛바람으로 재무부 장관이 되었다는 점을, (ii)는 홍국표가 권력을 계속 유지할 수 있는 비결이 무엇인지를 제시하고 있다. 장관이 된 이후 홍국표는 재벌과 결탁해 사리사욕을 채우기 위해 부정부패를 일삼고, 젊은 여성(백정아)과 놀아나며, 딸(유란)을 정략 결혼시키려고 한다. 그러다가 결국에는 해임되어 권력으로부터 멀어진다. 이러한 홍국표라는 인물을 통해, 당대 사회의 권력의 부패 정도를 짐작할 수 있다. 밀실 청탁에 의한 인사, 능력과 소신 따위는 필요 없고 상관에게 복종만 하면 자리를 유지할 수 있는 체제, 지위를 이용해 사리사욕 채우기에 급급한 지도층의 작태 등을 홍국표라는 인물을 통해 비판하고 있는 것이다.

둘째, 지범호는 홍국표가 걸어온 길을 모델로 삼아 권력을 쟁취하고자 한다. 가난한 시골에서 어렵게 자란 그는 '권력, 금력, 쾌락'을 삶의 3대 지표로 삼고 그것을 얻기 위해 온갖 권모술수를 동원한다. 작품에서 그가 걸어가는 행보는 1970년대 권력지향적인 인간의 전형적인 속성을 보여준다. 그는 고등학교 영어교사 시절, 굴지의 사업가의 딸과 연애를 하면서 유흥비를 마련하기 위해 공금을 횡령하다 구속된다. 이후 그는 대학 시간강사로 강의를 하고, 동시에 영어 교습을 해서 생활을 해 나간다. 그러면서 애인 세화와 사귄다. 이런 와중에도 그는 권력과 금력에 대한 강한 욕망을 드러낸다.

한시바삐 발분망식發憤忘食하여 나도 버젓한 계열에 들어가 모든 사람으로부터 선망의 대상이 되어야 한다. 권력을 잡은 후 내 앞에 와서 굽실거리는 모습들은 나의 가난을 보상해 준다. 나에게 아픔을 준 모든 사람들에게 통쾌감을 십분 느끼게 된다. 설사 그런 것이 아니더라도 권력에의 매력을 사나이라면 어떻게 부정할 수 있을까.

(중략)

으리으리하지는 않더라도 높은 담장 안의 아담한 양옥, 고급 승용차, 그리고 날씬한 여자. 이것들을 소유하는 것이 현대인의 목표라면 나라고 예외일 수 없다.(상, 32)

가난한 시골 출신으로 천대받으며 살아온 그는 권력을 잡아 그들에게 통쾌하게 복수하고자 한다. 결국 그는 홍 장관의 딸 유란과 사귀면서 약혼자 세화를 버린다. 진 교수의 환심을 산 그는 홍 장관의 비서가 되고 유란과 결혼한다. 그러면서 동시에 백정아와 놀아난다. 이렇게 해서 그는 그의 삶의 3대 지표 중 권력과 쾌락을 동시에 손에 넣게 되는 것이다. 그러다가 홍 장관이 해임되자 범호도 실업자가 된다. 그러자 범호는 돈을 벌기로 결심한다.

이때까지 그에게는 달려갈 좌표가 있었고 그 좌표로 향하는 길이 열려 있었다. 권력을 향해 돌진하는 의욕과 부푼 마음, 권력의 소유를 예감한 통쾌감. 향상을 위한 발돋움과 운명의 개척과 자기를 창조해 나가는 스릴. 그 성취감.

이런 것들이 지금 없어진 것이다. 이런 것들이 텅 비어 버린 삶은 그에게 살고 있지 않은 것과 다름이 없다. (중략)

이 기회에 본격적으로 돈을 벌어 볼까. 비서실에 있는 동안 돈을 버는 요령도 조금은 어깨너머로 익혔고, 얼마간의 금품을 가만히 앉아서 모을 수 있었다.(하, 32)

범호는 보세 가공을 하는 회사 인수를 위해 필요한 자금을 처가에 의지해 마련하려 한다. 그러나 처갓집이 이를 거부하자 아내 유란을 구타하기 시작한다. 그러면서 예전 애인이자 남풍훈의 아내인 세화를 다시 만나 불륜 관계를 맺고, 남풍훈 의원의 비서가 된다. 그러다가 세화와의 불륜이 밝혀지고, 임신한 아내 유란을 구타하여 구속된다. 이처럼 범호는 부패한 권력에 대한 욕망으로 인해 결국에는 파멸해 간다. 따라서 범호라는 인물은 당시 만연한 권력지향적인 욕망과 그러한 타락한 욕망으로 인해 파멸하는 1970년대 권력지향형 인간의 한 전형에 해당한다.

셋째, 남풍훈 국회의원이다. “혁명 주체 세력으로 야당 국회의원이 된” 그는 긍정적인 인물로 묘사된다. 그는 고등학교 교사에서 교수를 거쳐 혁명 주체 세력으로 혁명에 가담했다가 야당 국회의원이 된 인물이다.

남풍훈은 권력에 대한 편집광을 머니 마니아(狂)만큼이나 비참한 바보로 생각한다. 신념과 프린스플이 결여된 권력욕은 추하기만 하다. 유약과 철학의 빈곤과 지능적인 두뇌에서 나오는 마키아벨리즘은 더욱 경멸한다.(상, 165)

남풍훈은 “정당과 돈이, 부정부패가 판을 치고 모두들 추한 타협만을 일삼는 범속한 무리 속에서 이데아를 위해" 싸우는 인물로 설정되어 있다. 그가 추구하는 '이데아'의 실체는 그의 애인 묘진의 입을 통해 밝혀진다. 묘진이 영향을 받았다는 '행동적 휴머니즘'이 그것이다.

> 불문학의 영향이에요. 말로가 인도차이나의 안남혁명에서 민족해방전선에 참여한 경험을 쓴 『왕도』와 광동혁명에 투신해서 쓴 『정복자』를 읽었어요. 상해혁명에서 여러 가지 에피소드를 다루어 극한 상황에 있는 인간의 의식을 추구한 『인간조건』은 대학에서 원서 강독을 들었어요. 그의 행동의 휴머니즘과 사회의 부조리에 대항하고 사회를 개혁하려는 역사의 증언, 그리고 어떤 최악의 경우에도 인간의 품위를 잃지 않으려는 불굴의 강철 같은 의지에서 인간의 권위를 찾으려는 행동주의 철학은 부지중에 나에게 영향을 준 것 같아요.(상, 163)

부조리한 상황에 대항하면서, 인간의 품위를 잃지 않는 강철 같은 의지로 인간의 권위를 찾으려는 말로의 이 행동적 휴머니즘을 묘진은 대학 때 불문 원서 강독을 통해 알게 되었다. 묘진의 이러한 신념은 곧 남풍훈의 신념으로 작품에서 전이된다. 남풍훈이 쿠데타에 가담한 것도 '말로'적인 '개혁의 의지'에 따른 것이며, 야당 국회의원이 된 것도 그런 의지에 따른 것이다.

이 행동적 휴머니즘에 입각해 뚜렷한 이념을 갖고 정치를 하는 남풍훈은 작품에서 매우 이상적인 인물로 묘사되고 있다. 여기서 남풍훈의 정치적 이념이 당대 현실과의 치열한 대결에 의해 도출된 것이 아니라, '불문학'으로 표상되는 지식(관념)의 영역에서 형성된 것이라는 점에 주목할 필요가 있다.

관념을 통해 얻은 정치적 이념을 신봉하는 남풍훈이 첫 번째 서사구조의 중심인물로 부상하면서 앞서 홍 장관과 지범호를 통해 가해지던 부패한 권력에 대한 비판적 진술은 이상적인 정치와 권력에 대한 진술로 대체된다. 그 결과 당대 부패한 권력에 대한 비판을 핵심으로 삼던 첫 번째 구조는, 홍 장관과 지범호가 주변적인 인물로 사라지고 남풍훈이 중심인물로 부상하는 작품 후반부로 가면서 그 현실적 긴장감을 점차 상실해 간다. 작품 후반부로 갈수록 부패한 권력과 그 권력의 이전투구식 싸움은 작품 전면에서 사라진다. 이런 사태는 작품에서 일종의 이상형적 인물로 설정된 남풍훈 서사에 기인하는 것으로 보인다.

> 이 쿠데타가 사회적인 혁명에(근본적인) 성공했다고 말할 수 없지. 더구나 사십대가 삼십대에 이미 주체 세력으로서 권력을 잡고 사회의 기수가 된 것은 이 사회 구조를 혼돈 속에 빠뜨린 점도 있거든. 선배들에게는 이른 정년퇴직으로 조로 현상을, 동년배들에게는 초조와 열등감을, 삼십대 후배에게는 왕성한 욕망을, 이십대에게는 불신을 안겨 주었을 뿐이야.(상, 117)

위 인용문은 작품 전체에서 권력과 사회 구조와의 관계를 다루는 대표적인 부분에 해당한다. 그러나 이러한 구조적 접근이 전면화되어 소설적 형상화로 나아가지 못하는 것은 아마도 저널리즘에 연재되는 소설이라는 측면이 강하게 작동했을 것이다. 그러나 그것과 함께 이상적인 인물 남풍훈 서사가 작품의 중심요소로 작동한 것도 중요한 원인이라는 점은 강조되어야 할 것이다.

3. 여성 정체성 찾기의 세 방향

그렇지만 이 작품은 첫 번째 구조가 갖는 이러한 결함을 충분히 상쇄할 수 있는 다른 구조를 내포하고 있는데, 그것이 두 번째 구조인 여성의 정체성과 관련된 측면이다. 이 구조는 권력지향형의 남성과 그런 남성에 의해 이용당하고 희생되는 여성을 다루고 있다. 이 구조를 이끄는 중심인물은 강세화, 백정아, 묘진, 홍유란이다. 이들을 통해 폭력적인 권력과 남성성에 희생당하는 여성의 비극적 삶을 읽을 수 있으며, 더불어 그런 시대에 여성의 정체성을 찾기 위해 취해야 할 태도는 무엇인지를 읽을 수 있다.

첫째, 유란이다. 홍 장관의 딸인 유란은 아버지 홍 장관의 정략결혼으로 큰 정신적, 육체적 상처를 입는다. 그것이 비서실장의 아들 박동욱과의 관계로 나타난다.

> 동욱은 하룻밤에 수십만 원을 뿌려가면서 노는 일이 비일비재하다. 가수의 하룻밤 출연료를 몽땅 지불하고 어느 홀(유흥업을 하는) 하나를 사서 여럿이서 밤새도록 마시고 노래하고 고성방담을 하다가 그것도 지루하면 재주껏 쌍쌍으로 빠져나가는 그 재미로 그는 생을 살아가고 있다. 투전판도, 파티의 무드도, 여자도, 운전도 재미로 하는 그는 재미없는 일에 의무적으로 매달려 사는 사람들을 제일 불쌍하다고 생각하고 있다.(하, 115)

박동욱은 극도로 방탕한 생활을 하면서 모든 것을 '재미'로 대한다. 유란은 그런 동욱과 정략결혼을 위해 사귄다. 그러다가 동욱이 유란을 별장으로 유인해 성폭행을 한다. 그 폭행의 결과 유란은 엄청난 정신적, 육체적 상처를 입는다.

> 송충이 같은 눈은 행위 직전에 벗은 안경으로 독기까지 어리는데, 그녀를 깨물듯이 이를 악물며 광적으로 달려드는 동욱을 유란은 이리 피하고 저리 피하느라고 진땀을 흘렸다. 결국은 피할 수 없는 과정에서 행위를 하고 있으면서도 심에 차지 않고 해도해도 모자라는 듯 눈을 비스듬히 감으며 게걸거리는 표정은 너무나 본능적인 추한 모습이었다. 인간이 도저히 지을 수 없는, 인간다운 것을 조금도 찾을 수 없는 그 모습에서 유란은 모욕을 느끼기까지 하였다.
>
> 인간이 그처럼 간단히 동물로 추하게 떨어져버리는 것일까. 그의 격하던 표정은 바로 형편없이 타락한 동물적 인간의 그것이었다. 그것은 인간에 대한 모독이었다. 인간이 인간을 사랑하는 애정이 빠져 나간 행위는 동물 이하의 추한 자태였다.(상, 200~201)

폭력적인 권력과 그 권력을 등에 업은 폭력적이고 타락한 남성성에 의해 유란은 치유할 수 없는 상처를 입는다. 이후 유란은 범호와 결혼하지만 그 때의 상처를 극복하지 못해 갈등을 빚는다. 그러다가 이를 극복하고 범호와 단란한 가정을 꿈꾸지만, 세화와 불륜을 저지르다 발각된 범호에게 구타를 당한다. 결국 유란은 세상과 등을 지고 절에 들어가 '화담' 스님으로 거듭나고자 한다. 이처럼 유란은 동욱과 범호라는 두 권력지향형 남성으로부터 성폭행과 구타를 당하면서 처참하게 허물어져 가는 인물이다.

둘째, 세화이다. 세화는 범호의 약혼녀에서 남풍훈의 아내로, 다시 범호의 불륜녀로 바뀐다. 그 과정에서 세화는 폭력적이고 권력지향적인 남성성에 의해 희생당하면서 점차 여성의 정체성을 찾아간다.

> (i) 세화는 권력에의 의지와 집념을 이해할 수가 없다.
> 세화는 사랑하는 사람과 음악이 있으면 행복하다. 마음이 맞아 모이는 곳에 따뜻하고 단란한 분위기가 있고 음악을 곁들이면 다시없이 충족하다. 인생과 예술과의 조화. 생활다운 생활의 영위.
> 순수한 사랑을 지고한 행복으로 구가하는 것은 세련되지 못한 바보일까? 권력의 소유가 주는 만족감은 평범하고 근원적인 행복감을 능가하는 것일까?
> 세화는 지지리도 못나게 서투르게만 사는 가정에서 고생을 해 왔건만 사회적 영달이나 입신출세에 가치기준을 둔 적이 없다. 그런 데에 허영을 갖기에는 너무나 정서적으로 정감적이다.(상, 111)

> (ii) 범호에게 두 번씩이나 당한 세화는 어느덧 피해신경이 예민해진 듯 옛날에 없던 영악을 부리는 셈이다. 어차피 난 남자에게 인격을 기대하지 않는다. 범호에 대한 실망은 모든 남자에 대한 실망을 가져오고 그녀는 어느덧 이기적인 자세를 가지게 된다. 요컨대 남자란 순정이나 인격을 가지고 대할 하등의 값어치가 없는 것이다.
> 포기한다는 것은 순연純然한 자기의 세계를 보유하는 데는 오히려 기분이 깨끗한 상태다. 어설픈 타협과 어정쩡한 서성거림은 혼돈과 오탁汚濁을 의미할 뿐이다.

그녀는 결코 침해받을 수 없는 자기의 영역과 세계를 구축하고 싶다. 비록 꿈은 깨어져 박살이 났지만 오롯한 자신만의 세계에서 새로운 삶의 의미를 가꾸어 볼 생각이다. 그것이 '행복'과 바꾼 '첼리스트'로서의 길을 닦을 것이지 아닌지 아직은 분명하게 말할 수 없다.
아니다. 내 비록 '사랑'은 실패했지만 '결혼'에서는 성공적인 삶을 살아야 한다.
세화는 아직 '여자'이기를, 그리고 '행복'을 단념할 수가 없다. 온화하고 유현한 선율과 같은, 혹은 서정시 같은 아름다운 삶에의 긍지를 범호라는 한 남자로 인해 무참히 구겨 던질 수는 없다.(상, 143~144)

(iii) "내가 한 행위에 대해서 내가 책임을 지겠어. 난 이렇게 살 수밖에 없었어. 문제는 범호 같은 남자를 만났기 때문이라고 말할 수도 있지만 설사 다른 남자를 만나 순조롭게 결혼하고 아무런 사건 없이 평탄하게 산다 한들 난 마찬가지라는 결론이 나왔어. 인생은 어떤 형태로 살든지 고통스럽고 허망하고 유감이 있기는 마찬가지야. 그럴 바에는 나 살고 싶은 대로 살아보는 거야."(하, 250)

(i)의 세화는 범호와 헤어진 직후의 모습이다. 아직 폭력적인 남성성에 노출되기 전, 세화는 '사랑하는 사람과 음악'이 있는 행복, '인생과 예술이 조화'된 생활을 꿈꾸는 정감적인 여성이다.

(ii)의 세화는 범호와 헤어지고 남풍훈 국회의원과 결혼을 앞둔 상태이다. 범호가 자신의 권력욕을 쟁취하기 위해 유란과 결혼한 사실을 알고, 세화는 범호에 대한 복수심으로 남 의원과 결혼한다. 결혼을 앞둔 세화는 폭력적인 남성성으로부터 입은 상처로 인해 남성에

대한 경멸감을 드러낸다. 그러면서 그녀는 남성 중심의 사회에서 자신의 정체성 찾기를 '여성'이라는 입장에서 접근한다. 그것이 '사랑'에 실패했지만 '결혼'에는 성공하는 것으로 제시되는데, 그 결과물이 범호와 달리 섬세하고 자상한 국회의원 남풍훈과의 결혼이다.

(iii)의 세화는 남풍훈과 이혼하고 불륜 관계를 맺던 범호와도 결별한 채, 음악 공부를 위해 유학을 앞둔 상태이다. 여기서 세화는 '여성'으로서 남성과의 '순수한 사랑'(범호와의)도, '행복한 결혼'(남풍훈과의)도 모두 거부한다. 대신 그녀는 '나 살고 싶은 대로 살아 보는' 길을 택한다. 폭력적이고 권력지향적인 남성성에 휘둘려 상처받는 수동적 여성이 아니라 한 인간 존재로서 자신의 정체성을 회복하고자 하는 것이다. 이를 위해 그녀는 '첼리스트'가 되기 위해 유학길에 오른다.

셋째, 정아이다. 사학을 전공한 정아는 '건전한 즐거움'을 누리고자 하는 '플레이걸'이다.

> 정아에게 모럴의 기준은 어떤 형태이든 건전한 즐거움에 있고 그녀는 그것을 스스로 창조하고 잘 요리해 나가고 있다. 생동하는 삶 그 자체에 의의가 있으며 그녀는 그것을 열심히 포착하면서 살고 있다.(상, 235)

그녀는 세화의 애인인 범호와 그리고 홍 장관과, 박동욱과 자유롭게 관계를 맺는다. 그러한 만남은 그녀가 지닌 '건전한 즐거움'에 기인한다. 그러다가 그녀는 점차 산업화되어 가는 현실을 직시하고, 이 시대에 여성이 정체성을 찾기 위해 무엇을 해야 하는지를 자각한다.

(i) 결혼 전에는 제법 모럴을 찾고 발랄하던 여자일수록, 그래서 과감하게 모험을 즐기고, 파격적으로 행동하던 여자일수록 결혼만 하면 간장 고린내가 풀풀 나는, 더 철저하게 판에 박힌 아낙네가 되어 버려요.(상, 251)

(ii) 정아는 어차피 한국사회도 합리주의의 경향이 짙어가는 이상 부부의 관계도 예외일 수 없음을 많이 보아왔다. 또 제대로의 인격 대우와 권리를 주장하려면 경제의 독립부터 가져야 하기에 그러 의미에서도 자활의 길을 닦은 것을 무의미하다고 생각하지 않았다.(상, 234)

(i)에서 보듯, 폭력적이고 동물적인 남성이 지배하는 가정에서 여성은 그 틀에 길들여질 수밖에 없다는 것을 그녀는 자각하고 있다. 결혼 전 과감하게 모험을 즐기던 여자도 결혼을 해 그 틀에 함몰되는 순간 남성 중심의 '가정'의 '아낙네'가 되어 버린다는 것을 그녀는 분명 깨닫고 있다. (ii)에서, 그녀는 그런 부부 관계의 틀에서 최소한 여성이 정체성을 유지하기 위해서는 경제의 독립이 필요하다는 것을 알고 스스로 그 길을 택한다. 이를 위해 그녀는 아버지로부터 독립해 자신만의 공간을 마련하고, '디자인 살롱' 사업을 시작한다.

4. 페미니즘적 시각의 소설사적 의의

이 작품은 전편에 걸쳐, 폭력적인 남성성이 지배하는 시대에 어떻게 여성의 정체성을 찾을 것인가를 다양한 인물을 통해 다양한 각도에서 살펴보고 있다. 그러기에 여성의 정체성을 다루는 두 번째 구조야말로 이 작품의 핵심 구조이다. 그리고 이 구조를 움직이는 여성들의 서사적 행보가 각기 대비되면서 실감 있게 묘사됨으로써 이 작품은 첫 번째 구조의 결함을 충분히 상쇄하면서 현실적 긴장감을 확보하게 된다.

유란, 세화, 정아를 통해 여성의 정체성 찾기는 세 갈래로 진행된다. 유란의 '화담' 스님으로 거듭나기, 세화의 '첼리스트'로 거듭나기, 정아의 경제적 독립이 그것이다. 이 세 가지 중에서 오늘날의 페미니즘적 관점에서 주목되는 것은 세화의 선택이다.

페미니즘은 남성과 여성의 이항대립에 기초해 남성에 길들여진 여성, 남성의 도구로서의 여성이기를 거부하는 운동이다. 곧 '남성성'과 '여성성'은 남성중심주의 사회에 의해 길들여진 결과물이라는 것이다. 여성이 진정한 정체성을 회복하기 위해서는 남성의 도구가 아니라 진정한 인간 존재라는 인식을 확보하는 것이 급선무이다. 인간 존재의 관점에서 볼 때, 남성과 여성은 동일한 존재이다. 따라서 여성은 '여성'이 아니라 '인간 존재'로서 자신의 정체성을 찾아야 하는 것, 그것이 페미니즘에서 강조하는 여성해방이다.

세화가 선택한 길, 곧 남성에 길들여진 '여성'이 아니라, 인간 존재로서 자신의 길을 개척해 가는 것이야말로 진정한 여성해방이 아닐 수 없다. 그런데 문제가 되는 것은 세화처럼 인간 존재로서 여성의 정체성을 찾고자 하는 인물이 또 한 사람 있다는 점이다. 그것이 묘진이다.

묘진은 남풍훈을 절대적으로 사랑하지만, '애'를 낳지 못한다는 이유로 남풍훈으로부터 버림받는다. 그러나 묘진에게 남풍훈은 권력을 가진 남성이 아니라 하나의 인간 존재, 곧 일종의 '동지' 같은 존재이다. '순수한 이데아'를 가진 남풍훈을 묘진은 존경하면서 사랑하는 것이다. 그런데 남풍훈이 세화와 결혼하자 묘진은 남풍훈 곁을 떠나 속리산에 은거하면서 작가가 되고자 한다. 그러나 남풍훈이 세화와 이혼하고 묘진을 아내로 받아들이려 하자 묘진은 자살한다.

> 나는 환상을 먹고 사는 특수체질입니다. 환상이 없는 삶은 권태로워 견딜 수가 없어요. 환상은 나의 삶에 생명수 같은 것이죠. 생활로 들어가면 환상은 깨져 버립니다. 끈끈하게 엉겨서 살아가는 삶에는 증오와 환멸과 타성과 집념이 있을 뿐입니다. 요사이 나는 그와 비슷한 것을 느끼고 있어요. 살고 싶은 생각이 없어졌어요. 두 분의 이혼이 끝나면 나는 싫어도 그분 곁에서 명실공히 그 분을 보필해 드리지 않으면 안 됩니다. 나는 그것이 견딜 수 없어요.(하, 282~283)

묘진은 환상을 먹고 산다. 그 환상은 남풍훈을 인간 존재로서 존경하고 사랑하며, 그것을 절대화한 자리와 관련이 있다. 곧 묘진은 스스로를 '여성'으로서가 아니라 남풍훈과 같은 순수 이념을 지닌 인간 존재로 여긴다. 남풍훈이 결혼하자 그 곁을 떠나는 이유는 남풍훈이 남성 중심의 사회에 편입되기 때문이다.

그런 남풍훈이 세화와 이혼하면서 묘진과 결혼하자고 요구할 때, 묘진은 '애'와 '가정'이 중시되는 남성 중심의 '생활' 공간에서 자신의 환상을 이룰 수 없다는 것을 깨닫는다. 그것이 자살 이유이다. 이 자살은 두 가지 의미를 지닌다.

첫째, 여성이 인간 존재로서 자신의 정체성을 찾기에는 남성 중심의 사회틀이 너무 완고하다는 점이다. 묘진의 환상이 조금이라도 지속될 수 있는 현실적 공간이 전무하다는 것은 그만큼 당대 사회가 남성 중심적이고 폭력적이라는 점을 의미한다.

둘째, 인간 존재로서 정체성 찾기와 관련해 묘진의 자살과 세화의 '첼리스트'로의 거듭나기가 대비된다는 점이다. 이 작품이 연재되던 1970년대 초 한국사회와 관련해, 묘진의 자살이 비현실적이라면 세화의 거듭나기는 현실적이다. 반대로 세화의 거듭나기가 비현실적이라면, 묘진의 자살은 현실적이다.

이 두 가지 점과 관련해, 1990년대 초에 나온 신경숙의 「풍금이 있던 자리」를 살펴볼 필요가 있다. 이 작품에서, 인간 존재론적 사랑을 갈망하는 주인공은 그 꿈을 이루지 못하게 되자 '눈 먼 소'처럼 현실과의 모든 관계를 차단하고 유년기의 기억 속으로 침잠한다.[2] 이 침잠의 자리는 묘진의 자살의 자리와 연결된다. 그런 점에서, 1970년대 한국사회구조와 관련해 볼 때 묘진의 자살이야말로 현실적이지 않을 수 없다. 그렇다면 세화의 거듭나기는 작가의 관념 속에서 이루어진 것이라는 유추가 가능하다. 아마도 이것 역시 저널리즘에 연재되는 소설이라는 측면과 관련이 있을 것이다.

그런 모든 논의를 뒤로 할 때, 결론적으로 이 작품은 1970년대에 여성의 정체성 찾기를 페미니즘적 시각에서 접근하고 있다고 볼 수 있다. 이 점은 강조되어야 한다. 1990년대에 등장한 페미니즘적 관점으로 1970년대 한국사회의 여성 문제를 바라보는 작가의 시각은 그래서 탁월하다. 그것이 이 소설이 갖는 소설사적 의의가 아니겠는가.

---

2 문흥술, 「페미니즘 소설의 올바른 방향 정립을 위하여」, 『자멸과 회생의 소설문학』, 열음사, 1997.

제3부

손장순 문학의 다채로운 양상들

자유에 비례하는 허무, 그 생의 궤적
-손장순의 수필세계
: 김미영

김승옥이 볼 수 없었던 그것
-1960년대 손장순의 초기 단편들에 대한 고찰
: 김건우

산, 손장순 문학을 비추는 거울
: 이경재

'유학생' 표상, 착종된 현대의 투시도
-손장순의 1970~1980년대 단편소설을 중심으로
: 전소영

자유에 비례하는 허무, 그 생의 궤적
—손장순의 수필세계

김미영

1. 손장순 문학에서 수필의 위치

이 글은 『한국인』의 작가 손장순의 수필을 고찰하기 위한 것이다. '수필', 혹은 '에세이'란 무엇인가? 루카치는 『영혼과 형식』에서 에세이의 본질에 대해 '삶에 부딪쳐 발생한 형식의 파열'이라 했다. 매개 없이 곧장 삶 그 자체로 향하는 글인 탓이다.[1] 수필은 삶의 근원적인 문제에 관한 물음과 인간 영혼의 가장 은밀한 곳에 자리잡고 있는 마음상태와 동경을 표현한다. 문학의 이미지나 철학의 개념으로 포착할 수 없는 인생의 본질을 향한 섬세한 사유의 과정을 담아내고, 외부와 내부, 영혼과 형식이 합쳐지는 신비한 순간의 진솔한 내면의 성찰이나 세계와 현실에 대한 통찰을 담아낸다.[2]

1 György Lukács, 반성완·심희섭 역, 「에세이의 본질과 형식」, 『영혼과 형식』, 심설당, 1988, 5~34쪽.

한국문학사에서 수필은 필자의 성격이나 취향에 따라 매우 다채로운 양상을 띤다. '수필'은 '비-허구적 산문문학의 총칭'으로 간주되기도 하고,[3] 논자에 따라서는 '붓 가는 대로 쓴 글'인 '잡문'과 '예술적 의장을 갖추고 주제와 메시지를 뚜렷이 드러낸 글'인 '수필'을 구분하기도 한다. '소설'은 상황이나 인물(캐릭터)의 설정을 통해 사건전개라는 플롯 구성으로 주제를 전달하는 허구화의 장치를 거치지만, 수필은 가공이나 장식적 의장 없이 필자가 도달한 삶의 깊이, 모럴의 폐부까지 곧바로 가 닿는 양식이라 할 수 있다.

그런데 손장순은 소설가로서, 또 수필가로서 매우 솔직한 성격을 나타낸다. 소설에서도 작가의 체험과 상상력의 절묘한 결합이 특징으로 지목될 만큼[4] 그의 문학세계는 자신의 삶과 밀착되어 있고, 표현 또한 그의 자존감처럼 거침없다. 1960~1970년대에 발표된 그의 작품에서는 그런 경향이 더 짙다. 손장순의 문학세계를 살핌에 있어서 수필은 빼놓을 수 없을 만한 비중을 차지한다. 총 15권으로 출간된

---

2 서구문학사에서 수필의 원조라 할 수 있는 글로는 프랑스의 몽테뉴(Montaigne 1533~1592)의 *Les Essais*(한국에서는 『명상록』이라 번역됨)와 영국의 베이컨의 『수상록』이 꼽힌다. 몽테뉴의 것은 인간성, 자만심, 질병, 죽음, 결혼, 여행 등과 같은 '자신의 경험이나 취미'를 다루면서도 인간의 내면세계나 영적인 문제들에 관한 주관적이고 명상적 측면의 서술들을 담고 있어 경수필(miscellany)에 가깝다면, 베이컨의 것은 논리적이고 객관적인 서술로서, 중수필(essay)에 해당한다. 동양의 경우는 남송의 홍매가 지은 『용재수필』의 서문에 '수필'이란 용어가 처음으로 등장하는데, 『용재수필』에서 말하는 '수필'이란 이문, 경사, 복의, 전고, 최언, 기사, 시사, 문한, 복의 등을 다룬 글로서, '학문과 시문에 관한 고증'이 주를 이룬다.* 이렇듯 서양의 에세이와 중국 중심의 동양식 고전수필은 그 성격이 매우 다르다 할 수 있다. 한편, 한국 근대문학사에서 수필은 일제강점기 해외 유학파 출신의 문인들이, 서양의 에세이를 소개하면서 이를 '수필'이라 번역한 일본의 사례를 그대로 받아들인 데서 '에세이'와 '수필'이란 개념의 혼용이 시작되었다. 그리고 이는 오늘날에까지 이어지고 있다. 윤오영, 「한국 수필문학의 정초작업을 위하여」, 『수필문학』, 제32호, 1974, 65쪽.

* 윤재천·구인환·장백일 공저, 『수필문학론』, 개문사, 1973, 15쪽.

3 김현주, 『한국 근대산문의 계보학』, 소명, 2003, 151쪽.

4 권영민, 『손장순 문학전집』, 푸른사상, 2009, 뒷면 표지. 이하 『손장순 문학전집』을 『전집』이라 표기한다.

『손장순 문학전집』에서 수필집은 『전집 11 — 어릿광대여 나팔을』과 『전집 12 — 이룰 수 없는 서원』 등 2권이지만, 수필에는 그의 삶의 여정, 인생관, 문학관, 사회관이 가감없이 담겨 있기 때문이다. 간혹 수필에 드러난 그의 지나친(?) 솔직함은 화장을 지운 여성의 맨얼굴처럼, 독자에게 부담을 주기도 한다.

작가 손장순(孫章純, 본명 孫興補, 1935~현재)은 1958년 『현대문학』에 「입상」이란 단편으로 등단하였다. 그는 1966년부터 2년간 『현대문학』에 장편 『한국인』을 연재하였고, 1971년부터 2년간 『조선일보』에 『세화의 성』을 연재하면서 문단에 알려졌다. 그는 인간의 다양한 욕망과 그로 인한 갈등들을 형상화하되, 심리묘사에서 남다른 성취를 이룩한 것으로 평가된다. 『불타는 빙벽』 등 우리 문단에 흔치 않는 알피니스트소설을 발표했고, 『한국인』, 『공지』, 『야망의 여자』, 『물위에 떠 있는 도시』 등의 장편에서 자본화로 인해 인간적 가치가 괴멸되어 가는 현대 한국사회에서 개인들 간의 욕망과 분투, 좌절의 과정을 그려 내었다.[5] 1950년대 말~1960년대 초에 발표한 단편들에서는 '아프레게르(après-guerre, 戰後)'의 인간형의 새로운 모럴의 탐색 과정을 그렸고,[6] 1960년대 말~1970년대에는 섹슈얼리티의 자유로운 주체로 등장하기 시작한 상류계층 여성들의 새로운 면모를 집중 묘파하였다.[7] 그가 다룬 문학적 주제는 주로 사랑·가족·이데올로기의 문

---

5 이명희, 「여성성의 모색을 통한 삶의 근원적 탐색 — 손장순의 1970년대 작품을 중심으로」, 『여성문학연구 통권 제3호』, 2000년 6월, 한국여성문학학회, 224쪽.

6 이는 손장순의 초기 단편인 「입상」(1958), 「전신」(1958), 「배리의 심연」(1959), 「파인 플레이」(1959), 「궤도」(1961) 등의 작품에 대한 평가이다. 윤병로, 「손장순의 『한국인』론」, 『현대문학』, 13호, 1967. 9, 267~271쪽.

7 손장순의 소설 「바람개비」(『신동아』, 1967)가 그러한 예이다. 이선미, 「1960년대 여성 지식인의 '자유'담

제를 둘러싼 인간의 다중성과 존재의 본질로서의 고독함이다. 자본주의가 고도화되어가는 한국 현대사를 배경으로 피폐하고 비극적인 양상으로 치닫는 현대인을 묘파함으로써 역설적이게도 그의 문학은 타자와의 진정한 소통에 대한 현대인들의 강한 열망과 개인의 생애에서 따뜻한 가족애가 얼마나 소중한 의미를 가지는지를 새삼 일깨워 준다. 그는 1967년에 장편 『한국인』으로 제4회 한국여류문학상, 2008년에는 장편 『폭죽』으로 제4회 유주현문학상을 수상하였으며, 여전히 현역작가이다.

이 글의 고찰 대상은 『전집 11—어릿광대여 나팔을』(푸른사상, 2009)과 『나의 꿈, 센티멘탈 저니』(문리사, 1977), 그 밖에도 시사칼럼이 아닌 수필들과 몇몇 소설들이 될 것이다.[8] 이 글은 손장순의 문학세계를 입체적으로 조망하기 위해 그의 수필에 드러난 일과 사랑, 여행과 가족, 민족적 아이덴티티의 문제 등을 살펴보려 한다. 일제강점기와 한국전쟁, 4·19와 유신체제기에 유년기와 청년기를 보낸 여성작가의 문제의식과 해법의 그 모색과정, 그리고 노년에 이른 지식인 작가의 인식의 도달점 등을 정리해 보려 한다.

론과 미국」, 『현대문학의 연구』 제29집, 2006년 7월, 한국문학연구회, 424~427쪽.

8 손장순의 첫 번째 수필집은 『나의 꿈, 센티멘탈 저니』라는 기행산문집이다. 이는 그가 1974~1975년에 걸쳐 30여 개국을 방문한 경험을 『중앙일보』에 기행산문으로 연재하였다가 1977년 문리사에서 묶어낸 책이다. 그는 1978년에 기행산문이 아닌 수필들을 묶어서 태창문화사에서 『어릿광대여 나팔을』을 펴냈고, 2001년에는 문화공간사에서 『이룰 수 없는 서원』이란 에세이집을 출간하였다. 또 1989년 한불문화출판사에서 재간행한 『어릿광대여 다시 나팔을』에 추가 수록한 글들과 1977년 『신아일보』에 수록한 기행문 「나의 미국 만유기」 등도 수필에 해당한다. 이 글에서는 『신아일보』에 연재한 시사칼럼들은 손장순의 정치적 관점을 고찰할 연구자의 몫으로 보아, 논의에서는 제외시켰음을 밝혀둔다.

2. 손장순 문학에 대한 선행연구 검토

수필은 문학의 한 하위영역이고, 손장순의 수필은 그의 문학세계와의 관련성 속에서 고찰되어야 할 것이다. 때문에 이 글에서는 손장순 문학에 관한 기존 연구 성과들을 먼저 정리해 보고, 수필에 관한 논의로 들어가려 한다.

손장순은 1950년대 말에 등단하여 1960~1970년대에 작가로서 입지를 굳혔기에 그동안 그의 문학은 전후 여성문학의 범주 속에서 고찰되었다. 그의 문학에 관한 연구는 소설집 발간에 맞추어 나온 해제 형식의 글과 학술논문이 몇 편 있다. 1967년, 윤병로는 『한국인』에 대해 전후세대 한국 젊은이들이 새로운 모럴을 탐색하는 과정에서 좌절을 거듭하며 점차 내면적인 의식의 세계로만 빠져 들어가면서 빛을 잃어가는 모습을 형상화하고 있는 작품이라고 평했다.[9] 1975년에 김상일은 『공지』를 해설하는 글에서 주인공 남녀의 성애적 사랑에 주목하였다. 그는 『공지』가 생의 권태와 고독을 견디기 위해 에로티시즘에 탐닉하는 현대인을 그리고 있다고 보았다.[10] 또 홍기삼은 손장순이 『불타는 빙벽』과 같은 '산악소설'을 창안한 점을 적극 평가하였고, 『야망의 여자』에서는 남성 위주의 사회적 질서에 도전하는 여성의 야망을 형상화하고 있다고 보았다.[11]

1990년대에 한국 근현대소설사를 개괄하는 자리에서 김윤식은

9 윤병로, 「손장순의 『한국인』론」, 『현대문학』 제13권, 1967. 9, 267~271쪽.

10 김상일, 「고독과 에로티시즘」, 『공지』, 일지사, 1975, 419~426쪽.

11 홍기삼, 「남성 위주의 사회질서에 도전하는 여성의 야망」, 『손장순 문학전집 7 — 야망의 여자』, 푸른사상, 2009, 403~406쪽.

1960년대 여성문학의 맥락에서 볼 때 손장순 문학이 갖는 독특함은 강한 자아중심적 인물의 형상화에 있음을 지적하고, 이는 서구적 개인주의의 한국적 변형태로서 한국 근대문학의 역사성과 민족성을 피해간 자리에 위치한 다소 낯선 성격의 것이라 지적하였다.[12] 한편, 『세화의 성』을 분석한 김양수는 이 장편이 상위 계층과 지식인 계층의 권력지향적 집착을 남녀 간의 사랑의 문제와 더불어 탐구하면서 현대사회의 병폐를 그려낸 작품으로 평하였다.[13] 2000년대에 들어 권영민은 지식인의 파탄을 냉철하게 그려낸 『한국인』(1966)의 작가 손장순은 '희연'이라는 인물을 통해 작가의 자기체험과 상상력을 절묘하게 결합하여 여성과 사회의 문제를 새로운 시각으로 조명해 내었다고 평가하였다.[14] 또한 이명재는 손장순의 문학은 도전정신과 정복에의 열망이 강한 인물이 좌절과 실패를 거듭하면서 고립감과 타인의식을 뼛속 깊이 체험하는 세계를 다루고 있다고 보았다.[15] 이밖에도 임헌영은 손장순에 관한 작가론을 최초로 썼다. 임헌영은 손장순의 다채로운 문학 안팎의 활동들에 주목하면서 이들은 모두 작가에게 있어서 외로움으로부터의 탈출을 위한 것으로 볼 수 있다고 말했다. 이어 그는 『한국인』은 동서양의 가치관의 갈등이 빚은 한국인의 모순을, 『세화의 성』은 5·16 군사 쿠테타에 의해 고착화된 독재체제 아래서 살아가는 상류층의 타락상을 묘파한 작품이라 평했다.[16]

12 김윤식·정호웅, 『한국소설사』, 예하, 1993, 419쪽

13 김양수, 「손장순의 문학세계 — 틀에 매인 여인 풍토 「세화의 성」을 중심으로」, 손장순, 『세화의 성』, 일신서적출판사, 1994, 491~496쪽.

14 권영민, 「전후세대의 변모와 소설적 감성」, 『한국현대문학사 2(1945~2000)』, 민음사, 2002, 228쪽.

15 이명재, 「심층 분석한 남녀관계」, 『전집 14』, 543~550쪽.

16 임헌영, 「손장순론」, 『전집 2』, 361~390쪽.

한편 여성 문학연구자들은 남성연구자들과는 조금 다른 관점에서 손장순의 문학을 고찰하고 있다. 먼저 강인숙은 1960년대 여류소설가의 작품과 남성소설가의 작품이 상이할 수밖에 없는 한국사회의 특성에 주목하면서 손장순의 『한국인』은 '한국인'이라는 거대한 문제를 '안방'의 문제와 연결한 것은 성과이나, '안방'쪽의 비중이 너무 커져 버린 것은 문제라고 지적하였다.[17] 또 그는 「부동산 중개인」과 같은 작품에는 직업인의 애환이 그려져 있거니와 많은 손장순의 작품들은 자기체험에 기초해 있음을 지적했다.[18] 외국문학 전공자인 권택영은 1960년대 손장순의 문학을 실존주의와 사실주의의 결합에 초점을 맞추어 풀었다. 『물 위에 떠 있는 도시』의 작품론에서 권택영은 1990년대에 이르기까지 손장순의 '솔직한' 문학이 도달한 새로운 가치의 기준은 삶의 근본은 무(無)이며 인간의 자유의지는 한계가 있다는 깨달음으로, 권택영은 이를 작가의 겸손한 실존적 윤리의식의 표현으로 보았다.[19]

손장순 문학에 대한 페미니즘적 시각의 분석은 전혜자에 의해 시도된다. 1960년대 손장순의 작품들인 「궤도」, 「증언」, 「바람개비」 등과 1970년대 작품인 「삼등인생」, 「우울한 빠리」, 「타산」 등을 분석하면서 전혜자는 손장순의 작품들이 인간적 가치와 신뢰의 상실, 물화에서 오는 생명력의 잃음과 영혼의 고갈, 언어 소통 불능에서 오

17 김주연·강인숙, 「한국 현대 여류작가론」, 『현대문학』, 1968. 1, 359쪽.

18 강인숙, 「사고와 풍속의 버라이어티 — 손장순, 최미라, 김의정, 박순녀」, 『한국현대작가론』, 동화출판사, 1971, 293~303쪽.

19 권택영, 「분단으로 인한 근친상간을 다룬 환상적 리얼리즘」, 『물 위에 떠 있는 도시』, 문화공간, 1999, 275~284쪽.

는 인간의 고립과 소외감 등을 형상화했음을 지적했다.[20] 이어 전혜자는 『한국인』의 분석에서 손장순의 글쓰기를 '나르시시즘적' 글쓰기라 칭하였다.[21] 전혜자는 『한국인』이 권위적 서술자의 시각에서 서술되고 있어, 전반적으로 글을 읽는 사람들이 기록자적 서술과 인물적 시각의 서술이 교차된 화자의 입장에 강력하게 동화되도록 하는 분위기가 지배적임에 주목하였다.[22] 이어 이명희는 손장순의 1970년대 대표작인 『공지』(1970), 『세화의 성』(1976), 「우울한 빠리」(1975), 「이혼여행」(1975), 『불타는 빙벽』(1977), 「돌아가지 않는 나침반」(1978) 등을 논하면서, 산업사회의 메커니즘이 지닌 이율배반의 모순성에 노예화되고 현대 문명사회에 종속되는 것을 거부하는 여성 인물의 형상화에 주목하였다. 그는 손장순의 문학이 자본화에서 파생된 불모성과 단절성, 남성중심적 사고가 주는 파괴성과 무생명성의 세계를 극복하고 삶의 허위와 대결하는 고독한 인간의 존재확인으로서 '육체적 교섭'과 '등반'이란 형식을 차용하고 있다고 설명했다.[23] 또한 이선미는 「바람개비」에서 여성 인물인 '현아'의 비극적 최후를 통해 손장순은 1960년대 한국사회에서 여성들이 연애나 결혼의 주체가 되는 것이 얼마나 버거운 일이었나를 잘 보여주었다고 평하였다.[24]

---

20 전혜자, 『한국 현대 도시소설과 비교문학』, 새미, 2005, 325~352쪽.

21 손장순은 짤막한 「작가 노우트」란 글에서 나르시시즘이 위선보다는 낫다고 말하면서, 작가는 자신의 치부를 드러내 놓고도 감정이 꿇리지 않는, 자신 있는 사람이라야 한다고 강조했다. 『한국여류문학전집 3』, 삼성출판사, 1967, 327쪽.

22 전혜자, 『전집 2』, 341~349쪽.

23 이명희, 「폐쇄된 통로에서 길찾기 — 손장순의 1960년대 작품」, 전혜자 외 2인, 『한국 현대소설연구』, 국학자료원, 1998, 159~182쪽. 「여성성의 모색을 통한 삶의 근원적 탐색 — 손장순의 1970년대 작품을 중심으로」, 『여성문학연구』, 한국여성문학학회, 통권3호, 2000. 6, 223~242쪽.

24 이선미, 「1960년대 여성 지식인의 '자유'담론과 미국 — 박순녀, 손장순, 박시정 소설을 중심으로」, 『현대문학의 연구』, 한국문학연구학회, 제29집, 2006. 7, 424쪽.

이상의 논의들은 손장순 문학의 가장 문제적인 대목이 여성 주인공의 독특한 성격화에 있음을 말해준다. 『한국인』, 『세화의 성』, 『공지』, 『야망의 여자』, 『물 위에 떠 있는 도시』에 등장하는 여성 인물들은 대체로 자의식이 매우 강하고 지적인 여성들인데, 그들은 성적 자기결정권에 대한 주장과 실천이 매우 뚜렷하다는 공통점을 가지고 있다. 자신의 일을 모든 것의 우위에 두는, 그러면서도 내면 깊숙이 매우 고독하고 타자와의 진정한 소통의 불가능성 앞에서 힘들어 하는 존재들이다.

한국 현대소설사에서 이처럼 개성있는 여성 캐릭터를 반복적으로 형상화한 작가도 흔치 않을 것이다. 손장순의 문학은 근대화 과정에서 부서지고 피폐해져 간 상류계층 인텔리여성의 좌절과 방황, 내적 공허감을 가장 잘 형상화하고 있다. 손장순은 자신의 작품들에 자전적 요소가 강함을 여러 번 언급하고 있기에 그의 수필에 나타난 삶의 행로나 작가의 세계관, 인생관, 문학관을 살피는 일은 그의 문학세계를 좀 더 입체적으로 조명하는 데에 도움이 될 것이다. 이 글은 우선 지금껏 연구된 바가 없는 그의 수필세계를 개략적으로 훑어보는 것을 목표로 한다.

3. 죽음의 트라우마와 고독, 그리고 창작에의 집념

손장순의 『전집 11 ― 어릿광대여 나팔을』을 관통하는 키워드는 '고독', '죽음', '자유', '창작', '여행'이다. 손장순은 전집을 발간할 때 『전집 11』에 몇 편의 수필을 새로 첨가하였다. 덧붙인 수필들에는 '작가의식'과 '고독감', '소통에의 갈망'에 대한 내용이 주를 이룬다. 『전집 11—어릿광대여 나팔을』에 수록된 첫 번째 글은 「자유·고독·시간」이고, 「나의 성(城)」이 두 번째 글이다. 누구의 간섭도 받지 않는 생활의 자유와 누구의 구애도 받지 않는 사고의 자유를 희구하는 필자는 시종일관 스스로를 '고독한 존재'로 규정하고, '고독'이야말로 참된 예술의 창조를 가능케 하는 토양이라 말한다.

> 생활 내지 정신세계의 자율을 누리는 자유와, 시간과, 고독과는 함수관계가 성립된다. 시간을 처리하는 방법으로 생활의 자율을 누리는 자유나, 모든 것을 스스로 선택하고 판단하고 책임지는 자유나, 어차피 고독이 따르기 때문이다. 비록 고독하지만 누구의 간섭도 받지 않는 생활의 자유(시간처리)와 누구의 구애도 받지 않는 사고의 자유(어디에도 또 누구에게도 매이지 않는 상태)는 얼마나 멋있는 실존의 방법일까. 나는 이런 의미에서 독신생활의 어려움을 알면서도 그 상태를 한편 이상적인 생활방식으로 동경을 한다. 완전한 자유는 우선 독신으로 가능하고 참다운 창작 행위는 완전한 자유의 구사에서 가능한 것이기 때문이다. 열렬한 광신자나 모순된 조직에의 충실한 충복 그리고 무엇에나 주체성이 없는 야합이나 속물성에서 참된 예술은 창조될 수 없다. 때문에 예술가는 철저하게 고독해야 한다고 생각한다. 또한 예술은 곧 인생이며 인생은 예술, 그것이어야 한다. 예술은 바꾸어 말하면 조화의 극치라고 말할 수 있다. (중략) 인간의 가치평가는 결국 자유와 고독과 시간을 어떻게 처리하고 해결하고 요리하느냐에 달려 있는 것이 아닐까. (중략) 투명한 예지는 완전한 자유 속에 있으며 이 자유는 반드시 고독한 시간을 수반하기 마련이다. (중략) 어떤 시련이 있더라도 나는 나의 왕국을 거

느리는 스스로가 왕이 될 수 있는 자유를 사랑한다. 이 자유와 더불어 자기를 확인할 수 있는 고독을 또한 사랑한다. 어차피 나에게 시간의 공백은 없으며 공허한 시간은 차라리 부자유와 끈적끈적한 타인을 의식하는 순간이기 때문이다. 자유·고독·시간은 나에게 있어 확실히 매력있는 어휘들이다.[25] (밑줄은 인용자)

손장순에게 있어 '고독'은 가장 즐기는 것이자, '멋진' 실존의 방식으로 받아들여지고 있다. 그의 의식 속에서 인간은 본질적으로 고독하고, 창작이란 철저히 고독의 산물인 바,[26] 작가로서 그는 고독을 끝없이 '욕구'한다. 수필집 『어릿광대여 나팔을』에서 스스로를 '어릿광대'에 비유하고 있고, 「한 자루 촛불처럼」과 「신이여, 메아리를」 등의 글에서는 스스로를 '외곬'로 인정하고, 신경이 매우 약해 모순된 현실과 부조리한 인생에 상처를 많이 받아 더욱 고독해졌다고 고백하고 있다. 그의 삶은 8할이 '고독'인 셈이다.

"남편은 이사할 때나 필요할까?"라는 말로 시작되는 「혼자 사는 재미」라는 글에서 그는 "공허하며 외로우며 무소속감에 들떠 있는 것 같은 독신들이 가정을 가진 부인들보다 훨씬 젊어 보이고 생기에 차 있으며 발랄한 것은 웬일일까. 아무리 결혼만이 인생의 의미요, 결혼지상주의를 부르짖는 사람들도 이것만은 부인하지 못할 것이다."라고 말한다. 특히 예술에 종사하는 사람은 자기고독을 투시하며 그것과 대결함으로써 참된 예술행위가 가능해진다고 그는 여러 글들에서 거

---

25 손장순, 「자유·고독·시간」, 『전집 11』, 27~28쪽.
26 손장순, 「나와 벗」, 『전집 11』, 63쪽.

듭 강조하고 있다.[27]

손장순은 '고독'의 문제를 실존주의와 연결시켜 이해한다.

> 부모자식 간에, 부부 간에, 우정에 있어서 역학관계를 지배하는 금전만능의 세태, 이처럼 인정이 메말라 가고 인간성이 타락해 가는 세상에서 무엇을 기대하리. 인간이 인간에게 느끼는 기쁨과 외로움에서의 탈출은 보이지 않는 힘을 확인하려는 것만큼이나 어리석은 일이 아닐까. 그래도 인간에게서 희망을 잃어서는 안되리. 그 어디에도 절대신은 없기에 우리 인간이 신격으로 상행되어야 하지 않을까. 신 앞에서 인간의 자존을 추락시키는 오류를 범하는 약한 영혼이여. 플로벨이 『마담 보봐리』에서 말했듯이 육신이 약한 자는 의사가 필요하고 영혼이 약한 자에게 사제가 필요한 것이다. 그러기에 샤르트르는 '실존주의는 인본주의다' 라고 주장하지 않았던가. 자기의 몫을 다 찾아서 실존적으로 산다는 것은 무엇을 위함인가. 자신의 판단으로 선악의 기준을 가지고 행동하고 그것에 책임을 지는 것이리라. 신이 없는 자유는 그만큼 고독하나 자신이 자기의 주인이 되는 득의와 쾌감이 있지 않은가.[28] (밑줄은 인용자)

주지하듯이 1950~1960년대에 실존주의는 대학 '교양'교육의 일환으로 도입되어 지성인이 갖추어야 할 보편적인 교양의 일부로 간주되었다. 당시 조가경 등이 한국에 소개한 실존주의의 핵심은 보편타당한 객관적 진리보다도 한계 정세에 놓인 구체적인 인간의 주체적

27 손장순, 「혼자 사는 재미」, 『전집 11』, 192~200쪽.
28 손장순, 「인간성」, 『전집 11』, 44~45쪽.

인 힘과 가치, 본래적인 자기를 회복하려는 결단에 대한 요구를 강조한 데 있다. 특히 샤르트르의 실존주의는 본질에 앞서는 존재로서의 실존을 강조하고 있는데, 이는 본래적인 삶의 방식에 대한 구현을 어렵게 만드는 현실에 대한 고발과 거부의 몸짓의 표현이기도 하였다. 때문에 샤르트르는 문학에서 참다운 자신의 삶을 영위하고 결단하는 것을 불가능하게 만드는 현대 사회의 부조리와 모순을 폭로·비판하며 참여문학적 특성을 강하게 드러내었다.[29] 샤르트르에 따르면, 인간은 자유로운 존재인데, 그 자유로움은 근원적으로 인간을 불안케 한다. 불안은 자유의 실재성에 대한 징표이지만, 인간은 또한 그 불안함으로부터 도피하려 한다. 그리고 샤르트르에게 있어서 자유의 무한성은 책임을 수반하는 바, 이는 자신에 대한 것뿐만 아니라 타인 전체에 대한 책임까지를 포함한다. 왜냐하면 인간은 자신의 개인적인 선택을 통해서 인간 일반을 선택하기 때문이다. 또한 자유는 언제나 타인 앞에서 타인과의 관계성 속에서 실현된다. 대자존재로서 인간의 자유는 본질적으로 대타적이기 때문이다. 그러므로 개인의 자유 실현은 반드시 타인의 자유의 실현을 요구한다. 타인의 자유는 나의 자유의 가능조건이기 때문이다. 그러므로 실존주의에서 말하는 자유는 인간의 인간다움과 그 본래성을 보장해 주는 가장 근원적인 조건이 되는 것이다.[30] 이러한 맥락에서 볼 때 손장순이 말한 고독과 깊이 연관된 자유의 개념은 관계성 속에서, 또 상호성 속에서 개인의 실존의 자유가 보장되는 것으로 본 샤르트르의 실존주의에서의 그것과 다소 다름을 알

29 나종석, 「1950년대 한국 철학계에서의 실존주의」, 『사회와 철학』, 사회와 철학연구회, 제20호 2010. 10, 1~32쪽.

30 이유택, 「샤르트르의 자유개념」, http://blog.naver.com/mdpsjk/20023262768

수 있다.

손장순이 문학을 하게 된 동기는 "사춘기에 감동을 주는 명작을 읽고 나의 행복이 거기에 있음을 확인하게 되었기" 때문인데, 함께 살던 남편은 "당신은 문학 때문에 일생을 망치는 거야"라고 이혼할 때 말했다고 한다. 대학에 진학할 무렵 손장순은 "완벽한 인생을 살고 싶었고, 예술처럼 살고 싶은 의욕이 컸다."고 술회하고 있다.[31] 청와대 비서관으로 현실정치에 몸을 담고 있던 생활인인 남편과 고독한 예술가의 삶을 지향하는 그의 삶이 교섭하기는 쉽지 않았을 것이다. 그는 일상의 제반사보다는 활자에서 충족을 느꼈다고 기술하고 있는데, 그런 그의 특성은 "남보다 더 많은 고독과 공허의 면적을 가지고 있기 때문"이었다고 스스로 말하고 있다. 그에게 있어 문학은 "삶의 의미이며 자기확인"의 과정이었다.

> 때로 나는 결혼처럼 지겨운 약속이 없다고 생각한다.
> 애정의 진실이 끝났을 때 언제든지 헤어질 각오만 되어 있다면 그것처럼 거짓이 없는 아름다운 약속은 없을 것이다.
> 창작을 통해서만 참다운 인생을 살 수 있다면 그것처럼 멋있고 의의가 있는 행위가 없을 것이다. 작가는 작품을 통하여 또 하나의 삶을 사는 것이다.[32]

마음이 안정을 잃고 기분이 들뜰 때 몸을 가다듬고 주위환경을 바꾸어

---

31 손장순, 「글을 쓰는 마음」, 『전집 11』, 203쪽.
32 손장순, 「바이블 대신으로」, 『전집 11』, 70~73쪽.

마음을 가다듬듯이, 마음이 아프고 괴로울 때, 삶의 의미가 고갈되고 불만과 좌절감이 올 때 성서를 펼치듯 나는 책상 앞에 원고지를 놓고 스산한 감정과 허황된 정열과 잡다한 잡념을 정리한다. 그럴 때 비로소 존재의 의미를 느낀다. 비록 글을 쓰는 작업이 힘들고 고통스런 하나의 과제이긴 하지만 승화된 배출구인 예술을 통하여 지고한 신앙 같은 것을 발견하는 것은 여간 다행한 일이 아니다. 인생은 어차피 일상성 속에 별 수 없이 생명의 하루하루가 단축되어 가는 것이기에.[33]

「바이블 대신으로」라는 수필의 제목에서처럼 그는 문학을 신앙화한다. 「글을 쓰는 마음」에서도 사정은 유사하다. 위의 인용문에서 손장순은 사회적 약속으로서의 '결혼'이 지겨운 이유와 문학창작이 즐거운 이유를 거의 유사하게 설명한다. 즉, 자신의 의지대로 마음대로 할 수 있는 창작은 즐거운 것이며, 그렇지 않은 결혼은 억압적이며 따라서 지겨운 것이라는 것이다. 「행복한 구속보다는 자유로운 고독을—함께 사는 것이 최선은 아니다」 등의 수필에서도 이와 같은 인식은 거듭 확인된다. 이러한 부분들은 손장순의 실존주의나 고독에의 향유를 에고센트리즘적인 것, 혹은 나르시시즘적인 것으로 이해할 빌미가 되기도 한다.

손장순은 수필들에서 속물성에 대한 강한 혐오감을 드러내고 있다. 「동창회」나 「어릿광대여 나팔을」에 드러난 그의 의식은 속물성과 위선자에 대한 강한 반감이다. 그는 위선적인 사람에 대한 본능적인 반감을 피력하는데, 이는 자신이 누구보다도 순수한 내면의 소유자이

33 손장순, 「글을 쓰는 마음」, 『전집 11』, 205쪽.

기 때문이라 말한다. 스스로 상처에 민감함을 토로하며, 또한 자신을 '어릿광대'로 지칭하면서 빈틈없는 인간들에게서 비인간적임을 느끼며, 그로 인해 질식할 것 같은 느낌을 토로한다. 그가 정의한 '어릿광대'란 넘치고도 모자라는 자, 모순의 존재이다. 균형을 찾으려고 몸부림치는 자이고, 웃음 이면에 비애와 고독을 간직하고 속물들을 즐겁게 하는 것을 숙명으로 간직한 자이기도 하다.[34]

손장순은 산악소설을 쓴 작가로 유명한데, 그에게 있어서 '산'은 "고독과 대결하는 경건함"이며, 일상에서의 해방이라는 측면에서 창작이나 여행과 그리 멀리 있지 않다. "고독한 작업이자 과정"이란 측면에서 등산은 창작과 유사하나, 창작은 그 전 과정이나 결과를 대중과 공유하게 된다는 점에서 등반과 다르다. 「오대산을 다녀와서」라는 수필에서 그는 "사막을 맛보는 단비처럼 겨울 나그네의 가슴 속에 고일 뜨거운 눈물을 맛보기기 위해" 산을 오른다고 말한다. 다시 말해 고독함을 달콤하게 여기는 심성이 산행의 묘미라는 것이다. 이렇듯 손장순의 문학과 삶에 있어서 '여행'이나 '이국체험', '등반'과 '창작'은 일맥상통하는 일면이 있다.

프랑스 기행산문에서 그는 문화와 예술을 사랑하는 프랑스인들은 기분에 민감한 감성적인 민족이면서도, 또한 데카르트의 후손이어서 매우 논리적이어서 그들을 대하는 데 매우 힘이 들었다고 술회한다.[35] 파리에서 손장순은 뼛속까지 스며드는 외로움을 확인하면서 코끝이 찡하고 가슴이 아려오는 진한 여수를 맛보았는데, 이는 그녀에

---

34 손장순, 「어릿광대여 나팔을」, 『전집 11』, 129~132쪽.
35 손장순, 「여창낙수」, 『전집 11』, 164쪽.

게 있어 여행의 목적이기도 하였다. 외롭고 고독한 것이 매우 힘들지만 끝내 그것을 사랑하고 누구보다 즐기는 자가 손장순인 것이다. 외부세계와의 단절된 공간, 즉, 자기세계인 창작에 몰두하면서 또 고립감을 즐기기도 하는 그는 고독감이 자신의 문학을 추동하는 동력이자, 그의 삶의 고유한 색채라고 말한다.

하지만 또한 그는 타인에 대해 이야기하면서 "자기를 이탈하지 못하는 것은 반드시는 아니지만 인간이 성숙하지 못한 증거이다. 완전한 자기이탈이야말로 확고한 인간이 성숙하지 못한 증거이다. 완전한 자기이탈이야말로 확고한 '자기'를 의미한다. 자아에 대한 불안이 클수록 아집이 강하며 타인과의 타협에 인색해지는 것이 아닌가."라고 말하고 있어 에고센트리즘에 대해서는 비판적인 인식을 드러내기도 한다.[36] 그는 수필들에서 '고독'과 '고립(감)'이란 단어를 섞어서 사용하고 있는데, '고독' 혹은 '고립'이 자신의 본질이라 말하면서도 자기세계에 갇히는 고독 혹은 고립에 대해서 비판적인 태도를 보인다. 그는 하나의 가치에 대해 양가적이거나 상호 모순적인 태도를 드러내고 있는 셈이다.

「거울 앞에서」에서 그는 사람의 마음을 꿰뚫어 보는 민감한 감수성이 인간의 심리를 주로 다룬 심리소설을 창작하게 한 원동력이었다고 술회하면서,[37] '죽음'을 향해 달려가는 '시간'으로부터 '자유롭기 위해' 끊임없이 '창작'에 매달려 왔다고 말한다. 그에게 있어 창작은 자기존재감의 확인이자, 시간에 의한 소멸에의 공포를 극복하는 방법

36 손장순, 「손소희 선생의 완강한 정력」, 『전집 11』, 177쪽.
37 손장순, 「거울 앞에서」, 『전집 11』, 322~325쪽.

이며, 외부와 소통하는 통로인 것이다. 손장순은 창작을 위해 높은 연봉의 안정적인 직장인 대학교수 자리를 포기했고, 모성애 부족이란 오명을 쓰면서도 고독한 삶을 선택했다. 그로서는 고독하고 자유롭지 않으면 제대로 창작에 몰입할 수가 없기 때문이었다. 이렇게 그의 수필들에서 '고독-자유-창작'이란 고리는 서로 긴밀히 연결되어 있다.

손장순의 수필에서 고독은 창작의 전제조건이면서, 또한 '가족-사랑-죽음'의 고리에도 뿌리가 닿아 있다. 손장순의 삶과 문학에 드리워진 고독은 창작자의 자유로운 영혼의 선결조건일 뿐 아니라 실존적 인간의 본질인 측면도 없지 않다. 또한 고독은 그가 어린 시절 체험한 가족이나 지인의 죽음 혹은 실종과도 관련되어 보인다. 수필집을 종합해 보면, 손장순은 어린 시절 아버지를 여의고, 좀 남다른 어머니의 기억을 안고 큰아버지의 지원으로 교육을 받았다. 유년기 치명적 기억으로 자리한 아버지의 죽음은 그의 나이 12살 때의 일이었고, 사춘기에 겪은 첫사랑의 대상이었던 연상의 남자의 자살도 그에게 트라우마로 남아 있다.[38] 바로 그 무렵 그는 친했던 친구 중 한 명이 동백림 사건으로 실종된 일도 겪었다.[39] 노년에 지켜본 어머니와 남편의 죽음은 사랑하는 사람의 상실로 인한 아픔이긴 하지만 비교적 수용 가능한 자연스런 현상으로 기록되어 있는 반면, 12살 때 겪은 아버지의 죽음과 사춘기에 겪은 플라토닉한 사랑의 대상이었던 남성의 자살은 그의 문학뿐 아니라 삶에도 '고독'과 '죽음'에의 강한 인상을 남긴 것으로 보인다.

---

38 손장순, 「나의 천고(天孤)」, 『전집 11』, 210쪽.

39 손장순 문학에 죽음의 그림자가 짙게 드리우게 된 것도 이와 무관하지 않아 보인다. 동백림사건과 관련된 친구의 실종은 훗날 『물 위에 떠 있는 도시』에서 소설화되어 나타나기도 한다.

그 때문인지 그는 수필에서 죽음을 자주 언급한다. 그는 작가에게 창작의 위기가 닥쳤을 때 자살하는 것은 용기있는 행동이라면서 "자연사를 거부하고 적당한 선에서 자신의 의지로 삶을 마감하고 죽는 존엄사"를 찬양한다.[40] 헤밍웨이의 죽음을 예로 들면서 작가의 자살을 예찬하기도 한다.[41] 하지만 그는 죽음이 의식되면 될수록, 또 소멸에 대한 공포감이 뚜렷해질수록 그것에 대한 저항의식 또한 강하게 표출하고 있다. 그가 존엄사를 좋아하는 이유는 자신이 죽음을 맞이할 때 미국에 사는 아들의 짐을 덜어주기 위함이다. 또 그는 늘 '시간의 손실을 아쉬워하며' 살아가고 또 창작에 임한다고 말하고 있다. 그는 죽음, 혹은 소멸을 늘 가까이에서 느끼고, 또 간혹 그것에 매혹되기도 하지만, 결국 그것을 몹시 두려워하고 있는 것이다. 죽음에 관해서도 그의 태도는 양가적, 혹은 모순적이다.

그가 창작에 그토록 매달리는 것도 죽음의 공포를 창작을 통해서 극복하기 위해서이다. 고독하게 살다가 고독하게 죽음을 맞는 것이 인간인 바, 죽음으로 인한 사멸에의 공포를 극복하기 위해 손장순은 자기 내부로 파고들어가 창작에 몰두한다.[42] 손소희 선생에 대한 글에서 손장순은 "인간의 존재가치는 그가 무엇을 하였느냐 하는 것만이 결정해 주"는데, 그 이유는 그것이 "생명의 근본적인 허무를 초극해 주기 때문"이라 말하고 있다.[43] 그에게 있어 문학은 죽음을 넘어설 수 있는 유일한 방법이었던 것이다.

---

40 손장순, 「나의 어머니」, 『전집 11』, 427쪽.
41 손장순, 「작가와 자살」, 『전집 11』, 220~221쪽.
42 손장순, 「목소리」, 『전집 11』, 80~81쪽.
43 손장순, 「손소희 선생의 완강한 정력」, 『전집 11』, 177쪽.

아버지의 이른 죽음뿐 아니라 어머니의 개성 또한 손장순의 문학과 삶에 드리워진 고독의 한 시원으로 보인다. 수필에 드러난 손장순의 어머니는 일반적인 그 시대의 어머니들과는 많이 다른, 개성있는 분이었다. 아버지는 서울 토박이셨지만 어머니는 제주도 출신으로, 민비의 후예였다. 여든에 돌아가신 어머니는 살아생전 대단한 멋쟁이였고 감수성도 예민한 분이었고, 사람들을 대하는 데에 폐쇄적인 성격의 소유자였다.[44] 특히 막내였던 손장순은 어머니로부터 살가운 보살핌보다는 아버지와 같은 엄격함과 서구적인 교육을 받았다고 기술하고 있다.

> 민비의 후예여서인지 여걸스러운 데도 있건만 인간을 대하는 데는 다분히 폐쇄적이었다. 그것이 고독을 자청하는 데도 사람을 무척 가리고 선별하는 데에 까다로운 편이었다. 그런 점들을 많이 닮은 내 자화상을 보고 그 벽을 깨려고 때로는 무척 신경을 쓰기도 한다. 자고로 외곬으로 빠지는 사람들이 상처를 많이 받게 마련이기 때문이다. 창백하고 고독한 영혼 속에 문학은 서식하게 마련인 것. 그의 고독은 그의 문학의 토양이 된다.[45]

> 어머니는 우리들에게 흔히 있는 본능적인 사랑을 하시지 않았다는 게 내가 자랑으로 여기는 점이다. 우리 형제들이 조금은 그들이 종사하는 분야에서 우수하고 구실을 하고 있는 것은 이러한 어머니의 교육법

44 손장순, 「투명하게 배어나는 슬픔의 교향악」, 『전집 11』, 230쪽.
45 손장순, 「오늘도 한줄기 햇빛을」, 『전집 11』, 253쪽.

의 혜택이 아니었던가 싶다. 나의 어머니는 지금 칠십 여세인데도 서구적인 교육을 우리에게 시켰으며, 그래서 우리는 어떤 난관 앞에서도 누구에게 의지하는 법 없이 잘 뚫고 나간다. 또한 나의 어머니는 그 세대에 있게 마련인 희생형의 구질구질한 어머니가 아니라 그 연세에 밍크도 두르시고 다이아도 끼는 그리고 옷의 색감을 까다롭게 골라 입으시는 멋쟁이 어머니라는 점에 나는 만족하는 편이다. 말하자면 개성이 있는 어머니시다.[46]

여흥 민씨로 대단한 양반의 자손인 어머니는 눈에 띄는 미인이셨고, 귀티와 품격이 느껴지는 외모의 소유자이며, 대단한 '멋쟁이'셨다.[47] 손장순은 "어머니는 오빠의 배려로 수달피 목도리에 다이아반지까지 애용하시어 언니들의 빈축을 샀지만, 나는 그런 어머니가 좋았다"고 회상한다.[48] 그는 오남매 중 막내딸로 태어났으나 언니들로부터 사랑을 받지 못하였는데, 주위 사람들은 그것이 어머니의 교육 때문이었다고 지적하고 있어서 특이하다. 손장순의 아들 역시 그에게서 "푸근한 엄마의 정을 느낄 수가 없다"고 말한 것으로 되어 있다. 그의 장편소설 『물 위에 떠 있는 도시』의 여주인공 '서진'은 남편과 어머니, 아들과도 서먹함을 느끼는 존재로 그려지기도 하는데, 이런 설정은 작가 자신이 스스로 '천고(天孤)'가 있다고 말하는 대목과 연결지어 볼 수 있다.[49] 그런 손장순은 4대째 서울 토박이에 우수한 두뇌의

46 손장순, 「개성이 있는 어머니」, 『전집 11』, 90~91쪽.
47 손장순은 첫사랑의 대상이었던 12살 연상의 S 역시 대단한 멋쟁이였던 것으로 서술되어 있다.
48 손장순, 「나의 어머니」, 『전집 11』, 425쪽.
49 손장순, 「나의 천고」, 『전집 11』, 209~211쪽.

소유자라는 자긍심으로 스스로를 버티었고, 어머니로부터 물려받은 남다른 감수성과 미감으로 빼어난 패션감각을 발휘하여 스스로 일상의 즐거움을 찾았는데, 그에게 '옷'은 많지 않은 생의 즐거움이자, 고독을 가리는 화려한 외장이었던 것으로 보인다.

외국문학을 전공한 그는 1960년대 초중반에 여성으로서는 매우 드물게 이른 나이에 대학교수가 되었고, 작가로서도 유수한 문학상을 수상하여 인정을 받은 상태였다.[50] 그런 그가 삼십대 중반에 자신의 성(캐슬)을 지어 그 안에서 고독을 즐긴다. 손장순에게 있어서 집(성)은 자신의 '자존심'이자 자신의 모든 것을 상징하는 것으로 자리한다.[51]

그는 집에서의 안정적인 삶이 지루해질 무렵이면 여행에 나선다. 그는 집을 좋아하지만, 또한 정주는 매우 싫어하여 자신의 내면에 보헤미안의 기질이 있다고 서술한다. 수필집에 의하면 그는 안일한 일상에의 안주를 싫어하지만, 그래서 여행이나 일탈을 꿈꾸면서도 또한 안정에의 그리움, 고향에의 그리움을 동시에 지니고 있는 모순의 존재이다. 아들을 너무도 그리워하면서도 아들을 위해 자신의 삶을 송두리째 바칠 수는 없다고 단호하게 말한다. 또 죽음을 매순간 가깝게 의식하면서도 그것이 두려워 거기에 저항하고, 또 정주를 그리워하면서도 어디에도 정착하지 못하며, 따뜻한 어머니의 품을 그리워하면서도 스스로는 하나뿐인 아들에게 자애로운 어머니가 되어 주지 못

50 그가 대학에 재직한 1960년대에 한국에서 여성이 문인이면서 대학교수였던 사람은 독문학을 전공한 전혜린이 있었다. 전혜린은 1959년 독일유학을 마치고 귀국해 서울대와 성균관대에서 교편을 잡고 번역과 에세이스트로서 명성을 날렸으며, 손장순의 기행산문집 『나의 꿈, 센티멘탈 져니』보다 10여 년 앞서 독일 뮌헨의 대학가 풍경을 아름답게 소개하여 젊은이들을 사로잡은 기행에세이집을 내기도 하였다.

51 손장순, 「나의 성」, 『전집 11』, 31쪽.

하는 찢긴 존재의 모습을 하고 있다.

고독을 즐기면서도 타자와의 소통을 갈망하는, 그런 모순의 존재가 수필집 속 손장순의 모습이다. 그는 말한다. "속절없이 홈식(향수병)에 걸려버린 것이다. 나는 유난히 홈식에 민감해서 외국에 나오는 것을 두려워하였다. 이것은 한 곳에 마음을 붙이지 못하는 보헤미안 기질과 모순되는 점이기도 하다. 이런 모순으로 인하여 나는 문학을 하고 있는지도 모른다."[52] 그런 모순성은 역설적이게도 그의 창작의 동력인 것이다.

4. 센티멘탈 져니, 다채로운 세계와의 만남

손장순은 1974년에서 1975년 사이 세계일주의 길에 나섰다. 마흔 즈음이었고, 잇단 장편소설의 성공으로 작가로서의 입지도 어느 정도 굳힌 시점이었다. 불문학을 전공했으되, 그때까지 특별한 외유가 없었던 그가 1, 2개국 방문도 아니고, 불현듯 세계일주의 길에 오른 것에 대해, 그는 두 가지 이유를 들어 스스로를 설명한다. 하나는 "인생을 재정리하고 새로운 방향을 모색"하기 위한 "일상으로부터의 엑소더스"였고,[53] 또 다른 하나는 "예기치 못했던" 곳에서의 "즐거움과 모험, 그리고 혼자 떠나는 긴 여정의 로맨틱한 외로움"[54]에의 기대가 그것이다.

---

52 손장순, 『나의 꿈, 센티멘탈 져니』, 문리사, 1977, 24쪽.

53 위의 책, 30쪽.

54 위의 책, 53쪽.

즉흥적인 선택이었다고 작가 자신은 말하고 있지만, 이 긴 여정은 내면의 어떤 필연적인 요청이 있었던 것으로 보인다. 외국문학 전공 교수가 그 문학의 원산지를 방문하여 문화와 역사의 현장을 답사하고 그 나라의 분위기 속에서 문학연구를 하는 것은 예정된 일이라 볼 수 있다. 또 당시 미국에 체류하던 전남편이 그에게 미국이주를 종용하고 있었기에 개인적으로도 그는 외국생활에의 가능성을 타진해 볼 필요가 있었다고 볼 수 있다. 한국 땅에서 한국어로 한국문학을 생산하는 작가가 과연 미국 땅에서 어떻게 작가의 삶을 이어갈 수 있을지를 놓고 신중한 선택을 해야 하는 시점에서 그는 1974년, 호주 아들레이드 시에서 열리는 작가회의 참석을 빌미로, 30여 개국 순방 프로그램에 자신을 싣는다. 이 순방길은 사실상 몇 개월에 걸쳐 일단락이 되었지만, 그는 프랑스 정부초청으로 소르본느 대학원에서 현대 프랑스 소설을 연구하는 일정을 여행 이후에 연결하여 1년간 파리체류에 들어감으로써 여행은 보다 장기화된다. 가족이 있는 미국을 마지막으로 1년 반 가량의 대장정을 끝내고 소리없는 귀국길에 올랐을 때, 그의 인생은 새로운 단계로 들어서게 된다.

그 긴 여정의 기록인 『나의 꿈, 센티멘탈 저니』에는 그가 탐방한 다양한 나라의 풍물과 문화에 대한 이야기가 담겨 있고, 그 시절 복잡했던 그의 내면 역시 행간에 묻어 있다. 아시아를 필두로 아프리카, 유럽, 미주까지 난제의 해답을 찾아 떠도는 방랑객처럼 그는 세계를 주유하였다. 정해진 목적지나 꼭 들러야 하는 바쁜 일정이 있는 것이 아니었기에 행선지는 자주 바뀌었고, 비자가 허용되는 한에서 마음 내키면 더 머물기도 하면서 여행은 계속되었다. 그의 여행은 관광이 목적인 'Tour'나, 현장체험이 목적인 'Trip' 혹은 'Travel'이 아니라,

베가본드의 'Journey'였다. 숨막히는 현실에서 벗어나 스스로를 돌아보는 것, 여유를 가지고 세계를 주유하면서 휴식을 취하고, 그 속에서 삶의 진리 혹은 자신의 길을 모색하는 방랑자의 '져니'였던 것이다.

그의 첫 번째 방문지는 아시아의 홍콩이었다. 이어 대만, 호주, 태국, 인도, 네팔, 이란, 터키를 거쳐 아프리카의 이집트, 에티오피아, 케냐, 튀니지, 모로코에서 유럽의 그리스, 이탈리아, 스페인, 프랑스, 벨기에, 오스트리아, 독일, 네덜란드, 덴마크, 핀란드, 스웨덴, 노르웨이, 영국, 스위스를 거쳐 이스라엘과 미국의 순으로 여행하였다. 「여창낙수」란 글에 따르면, 그 여행에서 가장 인상적이었던 곳은 시드니, 이스탄불, 모로코와 코펜하겐, 핀란드이고, 그가 다시 가 보고 싶은 곳은 파리와 로마, 스위스의 인터라켄이다.[55] 이스라엘에서는 '국제펜클럽대회'가 개최되었는데, 손장순은 거기에 한국대표로 참가하였다.

그의 여정에는 아시아의 주요국인 일본과 중국이 빠져 있고, 캐나다와 남아메리카의 나라들도 빠져 있다. 현저히 유럽에 치우쳐 있는 여로인데, 기행문집 『나의 꿈, 센티멘탈 져니』도 유럽에 관한 서술이 반 이상을 차지하고 있다. 이국의 풍물과 습속, 종교와 자연에 대한 서술, 그곳에서 만난 현지인에 대한 인상과 지인들과의 해후, 고국에 대한 향수와 이국에서의 여수, 아들을 보낸 어머니의 착잡한 심정 등이 적혀 있고, 여성작가여서인지 현지 시장의 물가나 음식문화, 여성들의 패션감각 등에 대한 기록들도 눈에 띈다.

구체적인 여정은 1974년 3월 8일 홍콩을 시작으로 3월 10일 호

55 손장순, 「여창낙수(旅窓落穗)」, 『전집 11』, 166쪽.

주(시드니-애들레이드-켄버라-시드니), 3월 20일 태국(방콕)과 3월 24일 네팔(카트만두), 3월 29일 이란(테헤란), 4월 1일 터키(이스탄불) 순으로 이어진다. 이국의 자연과 풍물, 문화를 '보는 주체'로서 처음으로 타자와 맞선 것이다.

아시아에 대한 기행문에서 눈에 띄는 점은 호주와 호주가 아닌 나라들(홍콩, 티벳 등)의 묘사나 서술이 확연히 구분된다는 것이다. 홍콩은 "때 묻은 건물에 잡다한 상점의 나열, 항구 그것도 국제 항구 도시의 난삽함이 마음에 들지 않았다."고 방문 소회를 피력하고 있고, 태국은 "더럽고 정리되지 않은 나라"이며, 네팔은 "변소가 없는 이곳은 거리에 방뇨를 하기에 여기저기서 냄새가 나고 이 세상에 태어나서 한번도 씻지 않은 것 같은 몰골로 태평하게 살아가고 있다. (중략) 맨발로 동물처럼 먹고 뛰어다니는 그들"이라 묘사하고 있다. 네팔의 종교적 페스티발의 과정인 동물사육제를 전하는 부분에서 아시아(호주 제외)에 대한 그의 이런 시각은 아주 또렷하게 드러난다.

> 아무래도 인간의 삶은 아닌 것 같다. 짐승보다 더 더러운 몸으로 아무데나 쭈그리고 앉아서 곡식을 튀겨 놓은 것 같은 그들의 이름 모를 주식을 익히지도 않고 그냥 입에 털어 넣는 모습은 마치 모이를 주워 먹는 동물의 양상이다. (중략) 나의 충격은 동물의 사육제를 하는 고장에 가서 절정에 이르렀다. 토요일과 화요일에만 행해지는 것으로 모든 동물을 제단 앞에 가져가서 한칼로 목을 베어 그 핏물을 신상에 피가 뚝뚝 흐르도록 묻히고 기도를 한 후, 말하자면, 신에게 먼저 바친 다음에 그 죽은 닭이나 양이나 개를 가져가 요리해서 모처럼 포식을 한다. 제단 앞은 핏물이 낭자하고 붉은 가루를 머리에 뿌리며 향을 피우고 맨발로 절

을 하는 모습은 너무나 야만적이다. 그 근처에서는 더러운 악취와 파리 떼가 우글거리고 그것을 하나의 향연이라고 사람들이 모여든다. 피가 온몸에 튄 옷을 걸치고 다니는 사람 등 아무리 보아도 20세기에 남아 있을 유일한 원시의 표본이다.[56]

"짐승보다 더 더러운 몸으로 아무데나 쭈그리고 앉아서 (중략) 마치 모이를 주워 먹는 동물의 양상이다."는 식의 묘사는 인도의 뉴델리, 터키의 앙카라에 대해서도 마찬가지이다. 반면, 호주 시드니에 도착한 그는 "애들레이드는 집의 디자인부터 영국식 그대로이고, 호주 어디에서나 볼 수 있는 광경이지만 집집마다 꽃을 가꾸고 있다. 담장이 없는 개방된 집들은 동화에 나옴직한 아기자기한 모습과 더불어 별천지의 느낌을 자아낸다."[57]고 서술하고 있다.

호주와 호주 이외의 아시아지역에 대한 서술상의 확연한 차이에서는 오리엔탈리즘적 식민의식이나 사대주의적 이국취미의 흔적이 엿보이기도 한다. 하지만 이는 당시 한국인 전반의 타자에 대한 인식 수준을 반영한 측면도 없지 않고, 또 손장순의 솔직함이 가감없이 드러나는 대목으로 볼 여지도 있다. 다른 자리에서 그는 서술의 객관성을 유지하기 위해 노력한 일면을 보이기 때문이다. 예를 들어 그는 네팔의 거리에서 만난 여섯 살짜리 꼬마에게 불어로 질문을 했을 때 그 꼬마가 일년 배운 불어로 답변을 하는 것을 보고는 네팔의 외국어 교육방식에 대해 경탄하기도 한다.

---

56 손장순, 『나의 꿈, 센티멘탈 저니』, 35~40쪽.
57 위의 책, 20쪽.

아시아지역에 대한 기행수필에서 눈에 띄는 또 하나의 사실은 그가 여행 초기부터 '해외이주'에 대해서 부정적인 판단을 가지고 있었다는 점이다. "호주 사람들은 대체로 여유만만하고 인생을 즐기며 사는 사람들이다. 광대한 지역에 겨우 300만이 살고 있으니 아등바등할 필요가 없고, 애써 벌려고 하지도 않는다. 모든 것이 스피드하게 돌아가고 현대에서 이런 그들의 모습이 매력있게 느껴진다."고 말하면서도 그는 "고향을 등지고 온 유럽의 실향민이 애들레이드에는 많으며, 그들은 사업이 잘 되고 있으나 어딘가 적막하고 쓸쓸한 느낌이 든다. 여행자로서 작가로서 절실히 느끼는 것은 고국을 등져서 살아야 한다는 사실처럼 가혹한 형벌이 없다는 것이다. 넓은 거리, 정리된 구역, 어디나 아름답게 가꾸어진 꽃, 많은 인종이 살건만 문제성이 없는 행정과 질서정연한 교통, 여유있는 생활 등 한 마디로 살기 좋은 기후와 더불어 살기 좋은 곳이다. 그러나 이곳에 와서 살고 싶은 마음은 없다. 내가 태어난 곳에서 언어가 통하고 아는 얼굴들이 모여 사는 편안함에는 아무것도 견줄 것이 없"다고 말한다. 그는 어떤 좋은 조건의 나라라도 이민을 가서 살아볼 생각이 없음을 확언하고 있는 셈이다. 그는 또한 여행기 후반 미국방문기에서 서울로 돌아올 것을 마음에 두고 집을 팔지 않았음을 스스로 고백하고 있어서, 이 여행의 최종 종착지가 서울임은 이미 출발 전에 그의 마음 속에 정해져 있었음을 알 수 있다.

1974년 4월 4일 아프리카에 도착한 손장순은 에티오피아에서 원시 아프리카의 모습을 목도하고, 케냐에서 "동물의 천국이요 인간의 지상낙원"을 본다. 나이로비에서 그는 흑인들과 어울리는 백인을 보면서 의아해 하며, 그곳이 미국과 같이 인종차별이 많은 나라와는 다르다는 데 놀란다. 당시 그는 미국을 인종차별이 심한 나라로 이해하고 있었음을 알 수 있다. 또한 그는 흑인들의 피부색이 까만 것을 숙명적인 비극으로 인식하는데,[58] 나중에 케냐에서 신사적인 흑인을 만난 뒤 흑인에 대한 인식의 변화를 보이기도 한다. 오리엔탈리즘적 사고는 그의 솔직한 진술 속에서 어느 정도 자연적으로 극복될 가능성을 보이고 있는 것이다.

케냐를 둘러보면서 그녀는 한국의 공업이 발달하고 경제적 여유는 조금 생겼지만, 그에 걸맞는 모럴의 확립은 아쉬운 수준이라면서 지적·문화적 성숙과 균형을 이룬 경제발전에 대한 희망을 피력한다. 4월 20일 튀니지에 도착한 그녀는 산유국이자 관광국가로서 비교적 풍요로운 삶을 구가하는 튀니지인들을 보면서 부지런한 한국인들과 한국에서의 자신의 삶을 떠올리며 잠시 여수에 젖기도 한다. 전체적으로 아프리카에서의 기억은 아시아에서의 그것에 비해 긍정적으로 서술되고 있다.

모로코를 거쳐 그가 유럽의 그리스에 도착한 것은 4월 24일이다. 3월 초에 출발하여 아시아와 아프리카를 50여 일 여행한 끝에 유럽에 도착한 그는, 자신이 아시아와 아프리카의 오지들을 다닌 것은 신문사와의 기사 계약에 의한 사명감과 의무감 때문이었음을 토로한다. 이어 유럽은 언어 문제도 덜하고 문명도 발전된 곳이니 충분히 즐기면서 여행하겠노라 다짐하는데, 이 대목에는 마흔 즈음의 그의 인생관이 담겨 있다.

---

58 위의 책, 65쪽.

> 인생을 재미있게 산다는 것, 그리고 생을 즐긴다는 것처럼 소중한 일이 없다. 내가 작가로서 창작에 몰두하는 일도 중요하지만 그 이전에 인생을 사는 일에 소홀할 수도 없고, 손해가 있어서는 안 되겠다. 아무것도 생을 우선하는 일이 없다고 나는 생각하는 것이다. 의미있게 산다는 것 속에 문학도 포함되어 있으며 산다는 것은 가장 소중한 현실이다. 혹자는 작가에게 일상이 존재해서는 안 된다고 말하는 사람도 있을 것이다. 그러나 적어도 나의 철학은 산다는 것이 무엇보다 가장 소중하다. 그러면 누군가가 나에게 이런 질문을 할 것이다. '왜 허구헌 날 오랜 세월을 젊은 여성이 혼자 살아왔느냐'고. 되도록 인생을 조화롭게 살자면 남성이 필요한 것은 사실이다. 허나 남성이 항시 함께 있어야만 생을 산다고 생각하는 것은 여성의 인간부재를 말하는 것밖에 되지 않는다. 진정한 실존은 이성과 관계없이도 자기 몫의 삶을 다 살 수 있는 것이다. 이성이 서로에게 얼마만한 영향을 주고받으며 생을 풍요하게 하며 대개는 절대로 필요한 것이 인생의 섭리이지만 삶을 즐겁게 누리고 사는 데는 결코 그것만이 전부는 아닌 것이다.[59]

그는 유럽의 자유로운 공기와 문화예술의 향취에 고무되어 인생을 즐기는 것이 일보다 중요한 것이며, 진정한 실존은 이성과 관계없이 자기 몫의 삶에 충실하는 것이라 말한다. 그는 그리스의 석조건축과 로마의 피에타상, 스페인의 마드리드의 유적들을 둘러보고 유럽의 역사와 문화, 예술에 감탄할수록 그것과 한국의 현실 간의 격차를 실감하고, 한국인들이 문화적 부면에 투자와 관심을 더욱 기울여 경제

---

59 위의 책, 78쪽.

적 성장에 버금가는 문화대국으로 발전해 가야함을 거듭 강조한다.

불문학자인 그에게 유럽여행에서 가장 중요한 행선지는 파리인데, 파리는 기대가 컸던 만큼 실망도 커서 파리에 대한 서술은 대체로 부정적인 편이다. 파리의 기후와 사람들의 수수한 옷차림, 생각보다 초라한 세느강 등은 그를 만족시키지 못했다. 반면, 비옥한 농토와 고도의 농업기술에 기반한 퐁땡블로와 꽁피에뉴 등, 부유한 프랑스 농촌에 대해서 그는 선망의 시선을 감추지 못한다. 그는 프랑스인들은 “마치 즐기기 위해 살고 있으며, 즐기는 일만이 가장 중요한 것처럼” 여기는 사람들로서 문화와 예술을 사랑하고, 논리성과 감성이라는 상반되는 기질을 모두 갖추었으나, 지나치게 개인주의적인 태도를 가지고 있어서 문제라고 비판한다.

6월 8일 브뤼셀에 도착한 손장순은 철저한 가톨릭의 나라라서 보수적인 벨기에인들의 정직하고 인심 좋은 모습에 반한다. 루벤스를 낳은 벨기에를 보고, 11일 오스트리아 비엔나를 거쳐 15일 독일에 도착한다. 라인강이 주는 휴식을 만끽하면서도 그는 자신이 살 곳은 한국이며, 한국이 본인에게 가장 편리하고 좋은 곳이긴 하지만 별로 돌아가고 싶은 마음은 들지 않는다고 말한다. 독일과 오스트리아 등의 유럽에서 그는 한국에 돌아가기 싫을 만큼 좋은 유럽의 풍광과 문화에 매료된 것이다. 그는 벼룩시장과 유서깊은 대학들을 둘러보면서 의약품과 기계류의 생산에 기초한 부유한 나라 독일에 대해 자세히 소개한다. 이어 네덜란드의 암스테르담에서는 고흐와 램브란트의 그림을 보고 덴마크에 와서 부유한 북유럽을 만끽한다. 그럴수록 고국 서울에 갓 지은 자신의 집과 그곳에서의 생활, 원고 쓰는 일과 강단에서 학생들을 가르치던 일상의 의미를 떠올린다. 문명이 고도로 발전

할수록 자살율이 높아지는 북구에서 그는 문명이 고도해질수록 인간은 고독해질 뿐이라며 자신의 처지를 떠올린다.

6월 27일 핀란드의 헬싱키에서 그는 철저한 고독과 아름답고 매캐한 여수를 맛보며 백야와 대결하고, 29일 스웨덴 스톡홀름에서 북구의 생기를 체험한다. 스웨덴에 관한 서술은 독일처럼 객관적인 사실의 나열로 이어져 여행안내서 같은 느낌을 자아낸다. 뭉크의 나라 노르웨이를 7월 1~2일에 방문하고 7월 3일 영국 런던공항에 도착한다. 합리적이고 통제력이 강한 독일인들에 비해 부드럽고 여유만만한 영국인들에게서 그는 인간미를 발견한다.

거의 이틀 간격으로 국경을 넘나드는 강행군에도 불구하고 유럽여행기에서 그의 서술은 매우 안정되어 있다. 유럽기행문은 그곳의 선진문물과 자유롭고 빛나는 문화를 전하고, 그와 대조적인 한국의 현실이나 자신의 당시 상황을 떠올리는 수순으로 전개되고 있다. 런던의 템즈 강가에서 마신 맥주의 맛을 전하고, 그는 7월 8일 스위스 주네브에 도착한다. 주네브에서는 지인을 만난 에피소드를 중심으로 스위스의 자연, 즉, 수도 베른의 정경과 스위스 시골 마을의 아름다운 풍경에 대해 주로 전한다.

7월 15일 다시 프랑스에 도착한 그녀는 1974년 12월 15일 이스라엘 국제펜클럽 대회에 참석하기까지 5개월을 파리에서 지내며 프랑스의 이곳저곳을 방문한다. 손장순은 프랑스를 "첫인상은 무질서해 보이고 잘 정리되어 있지 않은 말괄량이 같지만 사귈수록 풍부한 매력이 끊임없이 샘솟아 나오는 개방적이면서 신비스런 여자 같다"고 표현한다.

그는 불어에서 인간과 남성이 동의어로 사용하는 있음을 들어,

남녀에 대한 불평등이 여전한 프랑스에 실망한 태도를 보인다. 훌륭한 선조를 둔 덕에 문화적으로 풍부한 자산을 가지고 있는 점과 거리에서 자유롭게 애정표현을 할 수 있는 자유가 보장된 곳, 아름다운 풍광과 인생을 즐길 수 있는 여유가 있는 곳이라는 점에서 매력을 느끼지만, 인종차별의식이 알게 모르게 분명한 곳이라는 점에 대해서는 불쾌감을 드러낸다.[60]

또 프랑스에 체류하던 중 이스라엘을 방문했을 때, 한국인이 아랍지역을 방문했다는 점 때문에 텔아비브 공항에서 간첩 취급을 받은 경험을 통해 당시 프랑스 대사관에서 그를 적극적으로 도와주지 않은 점을 들어 프랑스인들의 불친절함에 대해서 비판한다. 이때의 경험은 장편 『물 위에 떠 있는 도시』에 잘 반영되어 있다.

그에게 있어 프랑스에서의 좋은 기억은 대학 동창생 부부를 만난 추억에 있었다. 동창생의 남편은 튀니지가 고향인 영국계 유태인으로 손장순에게 대학 1학년 때 불어를 가르쳐준 사람인데, 30살의 연령차를 극복하고 그의 동창생과 결혼하여 프랑스에 체류하면서 그를 환대해 주었다. 친구 부부의 환대는 외롭고 길었던 이방생활에 지쳐있던 그에게 따뜻한 추억으로 기록되어 있다.[61]

"고독은 나의 숙명"[62]임을 확인시켜 준 파리체류를 마치고, 그는 1975년 4월 마지막 행선지인 미국에 도착한다. 『나의 꿈, 센티멘탈 저니』에 수록된 미국기행문의 제목은 「인간 부재의 미국」이다. 당시 그의 시선에 포착된 미국은 예술과 문화의 불모지, 기계화만 앞선 나라

60 『전집 11』, 157쪽.
61 손장순, 「東窓에 피어나던 설화 — 눈 감으면 떠오르는 고독했던 파리의 겨울」, 『전집 11』, 140~142쪽.
62 손장순, 『나의 꿈, 센티멘탈 저니』, 문리사, 1977, 175쪽.

였다.[63]

후일 전집을 간행할 때 그는 「위대한 미국—200년 역사의 재발견」이란 글을 추가하면서, 1975년 당시 자신은 불문학을 전공하여 불란서문화를 자신의 것으로 동일시하여 미국문화를 다소 폄하했음을 인정하고, 200년의 짧은 역사를 지닌 미국이 이룩한 놀라운 발전에 대해 새로운 이해를 드러낸다. 1975년에 쓴 기행문에서는 뉴욕 할렘가의 흑인들을 '니그로', '아프리카의 검둥이'라 지칭하였는데, 그때의 자신의 시각이 당시 미국인이나 프랑스인들에게서 그가 느꼈던 인종차별의식과 크게 다르지 않은 것임을 반성한 결과로 보인다. 새로운 글에서는 코리안 게이트 사건을 문제 삼으면서 다인종 사회인 미국에 사는 한국교포들에게 어글리 코리안이 되지 말고 긍지있는 민족의 자존심을 지켜줄 것을 당부하고 있다.[64] 이런 대목은 그가 한때 가졌던 타자에 대한 인식의 편향성을 시인하고 자기비판을 통해 의식의 성숙을 향해 나아가는 용기 있는 지식인임을 보여준다.

손장순은 1977년 여행의 이야기를 묶어 문지사에서 『나의 꿈, 센티멘탈 저니』라는 기행산문집을 간행하였다. 1960~1970년대 전체주의적 분위기 속에서도 낭만적인 이상향에 대한 젊은이들의 선망은 '서양' 혹은 '다른 세계'에 대한 그리움을 낳은 토양이 되었던지, 당시 한국 출판계에서 기행산문집은 선풍적인 인기였다. 1960년대에 김찬삼의 『세계일주 무전여행기』가 기행문으로서는 유례가 없을 정도로 대중적인 인기를 얻었다. 이 여행기에는 아시아나 미국의 흑인사

63 위의 책, 182쪽.
64 손장순, 「위대한 미국—200년 역사의 재발견」, 『전집 11』, 148쪽.

회 등에 대한 편향적 시각도 보이며, 유럽의 선진문명국에 대한 당시 한국인의 후진국적 열등의식도 고스란히 잘 드러나 있다.[65] 동시에 세계를 제대로 파악하고 더불어 우리 자신의 문화적 정체성을 이해하고자 하는 당대 한국인의 열망도 강하게 표출되어 있다.[66] 또한 당시에 기행산문적 성격이 짙은 전혜린의 유고수필집 『그리고 아무 말도 하지 않았다』(1966)는 독일 뮌헨 대학가 풍경 속으로 젊은 독자들의 마음을 이끌었다.[67] "뮌헨의 지리 냄새, 낙엽 군밤, 그리고 차가운 공기를 언제나 무겁게 적시고 있는 짙은 안개의 냄새"와 "구운 소세이지와 소금에 절인 냄새"라는 감각적 묘사는 당시 젊은 독자들에게 유럽의 지리문화적 표상을 심어 주었다.[68]

1960년대 월남파병이나 독일에 파견한 근로자들이 아닌, 파견과는 다른 차원에서 타국의 문화나 풍물을 이해하고자 하는 대중적 욕구는 선풍적인 인기를 끌었던 기행산문집에 묻어 있는 동경과 선망의 시선, 발견과 인식의 교차 속에 묻어 있다. 이는 또한 한국사회를 다른 각도에서 이해하려는 시도로도 볼 수 있다. 손장순의 『나의 꿈, 센티멘탈 저니』는 이러한 흐름 속에서 여행전문가의 세계풍물 안내서도 아니고 유학생의 외국대학가 체험기도 아닌, 인생의 새로운 길을 모색하고자 방랑의 길에 나선 지식인 여성이 길 위에서 길을 찾는 형식의 기행수필집이라 하겠다.

65 이는 1970년대 손장순의 기행수필집에서도 극복되지 못하고 있다.
66 우정덕, 「김찬삼의 「세계일주무전여행기」 고찰」, 『한민족어문학 제56집』, 2010. 6, 427~455쪽.
67 서은주, 「경계 밖의 문학인 ― '전혜린'이라는 텍스트」, 『여성문학연구』, Vol. 11(2004), 33~56쪽.
68 김양선, 「1950년대 세계여행기와 소설에 나타난 로컬의 심상지리」, 『한국근대문학연구』, 한국근대문학회, 제22호, 2010. 10, 218쪽.

5. 손장순 문학에서 파리(프랑스), LA(미국), 서울(한국)의 의미

여행은 타자를 보기 위한 것이지만, 그것은 또한 자아를 새롭게 인식하는 계기이기도 하다. 밖을 봄으로써 손장순은 자신이 철저히 한국인이며, 그것도 한국어로 창작을 하는 작가라는 직업적 자기정체성을 보다 명확히 깨닫는다. 그는 이탈리아의 소렌토섬 방문과 로마의 피에타상을 보고 유럽문화의 거대한 뿌리를 느낀다. 유구한 전통이 묻어나는 유럽의 석조건물과 문화의 토대인 기독교적 전통을 보면서 그는 한국인에게 신앙심이 부족한 사실을 상기하고 그것이 철학의 부족과도 연결된다고 말한다. 경제발전에 미치지 못하는 한국문화의 낙후성을 안타까워하면서 예술인으로서 책임의식을 통감하기도 한다.

5월 3일에 도착한 스페인의 마드리드에서 그는 한국음식에 대한 향수에 젖는다. 이국만리에서 그가 고국을 그리워하는 것은 주로 현지음식이 입에 맞지 않은 경우인데, 그는 자신의 입맛이 누구보다 한국적임을 거듭 말한다. 하지만 그의 소설이나 수필에 등장하는 여성주인공들은 외식을 할 때 대부분 랍스터나 이탈리안 혹은 불란서 레스토랑을 애용하는 것으로 그려져 있다. 어머니를 추억하는 노년의 수필에는 어머님이 만들어주시던 빈대떡이나 신선로 등에 관한 이야기가 나오지만, 이는 한국음식에 대한 것이라기보다 어머니에의 그리움을 묘사한 것으로 보아야 마땅하다.

손장순의 수필세계에서 한국은 주로 익숙하다는 차원에서 선호되고 있다. 음식에 관해서나, 일상생활의 터전(집과 직장)이 있는 곳이며, 익숙한 지인들이 있다는 점이 그것이다. 또 무엇보다도 그는 한국어로 한국인의 이야기를 쓰는 소설가라는 점에서 한국은 그에게 떠날 수 없는 삶의 터전이자 자기정체성의 기반이 되고 있다. 이렇게 보면, 그에게 있어 한국은 모국으로서 생리적인 차원의 것이자 일상생활의 터전이라면, 유럽은 문화와 예술, 자유로움과 감각적 지향에서 그에게 일체감을 느끼게 하는 곳이라 할 수 있다.

문화적으로 세련되고 자유와 개인성이라는 가치가 존중되는 유럽이란 공간은 그에게 있어 선망의 대상이기에 감각적 동일시를 낳기도 한다. 그러나 다른 한편, 고도의 개인주의화로 인한 단자화된 삶과 그로 인해 이방인인 그가 체험한 고립감은 음식문제 등, 생리적 차원에서의 불편함과 더불어 그를 한국으로 떼미는 힘이 된다. 결국 그는 한국을 선택하지만, 유럽문학 전공자로서 그의 의식과 감각은 이후로도 계속 한국과 유럽 사이를 오가는 양상을 드러낸다.

유럽을 둘러볼수록 서양문화에 대한 자신의 에그조틱한 취미를 발견하게 되고, 해외체류기간이 길어질수록 한국음식에 대한 그리움은 커간다. 수필 속의 그는 유럽을 좋아하면서도 싫어하고, 한국을 돌아가고자 하면서도 돌아가기 싫어하는 모순성을 드러낸다. 또한 수필의 필자는 생활에의 집착과 보헤미안 기질이라는 이율배반적 요소의 공존 속에서 살아간다.[69] 세계일주 후에도 계속 외국여행을 즐기는 그를 가리켜 후배는 "인상과는 달리 무척 한국적이고 외국에 가는 데 초연한 점"이 그의 매력이라 할 정도였다고 한다.[70]

아들과의 관계에서도 그는 다소 모순적인 태도를 취한다. 아들

---

69 손장순, 『나의 꿈, 센티멘탈 져니』, 문리사, 1977, 118쪽.

70 위의 책, 17쪽.

을 스스로 돌보지 못했다는 자책감과 아들 한 사람 때문에 자신의 삶을 포기할 수 없었다는 정당성 사이를 그는 평생 괴롭게 오간다. 이렇게 인간은 모순의 존재이라는 인식이야말로 손장순의 수필집 전체를 관통하는 인식이라 할 수 있다.

여행에서 돌아온 후 손장순은 정신없이 일에 매달린다. 소설들을 쓰고 강의를 하고 책을 낸다. 그런데 그 무렵에 쓴 수필이나 소설들에는 성적 자기결정권을 주장하는 여성 주체의 목소리가 어느 때보다 또렷하게 감지된다. 그는 마흔 즈음에 세계를 여행했고, 그것은 작가인 그에게 자기정체성의 확인과정이었으며, 인생의 후반을 여는 시발점이었다. "일생을 사는 동안 변화와 전환의 결단을 내리는 기회를 한두 번 포착하는 것은 실로 중요한 삶의 슬기"라 한다면, 그에게 있어서 세계일주는 바로 그런 기회였다.[71] 그는 '무소의 뿔처럼 혼자서 가'는 삶을 선택한 것이다. 그 과정이 지난했음은 LA에서의 아들과의 만남을 끝없이 지연시킨 여정에 잘 드러나 있다.

> 오늘 아침 새벽에 전화를 걸었을 때 내가 미국에 와 있는 지 일주일이나 넘었으면서도 이제야 전화를 해준 것을 탓하던 애 아빠. 나는 앞으로 어떻게 해야 할 것인지 아직도 해답을 얻지 못하고 있다. 아니 파리를 떠날 때 이미 나는 빨리 돌아가서 글을 쓰고 싶은 갈망과 대학에 내야 할 논문도 있고, 강의도 너무 오랫동안 강사에게만 맡길 수 없는 생각으로 2학기가 시작될 때까지 돌아가야 한다는 자세와 계획이 잡혀 있었다. 그렇게 되면, 미국에는 다니러 가는 것이고, 불과 몇 개월 동안 아들

71 손장순, 「아이오와의 눈」, 『전집 11』, 352쪽.

과 함께 있다가 다시 떠나야 한다. 나는 방학마다 아이를 보러 가는 것으로 아이와의 문제를 해결하는 방향으로 모색하고 있었다. 나는 나의 구심점을 한국에 두기 위해, 반드시 돌아오기 위해 집을 팔지 않은 것이다. 그러나 아이 아빠는 혼자서 먼저 떠날 때 아이를 맡기면서 미국에서 만나 살자고 약속을 다짐하였고, 사업의 실패에서 오는 아픔인지 인생의 좌절을 몇 번 겪은 때문인지 눈물을 뿌리며 떠났던 것이다. 언제인가는 미국에 가서 살게 되면 살아야지 하는 생각을 가지고 있었지만 막상 가족과 만나는 시간이 순간순간 다가오자 나는 자신이 없어지고 마는 것이다. 도저히 10년간 쌓아온 나의 기반을 허물어뜨리고 깊이 내린 뿌리를 뽑아 이식한다는 것이 나에게는 얼마나 어렵고 힘든 일인가를 나는 잘 알고 있다. 객지 생활을 1년 이상 해본 나는 떠날 때 목적지는 프랑스 다음으로 가족이 있는 미국이라고 생각했던 것이 최후의 종착역이 한국으로 바뀌어 버린 것이다. 아무리 하나밖에 없는 아들이지만 미국에서 살아주는 희생을 할 생각이 없다는 자명한 마음가짐과 아이와 또 헤어지는 아픔을 피차 가져서는 안 된다는 자가당착에서, 해결이 나지 않는 갈등과 마음속의 투쟁을 또 벌이다 보니 어느 사이 로스앤젤레스에 도착한 것이다.[72]

미국의 LA라는 도시에 대해 그는 "맑은 햇빛, 산뜻한 공기, 파란 파암나무의 행렬들 (중략) 더 없이 살기 좋은 상춘의 고장이지만 어딘가 쓸쓸해 보인다"면서, 쾌적한 고장임에도 불구하고 끝내 "조금도 살고 싶은 생각이 나지 않는" 고장이라 말한다.[73] 그곳에서 그는 가족과

72 손장순, 『나의 꿈, 센티멘탈 져니』, 문리사, 1977, 187~188쪽.

만나 모처럼 가정적인 분위기 속에서 2개월을 살지만 매일 되풀이되는 부엌일이나 하면서 보내는 미국에서의 단조로운 생활에 무의미와 권태를 느낀다. 자동 기계 세탁기를 위시해서 무엇이든지 기계로 처리되는 편리한 미국생활이 인간 부재의 드라이한 느낌만을 준다면서, 기계의 부속처럼 인간이 스피드하게 그리고 빈틈없이 돌아가는 미국에 적응할 자신도 없고, 이미 끝나 버린 남편과의 장(章)을 다시 이어갈 자신도 없다고 토로하고 끝내 그는 아들과의 별리를 선택한다.

> 자신의 삶보다 더 소중한 삶이 없다는 것을 나는 솔직한 마음으로 고백해 두고 싶다. 자신의 삶이 없던 시절에 모성애를 우위에 두는 위선적인 말이 예사로 나왔던 것이 아니었던가. 그렇다고 나에게 모성애가 없다고 누군가 잘라서 말한다면 그 반증을 나는 조금 후에 보이게 될 것이다. 다만 모성애의 방식이 달랐고, 위선보다는 위악에 가까운 나로서는 우선은 자신이 소중하고 그것이 인간의 근원적인 의식이며 그래야 한다고 생각한다. 설사 한국에서의 나의 모든 것을 포기하고 미국에서 자식을 위해 희생을 하면서 무의미한 생활을 하다가 아들이 이성에 눈을 뜨고 정이 그리로 완전히 돌아갔을 때 느끼는 고독을 견디다 못해 보상을 받겠다고 그를 괴롭히고 부담을 준다면 아들에게 얼마나 불행한 일이요, 고통스런 짐일까. 그보다는 자기의 삶을 챙겨서 살고 자기의 몫을 스스로 찾아서 살면서 아들을 사랑하고 보살피는 방법이 최선일 것이다. 여권 기한 만기일과 더불어 귀국날이 하루하루 다가오건만 고통에서 외면하는데 훈련이 된 나는 괴로운 갈등을 이따금 느끼면서도 닥치

---

73 위의 책, 189쪽.

는 대로 살아가리라 마음을 편하게 먹는 수밖에 없었다. (중략) 아이와 별리를 하게 될지도 모른다는 고통스런 슬픔이 순간적으로 환열(歡悅)을 가져오는 것은 웬일일까. 고통 속에서 나의 삶을 확인하는 습성이 재생되어 온 것이다. 아픔 속에서 비로소 나의 실존을 확인하고, 삶을 지탱해 나가는 저력을 가지게 되는 환희 같은 것이었다. 외롭고 서러운 세계일주 여행이었지만 자기 고독의 철저한 확인 속에서 오는 쾌감 또한 이 센티멘탈 져니에서 얻어지는 것이 아닐까.[74]

위의 인용문에 나타난 손장순의 아픔에는 어머니와 아내로서의 역할과 자기 일의 병립이 쉽지 않았던 1960~1970년대 한국여성들의 처지가 잘 반영되어 있다. 손장순은 양자의 병립이 가능하지 않을 경우, 모성애를 우위에 둔 선택은 자기위선이 될 수 있다며, 차라리 위선보다는 위악을 택하겠다고 말한다. 그는 모성애는 함께 생활하는 것에서만 발현되는 것은 아니라 말하고, 나아가 아들과의 별리라는 고통스런 슬픔 속에서 오히려 자신의 실존을 재확인하는 환열을 맛본다고 말함으로써 당시 모성애에 관한 한국사회의 대중적인 인식과의 차별화를 확실히 공표하였다.

그는 매순간 세계와 자신에 정직하게 대면하고자 하여, 여성으로서는 가장 치명적인 상처가 될 수 있는 모성애 부분에서도 '솔직함'으로 맞섰다. 고통스런 선택의 순간에 그는 '환열'을 맛보기도 하였는데, 이런 대목은 환열과 고통이라는 모순적 감정이 마치 샴쌍둥이처럼 한 몸으로 붙어 인간 내면에 잠복해 있다가 한꺼번에 얼굴을 내민

74 위의 책, 192~195쪽.

다는 사실을 보여준다. 고통과 환열, 자유와 고독이라는 모순된 감정의 병립이야말로 '선택'으로 점철된 그의 삶을 관통하는 기류라 할 수 있다.

수필에 드러난 손장순의 내면은 이렇듯 모순적인 정서나 양가적 가치로 채워져 있다. 그는 스스로가 한국적이며, 그가 살 곳은 한국밖에 없다고 여러 번 피력하고 있으나, 유럽의 거리와 찻집에서 더없이 활기차고 외국인 남성 앞에서 더욱 당당하다. 반대로 한국에 대해 말할 때나 생각할 때, 가족 이야기를 할 때 그의 어조는 무겁게 가라앉아 있거나 분노가 묻어난다. 그만큼 한국사회가 그에게 억압적이었음을 보여준다. 그는 유럽여행에서 타국, 그 황홀한 자유로움을 맘껏 즐기고자 하였다. 유럽여행기의 페이지마다 삽입되어 있는 사진들 속에서 그는 더없이 활짝 웃고 있다.

하지만 실제 그는 유럽에서 행복한 것만은 아니었던 것으로 보인다. 그가 파리에 대해 서술한 것을 종합해 보면, 파리는 거리에서도 애정표현에 거리낌이 없고, 성적(性的)으로 자유로운 사람들이 일보다는 즐기는 데 시간과 관심을 쏟으며 사는 도시이다. 세련된 문화유산과 현대예술이 넘치는 공간이기도 하다. 하지만 파리경험을 토대로 쓴 소설을 보면, 그런 부문은 거의 등장하지 않는다. 손장순의 문학에 있어서 '파리'는 매우 성애적 공간으로 표상되어 있다. 소설에 그려진 파리의 이미지는 허망한 자유와 우울한 기억의 도시이거나, 불가항력적인 불행이 싹튼 곳이다.

파리 경험에 기초한 소설로는 「우울한 빠리」와 『물 위에 떠 있는 도시』가 있다. 「우울한 빠리」에서 주인공 '묘선'은 파리에서 사랑하지도 않는 불란서 남자 '장'과 하룻밤 잔 덕분에 영국 런던에까지 가서 낙태를 경험한다. 『물 위에 떠 있는 도시』에서 '서진'은 친동생인 '한석'을 친동생인 줄 모르고 만나 사랑하게 되어 아들 '형우'를 낳는다. '서진'이 '한석'을 만나 사랑을 키운 곳이 바로 프랑스의 파리이다. 처음 도착해서는 비현실적일 정도로 매혹적이던 도시 파리는 '묘선'이나 '서진'의 삶의 안정감을 앗아간 사건의 시발지로 기능하고 있다.

이렇듯 손장순의 수필과 소설에서 LA는 가족과 관련된 공간으로서 인간부재의 기계화된 공간으로 이미지화되고 있다. 반면, 파리는 문화와 예술, 낭만과 자유의 공간이지만 허망한 성애, 우울한 기억, 불행한 삶이 시작된 공간으로 묘사되고 있다. 한편 서울은 태생적 공간이자 일터와 집이 있는 고독한 일상의 공간으로 그려져 있다. LA가 인종차별과 가사의 반복으로 그를 억압하는 공간이라면, 파리는 고도의 단자화된 삶과 이방인에 대한 차별로 그를 더욱 고독하게 만든 공간이며, 서울은 작가인 그의 삶의 베이스캠프이자 종착지인 것이다.

6. 손장순의 그녀들, 그 모순적 존재의 드러남

소설에서 에로티시즘에 대한 탐구에 많은 관심을 드러낸 손장순[75]에게 있어서 여성 인물의 형상화는 특히 중요한 부분이다. 그의 여성 주인공들은 성적 자기결정권을 주장하거나 실천함에 있어서 동시대

75 이명희, 「폐쇄된 통로에서 화합에의 길찾기 — 손장순의 1960년대 작품」, 전혜자·서정자·변정화, 『한국현대소설연구』, 국학자료원, 1998, 175~179쪽.

의 다른 작가들의 경우보다 과격한 편이다. 그들은 어머니로서, 아내로서의 삶 못지않게 여성으로서 누려야 할 쾌락을 중시하는 인물들인 경우가 많다.

손장순은 『공지』의 「후기」에서 파리 체류 1년간 "신은 죽고 섹스만이 살아있는 현실"을 발견했다고 말하고 있다. "사랑의 신뢰가 붕괴되면서 감촉으로 실감되고 그것으로 살아 있음을 확인하는 에로티시즘만이 있을 뿐"임을 확인했다는 것이다.[76] 이러한 파리경험은 그의 작품 속에 고스란히 투영되어 있다. 「우울한 빠리」의 '묘선'은 낙태하러 가면서 어떤 죄의식이나 망설임도 느끼지 않는다. '묘선'은 '쟝'을 좋아해서 성관계를 가진 것이 아니었다. '묘선'은 그날 이후 다시 '쟝'을 만나자 이렇게 속으로 생각한다.

> "너 같은 남자와 어제와 같은 일이 있었다는 것이 너무나 허무한 일이다." 묘선은 전날 밤 그녀의 방에서 있었던 정사를 상기한다. 오늘의 실수는 그래서 환멸을 수반하는 것인지도 모른다. '나는 너에게 성의를 다하였는데 너는 고만한 성의도 내게 없구나.' 묘선은 마치 즐기기 위해서가 아니라 그를 위해 봉사한 것 같은 느낌이 든다. '아니다. 이런 나의 동양적인 사고방식을 탈피해야 한다. 동양 여자의 이런 피해의식의 약점을 잘 알고 그는 마음 놓고 이기적으로 나오는 것이 아닌가. 어제가 있었기에 더욱.' '너와는 아듀다. 어제 같은 일, 내게도 아무것도 아니라는 것을 너에게 보여주마. 하룻밤의 정사쯤 한 끼의 식사와 같은 것이라고.' 묘선은 실상 그녀의 자존심이 상했을 때 어떤 일이든지 감행하고

76 손장순, 「후기」, 『공지』, 1975, 일지사, 427쪽.

마는 성격이다. 자애심이 강하기 때문이다.[77]

'묘선'은 동양여자들의 정조관념 따위는 자신에게 없다는 점을 강하게 드러내려 한다. 하룻밤의 정사는 자신에게도 한 끼 식사에 불과하다는 것을 프랑스 남성에게 강변하려 할 때 '묘선'의 모습은 유럽 남성들의 자유로움에 맞서고자 하는 여전사와 같다. 그런 '묘선'은 낙태에 대해 추호의 윤리적 갈등을 느끼지 않는다.

한편, 『물 위에 떠 있는 도시』의 '서진'은 대학의 학과장이 되어 학생들을 인솔해서 수학여행을 가지만 그곳에서 한 남학생을 낭떠러지로 밀어 살인을 하게 되는데, 그러고도 죄의식을 전혀 느끼지 못하는 인격파탄자로 그려져 있다. 파리 경험에 토대한 작품들은 '성애'로부터 촉발되거나 매개된 여성 인물들의 위악적 태도나 도덕적 마비상태를 잘 보여준다. 그런 여성 인물들의 언행 이면에는 남녀 차별적 의식의 사회나 현실에 대한 강한 저항의식과 분노가 감지된다.

손장순의 여행기에서 미국의 의미는 프랑스 파리만큼이나 중요하다. 미국 문화에 대한 비판적 묘사 속에는 '가족'으로 인해 받은 상처에 고통스러워하면서도 정작 스스로는 가족으로부터 끊임없이 달아날 수밖에 없었던 당시 현실과 상황에 대한 분노가 읽힌다. 손장순은 문학과 삶에서 고독을 자처했으되 그것은 기실 진정한 소통에의 강한 갈망을 배면에 깐 것이었다. 세상은 그의 겉모습으로 말을 하고, 그로 인해 그는 자기 속으로 더 침잠해 들어가기를 반복한다.

여행은 상처투성이인 그에게 있어 정주하지 못하는 삶을 낭만적

---

77 손장순, 「우울한 빠리」, 『전집 13 — 우울한 빠리/도시일기』, 30~31쪽.

으로 미화하는 장치이기도 하였다. 헐벗고 춥기만한 그의 삶을 로맨틱하고 센티멘탈하게 감싸는 화려한 드레스였다고 할 수 있다. 하지만 누구도 드레스를 입고 일상생활을 할 수는 없다. 여행기 속의 그녀는 활기차고 생기 있고, 외국인 남성 앞에 서 있는 그녀는 자기주장이 분명하고 사교적이며 매력적이다. 타향에서는 한국의 음식을 그리워하고 홈시크(homesick)를 앓지만, 한국은 그에게 돌아가고 싶지 않은 곳이기도 하다. 하지만 이국에서의 멜랑콜리한 여수는 그의 삶을 지탱시켜주는 한 잔의 달콤한 카푸치노일 뿐, 세 끼의 식사는 되지 못함을 그는 누구보다도 정확히 알고 있었다.

미국방문 후 그는 작가로의 귀환을 세상에 공표라도 하는 듯, 맹렬히 창작에 몰두한다. 1970년대 한국사회에서는 주로 가장인 남성에 의해 주거지역이 선택되었기에 한국어로 한국문학을 창작해야 하는 손장순이 한국으로 귀국했을 때, 그의 선택을 더욱 특별한 것으로 몰아 그를 더욱 고독하고 외롭게 만드는 현실에 저항이라도 하는 듯, 그의 소설 속 여성 주인공들의 성적 자기결정권의 행사는 거침이 없다. 남성에 의해 규정되는 여성의 삶이라는 식민적 상태에 그는 여성 주인공들의 형상화를 통해 선명하게 지향한 것이다. 이 시기에 창작된 그의 작품들에 등장하는 어머니나 아내가 아닌, 자기 자신인 여성 주인공들의 탄생은 손장순 문학의 최고의 성과로 보인다. 그의 문학세계에서 '이혼'은 여성이 주체로서 자의식을 갖고 또 그것을 표출하게 되는 계기로 작동하고 있다. 그의 작품 속 여성 주인공들에게 있어 성은 출산과 무관하고 가족 내로 한정되지도 않는다. 성적 자기결정권을 거침없이 실천하는 인물들인 것이다. 「우울한 빠리」의 여성 주인공은 육체적 쾌락을 위해 별다른 갈등없이 원하는 사람과 '베제'를 하는데, 이는 단지 파리라는 공간의 특성만은 아닌 것으로 드러나 있다. 또 단편 「이혼여행」에서도 중년에 이른 여성화자는 부부관계에서 육체적 친밀성이 가장 중요하다는 인식을 내비치기도 한다.

손장순이 수필이나 소설들에서 보여준 여성에 대한 인식에는 한계도 분명해 보인다. 「여자의 행복」과 같은 수필에서 손장순은 여자의 행복은 자신의 아름다움을 인정받는 데 있다고 말하면서 특히 여성의 성적 매력의 중요성을 강조한다. 여성이 이성으로서의 존재가치(성적 매력)를 잃게 되면, 여성의 실존도 부재하게 되고, 다만 모성과 아내로서의 삶만 있을 뿐인데, 그럴 때 여성의 인간으로서의 행복도 끝이 난다고 말한다.[78] 이와 같은 주장에는 여성성을 성적 아름다움으로 제한하고, 여권을 여성의 성적 자기결정권으로 좁혀 이해하는 방식이 내재되어 있다. 이는 「이상적인 남성상」이란 수필에 제시된 남성에 대한 환상적인 기대와도 연관된다. 이 수필에 의하면, "고고한 정신을 소유하고 지성과 멋이 있으며 현실의 부조리를 타개해 나가는 정의감과 박력을 가진 남성", "자기 신념이 강한 남자, 사랑을 철저하게 그리고 순수하게 할 수 있는 남자"가 이상적인 남성이다. 손장순 소설에 등장하는 남성 인물들은 대체로 여성에 비해 약한 성격이거나 부정성이 강한 인물로 묘사되고 있다.[79] 그가 형상화한 현실의 반영인 남성 인물과 그의 이상형인 남성상과의 거리는 이렇게 멀다. 또 여성은 성적 자기결정권은 강하게 주장하면서도 남성 의존성을 탈피하지 못한 존재로 그려지고 있다.

---

78 손장순, 「여자의 행복」, 『전집 11』, 186~187쪽.
79 이명희, 앞의 글, 171쪽.

이렇듯 손장순의 수필과 소설에서는 여성과 남성에 대한 인식에서 모순적인 일면이 감지된다. 소설 「우울한 빠리」나 「이혼여행」에 등장하는 여성들은 남성을 리드하지만, 결국은 남성의 요구에 부응하는 것을 자기행복의 조건으로 받아들이거나, 그로 인해 심신이 피폐해지는 것으로 그려져 있다. 단편집 『작두』에 수록된 단편소설 「세 다리를 가진 여자」에서는 여자주인공이 '나경', '화수', '세희'라는 세 여성으로 변신하면서 남편의 바람기를 충족시켜줌으로써 가정을 지키려고 하는 것으로 그려져 있는데, 이런 여성 인물 역시 남성의존적 여성의 변형태라 할 수 있다.

7. 고투의 삶이 도달한 평안에의 길 '겸허'

손장순의 『어릿광대여 나팔을』이란 수필집에 나타난 작가의 삶의 궤적이나 내면의 맨얼굴은 모순덩어리인 채 부조리한 존재의 모습을 띠고 있다. 고독한 예술가의 도저한 작가의식과 칼럼니스트로서 번뜩이는 지성을 보이는가 하면, 황홀한 자유에의 의지만큼이나 허망하고 외로운 존재의 시린 음성으로 채워져 있다.

비교적 최근작인 『작두』(범우사, 2004)나 『폭죽』(은행나무, 2007)의 후면에 수록된 작가연보를 보면, 그가 얼마나 성실히 또 열심히 살아왔으며, 창작에 임해 왔는지를 알 수 있다. 수필에 드러난 그의 삶은 1930년대에 태어난 이 땅의 여성들이 가정과 직업이라는 인생의 두 수레바퀴를 함께 굴려가며 충일한 삶을 살기에 당시 한국의 여건이 얼마나 불충분했는지를 여실히 보여준다. 고독한 작가라는 자기정체성을 재확인하고 돌아온 마흔 즈음의 긴 여행과 떠나보낸 아들에의 그리움을 형벌처럼 짊어진 채 작가의 길을 갔던 손장순의 의욕과 분투가 그의 수필집을 가득 메우고 있다.

그럼에도 불구하고 그가 많은 글들에서 그토록 강하게 주창한 자기 삶의 주체로서의 여성의 모습은 모순을 본질로 하는 특성이 있다. 남성중심적 사회에 저항하면서도 일면 남성의존적인 성격을 가지고 있어 모순적이다. 또 그의 수필과 소설에 드러난 성적 자기결정권에 국한된 여권론은 진정한 의미에서 독립적이고 자주적인 여성주체의 형성에는 턱없이 부족한 내포를 갖는다. 하지만 한국여성의 의식은 1960~1970년대에 그처럼 다소 자체 모순적이고 부족한 단계를 거쳤기에 1980~1990년대에 성별화된 근대적 의식을 극복하고 진정한 사회적 주체로서 여성을 상정하는 단계로 접어들 수 있었다고 할 수 있다. 그런 의미에서 손장순의 문학과 수필은 필연적인 단계로서 1960~1970년대 엘리트 여성들의 여권에 대한 이해의 특성과 한계를 가감없이 보여준 사례라 할 수 있다.

고독과 소통에의 갈망, 정주와 방랑에의 꿈, 남성중심적 사회에 반발하면서도 남성의존적인 여성의 모습들, 타국의 인종차별주의나 성차별적 모습에는 비판적이면서도 자기 내부에 타자의 대한 편향적 시각을 가지고 있는 존재들. 이렇듯 손장순의 수필에는 모순된 존재의 부조리한 내면과, 그가 걸어온 허무한 삶의 여정이 고스란히 담겨 있다.

손장순은 수필집의 끄트머리에서 피폐한 현실과 그 부패한 현실의 중심에 있는 모순투성이인 인간에게 안식처를 제공해 주는 것은 신과의 화해, 즉, '겸허함'이라는 가치임을 발견하는 단계에 이른다.

겸허함이 내 속에 들어오면서 비로소 신앙을 받아들일 수 있는 가능성을 가지게 되었다. 그것은 곧 마음의 평화를 가지게 하며 대인관계도 원만하게 가질 수 있게 한다. 평정을 다시 느끼게 된 것이다.[80]

손장순의 수필들은, 관계로 인한 상처와 신뢰의 붕괴가 당사자인 개인의 고립을 정당화해 줄 듯 보이지만, 기실 고립은 정신을 병들게 하고 결국 그것은 사람을 허망함과 불안정함에 빠뜨리는 것임을 잘 보여준다. 자유와 사랑을 갈망했고, '가족'이라는 제도나 성별에 대한 관습적 인식이라는 구속으로부터 벗어나, '무소의 뿔처럼' 혼자서 가려 했으나, 그의 문학과 그 속에 투영된 삶은 역설적으로 인간은 관계성의 존재임을 강하게 일깨워 준다.

「겸허함이 받아들이는 신」이란 수필에 담겨 있는 노년의 인식은 불안과 공포, 소외와 고독이란 병의 치유는 용서와 화해, 그리고 겸허함의 가치를 발견하는 데서 이루어질 수 있음을 보여준다. 이는 손장순의 삶과 문학의 도달점이 된다. 트라우마로 남은 친지의 죽음, 그로 인한 사멸에의 공포감, 타자와 쉽게 친화하지 못하는 외곬의 성격, 그로 인한 고독감은 그의 창작에 대한 집념의 원천이기도 하였으나, 자의식이 강한 그를 신(神) 앞으로 이끌어 낸 축복의 계기이기도 하였다. 지난한 여정 끝에 그가 만난 안온하고 평화로운 겸허함의 은혜는 지칠 줄 모르는 의지와 끈기로 세상의 억압적 요소들과 자기 내부의 모순들, 그리고 고독과 불안의 계기들과 치열하게 맞선 결실이라 할 수 있다.

---

80 손장순, 「겸허함이 받아들이는 신」, 『전집 11』, 432쪽.

김승옥이 볼 수 없었던 그것
—1960년대 손장순의 초기 단편들에 대한 고찰

김건우

1. 1960년대, 중심과 주변부

1964년 김승옥의 「무진기행」에는 그의 다른 소설들에서 좀체 찾아보기 힘든 인물이 등장한다. '출세한' 주인공이 등장하는 것이다. 주인공 윤희중은 김승옥뿐 아니라 이들 작가세대 소설의 인물들 가운데 거의 유일하게 '성공한 자'이다. 그렇지만 윤희중이라는 인물은 실은 부르주아 사회의 중심부에 올라선 자가 아니다. 그는 진정한 의미에서 '부르주아 사회의 주류로 편입된 자'는 못 된다. '돈 많은 과부'와 결혼하여 일약 제약회사의 전무가 된다는 식의 설정은 그 점을 잘 보여준다. 작가 김승옥은 부르주아 사회의 중심부를 본 적도 없고, 엄밀히 말해 볼 수도 없었다. 이미 중심부의 변방으로 물러나와 있는 존재인 이 작가의 소설에서 부르주아의 내면은 존재하지 않는다.

손장순과 김승옥은 서울대 불문과 6년 선후배 사이이다. 손장순은 54학번이고 김승옥은 60학번이었다. 손장순이 1958년에 졸업했던 까닭에, 물론 두 사람이 학창 시절 서로의 얼굴을 맞댈 일은 없었다. 사실 김승옥을 언급하며 논의를 시작한 것은 1960년대라는 시대와 이 시기 대학생의 조건을 이야기하기 위해서이다.

해방 이전에 전문학교나 제국대학에 다닐 수 있었던 사람들은 경제적으로 확실히 상층에 속했다. 가난한 집안의 '똑똑한' 아이들이 대학에 진학할 기회는 학비 부족 때문에 극히 드물었다. 이 사정은 1950년대 후반에 이르러 변하게 된다. 1950년대 후반에서 1960년대 초반 사이에 대학인구는 급격히 늘어나 1966년에 와서는 19~24세 전체 인구의 10% 정도를 차지하게 되었다. 이런 팽창이 서서히 진행된 것이 아니라 1950년대 말에 와서 급격히 일어났다는 사실은 주목할 만하다. 1960년대에도 대학 사회는 여전히 엘리트 사회인 것이 분명했지만, 이제 대학은 몇몇 '가진 자들'만의 전유물은 아니었다. 정확히 김승옥의 대학 시절이었다.

김승옥과 관련하여 한 가지 더 언급해 둘 사항이 있다. 그의 '지방 출신' 콤플렉스가 그것이다. 그런데 이 콤플렉스가 그만의 것은 아니었다. 전광용이 『현대문학』 1960년 12월호에 발표한 소설 「초혼곡」에는 다음과 같은 구절이 등장한다.

> 학교에서 학우들 간에 있어서도, 서울의 이름난 명문거족이나 세상에 널리 알려진 거부의 자녀들에 대하여도 나의 이 같은 열등감은 그대로 연장되어, 나는 그들과 터놓고 사귀지를 못하였거니와 그들도 떼거지로 밀려들어온 아무 고등학교 출신의 간판을 내어걸고 텃세를 하는 판국에 나 같은 외톨배기 시골 출신으로는 그들과의 친숙한 교류란 엄두도 낼

수 없었다.[1]

소설의 저자 전광용은 전후세대인데다 이북사람이었다. 그렇지만 대학에서 교편을 잡으면서 학생들을 살펴볼 수 있었던 까닭에, 지방의 비명문고 출신의 학생들이 서울의 대학으로 유학을 나와 느끼게 되는 소외감에 대한 감지가 가능했다. 4·19 세대는 대학교육이 대중화되던 첫 세대인 셈이며 그 가운데는 전광용의 말과 같이 '명문거족', '명문고' 출신과 비명문고, 지방 출신들이 함께 섞여 있었던 것이다.[2] 이런 사정이 김승옥의 글에서도 나타나 있음은 물론이다. 김승옥은 「산문시대 이야기」에서 다음과 같이 회고한다.

> 차츰 나는 (신입생 환영회가 열리는) 대강당 안이 두 부류로 갈라져 있음을 알아챌 수가 있었다. '서울·부산 출신'과 '지방 출신'이었다. 기가 죽어 있는 것은 나만이 아니었던 것이다.[3]

김승옥이 대학에 들어가던 1960년, 동숭동 서울대 문리대 교양과정부 '문B반'에서 김승옥과 김현이 불문과에, 이청준은 독문과, 박태순이 영문과에 속한 신입생들이었고 서정인은 영문과에 재학 중이었다. 이 가운데 박태순을 제외하면 모두가 전라도 출신이었다. 김승옥과 서정인은 전남 순천고 선후배 사이이며, 이청준은 전남 장흥 생

1 전광용, 「초혼곡」, 『현대문학』, 1960년 12월호, 296쪽.
2 김건우, 「4·19 세대 작가들의 초기 소설에 나타나는 '낙오자' 모티프의 의미」, 『한국근대문학연구』 16호, 한국근대문학회, 2007, 171쪽.
3 김승옥, 「산문시대 이야기」, 『뜬 세상에 살기에』, 지식산업사, 1977, 212쪽.

으로 광주일고를 졸업했다. 이들 외에도 강호무, 최하림 등을 거론할 수 있는데, 이 세대 작가들의 경우 박태순이나 김광규와 같은 예외적인 경우를 제외하고는 대개가 지방, 특히 전라도 출신들이 많았다. 이 가운데 집안이 넉넉한 편에 속했던 김현을 제외하면 지방 출신이란 것은 곧 어려운 형편에서 힘들게 대학을 다녀야했음을 의미했다. 김승옥의 경우 7살 때 부친이 사망하여 어려운 집안형편에서 자랄 수밖에 없었던 3남의 맏이였다.

이후 1960년대 한국문학사의 주류로 자리잡은 새 세대 작가들이 이렇게 비슷한 환경에서 자라난 인물들이라는 사실은 언제 보아도 신기한 일이다. 이들이 가진 공통의 콤플렉스는 다음과 같은 자의식으로 표출되기도 했다. 서정인의 「강」에 등장하는 유명한 부분이다.

> 그의 머릿속에는 몽롱한 가운데에 하나의 천재가 열등생으로 변모해 가는 과정들이 하나씩 떠오른다. 너는 아마도 너희 학교의 천재일 테지. 중학교에 가선 수재가 되고, 고등학교에 가선 우등생이 된다. (중략) 이모 집이나 고모 집이 아니면 삼촌이나 사촌네 집을 전전하면서 고픈 배를 졸라매고 낡고 무거운 구식의 커다란 가죽가방을 옆구리에다 끼고 다가오는 학기의 등록금을 골똘히 생각하며 밤늦게 도서관으로부터 돌아오는 핏기 없는 대학생. 그러다 보면 천재는 간 곳이 없고, 비굴하고 피곤하고 오만한 낙오자가 남는다. (중략) 그가 성공할 확률은 대단히 높다. 많은 것들 중에서 어느 하나만 적중하면 된다. 그런데 문제는 적중하느냐 않느냐가 아니라 적중하건 안 하건 간에 아무런 차이가 없다는 데에 있다. 적중하건 안 하건 간에 그는 그가 처음 출발할 때에 도달하게 되리라고 생각했던 것으로부터 사뭇 멀리 떨어져 있는 곳에 와 있

음을 깨닫는다.[4]

이 세대의 젊은 작가들이 1960년대를 통해 보게 된 것은 자신들은 이미 주류 사회의 일원이 될 수 없다는 사실이었다. 1960년대 한국사회는 자신들과는 멀찍이서 구축되어 가고 있었던 것이다. 그리고 이 자의식이 같은 시기 한국 현대소설사의 주요 밑바탕 가운데 하나가 되었다.

논의를 다시 손장순으로 끌어오기로 하자. 1960년대 손장순의 초기 소설들이 가지는 의미는 이 지점에서 돋아나오기 시작한다. 손장순 소설에 자전적 요소가 강하게 배어 있음은 그에게 조금이라도 관심을 가지고 있는 독자들이라면 누구나 알고 있는 사실이다. 강인숙은 이에 대해 "손장순은 자기를 거의 변형시키지 않은 채 작품 속에 투입시키는 작가"라고 말한 바 있다. 말하자면 그의 소설 속 인물(여주인공)들에는 가감 없이 작가의 맨얼굴이 드러나 있는 셈이다. 1935년 서울 출생의 손장순은 이화여고를 나와 서울대 불문과에 입학했다. 그의 소설들에 빈번히 등장하는 'Y여고와 S대 불문과를 나온 여주인공'이 자신을 모델로 한 인물임은 말할 나위 없다.

손장순의 초기 소설들 중 가장 나이어린 여주인공이 등장하는 소설은 1967년 『현대문학』에 발표된 「다께다 선생」이다. 이 소설은 해방 직전 주인공이 다니던 초등학교(국민학교)의 담임교사였던 일본인 여선생 다께다와의 인연을 풀어낸 작품이다. 작가다운 섬세한 기억력에 바탕하여 다께다 선생의 인간적인 면모와 주인공과의 애틋한

---

4 서정인, 『강』, 문학과지성사, 1996(초판은 1976년), 138~139쪽.

정을 상당히 안정되고 섬세하게 드러낸 수작으로 보인다. 1935년생인 작가의 해방 직전 경험에 바탕을 둔 것이기도 한 이 작품에서, 공부 잘하던 '도지사 딸'과 경쟁하는 '나'는 제약공장 경영자의 딸이다. 근대화 초기 사회에서 제약산업이 가지는 위치, 제약회사의 자본력과 홍보력을 떠올려 본다면 이 주인공이 어떤 사회적 입지를 가진 집안 인물임은 쉽게 추론해 볼 수 있다.

글을 시작하면서 언급했던 김승옥의 「무진기행」에서, 주인공이 제약회사 집안의 과부와 결혼함으로써 장인 회사의 전무가 된다는 다소 작위적인 설정을 다시 떠올리게 되는 대목이다. 이것이 의미하는 바는 무엇일까? 1960년대 김승옥이 결코 볼 수 없었던 것을 볼 수 있는 위치에 손장순이 있었음을 의미하는 것이 아닐까? 중심부, 부르주아 사회의 내면을 말이다.

2. '거칠 것 없음', 혹은 자존감의 근거

어떤 것도 거칠 것 없는 '모두 가진 자'의 생기있는 내면은 이미 손장순의 등단작에서부터 드러나고 있다. 1958년 『현대문학』 등단작 「입상」을 살펴보자. 반도호텔의 프런트 데스크에서 근무하고 있는 '지연'은 S대 불문과를 다니다 구속이 싫어 부모로부터 뛰쳐나와 있는 상태이다. 지연은 호텔 내에서도 많은 데이트 청을 받는데, "지연의 다리가 미끈하게 뻗어나갔다는 것이 그녀의 풍부한 곡선의 가슴과 더불어 그들의 인기를 사는 이유"[5]이다. 사실 이 소설은 전반적으로 불안정한 구조를 노출하고 있어 미학적으로는 그리 좋은 평가를 하기 어려운 작품이다. 그렇지만 초기 손장순 문학의 본 면 가운데 하나를 보게 하는 중요한 부분을 포함하고 있다. 지연이 열어 보여주는 다음과 같은 내면을 보자.

> "제가 집에서 뛰쳐나온 것과도 같은 것이군요. 구속은 저도 싫어요."
>
> 자신이 벌어서 혼자 자립한다는 데 스릴을 느끼기도 했지만 멋대로 살려면 그녀는 우선 집의 보호에서 벗어나야만 했다. (중략)
>
> 취직자리가 났다. 지금의 이 반도호텔 프론트데스크 여사무원.
>
> 서슴지 않고 문학을, 학교를 버리고 집을 나왔다.
>
> 환도 이후 새로 지은 지 얼마 안 되는 남산의 아파트에 처음 들던 날, 그 날의 상쾌함이란 하늘이라도 날을 듯했다.
>
> 내가 살아간다는 것 이외에 무엇이 소중하다는 것이냐.[6]

그녀가 집을 뛰쳐나온 이유는 '구속이 싫어서'이며, 무엇보다도 자신이 벌어 자립한다는 데 '스릴을 느꼈기' 때문이다. 자유롭게 살기 위해, 스릴을 느끼며 살기 위해 집안의 경제적 보호를 벗어난다는 지연의 내면이, '어떻게든 서울을 사수해야 한다'고 생각했던 김승옥, 이청준의 내면과 어느 정도 먼 거리에 있는 것인지에 대해서는 달리 긴 설명이 필요치 않다. 지연이 집을 나와 호텔에서 일하면서 거처하게 되는 공간은 "새로 지은 지 얼마 안 되는 남산의 아파트"로 그 공간이 자신만의 것이기에, 그렇기에 "내가 살아간다는 것"이 소중할 수

---

5 손장순, 『손장순 문학전집 13』, 푸른사상, 2009, 206쪽. 이하 이 책을 지칭할 때는 『전집 13』으로 표기한다.

6 『전집 13』, 207쪽.

있었다. 여기에는 어떤 류의 어두운 자의식도 존재할 틈이 보이지 않는다. 위의 인용부분을 김승옥의 「누이를 이해하기 위하여」의 다음 구절과 비교해 보자.

> 별도 보이지 않는 밤에, 고향의 논두럭이 그리워서 중랑교 쪽 어느 논두럭에 가서 서다. 개구리들이, 거꾸러져라거꾸러져라거꾸러져라,고 내게 외쳐대다.

이러한 김승옥 류의 문학적 자의식에 대해 손장순은 어떤 생각을 가지고 있는 것일까. 「입상」의 주인공은 다음과 같이 말한다. "자고로 문학은 이상(理想)의 실패담일 수가 많다. 또는 현실에서 불가능한 것을 체념해 버리는 도피행위 —"[7] 이 진술은 대단히 명쾌하다. 등단작에서부터 가감 없이, 어떤 가식적 포즈도 취하지 않고 작가는 자신의 내면을 열어 보이고 있다. 여기에는 위선도, 위악도 없다. '거칠 것 없음'의 내면이 그대로 드러난다. 이 자신감은 헤겔식으로 표현하자면, '노예들'은 가질 수 없는 것이다.

이 자신감, 혹은 자존감은 어디로부터 비롯되는 것일까? 물론 그것은 작가 개인의 기질과도 연관이 될 수 있을 것이다. 그렇지만 손장순 문학에서 자신감의 근거는 보다 사회적인 성격에 기인한 것으로 보인다. 1965년 신동아에 발표된 단편 「미세스 마야」를 살펴보기로 한다.

이 소설은 다소 놀라운 면을 가지고 있다. 한국을 찾아 온 미국

---

7 『전집 13』, 208쪽.

여인을 중심인물로 두고 있기 때문이다. 중심인물로 미국인을 설정하고 그 내면을 따라 간 소설은 소설사 전체를 두고도 떠올리기 쉽지 않다. 미국 부인 '미세스 마야'는 미국에서 이혼한 후 과거의 추억을 좇아 코리아를 찾아 온 인물이다. 그녀가 한국에 다시 온 것은, 5년 전 교회 임무로 이곳에 와 가는 곳마다 환대를 받고 "어설픈 우월감"을 느꼈기 때문이다. "(한국은) 가난한 나라이기에 그녀의 비천이 가려지고, 자신의 작은 키의 열등성도 감싸이는 이곳은 그녀처럼 보잘것없는 미국인에겐 살기 좋은 곳이었다."[8] 미세스 마야는 "미국의 하층계급에서도 열등한 조건에 속해 있"었다. 그녀는 과거 자신에게 호감을 보였던 어떤 한국 중위를 다시 찾아갔으나 오히려 모멸감을 느끼게 되고, 생존을 위해 '스폰서'를 찾아야 하는 절박한 위기에 처한다. 그렇지만 번번이 좌절을 겪게 되는데, 그것은 미세스 마야의 "늙음 이상 가는 추태가 없기 때문이다."

주지하다시피 1950년대에 미국이라는 존재는, 미군들의 가장 하위문화조차도 쉽사리 문학적 풍자의 대상이 되기 어렵게 만드는 힘을 가지고 있었다. 1960년대에 들어와서도 사정이 크게 달라지지는 못했다. 문화는 변동하고 있었으나 사회 전반의 경제력이, 무엇보다 한미 관계의 역학이 큰 변화를 보이고 있지 못했기 때문이다. 그럼에도 「미세스 마야」의 주인공은 풍자의 대상을 넘어 거침없이 경멸의 대상이 되고 있다. 무엇을 근거로 이것이 가능한가?

늙었다는 것, 외모가 볼품없다는 것이 근거의 하나임은 분명하다. 자신의 외모에 자신감을 갖고 있는 젊은 작가라면 이런 시선으로

8 『전집 13』, 61쪽.

인물을 형상화하는 것도 불가능한 일은 아닐 것이다. 그렇지만 핵심은 다른 데 있는 것으로 보인다. 미세스 마야는 호텔 숙소 룸메이트인 미스 강에게 부당한 요구를 하다가 면박을 당하게 되는데, 3인칭 서술자는 이에 대해 다음과 같이 논평한다.

> 미세스 마야는 이 숙소에 있는 여성들이 대부분 미국에 다녀오고 미국에 갈 한국의 지성인들로 최고의 수입을 확보하고 있으며, 조금도 꿀릴 것이 없는 프라이드의 소유자들이라는 것을 깨닫지 못하고 있다.[9]

놀라울 만큼 날것 그대로의 서술이다. 중요한 것은 미세스 마야가 미국인이라는 사실에 있는 것이 아니라 "하층계급에서도 열등한 조건"에 있다는 것이며, 미스 강과 같은 여성들은 외국을 드나드는 한국 지성인들로 "최고의 수입을 확보"한다는 데 있다는 것이다. 이제 "프라이드"의 근거는 명확해졌다. 최고의 미모, 최고의 지성, 최고의 재력은 모두 '상층계급'의 것으로 모아진다. 1960년대 한국의 상층계급이 소설사에서 등장하는 순간이다.

3. 세속적 욕망의 존재들

손장순 초기 단편들에 빈번히 등장하는 문제는 결혼이다. 결혼이야말로 사회적 지위를 '완성하는' 것으로 그려진다. 양가 집안뿐 아

9 『전집 13』, 71쪽.

니라 결혼 당사자들끼리도 '조건'을 따지는 모습이 자주 등장한다. 1965년 『현대문학』에 발표된 「깍두기씨」는 그 대표적인 작품이라 할 수 있다. 결혼의 조건을 따지는 모습이야 여타 작가들의 소설들에서도 나타날 수 있지만, 이 작품이 의미 있는 것은 1960년대 '상층사회'가 결혼에 대해 사고하는 방식의 디테일을 보여주었다는 데 있다.

주인공 '깍두기씨'는 "최고회의 의원이면서 혁명주체세력의 일원인 형님"을 두고 있음에도, 그 자신은 크게 내세울 것이 없는 존재로 그려진다. 형을 등에 업고 외무부 이등서기관이 되고자 하나, 자신의 뜻에 못 미치는 상공부 사무관 자리가 제안되는 정도이다. 주인공 인물이 행정대학원까지 나온 것으로 설정되어 있고 실제 1960년대 초반의 취직난을 생각한다면 상공부 사무관도 대단한 자리일 터인데, 어째서 '별 볼일 없는' 존재로 그려지고 있는 것일까? 그것은 이 소설이 기본적으로 '일반인들'의 이야기가 아니기 때문이다. 주인공의 결혼에 대한 욕망은 다음과 같이 묘사된다.

> 만인이 우러러 선망할 일등품 여성을 결혼의 배우자로 삼고 싶다. (중략) 신부가 학벌과 가문이 출중한데다가 그를 대우할 수 있는 처가를 가진, 미와 재산까지 겸비한 신부를 아내로 맞아들이는 것이다. (중략) 난 불문과 출신의 'Y그룹' 중의 하나와 꼭 결혼을 하고 만다.[10]

'Y그룹'은 Y여고 출신들로 형성된, 불문과를 매개로 하는 상류층 집단으로 암시된다. 말할 것도 없이 이 이야기도 작가 주변을 배경

10 『전집 13』, 51, 54쪽.

으로 하고 있음을 알 수 있다. 이 'Y그룹' 멤버들에게 주인공은 조건도 갖추고 있지 못하면서 헛된 욕망에 사로잡혀 있는 인물로, 그래서 잠시 돌아가며 '가지고 노는' "스틱 보이", "풋볼"로 묘사된다. 이런 주인공에게도 혼담이 오가는 여인이 있는데 대학병원 레지던트로 근무하고 있는 '닥터 남'이다. 주인공과 닥터 남의 혼담과 관련해 닥터 남 집안의 반응을 묘사하는 부분을 살펴보자.

> 닥터 남이 지난 여름 '깍두기씨'의 두 번째 프러포즈를 받고 집에 가서 어른들과 상의를 하였을 때도 그녀의 어머니는 한결같이 이 결혼을 반대하고 나섰다. 알아본즉 '깍두기씨'가 혁명 이후에 빛을 본 문벌이 없는 집안으로 찢어지게 가난한데다가 신랑은 당장 무직이요, 말이 앞서는 허풍장이라는 것이 실격의 이유였다. 닥터 남의 어머니는 요사이 사회적 기반이 없는 청년들이 계산결혼으로 여자의 의사직을 조건으로 내세워 구하는 데 노이로제까지 걸려 있다.[11]

1960년대 초중반의 시점에서 '최고회의 의원'이자 '혁명주체세력의 일원'인 형의 후광을 입고 행정사무관 자리를 제안 받는 남자이지만 그 정도로는 "사회적 기반이 없는 청년"에 속한다. 그 정도의 정치권력 정도로는 '그룹'에 끼지 못할 정도로 한국의 상류사회가 이 시기에 이미 형성된 것일까? 한국 부르주아 사회의 결혼 문화가 분명한 색깔을 가지고 있었다는 점은 확실해 보인다.

지금까지 살펴보고 있는 바와 같이, 1960년대 손장순의 소설들

11 『전집 13』, 44쪽.

에 등장하는 인물들 가운데 '평범한 보통 사람들'은 좀체 찾기가 힘들다. 그런데 자본주의적 욕망을 가지고 있음에도 계급적으로는 '보통 사람'에 불과한 인물이 주인공으로 등장하는 소설이 있다. 역시 1965년에 『현대문학』에 발표된 「부동산 중개인」이라는 작품이다.

젊은 중개인을 주인공으로 하는 이 소설은 이 글의 논지와 관련해 상당히 주목할 만한 작품이다. 젊은 중개인이 집 한 채를 거간하기 위해 벌이는 머리싸움을 기본 서사로 하는 이 소설에서 작가 손장순 개인의 흔적을 찾아보기는 어렵다. 주인공과 경쟁하는 다른 중개인들은 모두 복덕방 노인들이며, 주인공이 매매 경쟁을 붙이는 두 인물도 토건업자 성 씨와 부동산 매매업자(중개인과는 달리 자기 자본으로 부동산을 사고팔아 이득을 남기는) 홍 씨로 작가와의 직접적 관련을 찾아보기 어려운 인물들이다. 그럼에도 왜 이 소설에 주목할 필요가 있는가?

우선 흥미로운 것은 이 소설에 등장하는 부동산 매매 관련 서술들이 관념적이지 않다는 사실이다. 매매의 과정이나 액수, 기타 조건에 대한 서술들이 지극히 구체적이다. 그런데 작가는 왜 이런 소재를 써 보려고 했을까? 부동산 투기가 사회 전반에 화제가 되고 있던 것이었을까? 다음 부분을 살펴보자.

> 박씨는 장땡을 치면서도 사업에서 노상 귀가 떠나지 않는다.
>
> "그건 그렇고, 전세 백만 원짜리 깨끗한 양옥이 있으면 대시유."
>
> 양지사(陽地社)의 차씨가 화제를 돌린다.
>
> "한남동에 하나 있는데……"
>
> '녹보'의 말에,
>
> "그럼 지금 같이 가봅시다."

"찾는 손님이 있거든 데려와요."[12]

소설에서 구체적인 지역명이 거론되는 유일한 부분이다. 중개인들이 서울 일대를 대상으로 사업을 벌이고 있음을 알 수 있다. 이 지점에서 1960~1970년대 소설을 대상으로 하여 문학이 서울의 변화와 맺는 관계를 추적한 한 연구를 참조할 필요가 있다. 송은영은 1960~1970년대 문학 속 인물들의 욕망의 투사와 실현, 사회적 관계들에 대한 형상화를 통해 서울에 관한 이미지와 담론들이 어떻게 만들어지고 있는지를 추적해 볼 수 있다고 보았다. 이 연구에 따르면, 1960년대 후반 이후의 문학 텍스트는 이전 텍스트들과 달리 서울이 더 이상 희망과 욕망을 투사할 수 없는 공간으로 재현된다는 것이다.[13]

손장순의 「부동산 중개인」이 발표된 1965년, 같은 해에 이호철도 「서빙고 역전 풍경」을 통해 관련 서술을 한 바 있다.

"앞으로 서울은 이쪽으로 뻗는다던데요. 벌써 돈 있는 사람들은 저 건너 땅을 무더기로 사두었다던데요."

"암튼 제3한강교가 서겠지."

"여기 사는 사람들은 어떻게 되지요?"

"어떻게 되겠지."

이호철의 이 소설은 제3한강교, 즉 한남대교가 서면서 강남시대

---

12 『전집 13』, 87쪽.

13 송은영, 「현대도시 서울의 형성과 1960~1970년대 소설의 문화지리학」, 연세대학교 박사학위논문, 2007, 11~13쪽.

가 열릴 것을 예고하고 있다. 1960년대 후반 이후 강남 개발은 결국 1970년대 부동산 투기 열풍으로 이어지게 된다. 그렇지만 이호철의 이 소설은, 두 인물의 무심한 대화에서 보이듯 1960년대 중반까지도 일반인들에게는 부동산 투기가 풍문으로만 존재할 뿐 사회 전반으로까지는 확산되지 못하였음을 말해 준다.[14]

젊은 중개인의 욕망의 비루함을 보여주려고 했던 손장순의 소설 「부동산 중개인」에서 유일하게 언급되는 지역명도 공교롭게 한남동, 즉 이후에 서게 될 한남대교의 북단이었다. 소설이 발표되던 1965년에 불과 나이 서른에 불과했던 손장순이 어떻게 이런 감각을 가지고 있었을까? 이 감각은 손장순 개인의 것으로 보기 힘들다. 아마도 집단의 감각이었을 것이다. 그것은 물론 일반인의 감각은 아니었다.

4. 손장순 초기 단편의 '유니크한' 형상

손장순의 소설들에는 빈번히 외래어를 넘는 수준의 외국어들이 등장한다. 작중 인물들의 대화에서가 아닌 서술 일반에서 그러하다. "깍두기씨는 극히 메카닉하게 지껄인다.", "뭇 여인의 스틱 보이가 되어 버린 그의 정체", "조금도 꿀릴 것이 없는 프라이드의 소유자", 사실 손장순의 소설들에서 그만큼 빈번히 외국인 인물들이 등장하기 때문에 전반적인 이야기 흐름과 관련하여 이런 표현들이 그리 부자연스럽게 다가온다고는 할 수 없다. 그럼에도 한 가지 사실, 외국어를 섞

14 위의 논문, 127~128쪽.

어 쓰는 방식이 작가의 언어적 습관일 것이라고는 추측해 볼 수 있다.

1960년대 손장순의 초기 소설들은 당대 문학 일반과 비교해 보았을 때 확실히 '유니크한' 형상으로 놓여 있다. 인물들, 인물들이 놓이는 상황 설정들, 그리고 사용하는 표현들에 이르기까지 거의 모든 면에서 '다르다고' 할 수 있다.

이제 다시 처음으로 돌아가서 논의를 마무리지어 보고자 한다. 김승옥이, 그리고 1960년대를 기억할 때 떠올릴 수 있는 몇몇 작가들이 결코 볼 수 없었던 장면들을 손장순은 보고 있었음이 분명하다. 이 장면들은 분명 문학사에서 기록해 둘 만한 것들이다. 그렇다면 역으로 이야기해 보자. 김승옥이 보고 있던 장면들을 손장순도 볼 수 있었을까? 이 대답은 이 글이 할 수 없을 듯하다. 손장순의 눈의 위치에 가 볼 능력은 집필자에게도 없기 때문이다.

산, 손장순 문학을 비추는 거울

이경재

1. 산악소설의 선구자

손장순은 1935년 2월 서울에서 태어났다. 1954년 이화여고를, 1958년 서울대학교 불어불문학과를 졸업하였으며 같은 해 단편「입상」과「전신」이『현대문학』에 추천되면서 문단에 데뷔하였다. 손장순의 단편소설은 산업화 속에서 지나친 물욕에 빠진 인간들의 타락과 문제점을 잘 짜인 구성과 치밀한 묘사를 통해 생생하게 형상화하였다.

또한 첫 번째 장편인『한국인』(1969)을 비롯하여 여러 편의 장편소설을 남겼는 데, 이들 작품은 모두 그 당시 한국인이 처한 고유한 입상을 조형하는 데 많은 관심을 기울이고 있다. 이들 장편은 대부분 급속하게 변하는 현실 속에서 자기 정체성을 찾기 위해 몸부림치는 사람들의 모습을 담고 있는 특징이 있다. 손장순 소설의 핵심은 출세작인 『한국인』이 대표하듯이 급속히 변모하는 한국 현대사 속에서 바람직한 인간상을 탐구하는 것이다. 이러한 인간형의 탐구는 동시에 여성과 사회의 문제에 대한 고찰의 과정을 동반하는 것이기도 하다.

그동안의 손장순 연구는 『한국인』에 초점을 맞추었다. 이선미는 1960년대 박순녀, 박시정의 소설과 함께 손장순의 작품에 등장하는 여성 인물들 사이에서 형성된 자유담론과 그 지향점으로서의 '미국'의 의미를 통해 한국사회에서 근대화된 개인의 양상과 의미를 살펴보고 있다. 이 작품에서 여성들은 성과 사랑의 주체가 됨으로써 근대화된 개인이 될 수 있다고 생각하며 주체성을 얻기 위해 고투한다. 그러나 민족의 근대화를 이상화하는 지배담론(남성담론) 속에서 성과 사랑의 주체가 되기를 갈망하는 여성은 온전한 개인으로서 인정받지 못한다고 결론 내린다.[1]

전혜자는 도시생태적 독법을 통하여 『한국인』에서 서울은 해방정국과 6·25 전쟁을 겪은 후의 아노미 현상에서 출발해 1960년대 초반 제3공화국 시절에는 오르기(orgy) 현상을 나타냈다고 말한다. 특히 미국에 유학 갔다 돌아온 인물들이 1960년대 초반을 풍미했던 아메리카니즘과 한국 전통문화와의 괴리에 빠져 역사적, 사회적, 경제적, 정치적 불행 속에서 얼마나 몸부림치고 있는가를 잘 드러냈다고 평가한다.[2]

이명희는 1970년대 손장순 소설의 특징에 대하여 논의를 펼치고 있다. 1960년대 작품 속에서 칼날 같았던 여성들의 당당한 모습이

1 이선미, 「1960년대 여성 지식인의 '자유' 담론과 미국」, 『현대문학의 연구』 29호, 2006, 417~452쪽.
2 전혜자, 「현대소설의 도시생태적 독법에 대한 연구 — 손장순의 『한국인』을 중심으로」, 『현대소설연구』 12호, 2000, 213~231쪽.

1970년대 소설에서는 무뎌지면서 근대화 속에서 고개 숙이고 자신을 지키고자 애쓰는 여성들의 모습이 형상화된다는 것이다. 여성 인물들이 결국 약자일 수밖에 없다는 많은 작품들의 결론은 진정한 여성성 회복이 요원한 상태임을 독자들에게 알려준다고 주장한다.[3]

손장순의 작품세계에는 '산악소설'이라는 특이한 유형의 소설들이 있다. 「알피니스트」(『신동아』, 1966. 5), 「불타는 빙벽」(『한국문학』, 1977. 4), 「돌아가지 않는 나침반」(『문학사상』, 1978. 2), 「빙벽에 핀 설화」(『한국문학』, 1979. 11), 「단독등반」(『문학사상』, 1983. 11), 「절규」(『문학정신』, 1987. 1), 「허상과 실상」(『한국문학』, 1987. 9), 「정상이 보인다」(『한국문학』, 1988. 3) 등이 여기에 해당한다. 이 글에서는 이러한 산악소설의 기본적인 특징과 그 의미에 대하여 살펴보고자 한다.

손장순의 산악소설에 대한 연구는 홍기삼에 의해서 이루어졌다. 그는 손장순의 작품들은 "최초의 본격적인 산악소설로 평가되어 마땅"[4]하다고 말하며, 사건의 전개와 심리묘사 그리고 용어 하나에 이르기까지 탁월한 리얼리티와 현장감을 얻는 데 성공했다고 평가한다. 나아가 손장순의 산악소설에 등장하는 알피니스트의 모험과 행동은 앙드레 말로의 모험적 행동주의에서 볼 수 있는 것처럼 철저한 무상적 행동을 의미한다고 파악한다.[5]

---

3 이명희, 「여성성의 모색을 통한 삶의 근원적 탐색 — 손장순의 1970년대 작품을 중심으로」, 『여성문학연구』 3호, 2000, 223~242쪽.

4 홍기삼, 「허무, 그리고 무상(無償)의 행동」, 『손장순 문학전집 14』, 푸른사상, 2009, 282쪽.

5 그러한 무상적 행동은 "전혀 행동하는 그 자체에 삶의 의미를 부여하는 것이고 행동의 순간순간이 값진 것이며 결과나 목적의 수행에 뜻이 있는 것이 아니라 매 순간마다 죽음과 위험이 도사리고 있는 허무의 늪 — 하나의 과정에 삶의 뜻이 가로놓여 있는 것이라고 볼 수 있는 것이다. 그렇기 때문에 알피니즘은 반도시적 반문명적인 특질이 있고 남성적이며 의지적이고 세속적인 것을 거부한다."(위의 글, 282~283쪽)라고 설명된다.

이 글에서는 바타이유의 관점에서 산악소설의 특징을 고찰하여, 손장순 연구를 위한 작은 시각 하나를 마련하고자 한다.

2. 일상의 속악성을 비춰주는 산

손장순의 산악소설은 등반과 하산이라는 목적론적 서사의 뼈대를 갖추고 있다. 여기에는 또 하나의 시간층이 포개져 있다. 그것은 그들도 어쩌지 못하는 일상이다. 일상의 곤혹은 목숨을 건 등반에 나서도록 알피니스트들의 등을 떠민다. 그리하여 이 알파니스트들은 거대한 자연이라는 힘과 자신의 내면을 소용돌이치는 삶이라는 상처에 맞서 조금 더 높은 곳을 향해 한 걸음씩 힘들게 발걸음을 떼어 놓는다. 이들이 보내는 산에서의 시간은 일상에 의미를 부여하기 위한 제의의 순간이라고 해도 과언이 아니다. 목숨마저 내놓아야 할지 모르는 이 절체절명의 순간까지 이들을 내몬 것은 다름 아닌 그들의 일상이다. 이 알파니스트들은 하나같이 어딘가에 정착하지 못한 자들이라는 공통점이 있다.

「알피니스트」는 손장순의 산악소설 중 처음 창작된 작품으로 사람들이 등반을 하게 되는 이유가 잘 나타나 있다. 이 작품에서 선우일과 정세정은 한라산 등반을 한다. 선우일은 연인이었던 상아로부터 작은 배신과 상처를 입을 때마다 "반사작용처럼 산으로 마음이 달렸"[6]

6 손장순, 『손장순 문학전집 14』, 푸른사상, 2009, 199쪽. 앞으로 소설 인용시 본문 중에 페이지 수만 기록하기로 한다.

으며, 정세정에게는 산이 "지성의 양심으로 대결할 수 없는 정치적 현실과 사회를 외면하기 위한 도피처"(210)였다. 「불타는 빙벽」에서도 "인간에 대한 실망을 느끼면 느낄수록 나의 믿음은 투박하면서도 굳건한 산으로만 향하게 마련"(73)이라고 서술된다.

「불타는 빙벽」에서는 선명하게 산과 도시의 이분법이 성립한다. "산으로만 치달리는 마음은 상처받은 도시의 수인에게 일종의 노스탤지어"(17)이며 서울은 "마치 요녀와 같다."(18)고 표현된다. 백주의 서울은 밝은 태양 아래 갖은 추태를 누절누절 노출시키는 품이 마치 밤손님에게 시달리어 해가 떠오를 때까지 화장을 지우지 못한 "밤의 여성의 몰골"(18)과 같다. 서울과 같은 의미소를 지닌 것으로 미술을 하는 친구 정빈과 '나'의 아내가 등장한다. 정빈은 자신의 예술적 명성을 위해 언론을 이용하고 경제적 이익만을 추구하는 속물이다. 정빈은 '나'의 히말라야 행도 전혀 이해하지 못하며 아내는 '나'의 예술을 "상품 가치로만 인정"(53)하고 남편의 산행을 막는 이야기만 반복할 뿐이다. 아내는 산에 대한 정열을 "광기 아니면 중독"(69)으로 바라본다. 정빈과 아내는 '나'와 정빈의 2인전을 상비하는 화랑을 공동합자로 경영하려는 계획까지 세운다.[7]

「단독등반」은 산행이 지니는 일상적인 삶과의 차별성을 선명하게 드러낸 작품이다. '나'는 일반적인 사회의 예의라든가 규범에 초연하다. 특히 복장에 있어 자유를 만끽하는 그는 여고에 근무할 때도 자

7 「불타는 빙벽」에는 흥미롭게도 산과 대비되어 바다가 등장한다. 그리하여 손장순 소설에서 산이 가지는 복합적인 의미를 부각시킨다. '나'는 "산에서 좌절할 때마다 고향인 제주섬을 찾"(59)는다. 에베레스트의 정상 등정에 실패했을 때도 제주도로 돌아와 위안을 얻는다. "산이 나의 행동의 광장"(59)이라면, 바다는 온전한 휴식으로 가득한 공간이다. 산이 남성의 성기와 닮아 있다면, 바다는 여성의 성기를 연상케 한다.

유로운 복장이 문제가 되어 사직한 경험이 있다. 이후 "거의 산에서 살다시피 하고, 나의 복장은 히피가 아니면 나날이 형편없는 산거지"(238)가 되어 갔다.

'나'는 이후 신문사에 근무하지만 인간과 어울리는 데 별반 재미를 느끼지 못한다. 이처럼 날카로운 의식의 소유자에게 사회는 온통 음모와 협잡의 구렁텅이로 보일 뿐이다. 신문사에서는 "은혜를 원수로 갚"(244)는 일이 빈번하다. 자기가 은혜를 베풀어 주었던 현 부장과 장 기자는 주인공이 신문사란 조직에 적응하지 못하는 이색적인 존재라는 것이 알려지자 노골적으로 신문사를 그만두었으면 하는 의향을 드러낸다. 이럴수록 "산으로 향하는 나의 마음과 거창한 등반 계획만이 유일한 삶의 보람"(247)이 되고, "나의 인간혐오증과 기피벽"(252)은 단독등반을 하게 만든다. 다음의 인용문에서처럼 사회에 대한 부적응의 보상은 '산'에서만 이루어지는 것이다.

> 산에서 소유할 수 없는 무한대의 자유. 그 무엇과도 타협하지 않은 순수한 고독의 깊이. 어떤 교활한 계략이나 간교한 술책도 통하지 않는 의연한 암벽. 웅대하고 장엄한 산록의 신비한 모습 앞에서 나의 마음은 가장 편안하다. 암벽을 등반하는 행위가 아무리 험난하고 그 대결이 참혹하다 해도 거기에는 패퇴가 있을 뿐 마음의 상처는 없다. 산행이 없었다면 나는 벌써 도시의 공해와 오염 속에서 질식했을는지 모른다.(241)

「단독등반」은 산거지라며 나를 놀리던 신문사 사장이 인수봉에서 조난된 아들을 구해 달라고 '나'에게 부탁하는 것으로 끝난다. 이 순간 '나'는 "나에겐 산만이 심신을 편안하게 기댈 수 있는 나의 영원한 복지이다. 나는 비로소 살아있음의 희열을 가슴 버겁게 느낀다. 단독등반의 철학은 점점 견고해질 것이고, 그럴수록 산악인이지만 성공적인 사회생활도 모색할 수 있을 것 같다."(256)는 희망찬 예감을 가지게 된다.

「불타는 빙벽」에서도 순수한 인간은 어디에도 없기에, 주인공은 "산에 가서 위안을 얻고, 거기에 나의 세계가 있음을 확인하고 돌아"(56)온다. 「빙벽에 핀 설화」에서 석준은 "산에서 단련되고 정화된 그의 곧고 순수한 영혼"(163) 때문에 혼탁한 현실에 적응하지 못한다. 그가 K대학을 그만둔 이유도 "현실과 타협을 할 줄 모르는 그의 생리 때문"(164)이다. 이 작품의 상당 부분은 교수 사회에서 이루어지는 여러 번잡한 정치 놀음을 서술하는 데 바쳐지고 있다. 이러한 삶과 반대로 "산은 나의 고독을 이해해 줄 뿐만 아니라 쓰다듬어 준다. 일상에서 겪는 모든 패배와 좌절을 위로"(172)해 주는 것이다. 설악산에 단독등반을 나선 것은 "소외에 대한 열등감에서 오는 보상심리"(172) 같은 것이다.

「절규」에서 동훈은 대학의 전임강사인데, 이곳 역시 여러 음모와 협잡이 판을 치고 동훈은 스스로 소외의 길을 걷고 있다. 그 사회와의 타협이 어려우면 어려울수록 동훈은 "반사작용으로 산으로만 몸과 마음이 치달렸"(95)다. "출세와 이해 위주로 살아가는 세태에 환멸을 느낄수록 그는 산에 탐닉해 갔"(107)던 것이다. 「정상이 보인다」에서 서술자는 "현대인에게는 누구나 이 살벌한 도시를 살아가는 데 깃들여진 숨은 병이 있다. 거기에다 삭막하고 허망한 삶을 살아가는 데 이 도취감은 때로는 생명수요, 때로는 마약이기도 하다."(219)고 말한다.

손장순의 산악소설에서는 등반대라는 작은 공동체 역시 또 하나의 타락한 일상으로 형상화되기도 한다. 「허상과 실상」에서 등반대의 부대장인 장헌은 지리산 등반을 하다가 등반대장인 남기탁과 그의 졸개인 박완식을 쏘아 죽인다. 여러 가지 상황상 후퇴를 해야 하는 상황에서 남 대장은 "전진이 있을 뿐"(138)이라며 장헌의 합리적인 제안을 거부했던 것이다. 남기탁은 "가증스런 영웅심과 공포"(138), "독기와 집념과 오기"(138)로 가득한 인물로서 그의 "등반규율은 비인간적이고, 기초훈련은 혹독하기로 이름이 나 있"(138)다. 본래 남기탁은 자신의 과거를 날조하여 그것을 강조하고, 자기 선전을 하여 등반대장이라는 자리에까지 오른 것이다. 최성주의 "이미 산의 세계도 오염이 되어 버린 것"(144)이라는 말이 실감나는 상황이다. 「단독등반」의 '나' 역시 오염된 명예욕을 지닌 채 온갖 반칙과 추태를 저지르는 악우들에게 환멸을 느낀다.

3. 인생과 예술을 상징하는 산

손장순의 산악소설에서 산을 오르는 과정은 인생 혹은 예술의 창작과 유사한 의미를 지닌다. 「알피니스트」의 주요 인물 도진희에게는 "산다는 자체가 도통 정상을 향해 등반하는 과정"(208)과 같다. 「불타는 빙벽」에서도 등반은 삶과 동일시되는데, "암벽을 타고 올라가는 행위는 바로 굳센 의지로 역경을 뚫고 나가는 삶의 피나는 고투와 같"(48)으며 "산은 나의 삶이요, 생명"(80)인 것이다. "이런 직벽의 출현은 마치 생의 과정에서 나타나는 수없는 장해와 같다."(47)는 문장 역시 삶과 등산의 유사성을 잘 보여준다.

등산이 하나의 인생이라면, 등산은 더 나은 삶을 위한 하나의 예행연습이자, 일상으로 돌아오기 위한 하나의 통과제의라고 볼 수도 있다. 「알피니스트」의 선우일은 도진희에게 몸을 기댄 채 상아를 간절히 생각한다. 지상은 "한때 혐오하던 살풍경한 전장이지만 지상과의 갑작스런 단절감은 그곳에 대한 향수와 더불어 묘한 애착을 환기"(204)시킨 것이다. "일상적인 삶에의 그리움, 생명의 집착"(204)으로 선우일은 절실하게 살고 싶다는 강렬한 의욕을 느낀다.

나아가 등산은 예술을 의미하기도 하며, 이 때 손장순의 산악소설은 메타소설의 성격을 지니게 된다. 「불타는 빙벽」에서도 "등반은 예술과 마찬가지로 나의 존재이유"(44)라는 말처럼, 등산과 예술은 동일한 의미를 지닌 것으로 설명된다. 주인공은 히말라야를 오르며 어려움을 만나자 "그림을 그리는 과정에도 어려운 고비가 몇 번이나 있었다."(47)고 말한다.

「정상이 보인다」에서도 동계 적설기 등반은 "백지의 빈 칸들을 앞에 놓고 무에서 유를 창출하려는 작가의 고뇌"(225)와도 같은 것이다.

「절규」에서 추락하여 죽음을 기다리는 동훈은 고독과 죽음의 공포를 잊기 위해서 필사적으로 글을 쓴다. "쓰고 있는 이 사실만이 아직 나의 실존을 증명해 주는 유일한 것"이기에 "동상을 입은 손으로 피를 흘려가며 쓰고 있는"(135) 것이다. 동훈에게 등산과 글쓰기는 모두 자신의 실존을 증명해 주는 방법들이었던 것이다. 「불타는 빙벽」의 다음 대목에서는 '등산 = 예술'이라는 인식이 선명하게 드러난다.

예술에 대한 시도는, 창작의 세계는 바로 무한에 도전하는 것이 산과 공통의 무엇을 가지고 있기 때문일 거야. 무에서 유를 만드는 창작이나, 하늘 높은 줄 모르고 높이 솟아 있는 극지를 향해 정상을 정복하겠다고 도전하는 것이나, 무한과 대결하는 인간의 능력이란 점에서 마찬가지인 것 같애. 난 예술이 그러하듯이 인간의 의지로서 이루어지는 일체의 것에서 인간의 위대함을 느껴. 비록 고독한 작업이지만 산은 바로 그것을 확인하는 도장이기도 하지. 나는 예술 앞에서처럼 거대하고 웅장한 산 앞에서 수도사와 같은 경건한 자세를 가지게 되지. 마치 기도하는 자세로. 산은 바로 나의 믿음 그 자체이기도 해. 아무리 산이 이때까지 나를 저버리고 많은 시련을 안겨 주었지만 산으로 끊임없이 향하는 마음은 바로 신앙과 같은 것이야. 삶이 허망하면 할수록 인간의 동물적인 삶의 타락과 시한적인 생명의 허무에서 벗어나서 인간의 존엄성을 지킬 수 있는 것은 바로 인간 스스로의 불굴의 의지로써 무한과 싸워 이기는 데에 있다고 생각해. 인간은 무엇에 의미를 두고 어떻게 살았느냐가 중요한 것 같애. 그것만이 동물과 구분 지을 수 있는 한계점이야. 여기에 어떤 종교의 도움도 필요 없어요. 그것은 인간 스스로의 정신력으로 해내야 해.(63~64)

위 인용문에서 예술과 등산은 '무한'이라는 매개어를 통해 만난다. 두 가지 모두 '무한에의 도전'이고 '무한과 대결하는 인간의 능력'이라는 점에서 공통되는 것이다. 이러한 무한에의 도전이야말로 인간의 삶을 동물의 삶과 구별시키는 인간 존엄성의 근거가 된다. 등산하다가 죽은 산악인들의 고혼은 "영원과 무한을 향한"(84) 삶의 증거이다.

나아가 높은 산에 오르는 일은 곧 "허망에 대한 도전"(65)으로 받아들여진다. 이때 등산은 노동과 생산을 우선시하는 일상적 삶과는 대척적인 자리에 놓여 있다. 생산과 유용성을 지향하는 현대문명의 일반적인 경향에 비추어보면, 아무런 생산도 하지 못하며 심지어는 주체의 목숨마저 요구하는 등산이란 무용한 일에 불과하다. 그러나 바타이유의 관점에서 보자면 이처럼 무용한 낭비야말로 인류를 전쟁과 같은 대재앙으로부터 구원하는 빛의 길이다.

바타이유가 주장한 일반경제학의 관점[8]에서 사치, 종교 예식, 기념물 건조, 전쟁, 축제, 스포츠, 장례, 예술, 도박 등은 인류의 존속을 가능케 하는 비생산적 소비의 구체적 사례이다. 그러고 보면 생산과는 무관한 등산은 과잉 에너지의 소비 방식이라는 측면에서 비생산적 소비와 서로 맞닿아 있다. 손장순 소설의 알피니스트들은 현실적 이득과는 무관하게 산을 향해 목숨을 걸고 나아가는 예술가들이다.

4. 에로티즘으로서의 산

손장순의 산악소설에 등장하는 알피니스트들은 바타이유가 말한 에로티즘(érotisme)을 기준으로 두 종류로 나누어 볼 수 있다. 첫 번째는 등산이 개체로서의 불연속성(discontinuité)을 심화시키는, 즉

---

8 바타이유의 일반경제학에 따르면 필요, 생산, 축적보다 사치, 소비, 선물이 훨씬 중요하다. 지구에 도달하는 태양에너지는 기본적으로 과잉이기 때문에 지구상에 존재하는 모든 유기체는 어떤 방식으로든 이 과잉 에너지를 처리해야 하기 때문이다. 바타이유는 과잉 에너지를 소모하는 방법으로 불유쾌한 파멸, 즉 전쟁이나 사치의 길로 가거나 유쾌한 파멸의 길로 가는 두 가지가 있다고 말한다. 이 중에서 바람직한 것은 당연히 후자이다. Georges Bataille, 조한경 역, 『저주의 몫』, 문학동네, 2000.

에로티즘과는 반대 방향으로 향하는 경우가 있다.

「알피니스트」의 선우일은 "상아와의 경우에도 그녀에게 몰두할 수 없는 자의식이 모든 회의를 낳았는지도 모른다."(200)고 생각한다. 상아는 "미스터 선우는 나보다 산을 더 좋아하니깐 내가 없어도 별로 외로움을 느끼지 못할 거예요."(203)라고 말한다. 「절규」에서도 등산가인 동훈은 날카로운 자의식의 소유자이다. 동훈은 본래 자신의 친구인 철주와 사귀던 유진에게 청혼하여 결혼하지만 동훈은 유진에게서 진정한 사랑을 느끼지 못한다. 철주는 유진과 깊은 육체적 관계까지 맺지만, 철주는 그녀를 소유하고 향유할 뿐 결혼 같은 것은 염두에 두고 있지 않다.

철주와 동훈은 알프스 등반대에 동행한다. 동훈 역시 다른 소설의 알피니스트들과 유사하다. "난 지상의 속된 일체를 멀리하고 속된 것과 타협하지 않아도 되는 나만의 삶을 구축하면 돼."(91)라고 말한다. 동훈은 자신의 모든 좌절을 이번 등반의 성공을 통하여 보상받고자 한다. 정상 도전에 성공한다면 논문도 제대로 쓰고, 유진과의 관계도 호전될 것이며, 철주에 대한 득의감도 느낄 수있을 것이라 생각한다.

함께 현장에 있었던 철주의 말에 의하면, 동훈은 철주를 살해하려고 했고 그 과정에서 자신이 추락한 것이다. 철주는 동훈을 위해 그의 죽음이 자살이라고 말한다. 법정에서는 철주를 동훈의 살해범으로 지목하고 있다. 그 와중에 동훈의 시체와 더불어 그가 쓴 최후의 일기가 발견된다. 그 일기를 통해 "난 아무래도 정상 정복에 자신이 없었소. 그렇다고 패배를 감수할 수도 없고 철주가 그것을 할 수 있는 기회를 용납할 수는 더욱 없었소. 그 기회를 뺏기 위해서는 어떤 사고이든 사고를 일으킬 수밖에 없었소."(134)라고 말한다.

동훈에게 등산은 자신의 가치를 높여 타인과의 대결에서 승리하기 위한 하나의 수단이라고 할 수 있다. 요컨대 그에게 등산은 개체로서의 불연속성을 더욱 심화시키는 일에 해당한다. 「불타는 빙벽」의 '나'에게도 등산은 "고독한 자아를, 아니 고독의 의식을 끌고 짊어지고 찾아가는 산은 감상적인 경지를 넘어서 자아를 견고하게 하는 곳"(17)이다. 그곳에서는 "자신의 신념을 재확인하게 되는 희열"(17)이 존재한다.

이러한 알피니스트들과 달리 등산을 에로티즘의 관점[9]에서 이해하는 알피니스트도 존재한다. 「알피니스트」의 도진희가 대표적이다. 도진희에게 등산은 개체의 불연속성을 잊고 연속성(continuité)을 경험하는 내적 체험에 해당한다. 도진희가 보기에 "산은 그와 같은 딜레탄트나 아마추어에게는 너무나 거대하고 험난"(205)하며 도진희에게 등반은 "골수에 배인 스포츠"(206)이자 "수도의 길"(206)이고, "신앙"(206)과도 통한다. 도진희는 등산과 여자를 정복하는 과정이 일치하며, 두 가지는 모두 "에로티시즘의 절정"(210)이라고 단언한다.

도진희는 등반이 "삶의 니힐을 극복하는 행위"(209)라고 말하는데, 이것 역시 에로티즘과 무관하지 않다. 나아가 도진희는 "개아의 고독을 근본적으로 해소해 주는 영원한 결합을 바라는 것 자체"(211)가 하나의 "난센스"(211)라고 여긴다. 그리고는 "마환에 가까운 쾌락 속에서. 말하자면 '에고'의 극치를 잠시 잊어보는 것이지. 마치 술로 아픈 감정을 마비시키듯, 모르히네로 현실의 고통을 외면하듯."(211)

---

9 한 존재와 다른 존재 사이에는 넘을 수 없는 심연이 가로놓여 있으며, 이러한 측면에서 인간은 불연속성에 의해 특징지어진다. 바타이유는 잃어버린 연속성에 대한 뿌리 깊은 향수에서 인간의 에로티즘이 비롯된다고 생각한다. Georges Bataille, 조한경 역, 『에로티즘』, 민음사, 1999.

이라고 말한다.[10] 이러한 도진희의 발언은 '죽지 않으면서 죽음 저편의 세계로 살짝 넘어갔다 오는 길'이라고 할 수 있는 에로티즘의 본질을 정확히 지적한 것이다.

나중에 도진희가 죽는 것은 연속성에 이르는 욕망의 밑바닥에 이르렀음을 의미한다. 바타이유는 불연속적인 인간에게 죽음이 존재의 연속성을 보장하는 의미가 있음을 역설한다. 육체란 우리의 존재를 경계 지우는 집이기 때문에, 죽음의 세계에서 육체라는 집은 파괴되고, 자연스럽게 우리는 더 이상 불연속적인 존재가 아니게 된다. 이러한 죽음은 바타이유가 말한 내적 체험을 표현하기 위한 하나의 상징적 기호라고 볼 수 있다.[11]

손장순의 산악소설 곳곳에는 실제로서의 죽음[12]과 원망(願望)으로서의 죽음이 가득하다. 「알피니스트」에서 도진희는 "선우일과 달리 죽음에 대해 일말의 공포도 없"(203)다. 「절규」에서 동훈은 등산의 와중에 아름다운 풍경을 보며 문득 "빙벽 아래로 몸을 던져서 죽고 싶은 충동"(109)을 강렬하게 느낀다. 이러한 죽음 역시도 존재의 연속성

10 그러나 우리는 연속성의 열락을 희망하는 동시에 불연속성의 고독을 원한다. 그리하여 우리는 지혜롭게도 또는 음험하게도 모순된 두 항의 양립을 모색한다. 이를테면 금기를 완전히 와해시키지 않으면서 순간순간 위반의 관능을 만끽하고자 하거나 불연속적 존재를 포기하지 않으면서 순간순간 연속성을 음미하려 한다. 이를테면 욕망의 밑바닥까지 가 닿고서도 죽지 않는 길이 있을까? 바타이유는 죽지 않으면서 죽음 저편의 세계로 살짝 넘어갔다 오는 길이 바로 에로티즘의 길이라고 말한다. 유기환, 『조르주 바타이유』, 살림, 2006, 207쪽.

11 내적 체험은 바타이유가 특유의 의미를 부여한 '비지(非知)' 상태의 말한다. 일체의 감각, 일체의 언어, 일체의 지식이 상실되고, 육체의 힘, 정신의 힘, 영혼의 힘이 한 방울 남김없이 소모될 때, 우리는 그때 비로소 비지의 상태에 이른다. 이 절대적 소모, 이 순수한 상실, 이 완벽한 빈손의 상태가 바로 바타이유가 지상권(至上權)의 경지라고 부르는 인간 경험의 최고 영역이다. 내적 체험은 끝없는 '비의미의 의미'이며, '의미의 비의미'이다. 바타이유에게는 영원한 밤이 있을 뿐이다. 바타이유는 내적 체험을 하나의 재앙이라고 불렀다. 주체를 주체의 절멸로 이끄는 황홀경이란 얼마나 큰 재앙인가. 내적 체험은 몰아의 왕국이요, 절멸의 축제이다. 위의 책, 34~35쪽.

12 대표적으로 「불타는 빙벽」에서도 한 순간의 눈사태로 셀파 5명과 대원 6명이 조난사를 당한다.

을 희구하는 에로티즘적 욕망의 궁극에 도달한 모습이라고 이해할 수도 있다.

5. 실재(the real)를 드러내는 틈새로서의 산

어찌 보면 당연한 것이겠지만 정상을 보고 온 자들이 확인하는 것은 '정상은 없다'는 즉 '무'라는 사실뿐이다. 이것이야말로 삶의 진상이며 실재, 그 자체라고 말할 수밖에 없다. 목숨을 건 등산이 거대한 욕망의 뒷받침으로 가능한 것이라면, 이러한 결말은 자연스럽다. 라캉에 따르면 욕망은 결핍에서 오며, 이러한 결핍은 영원히 채울 수 없다. 하나의 결핍을 채우면 또 다른 결핍이 오기 때문이다. 마치 「알피니스트」에서도 링반데룽에 걸려 죽을 고비에까지 이르렀던 선우일이 한라산을 정복한 후에 곧 "다음 순간 어쩔 수 없이 말갛게 고여드는 일말의 애상. 그 우월감만으로도 다 채워질 수 없는 가슴의 공동"(210)을 느끼는 것처럼 말이다. 도진희 역시 정복의 순간 다음에는 "속절없이 좌절감에 빠져 들어가기 마련인데 이것이 삶의 참모습"(212)이라고 생각한다.

욕망을 채울 수 있다고 생각하는 것이 허구라면 욕망을 비울 수 있다고 생각하는 것은 오만이다. 단지 채울 수도 비울 수도 없는 욕망이 존재할 뿐이다. 그렇다면 정상은 존재하면서 동시에 존재하지 않는다고 보는 것이 타당하다. 「정상이 보인다」에서 "그렇다면 정상이 없는 것이 아니라 정복이 없는 것인지도 모른다. 대청봉은 언제나 그 자리에 있는 것인데 다만 보이다가 보이지 않다가 할 뿐이다."(235)라는 오노학의 깨달음처럼 말이다.

「돌아가지 않는 나침반」에서는 나침반은 작동하지 않고 오르고자 하는 낭가파르바트 봉우리가 보이지 않는 상황이 등장한다. 호준은 등반대의 대장으로서 낭가파르바트 등반을 이끌고 있다. 낭가파르바트의 웅장한 주봉의 모습이 보여야 하는 지점에 이르지만 주봉이 보이지 않는다. 난처한 처지에서 나침반을 꺼내 보지만 호준의 나침반 바늘은 움직이지 않는다. 그들은 자신들이 "어느 방향에 와 있는 것인지 그것조차 헤아려 볼 길이 없"(186)다. 그들은 하산하지만 제5천막마저 보이지 않는다. 앞과 뒤가 꽉 막힌 절체절명의 상황에서 이 소설은 서로가 말씨름을 벌이며 호준이가 "낭가파르바트는 끝내 보이지 않을 것인가."(197)라고 절규하며 끝난다.

산악소설 중에서 마지막 작품인 「정상이 보인다」에서 정영균, 오노학, 강혁심, 부충렬은 설악산 등정을 하고 있다. 이 네 명은 먼저 정상에 오르기 위해 치열한 대결을 펼친다. 각자는 자기만의 간절한 이유로 목숨을 건 대결을 펼쳐 나가고 있다. 정영균과 강혁심은 한때 협력관계이기도 했지만 오랜 라이벌이다. 부충렬은 아무에게도 인정받지 못한 자신의 등반능력이나 기량을 이번에 인정받고자 하는 마음으로 가득하다. 오노학은 "단지 목표와 수단이 되어 버린 정상 정복을 위해 최선을 다해 싸우고 있을 뿐"(231)이다. 그런데 이들 네 명의 눈앞에서 대청봉이 사라진다. 네 사람은 그 때 "정상은 우리의 누구에게도 존재하지 않는 겁니다."(234)라는 사실에 공감하며, 작품은 "그들은 가까이 가면 그 정상이 다시 보이지 않을 것을 알고 있다. 정복이 누구나 불가능하다는 것을."(235)이라는 문장으로 끝난다. 이 때의 '사라진 정상'은 도달할 수 없는 욕망의 기호인 동시에 끝내 무로 환원되어 버리고 마는 우리 삶의 실재를 드러낸 것이라고 할 수 있다.

6. 남는 문제: 바라봄의 두 양상

이상으로 손장순의 작품세계 중에서 우뚝한 산맥을 이루는 일련의 산악소설들을 살펴보았다. 이들 통해 손장순 소설에 등장하는 산으로부터 '일상의 속악성을 비춰주는 산', '인생과 예술을 상징하는 산', '에로티즘으로서의 산', '실재(the real)를 드러내는 틈새로서의 산'이라는 다섯 가지 의미를 추출해 낼 수 있었다.

요컨대 손장순은 산을 통하여 자신의 인생관과 작가관을 오롯이 형상화했다고 말할 수 있다. 그것은 인간 욕망의 근원에 대한 통찰인 동시에 도덕적으로 타락해 가는 당대의 삶에 대한 비판적 성찰을 동반한 것이기도 하였다. 손장순은 개념조차 희미한 산악소설이라는 장르를 한국문학사에 당당하게 등재시킨 선구자인 동시에 이를 통하여 좋은 문학이 마땅히 다루어야 하는 인간과 세계의 진실을 심문하는데도 성공한 작가이다.

본론에서 다루지는 못했지만 「빙벽에 핀 설화」 역시 중요한 의미를 담고 있는 작가의 산악소설이다. 이 작품에서 대학교수인 석준은 로체 페이스를 눈앞에 두고 있다. 조난사고가 발생하지만 대경과 도현은 조난사고에 신경 쓰지 말고 정상정복에 나서자고 주장한다. 그러나 석준은 정상 정복을 포기하고 혼자 하산하여 조난자를 구한다. 그 조난자는 왕대천이라는 대만 청년인데, 그는 나중 석준의 아들임이 밝혀진다. 대만의 알피니스트였던 왕대천의 어머니는 젊은 시절 석준과 짧은 연애를 했었고, 곧 대만으로 돌아가 석준 모르게 아이를 낳았던 것이다. 몇 십 년이 지난 지금 둘은 이렇게 조우한 것이다. 석준은 자신과 같은 등산대의 대원이었던 도현이 정상 정복에 성공했다는 소식을 듣는다.

또 한 번 패배감이 밀려드는 상황에서 석준은 "아버지, 인생은 유예의 연속만은 아니죠?"(180)라는 아들의 말에, 자신 있게 "아니다."(180)를 외치며 소설은 끝난다. 손장순은 정상 정복이라는 허명의 추구보다는 조난자의 구조라는 윤리적 행위가 좀더 인간적인 행동임을 부자의 감격적 상봉을 통해 웅변하고 있는 것이다. 한 가지 안타까운 점은 이러한 윤리적 태도가 네팔이나 이집트 등의 제3세계에 대한 차별적 시선[13]과 공존한다는 점이다.

13 「불타는 빙벽」의 '나'는 히말라야 원정대 리더로 네팔의 카트만두에 간다. 그곳을 거닐며 소가 한가로이 다니는 모습이나 사람들이 길거리에서 방뇨, 방분하는 모습을 보며 "동물적"(40)이라고 말한다. 더욱이 사람들의 옷차림을 보며 "한결같이 누추하고 원시적"(40)이라고 평가하며, "몇 천 년을 거슬러 고대로 돌아간 듯한 즐거운 착각"(40)을 느끼기도 한다. 이곳은 "원시적인 엑조티즘을 한껏 향유"(41)하기에 적당한 곳으로 인식된다. 히말라야 인근에 사는 사람들은 "원시인"(42)으로 불리며, 그들이 밥먹는 모습을 보며 "동물적"(42)으로 보인다고 말한다. 현지의 수송원들과 헤어지는 장면도 "우리 대원들과 헤어지게 되자 치즈와 마늘 냄새를 풍기며 씻지 않아 땟국이 흐르는 볼을 비비자고 들이대는 사람이 있는가 하면, 누런 이똥을 내보이며 악수를 청하기도 한다."(45)고 묘사한다. '나'는 국제 전시회를 위해 이집트에 내렸을 때도, "지저분한 카이로 거리는 꼭 서울의 해방 전후를 연상케 하나 사람들은 순박하고 인간미가 풍긴다. 전차와 버스에 사람들이 꾸역꾸역 타고 그것도 모자라 매달려 가는 비문명적인 풍경"(71)이라고 생각한다. "폐허의 고도 알렉산드리아는 그 가난함과 미개함이 네팔의 카트만두를 연상"(73)시키는데, 이러한 장면들에서는 네팔이나 이집트 등을 바라보는 우월적 시선을 느낄 수 있다.

'유학생' 표상, 착종된 현대의 투시도
―손장순의 1970~1980년대 단편소설을 중심으로

전소영

1. '유학생 세대'의 탄생과 손장순 소설의 이채

1960년 1월, 서울지검 감찰부에 한 장의 투서가 날아든다. 이 투서에는 당시 문교부에서 주관했던 해외 유학생 선발 시험을 고발하는 내용이 적혀 있었다. 문제지가 시중에서 오만 환에, 그것도 성황리에 밀거래되고 있다는 것. 유학 지원자가 급증하면서 벌어진 해프닝이었다.[1]

1954년 이후 그 수가 급속도로 늘어난 유학생의 숫자는 1960년대 후반에 이르면 대략 만 명을 웃도는 수준에 이르게 된다. 이들이 유학한 곳은 대개 미국, 서독, 프랑스 등 자유진영의 서방국가였고, 여성 유학생의 비율도 그중 30% 가까이를 차지했다.[2] 이처럼 전후사

1 「해외유학생선발 시험지매매?」, 『동아일보』, 1960. 1. 16.

회에서 외국 유학이란 일시적인 현상을 넘어서는, 하나의 풍속으로 부조되고 있었다.

물론 서구 세계를 선진적인 근대국가로 상정하고 유학을 이상화하는 것은 이미 개화기부터 존재하던 인식체계였다. 가령 『혈의 누』(이인직, 1907)의 옥련이나 『모란병』(이해조, 1911)의 금선은 미국 유학을 통해 삶을 쇄신하고 새로운 주체로 거듭나고자 했던 여성 인물들의 전형이었으며, 이들의 형상은 『무정』(이광수, 1917)에서 미국 유학을 준비하는 신여성 선형의 모습으로 이어진다. 이 시기에서부터 미국 유학은 이미 진보된 세계로 통하는 경로로 묘사되었던 것이다. 그러나 이 때의 미국이 경험적 공간이기보다는 상상된 공간에 가까웠던 것과 달리 전후사회의 미국 내지 서구세계는 문화의 급격한 유입에 기반을 두고 실물의 형상으로 다가온다.

특히 대학을 중심으로 수용된 미국의 학문과 문화는 고급문화로 인식되어 '지식인/대학문화'로 정착되기에 이른다.[3] 서구적 문화와 지식을 갖추는 것, 외국어(특히 영어)를 구사하는 것, 그 통로인 외국 유학은 적어도 이 시기에는 지식인의 반열에 올라서는 가장 유력한 수단으로 자리매김하게 되었던 것이다. 따라서 당시 고학력 인텔리들은 선진사회에 진입하기 위해 재산을 정리해 이민을 떠나거나, 미국의 졸업장을 위조하면서까지 유학생의 형상을 취득하고자 했던 것으로 알려져 있다.[4] 또한 1960년대에서 1970년대에 걸쳐 유행했던 "출세를

---

2 「해외 유학생 모두 9,466명」, 『동아일보』, 1969. 3. 10: 「세계에 심는 「韓國」의 힘」 1만 명」, 『경향신문』, 1969. 5. 17.

3 이선미, 「1950년대 미국 유학 담론과 '대학문화'」, 『상허학보』 25권, 2009, 237~238쪽.

4 1965년 이민법이 바뀐 후 미국 이민은 이상향으로 가는 것처럼 여겨져 조기 유학 및 원정 출산의 붐을 낳게 된다. 또한 미국 대학 졸업장이 심심치 않게 위조될 정도로 미국 유학은 가장 선망되는 커리어였다. 이

하려면 유학을 다녀와야지"라는 상투어는 서구의 문화가 단순히 '전파'되는 수준을 떠나 수용자의 생활양식을 '바꾸는' 매개로 작동하였다는 사실을 보여준다.[5] 이른바 '유학생 세대'가 탄생한 순간이다.

손장순 소설이 지닌 이채 중 하나는 바로 이 '유학생 세대'[6]를 전면화하고 있다는 점이다. 보다 정확히 말하자면 '유학생'이라는 상징적 존재를 통해 당대 지성인들의 의식세계를 정밀하게 탐찰하고 있다는 점이다. 물론 유학에 관련된 당대의 담론은 여러 소설 속에서 재현된 바 있다. 그러나 이는 대개의 경우 유학에 대한 그릇된 환상을 경계하는 내용을 담고 있었다. 이를테면 "비록 밥을 굶은 한이 있더라도 미국 유학만은 꼭 해야 한다"[7]라는 단언으로 대변되는 맹목적인 아메리카 드림의 허상을 풍자함으로써 거기에 각인된 허영심, 친미적인 성향을 비판하는 데 주력하였던 것이다.

이러한 접근법은 물론 유의미한 측면이 있다. 외국 유학 붐은 서구(특히 미국)를 경제 발전의 모델로 삼고 서방 자유 진영의 문화를 적극적으로 유치하고자 했던 한국의 근대화 과정과 밀착되어 있다. 예컨대 유학 붐을 촉발한 실질적인 동인들, 풀 브라이트 장학금 내지 교환 학생/교수 지원 제도,[8] 1965년 이민법의 개정은 미국이 자유 민

광규, 『재미한국인』, 일조각, 1989.

5 윤종건, 「우리는 자의의 함홍차사가 아니다 — 재미 유학생활의 이해」, 『사상계』, 1963. 10.

6 '유학생 세대'라는 말은 손장순의 언급을 그대로 차용한 것이다. 그는 『한국인』을 설명한 글에서 문휘 등의 유학파 출신 지식인들을 '유학생 세대'라 언급하고 있다. 손장순, 「동과 서의 만남(East meets West)」, 『손장순 문학전집 12 — 이룰 수 없는 서원』, 푸른사상, 2009, 317쪽. (이 글에서 인용한 작품은 2009년 발간된 『손장순 문학전집』을 참고하였음을 밝혀둔다. 이하 본문을 인용할 경우 작품이 수록된 전집의 권수와 쪽수만 표시하도록 하겠다.)

7 손창섭, 「미해결의 장: 군소리의 의미」, 『현대문학』, 1955. 6.

8 Kenneth Osgood, *Total Cold War: Eisenhower's Secret Propaganda Battle at Home and Abroad*, University Press of Kansas, 2006, p. 312.

주주의의 가치와 문화를 전파하기 위해 수행한 대외 정책의 일환이었다. 그리고 당시 젊은 지성인들을 사로잡았던 환상, "거대하고 웅장하며 풍부한 고장인 미국에 대한 동경과 그곳에 가고 싶은 소망"[9]은 그 부산물이라 할 만했다.

그러나 당대 유학에 관한 담론을 제도에 종속된 것, 그에 따른 부작용으로 환원시켜 일괄적으로 비판하는 논리에는 함정이 도사리고 있다. 유학의 경험은 그 주체들 개개인의 삶과 의식 안에서 각기 다른 양상으로 기억되고 변형되어, 새로운 인식의 매개로 이용될 수 있기 때문이다. 따라서 손장순은 유학생들을 단순히 친미적인 경향을 지닌 엘리트 지배계층으로 환원하는 대신, 개개인의 '유학생'이 지닌 존재론적 특성을 부각시킨다. 그의 소설에는 동시대의 작품 속에서 흔히 발견되지 않는 유학 생활담, 귀국 후의 삶의 모습이 섬세하게 그려지고 있다.[10] 또한 작가는 이러한 유학생 표상을 통해 그들이 한국사회에서 점하는 특수한 위치를 조명하고, 당대의 풍속도를 해부하여 한국사회의 심층을 진단하는 데까지 나아간다.

이러한 특수성 및 유의미성에도 불구하고 손장순의 단편소설들은 기존 논의 안에서 크게 조명된 바가 없다. 손장순의 문학세계에 대한 연구를 간단히 일별해 보면, 주로 『한국인』, 『공지』, 『세화의 성』 등 장편소설에 논의가 집중되어 있거나 여성문학의 관점에서, 혹은 작가가 수용한 프랑스 실존주의 사상과의 연관성 하에서 작품에 대한

---

9 손장순, 「유학」, 『전집 12』, 푸른사상, 2009, 471쪽.

10 물론 '유학생'의 존재를 묘파해낸 소설은 당대에도 존재했다. 가령 최인훈은 『회색인』(1963) 등에서 외국 유학을 다녀온 지식인 계층의 모습을 담아낸 바 있다. 그러나 이때 유학의 경험은 그들의 엘리트성을 돌출시키는 하나의 배경 정도로 활용된다. 손장순의 소설에서처럼 유학생만이 견지할 수 있는 특성들이 디테일하게 나타나지는 않는다.

평가를 내려왔음을 알 수 있다.[11]

따라서 이 글은 손장순 문학 독해의 새로운 가능성을 모색하기 위해 '유학생' 표상에 주목하고자 한다. 이는 손장순의 여러 단편소설 속에 산재되어 있으며, 크게는 모티프나 서사의 차원에서 작게는 배경의 차원에서 도입되고 있다. 또한 대표적인 장편 『한국인』에서도 유학의 경험, 유학생의 모습이 중요한 비중으로 거론된다는 점은, 이것이 작가의 전체적인 사유를 갈무리할 수 있는 하나의 방편임을 입증한다. 물론 작가가 실제 유학생 출신은 아니었기 때문에, 작중에 스스로의 경험이 '재현'되어 있다고 하기는 어려울 것이다. 그러나 이러한 사실은 오히려 그가 특수한 목적을 가지고 유학생의 문제 및 경험을 소설 속에 기입해 넣었음을 방증하는 것이 된다.

그럼에도 손장순의 문학에 노정된 '유학생'의 표상을 조명한 논의는 상당히 미비하다고 할 수 있다. 기본적으로 손장순의 작품이 지닌 고유의 결과이나 깊이에 대한 평가가 온당하게 이루어지지 않았을 뿐더러 이 글과 유사한 방향의 사유를 개진한 논의들도 대개는 분석 대상을 한두 작품에 국한시키고 있을 따름이다.[12] 따라서 이 글에서는 유학생 표상에 주목하여, 기왕에 충분히 평가되지 못했던 단편소설의 세계를 펼쳐보이고자 한다. 이는 당대 한국사회가 노정한 균열을 예각적으로 조감했던 작가의 시선을 돋을새김하는 작업이 될 것이다.

---

11 대표적인 연구로는 김상일, 「고독과 에로티시즘」, 『공지』, 일지사, 1975: 김양수, 「손장순의 문학세계―틀에 매인 여인 풍토 『세화의 성』을 중심으로」, 손장순, 『세화의 성』, 일신서적출판사, 1994: 전혜자, 「현대소설의 도시생태적 독법에 대한 연구―손장순의 『한국인』을 중심으로」, 『손장순 문학전집 2』, 푸른사상, 2009 등이 있다.

12 이선미(「1960년대 여성 지식인의 '자유'담론과 미국」, 『현대문학의 연구』 제29집, 2006년)는 단편 「바람개비를」, 전혜자(위의 글)는 장편 『한국인』을 각각 다루고 있다.

2. '선망'과 '환영' 사이: 유학 경험과 서구화의 모순 자각

이국의 땅에 체류하는 유학생은 필연적으로 이방인일 수밖에 없다. 그는 여행자와 달리 유학지의 생활을 체득하고 그 사회에 적응해 가려하나 그가 완벽한 주민이 되는 것은 생래적으로 불가능하다. 따라서 유학생은 영원히 고독한 경계인이다.

다만 1960년대 및 1970년대 한국의 유학생들은, 귀국한 이후 본국에서조차도 "국외자로 자신을 서성거리게"[13] 할 수밖에 없는 이중적인 소외에 직면한다. 이는 기본적으로 고학력의 인텔리 지식인을 수용할 수 없는 당대 한국사회의 제도적, 정책적 문제와 결부되어 있다.

> 대폿집이 즐비한 무교동 뒷골목의 비좁은 구석에 초원다방이 있다. 눈에 띄는 장식도 없이 허술한 이 다방은 마치 가꾸지 않은 화원처럼 스산한 느낌을 준다. (중략) 이곳에 미국 유학생들이 수시로 아는 얼굴들을 찾아 나타난다. (중략) 이들 미국 유학생들은 대개가 답답한 사정에 놓여 있다. 미국에서 돌아온 지 얼마 안 되어 직장이 없거나, 있어도 아직 기반이 잡히지 않아 불안한 상태에 있다. 그런가 하면 치르지 못한 병역에 쫓기고, 될 듯 말 듯 한 일의 하회를 기다리는 초조함도 있다. 거기에다 미국서 오랫동안 시달린 피로한 여정(旅情)과 그곳서 알게 모르게 받은 무수한 작은 상처. 이래저래 각박한 그들이 위안을 주고받을 수 있는 건 역시 이런 곳에서 만나는 같은 유학생들끼리다.

---

13 손장순, 「도시일기」, 『손장순 문학전집 13 — 우울한 빠리, 도시일기』, 푸른사상, 2009, 328쪽.

> 초원 다방엔 아직 직업을 잡지 못한 유학생과 시간제 직장을 가진 유학생들이 벌써 나와 앉았다.[14]

『한국인』에 그려진 '초원다방'의 풍경이다. "한국의 이방인 아닌 이방인지대"라 호명되는 곳, "불안한" 유학생들이 주둔하는 아지트다. 실제로 당시 유학생들은 귀국 후 취업이 녹록치 않았던 까닭에 정착하지 못하고 표류하는 경우가 많았다. 그들은 스스로를 "한국사회에서 암암리에 돌림을 받는 외롭고 피곤한 영혼들"이라 느낀다. 당대에는 이러한 현실을 비관하여 귀국하지 않는 유학생들의 숫자가 상당히 많았고, 이것이 심각한 사회적 문제로 대두되기도 했다.[15]

그러나 이들을 '국적이 부재한 이방인'으로 만든 보다 근본적인 이유는, 그들이 서구 사회에서 체득해 온 지식이나 사유가 한국사회에서 '무용'한 것이라는 자조에서 기인한다. 유학생들은 "그들의 학문이 이곳에서 실용성이 없고 무력한 것을 절실히 느끼고 있다." 서구 세계로의 유학은 한국사회가 지닌 "지성의 풍토성과 현실성과 거리가 먼" 것이었고, 따라서 거기에서 습득해 온 지식과 사유로는 "현실 참여를 훌륭하게 할 수 없"는 것이다.[16] 이는 물론 한국인으로서 서구의 역사와 전통을 토양으로 하여 생산된 그들의 학문을 충분히 이해할 수도, 한국사회에 온전히 적용할 수도 없는 비애를 보여주는 것이기도 하다. 이를테면 이런 것이다.

---

14 손장순, 『손장순 문학전집 1 — 한국인 (상)』, 푸른사상, 2009, 80쪽.

15 당시에는 이러한 현실을 우려하여 해외 유학생을 배려한 정책 개선을 촉구하거나 그것을 반대하는 기사가 다양하게 나타났다. 「해외유학생문제」, 『동아일보』, 1962. 6. 27: 「돌아와야할 유학생들」, 『매일경제』, 1969. 3. 29.

16 손장순, 『전집 1』, 90쪽.

"콩나물국에다 김치나 먹고 나와서 독일어를 가르치려면 발음이 잘 나오지 않아요."[17]

"영어학 교수인 친구의 말인 즉 콩나물 대가리가 둥둥 떠 있는 도레미탕에 김치, 깍두기를 먹고, 궂은 날이면 구두가 진창에 푹푹 빠지는 오물이 넘치는 좁은 골목길을 걸어나오면 영어의 감각은 깨끗이 사라지고, 교단에서도 발음이 제대로 나오지 않는다고 한다."[18]

더불어 보다 본질적인 '무용함'은 서구화=현대화의 과정에서 유입된 서구의 가치나 문물이 본토에서처럼 발현될 수 없다는 사실에서 발원한다. 또한 이 '무용함'이야말로 서구화=현대화를 추수했던 한국사회의 모순을 현시하는 징표로 자리매김한다. 그러한 맥락에서 「우울한 빠리」(『현대문학』, 1967. 1)는 특별히 주목을 요한다.

이 소설은 일단은, 파리 유학생인 묘선의 연애담을 바탕으로 하고 있다. 그러나 이는 한국에서 습득했던 서구=근대적 관념들, 즉 '인권'이나 '자유'라는 단어에 기입된 이율 배반성을 깨닫는 한 유학생의 이야기이기도 하다. 그녀의 이름은 묘선이다. 묘선에게는 두 명의 남성이 있다. 한쪽에는 프랑스인인 장이 있고, 반대쪽에는 튀니지인 치과 의사가 있다. 그녀는 그들 사이에서 진자운동을 하다가 결국 장을 택한다. 이러한 선택의 과정은 자못 의미심장하다.

---

17 손장순, 「도시일기」, 『전집 13』, 366쪽.
18 손장순, 「유리디체」, 『전집 13』, 289쪽.

치과 의사는 구름다리를 넘어서 기숙사 밖으로 나간 다음 어느 까페로 그녀를 안내한다.

"이상하지 않아. 그날 묘선은 내게 친절했고 몹시 상냥했는데, 오늘 차 한잔도 함께 마실려고 하지 않으니."

"당신은 불란서 사람이 아니죠? 튜니시 사람이라고 들었는데요."

치과 의사는 모욕으로 얼굴이 비틀린다.

"아버지는 튜니시 사람이지만 어머니가 남불 사람이에요. 누가 그런 말을 해요?"

"어쨌든 국적은 튜니시일 것 아니에요."

"그런데 묘선은 왜 국적이 민감하지? 불란서 사람만을 좋아하는 것은 무슨 사대주의 근성이야?"

"내가 언제 불란서 사람만을 좋다고 했어. 요는 거짓말을 내게 한 것이 불쾌했을 뿐이야."

"아니야. 그것은 내가 불란서 남자가 아니라는 데 실망한 데서 나온 핑계에 지나지 않아. 국적을 지나치게 따지는 그 자체가 열등감이 아니고 무엇이야?"

순간 묘선은 그녀의 머릿속에서 섬광처럼 번쩍이는 생각이 있다. 장을 거절하면서 느끼던 통쾌감. 그것도 열등감이 아니었던가. (중략) 묘선은 생각해본다. 많은 외국 친구 가운데 하필이면 장과 하룻밤의 정사를 감행한 것은 역시 그가 불란서 남자였기 때문일까.[19]

치과 의사와의 대화를 통해 묘선은 자신이 장에게 마음을 준 것

19 손장순, 「우울한 빠리」, 『전집 13』, 37쪽.

이 그가 프랑스인이었기 때문, 혹은 치과 의사가 경멸받는 아랍인이었기 때문이었다는 점을 직감한다. 여기에는 프랑스인들로부터 부정당한 정체성을 지닌 아랍인과 동류로 분류되는 것에 대한 그녀의 두려움이 노정되어 있다. 다시 말해 묘선이 치과 의사가 아닌 쟝을 택한 것, "외국인에게 한국의 경제적 번영을 내세우고 강조"[20]한 것은 모두 후진국민으로 정체화되는 자신에 대한 열등감을 은닉하기 위한 방책이었을 뿐이다. 이를 위해 그녀는 어느새 파리 유학생 사회의 분류법, 즉 '국적'에 따라 유학생의 위계를 결정하는 인종차별주의를 모방하고 있었다. 이 위계를 결정하는 척도는 경제적 번영의 정도이며, 이것은 서구 자본주의 사회 안에서 작동하는 우승열패의 논리이다. 이렇듯 묘선은 유학의 경험을 통해 자기 안의 식민성을 깨닫는다.

이러한 상황은 아이러니컬하다. 묘선은 "국내에 있을 때, 경제적인 발전보다 더 소중한 것이 인권이요 자유라고"[21] 여겼다. 즉 묘선으로 하여금 유학의 길을 택하게 한 동인은 분명 서구 = 현대를 지탱하는 기치들, 즉 인권과 자유였다. 그러나 막상 그것의 산지(産地) 왔을 때 그녀가 피부로 느낀 것은, 서구 사회에서 배양된 그러한 관념들이 저변에 자본주의의 논리에 의해 서열화된 인종주의를 노정하고 있다는 냉정한 진실이었다.

이것은 자유의 표상으로 인식되었던 미국에서도 크게 다를 바가 없다. 『한국인』에서 미국 유학을 다녀 온 쑤한은 이렇게도 말한다.

---

20 위의 글, 23쪽.

21 위의 글, 같은 쪽.

"(중략) 인종차별에다, 장학금으로 공부하는 학생은 모조리 천시해. 고학은 당연하게 생각하면서 코리아라면 알쏭달쏭한 모양이야. 어느 레스토랑에선 숫제 색안경을 쓰고 봐. 먼저 한국 학생이 사고를 냈다나. 코리아는 기껏 알려져 있댔자 코뮤니스트와 용감하게 싸우는 가난한 나라라는 정도지. 덕택에 장학금도 많이 얻었지만 코리아는 그들에게 마치 범죄와 가난을 상징해."[22]

미국은 개인 중심의 생활방식이나 문화가 만연해 있는 국가. 따라서 '고학'이라는 것은 필수 불가결한 것, 당연한 것으로 인식된다. 그러나 그 역시 주체가 자국민일 경우에만 통용된다. '고학'하는 한국인은 자립적인 인간이 아니라 가난한 후진국에서 온 잠정적 범죄자로 간주되는 것이다. 미국 또한 개인의 자유와 권리를 중시하는 제도나 조직 생활을 바탕으로 하면서도, 한편으로는 인종에 따라 비서구권 국가를 구획하고 배제하는 이중적 구조를 지니고 있다. 그러한 그들의 학문과 지식을 한국의 지식인들은 '선망'하고 있었다는 것, 이것은 뼈아픈 아이러니이다.

"여기에 오니까 베세의 의미가 우리가 사전에서 익힌 뜻과 뉘앙스에 상당한 거리가 있더군. 처음에 와서 불란서 학생들과 키스란 의미로 그 말을 썼을 때 까르르 웃지 않어. 그것도 번번이. 그래서 어느 날 왜 웃느냐고 따져 물었더니 그것은 육체관계를 의미한다지 않아."

"그러니까 언어는 그 고장에 와 보아야 산 의미를 알 수 있어요. 또한 시

---

22 손장순, 『전집 1』, 112쪽.

대에 따라 언어 감각도 달라지는 것이니까."[23]

「거대한 물결」에 묘사된 유학생 성화와 인환의 대화이다. 파리에 당도했을 때, 이들은 불한사전에 번역된 '베제(baiser)'의 의미가 프랑스에서 사용되는 '베제'의 의미와 온전히 일치하지 않는다는 사실을 깨닫게 된다. 한국에서 이들이 익힌 불어, 나아가 그것을 기반으로 하는 프랑스의 지식과 파리에서 접한 그것 사이에는 분명한 간극이 노정되어 있다. 무비판적으로 수입, 전파된 서구 사회의 지식들은, 기실 모두 전자의 '베제'와 같은 것이다. 이는 또한 「타산」(『문학사상』, 1976. 1)에서 미국식 프래그머티즘(실리주의)의 변형태, '계산이라는 노이로제'에 속박된 자신을 발견하는 미국 유학생 명리의 모습과도 일정 부분 겹쳐진다. 지식인들은 유학의 경험을 통해서야 자신들이 '상상'했던 서구적 가치들이 허상이었음을 자각하고, 한국사회에 만연해 있는 서구화(내지 아메리카니즘)의 본질에 대해 회의하게 되는 것이다.

1960년대 및 1970년대 한국사회에서 '유학생'이 점하는 위치는 특수했다. 그들은 근대화에 걸맞은 선진 지식을 습득하고 돌아온 세대이면서, 그 근대화가 목표로 하는 서구 사회의 허위와 양면성을 절감하고 온 세대이다. 따라서 그들은 한국에 유입된 서구의 지식 및 문화와 서구 사회에서 유통되는 그것 사이에 노정된 격차를 불가피하게 인식할 수밖에 없는 '국외자'들이다. 그들의 지식이 '백과전서'라는 이름으로 한국에 수입된 '엔사이크로피딕 브리타니카'(「웃는 웃음」,

---

23 손장순, 「거대한 물결」, 『전집 14』, 300쪽.

『신동아』, 1970. 1)처럼 전시용 혹은 진열용 상품으로 전락하는 것은, 어쩌면 불가항력적인 것이었다.

때문에 유학생들은 대개 고등 지식을 제대로 활용하지 못한 채 외국어 선생으로 전락하거나(『한국인』의 '문휘') 타이프를 치는 등의 '단조롭게 되풀이되는 작업'에서 구원을 받는다(「도시일기」의 '승연'). 우월감과 열등감 사이에서 표류하는 유학생들의 "일그러진 자화상", 이것은 이른바 아메리카니즘으로 운위되는 서구(미국) 선망의 "불구성"[24]을 탐사하게 하는 하나의 프리즘이다.

3. 현기증과 분열의 알레고리: 여성 지식인의 존재 (불)가능성

'유학생'이라는 단어에 '여성'이라는 수사가 덧씌워지는 순간 또 다른 국면이 펼쳐진다. '여성 유학생'이라는 이 독특한 존재들은 당대 유학생들이 드러낸 여러 가지 모순들과 더불어 근대화 안에서 지식인 여성에게 가해진 분열적이고 불평등한 기준들, 내부 식민성을 가시화한다.

해방 이후 여성이 참정권을 부여받고 전후사회에서 실질적인 경제활동을 담당하면서 여성의 지위가 점차 상승일로를 걷게 된 것은 주지의 사실이다. 이러한 과정에서 여성의 무식, 무능이 퇴치되어 자신의 사회적 위치, 환경, 시대를 알아야 한다는 주장들이 양산되었고,

24 손장순, 『전집 1』, 112쪽.

여성은 확장된 지식 습득의 기회를 통해 사회의 일원으로 거듭날 수 있다는 희망에 노출된다.[25] 요컨대 이 시기 여성들의 배움에 대한 열망은 주체화에 대한 자의식과 맞닿아 있는 것이다. 외국/유학에 대한 선망 역시 이러한 욕망이 투사된 스크린이었다. 가령 이런 식이다.

「도시일기」(1984)의 승연과 은영은 프랑스 유학파 출신의 여성들이다. 프랑스에 가기 전 그들은 "파리 유학을 하는 것이 모든 것에 우선하는 목표와 중요한 과제"[26]라 생각한다. 그러한 다짐에는 그들의 야망과 성취욕, 즉 지식인 여성으로 스스로를 주체화하려는 열망이 각인되어 있다. 이는 여성들의 인식 속에서 유학이 결혼의 대척점에 부조되고 있다는 점을 통해 뚜렷하게 드러난다. 「유리디체」(『월간문학』, 1970. 8)의 미영은 이렇게 말한다. "미국 유학이 좌절되었을 때 나는 결혼에 희망을 걸기로 했어요."[27] 이 우울한 고백은, 여성의 지위 향상에도 불구하고 당대 사회에서 지식인 여성에게 부여한 선택지가 많지 않았음을 단적으로 보여준다. 유학을 통해 자립적인 삶을 계속 개척해 나가지 못한다면 그들은 인습적인 의무, 결혼의 세계로 걸어 들어갈 수밖에 없다.

> "(중략) 그래도 난 딸을 부엌일에서 해방시키자는 나의 생각에는 변함이 없어. 난 이 주부업에 질린 사람이라 딸 예선이만은 끝까지 공부시켜서 어엿한 자기 지위를 갖게 하겠어. 똑똑한 여자들이 남자 못지않게 출세하는 것 좋더라."[28]

---

25 김복순, 「전후 여성교양의 재배치와 젠더정치」, 『여원연구』, 국학자료원, 2008, 30~31쪽.
26 손장순, 「도시일기」, 『전집 13』, 333쪽.
27 손장순, 「유리디체」, 『전집 13』, 295쪽.

'부엌일', '주부업'의 별칭을 지닌 이 시대의 결혼은, 적어도 지식인 여성에게 있어서는 '어엿한 자기 지위의 획득' 또는 '출세'의 길을 방해하는 장애물로 인식된다. 요컨대 결혼은 여성의 자아 성장을 저해하는 비극적인 굴레, 발전의 무덤인 것이다. 지식인 여성이 극단적인 포즈를 취하면서까지도 유학을 관철시킬 수밖에 없는 것은 어찌 보면 이러한 시대의 숙명이다.

> "나에겐 미스터 민이 전부인데 미스터 민에겐 사모님이란 절대 불가침의 존재가 어엿이 있고, 식상(食傷)에 걸릴 정도의 무수한 여자가 있으니 말이에요."
> 영미는 이런 능청스런 말이 거리낌 없이 나오는 자신에게 스스로 놀란다. (중략)
> "영미, 난 나의 짝을 이제 제대로 찾은 것 같애. 애인다운 애인을 비로소 갖게 됐군. 영미 언제 떠날 계획인가?"
> "여비가 마련되는 대로요."
> "여비? 그건 내가 만들어 주지."
> 영미가 기다리던 대답이 비로소 나온 것이다. 이 대답이 나오게끔 화제를 유도하는 데 예상했던 것보다 별로 힘이 들지 않았다.[29]

「유학」(『현대문학』, 1970. 1)에서 미술을 전공한 엘리트 여대생 영미는 결국 자신의 성(性)을 담보로까지 하면서 끝끝내 여비를 마련하

28 손장순, 「도시일기」, 『전집 13』, 385쪽.
29 손장순, 「유학」, 『전집 12』, 473~474쪽.

고 유학길에 오른다. 그녀는 자신이 미국에 가야 하는 목적과 그것을 성취하기 위한 수단에 대해 회의하면서도 "무조건 이곳을 빠져나가고 싶"은 욕망의 끈을 놓지 못한다. 대개 도미(渡美)에 대한 여성들의 선망은 당대의 (남성적인) 시각에서 서구의 소비주의나 성애에 매혹된 몰지각한 풍조로 포착되곤 했지만, 작중에서 영미가 지닌 미국 지향성은 사회로부터의 탈출에 그 목표를 두고 있다.

그리고 유학지에서 이들의 소망은 어느 정도 달성된 것처럼 보인다. 「거대한 물결」(『월간문학』, 1980. 1)에서 파리 유학생 성화는 고국의 사회가 "여자의 전매특허 같은 피해의식"을 앞세워 자신을 결혼에 예속시켜 왔다는 사실을 알게 된다. 또한 인환과 사랑의 관계를 영위해 나가는 과정에서 남성/여성, 주도/종속의 관계를 역전시킴으로써 "한국사회가 여자에게만 강요하는 순결에 대한 인습적 도덕률만 없었다면 남자가 훨씬 결혼에 집착하는 속물들"[30]이라는 사실을 폭로한다. 유학을 통해 성화는 자신의 사랑과 결혼을 설계해 나갈 수 있는 주체로서의 경험을 체득하게 된다.

그렇다면 이들의 희망은 지속적으로 관철되는가. 다시 「도시일기」를 읽는다. 승연과 은영이 고학력 엘리트의 자격을 갖추고 한국사회에 돌아왔을 때, 그들은 다시금 진입장벽에 부딪힌다. 문제는 여전히 결혼이다.

> "나 파혼했어."
>
> 은영은 비로소 실토를 한다.

30 손장순, 「거대한 물결」, 『전집 14』, 300쪽.

"뭐라고?"

승연은 자신의 일처럼 충격을 받는다.

"우리 유학생은 그곳에서 상대를 만났어야 해. 그런데 나는 윈눈 하나 팔지 않고 책만 들이팠으니." (중략)

"상대방은 내가 프랑스 유학을 했으니까 우리 집 경제사정이 꽤 좋으리라 생각했던 모양이야. 결혼식 날짜가 가까워 오는데 신랑은 만나 주지도 않고, 어느 날 시어머니 될 분이 나를 부르더니 아파트를 장만하여 따로 나가 살라는 거야. 그리고 이때까지 관망을 해왔는데 아무 말이 없다 하면서 예단은 무엇을 해올 생각이냐고 하지 않아."

"너에게 아파트 한 채 사오라는 이야기구나."[31]

지지부진하게 좌절된 몇 차례의 중매 끝에 은영은 법대 출신의 남자와 약혼을 한다. 그러나 결혼을 사업쯤으로 생각하는 그에게 은영은 그저 자신과 집안을 위한 자본력이었을 뿐이다. 여성 유학생=유한(有閑)한 여성이라는 선입관, 세간에서 생각하는 여성 유학생의 유일한 메리트가 사라진 후 파혼이 뒤따르는 것은 당연한 수순. 은영은 이후 학생들과의 추문을 이유로 대학에서도 사표를 강요받고 몰락의 길을 걷는다.

승연의 경우에도 상황은 크게 다르지 않다. 그는 한국 학계에서 자리를 잡고자 원치 않게 전공까지 바꾼다. 그러나 한국에서 그를 기다리는 것은 여성 유학생 = 방종한 여성이라는 족쇄였다. 승연은 "귀국 후에 외국 유학을 한 여자가 양가집에서 결혼상대로 썩 환영받지

31 손장순, 「도시일기」, 『전집 13』, 377쪽.

못하는 사실을 통감했을 때 다시 한 번 좌절의 나락에 떨어지는 듯하였다."[32]

유학과 여성은 대개 아프레걸이라는 수식어에서 자유로울 수 없었다. 주지하듯 아프레걸은 한국사회에서 그 본래적 의미(아프레게르, 전후)를 상실하고 순결한 공동체를 해치는 무질서의 존재로 재현되었던 바 있다. 즉 이들은 아프레걸이라는 낙인을 수용하여 공동체 바깥으로 나가든가, 현모양처의 가면으로 위장한 채 사회 안에 편입되는 수밖에 없었다. 그러나 승연에게는 양자 모두 여의치 않다. 그녀는 다시 유학을 떠나는 쪽도, 현실에 적응하는 쪽도 택하지 못한다. 그리고 자조적으로 묻는다. "파리 유학의 의미는 무엇이란 말인가. 그처럼 많은 것을 상실해 가면서 그 많은 문제를 덮고라도, 유학을 할 의의가 있는 것일까."[33] 이는 결국 정신착란으로 이어진다.

> 승연은 전에 없이 다변이다. 그녀는 비지땀을 흘리면서 계속 지껄인다.
> "여자란 무엇일까. 사랑의 꿈과 따뜻한 가정 속에서 가장 행복을 느끼는 속물 아닌 속물이죠. 하하하 …… 그러고 보니 속물 아닌 사람이 없군요. 그래요. 나도 한때 야망을 가지고 출세하며 행복하게 사는 빛나는 삶을 설계했었지요. 그럴수록 기다리고 있는 것은 좌절과 고독뿐이예요."
> 승연은 웃는 것인지, 우는 것인지 알 수 없는 얼굴이 되고 만다. 얼굴이 일그러지고 동공이 광적으로 희번덕거리다가 공중에서 공허하게 방황한다.

---

32 위의 글, 333쪽.

33 손장순, 「유학」, 『전집 12』, 367쪽.

"언니, 큰일났어. 승연이의 동공이 정상이 아냐."

은영은 승연의 정신상태가 균형을 잃고 있음을 비로소 감지하고 당황한다.[34]

이러한 언급은 '여성 지식인'의 존재 불가능성, 다시 말해 남성과 동등한 입장의 지식인 여성이 존재할 수 없는 현실의 모순을 추측하게 한다. 남성과 똑같은 자격 요건은 갖추었다 해도, 여성이라면 "아무리 똑똑해도 여자란 역시 여자다운 매력을 지녀야"[35] 한다는 전근대적 기준을 통해 재단되기 마련이다.

민주주의를 표방하는 현대의 사회 안에서 여성들은 표면적으로 남성들과 마찬가지로 지식수준을 신장시킬 것을 권유받는다. 그러나 문제는 그들에게 허락된 지식의 '성분'이다. 그것은 남성들에게 요구되는 것과는 다른 차원의 것, 가정을 잘 경영하는 데 필요한 교양이나 현모양처가 되는 방법에 국한된다. 사회에 기여할 수 있는 여성 또한 지혜로운 아내, 어머니로서의 여성일 뿐이다.[36] 개인적 욕망 실현의 가능성은 결코 열려 있지 않고 실현 가능한 욕망이라고는 사회가 주조해낸 욕망뿐인 사회, 이것은 지식인 여성들이 맞닥뜨려야 하는 비틀린 현실이다.

오랫동안 보수적이고 폐쇄적이었던 이 사회가 아무리 빠른 산업화로 눈부신 경제성장을 하고 있지만 파고 들어가면 근본적으로 달라진 것이

34 손장순, 「도시일기」, 『전집 13』, 386쪽.
35 손장순, 『전집 1』, 336쪽.
36 김복순, 앞의 글, 35~36쪽.

무엇이 있나.

아니, 여러 형태로 살아가는 무리들의 이 사회와 나는 장차 어떻게 적응하고 타협하며 살아 나가야 하는 것일까.

승연은 낙원에서 혼자 쫓겨난 사람처럼 가슴이 쓰리도록 외롭다.[37]

유학파 여성의 처지를 '낙원에서 혼자 쫓겨난 사람'에 빗댄 승연의 비유는 서글프다. 그녀의 콤플렉스나 소외감에는 한국 현대의 균열이 새겨져 있다. 사회가 발전 일로를 걷고 있다고 여겨지고 자유, 평등의 모토가 전파되는 와중에서도 여성들은 전근대적이고 반근대적이기까지 한 잣대에 의해 자신의 존재를 부정당해야 한다.

당대 사회가 요구한 지식인상이 여성과 남성에게 각기 다른 기준으로 적용되었다는 사실은 『한국인』의 유학생 사회 안에서 자행되는 또 다른 차별을 통해 암암리에 드러난다. 남성 유학생이 '포부와 야망이 큰 사나이'[38]로 고평되는 것과 달리 여성 유학생 쑤한은 "원자재는 한국이지만 미국 조립의 아가씨" 내지 "제멋대로고 건방지고 뭔가 온전치 않은" 여성으로 폄하되는 것을 볼 수 있다.[39] 주체를 정립하려는 여성 지식인들의 욕망은, 이처럼 방일하고 불순한 기질로 치환되어 배척당한다. 요컨대 '사회의 주체로서 전문적 능력을 인정받은 여성'의 존재는 사회 안에서 영원히 배타적인 존재로 남을 수밖에 없는 것이다. 이러한 모순을 '여성 유학생'이라는 색다른 존재를 통해 구현해내는 것, 이것은 손장순 소설만이 지닐 수 있는 미덕이다.

---

37 손장순, 「도시일기」, 『전집 13』, 342쪽.

38 손장순, 『전집 1』, 60쪽.

39 위의 글, 86~87쪽, 119쪽.

'낙원에서 쫓겨난 사람들', 즉 여성 지식인들은 객관적이고 냉철하다. 이들은 존재를 부지불식간에 옥죄는 시대의 역학관계를 보지 않으려야 보지 않을 수 없는 존재이다. 이들이 고학력 인텔리로서의 우월감과 보수적인 삶을 사는 여성들에 대한 열등감 사이에서 느끼는 "현기증", "의식의 분열"이란 주체화의 열망을 부추기는 서구적 문화와 그것을 억누르는 전근대적인 가부장제가 분열증적으로 동거하는 현실의 알레고리이다. 따라서 작가는 자신의 욕망마저 등지고 고독 속으로 투신하는 이들의 마지막 모습을 통해, 절망 속에서 이루어지는 이 실존적 홀로서기야말로 주체화의 첫 걸음임을 시사한다. 「도시일기」의 마지막 장면에서 승연은 마지막 욕망의 대답이었던 오태문과의 관계를 청산함으로써 예속된 자신의 존재성에서 걸어 나온다. 그제야 "악몽에서 깨어난"다.

4. '국외자'들의 변주, 심부를 탐사하는 경계인들의 시선

이처럼 손장순의 소설에서 유학의 경험은 한국인 또는 한국사회의 심층을 탐사하는 '국외자적' 시선을 확보하는 매개로 표상되고 있다. 이 '국외자'의 형상은 여타의 단편소설 안에서 존재론적 변신을 감행한다. 가령 이런 식이다.

「미세스 마야」(『신동아』, 1965. 5)의 주인공 '미세스 마야'는 한국에 만연한 아메리카니즘이 만들어낸 경계인이다. 그녀는 하층 계급의 미국 여성으로 남편에게 착취를 당하던 끝에 한국으로 흘러든다. 미국인을 추종하고 '선생'의 지위를 부여하는 한국인들을 이용해 한몫 잡아 보려 했던 것.

> 미세스 마야는 한국의 미국 유학생이나 수다한 지성인들이 일을 할 직장이 없어 일을 하고도 먹고 살 수 없어 미국으로 가고 다시 가는 것과 대조적으로 그곳에서 낙오되어 이곳에서 영어를 가르치며 생계를 유지하려고 가난한 후진국인 코리아로 온 것이다.[40]

반대로 「로스앤젤레스 총각」(1984)에는 아메리칸 드림을 좇아 가족과 헤어져 미국으로 떠난 한국인 사내를 담아내고 있다. 그는 한국에 처를 두고서도 현지인과의 결혼을 통해 미국의 영주권을 따고자 'LA 총각'행세를 하지만 이마저도 실패한 후 미국사회를 표랑한다. 이들은 또한 「전신」(『현대문학』, 1958. 12)에서 당당히 미혼모가 되려는 양부인 출신의 여성으로, 「아치섬, 그 빈 가슴」(『문학사상』, 1979. 12)에서는 서울의 대학생들에게 유린당하고 다시 복수를 꾀하는 섬 여성으로, 「허수아비와 근사치」(『문학사상』, 1987. 1)에서 "한국인에 대해서 거리를 두고 비판적으로 보는" 재일교포로 그 외양을 바꾼다. 이러한 인물 군상은 각기 자신이 거주하는 사회에 발을 붙이고 살아야 하는 존재이면서, 그곳으로부터 소외당한 국외자라는 점에서 공통점을 지닌다.

성별이나 지역 구분, 국적을 넘나드는 이러한 변주양상은 유의미하다. 이들이 상연하는 기형적 삶은 1970년대 및 1980년대의 한국

---

40 손장순, 「미세스 마야」, 『전집 13』, 64쪽.

사회가 배태한 여러 모순을 모자이크 하는 까닭이다. 손장순의 단편 소설은 거기에서 길어올린 몰락과 갱생, 슬픔과 복수의 서사를 통해 직조되어 있다.[41] 이것은 현실에 대한 첨예한 시각을 지닌 작가의 적확한 현실 진단법이다.

해방 이후 한국 문학사를 더듬어 나갈 때 우리는 여전히 많은, 돌올한 작가들이 베일 아래 놓여 있음을 목도하게 된다. 그 원인은 물론 다양한 곳에서 찾을 수 있겠으나 기본적으로는 특정 에꼴을 중심으로 문학 장을 재편해 왔던 기존의 논의들이 반복, 재생산되어 온 까닭이라 할 수 있다. 거기에서 파생된 주류/비주류라는, 사실상 유명무실한 구분법은 실상 아직까지도 꽤 공고하게 자리매김하고 있는 듯하다.

특히 여성 문인의 경우 '여류'라는 한정된 수사에 갇혀 종종 하나의 집단으로 환원되었고, 이러한 분류법 하에서 개개인의 문학세계가 지닌 특수성은 몰각되기 십상이었다. 그러나 해방 이후 새로이 등장한 여성 작가들은 하나의 범주로 구획될 수 없는 다채로운 스펙트럼을 지니며 그 존재태를 확고히 하고 있다. 새로운 문학사의 의무는 어쩌면 이 가려진 문인들의 역량과 작품세계의 개성과 성과 그리고 한계를 성실하게 갈무리하는 것일지 모른다. 손장순의 작품세계에 대한 재평가를 그 첫 자리에 둔다.

---

41 그리고 이 국외자들은 때로 자신들만의 '유대'를 통해 난국을 넘어서는 힘을 보여주기도 한다. 이를테면 「우울한 빠리」에서 묘선이 아랍인인 모하멧에게 느끼는 동질감이나 「도시일기」의 승연이 소문을 두려워하지 않고 흑인과 어울리는 것 등이다. 이 때 이들이 느끼는 감정은 공감(com-passion), 수난을 함께 아파하는 것이다. 이는 전면화된 양상은 아니므로 손장순 소설의 특징을 보여주는 핵심적인 지표라 말하기는 어려울 것이다. 다만 드문드문 발견되는 이러한 편린들이 손장순의 소설이 지닌 유의미성을 보다 배가시키는 것만은 사실이라 하겠다.

부록

"내 문학의 힘은 열정과 솔직함이다"(인터뷰)
: 방민호 · 전소영

손장순 연보 | 손장순 서지 목록
작성: 안리경 · 이지현(서울대학교 국어국문학과 석사과정)

* 이 인터뷰는 2012년 5월 11일 손장순의 자택에서 이루어졌다. 인터뷰어로 나선 현 서울대학교 국어국문학과 방민호 교수와 서울여자대학교 강사 전소영 씨는 이 인터뷰를 통해 작가 손장순의 소설가로서의 역정, 그의 문학관은 물론 한 인간으로서의 손장순을 만나는 시간을 갖고자 했다. 인터뷰 내내 작가 손장순은 그 특유의 솔직함으로 그녀의 이야기를 허심탄회하게 털어놓았다. 작가 손장순이 말하는 자신의 문학과 인생을 만나본다.(편집자 주)

"내 문학의 힘은 열정과 솔직함이다"

1. 작가의 꿈, 소설가의 길

독서 편력

방민호(이하 방) 1950년대나 1960년대에 활동한 작가들은 산문이라든지 회고록 같은 곳에서 자신의 독서 경력이나 사상의 형성 과정을 자세히 술회해 놓지 않은 경우가 많아 후대 연구자들이 곤란을 겪는 경우가 많이 있었습니다. '실존적'인 독서를 했다, 이렇게 뭉뚱그려 이야기하면 연구자들은 때로 불만스러울 수밖에 없지요. 그래서 저는 선생님께서 어렸을 때, 혹은 대학생 때 내가 어떤 책들을 읽으면서 문학을 만들어 가셨는지를 먼저 듣고 싶습니다.

손장순(이하 손) 어느 날 서점에 갔더니 이태준 씨의 『구원의 여상』이라는 창작 단편집이 나와 있더라고요. 그래서 그 책을 사다 읽었지요. 그리고 곧이어 『제이의 운명』을 읽었는데, 그만 이태준 씨에게 푹 빠지게 되어 버린 겁니다. 『복덕방』이라는 작품도 있었는데 못 읽어봤어요. 그때 이미 이태준 씨는 월북한 상태였고 그 책이 금서가 되어 있었거든요. 그때가 아마 여중 1학년 때였을 거예요. 그리고 2학년 때는 지드의 『좁은 문』, 『전원교향악』을 읽었고, 일본 작가 중에는 호리 다쓰오의 「바람이 분다」와 같은 단편도 읽었습니다. 물론 불란서 작품도 많이 읽었지요. 그래서 불문과를 갔으니까요. 말로의 행동주의 문학에 심취한 적이 있는데, 그래서 한국에 있으면서도 기법의 영향을 조금 받았어요. 드라이한 필치 같은 것이 독특하게 눈에 띄었다고 할까.

그래도 테마는 우리 현실에서 가까워야지, 외국 문학에 영향받았다고 현실을 떠난 테마를 가지고 쓰면 공감을 못하니까. 마침 그때 미국 유학생들의 문제가 내가 많이 접할 수 있는 테마였기 때문에 이것은 하나의 역사의식을 갖고 쓸 만한 테마라고 생각해서 그들을 소재로 한 이야기를 많이 썼습니다. 거기에는 내 자전적 요소도 조금 들어가는데, 대개 일본 작가들은 '사소설' 하면 약간 저급하게 여기지만 나는 자전적 요소가 조금 들어갔을 뿐이지 한국인이라는 역사의식을 갖고 썼어요.

그런데 박경리 씨도 (작가끼리 솔직하게 이야기를 나눌 때가 잦은데, 그때 내게 이야기해 준 바로는) 『시장과 전장』이란 작품은 여학교 교사로 재직하면서 남편과 만났을 때 서로 간에 느낀 소외감 내지 밀착되지 않는 느낌을 그대로 쓴 것이라고 말하더라고요. 그 이야기를 들으며 '아, 때로는 소설적인 가치가 있으면 (그 일을) 그대로 써도 되는구나' 하는 것을 배웠던 셈이지요.

'불문학 연구자'와 '한국문학 작가', 두 길을 걷다

방 저는 초등학교 2학년 때부터 시인 지망생이었어요. 『소년동아일보』에 나오는 괴테며 쉴러를 보면서 '아, 나중에 시인이 되어야겠구나' 하고 생각했지요. 선생님은 작가의 꿈을 언제부터 꾸셨나요?

손 나는 문리대 불문과에 들어갈 때부터 작가 지망생이었어요. 그러니까 사실 외국문학 전공을 하기 위해 대학에 간 것이 아니라 작가가 되기 위해서 간 거지요. (중학교 2학년 때) 지드의 작품을 읽고 무척 감동했어요. 그때부터 '아, 나의 행복은 문학 속에 있구나' 하는 생각과 함께 작가가 될 것을 결심했죠. 아참, 국민학교 때에 선생님이 '요담에 문학가 될 사람 손들어 봐라'라고 했을 때 문학가의 뜻도 정확히 모르면서 손을 번쩍 들었던 기억도 나네요. (웃음)

전소영(이하 전) 불문학을 연구하면서 한글로 소설을 창작하시는 일이 쉽지는 않으셨을 것 같아요. 아무래도 배로 노력해야 하다 보니 어려움이 많았을 것 같은데, 어떠셨는지요?

손 예, 쉽지 않았어요. 외국어를 하면서, (모국어로) 글을 쓴다는 일은 아무래 쉬운 일은 아니지요. 내가 조금 일찍 퇴직하면서 '이제 외부에 신경을 꺼야겠다'고 생각했던 것도 그런 이유 때문이라고 할 수 있어요. 연구자로서 스톡홀름대학이나 나폴리대학 동양학부 같은 데 가서 주제발표를 하거나 하는 경험들도 좋았지만, 작가로서는 좋은 작품을 한 편 더 쓰는 게 낫지, 이것이 무슨 도움이 되나 하는 생각을 하면서 회의가 들기도 했거든요.

방 선생님, 프랑스에는 어떻게 가시게 된 거죠?

손 1974년이던가 1975년이던가, 대학 재직 중에 가서 1년간 있다 왔습니다. 그때 1년에 한 번 교수 한 사람에게만 주는 고급 장학기금이 있었는데 그걸 받고 반 년 정도 더 있다가 왔어요. 그러고 보니 기억이 나는 게, 프랑스 체류 중에 한 번 김현 씨를 본 적이 있어요. 타국이라 화장도 안 하고 편하게 다녔는데, 김현 씨가 소르본 근처의 카페로 들어가는 게 보이더라고요. 여기서 교류는 없었지만 객지다 보니 반가웠죠. 그런데 그때 몸도 안 좋았던 데다가 화장도 안 한 얼굴로 인사드리기가 뭣해서 아쉽지만 그냥 기숙사로 돌아왔어요. 그런데 곧 김현 씨가 도중 하차하고 가셨다는 이야기가 들렸죠. 아무래도 그 나이에 남자가 여자보다 더 견디기 어려웠을 거예요, 가족을 떠나서 타국에서 생활한다는 게. 그때 인사를 못한게 못내 아쉬워요.

방 그럼, 「우울한 빠리」라는 작품은 프랑스에 다녀와서 쓰신 거군요. 불문학 연구를 하실 때는 주로 어떤 분야를 전공하셨어요?

손 플로베르하고 스탕달 연구를 많이 했어요. 그리고 플로베르, 스탕달, 까뮈, 이 세 작가 비교 연구도 많이 했죠.

방 아, 그래서 그랬군요. 『세화의 성』에 나오는 '범호'라는 주인공을 보면서 저는 '야, 왠지 프랑스 소설들, 발자크의 『고리오 영감』의 라스티냐크나 스탕달 『적과 흑』의 줄리앙 쏘렐 같은 인물이다'라는 생각이 들었거든요.

손 선우휘 씨가 젊은 작가에게 청탁하려니 불안했었나 봐요. 『조선일보』 기자가 나에게 와서 뭘 쓸 계획이냐고 묻더군요. 그래서 '한국판 줄리앙 쏘렐'이라고 이야기를 했죠. 그런데 사실 줄리앙 쏘렐과 범호는 다른 측면도 있어요. '야망의 사나이'라는 공통분모만 있지, 체질이나 성향은 좀 달라요. 범호가 더 뻔뻔스럽지 않나요? 그런데 모든 여성이 다 범호를 좋아해요. '남풍훈'이라는 이상적인 남편상을 가져다 놓았는데도 범호가 더 좋대요. 사람 미치지. (웃음) 우리 애가 누구 같다, 누구 같다고 하는 게 화제여서 당시 더 인기가 있었어요. 물론 지금 같으면 아닐 거예요. 그 당시에는 우리가 너무 가난했기 때문에 투쟁형 남자에게 여자들이 매력을 느꼈던 거죠.

방 또 작품에 풍속 재현적인 요소가 강하게 나타난다는 점에서도 프랑스 문학의 영향이 느껴졌어요. 당시 명동 젊은이들이 어떤 다방에서 지내고 어떤 음악을 듣는지 그런 것들이 자세히 나와 있어요. 음악 제목도 세세하게 밝혀져 있고.

손 음악에 관심이 많아서 (웃음) 시대 조류나 분위기를 나타내는 데 음악을 빼놓을 수가 있나요? 그래서 아주 디테일하게 묘사했지요.

방 그래서 제 나름대로는 '1960~1970년대에서 선생님 소설에 나오는 음악과 영화, 다방 이야기만 가지고도 당시의 풍속사를 연구해도 좋겠구나' 하는 생각을 했습니다. 다른 작품들에서는 이런 요소들이 관념화되거나 민중생활의 측면에서 그것을 주로 다루다 보니까 사실 도시생활을 지성적으로 포착해서 재현해 놓은 소설이 많지가 않거든요.

2. 문학 세계의 무늬

등단기 – '남들이 쓰지 않는 새로운 소설을 써야겠다'

방 선생님께서 1958년에 등단을 하신 것으로 알고 있어요. 등단하실 때 '나는 어떤 문학을 해야 하겠다'고 생각을 하신 바가 있나요?

손 난 실존주의 문학의 영향을 많이 받았는데, '남들이 쓰지 않는 새로운 소설을 써야겠다'고 생각했죠. 최초의 장편 『한국인』에는 그런 내 진면목이 드러나 있어요. 까뮈와 앙드레 말로를 참 좋아하고 영향을 받았는데, 아, 물론 그렇다고 해서 내 작품 속에 직접 드러난 것은 없어요. 그 당시 지성인들을 모델로 해서 쓴 소설이 별로 없었거든요. 대개 「천변풍경」처럼 서민들의 세계를 많이 다뤄 놓았죠. 지성인의 개성이 금방 드러나는 것이 아니기 때문에 사실 지성인을 다루기는 어려워요. 그 당시에는 유학생들이 많았지요. 그러다 보니 『한국인』에 나온 것처럼 미국 유학생들이 미국에 가서 한국의 전통과 미국문화와의 혼합문명 속에서 느끼는 갈등, 혼돈 그런 것에 관심을 많이 두게 되었죠.

방 저는 특히 영빈과 명리(「우울한 빠리」)의 이야기가 많이 와 닿았어요. 문장도 아주 단정하면서 명료하고, 상황 설정 자체가 잘 짜여 있고, 유학을 다녀온 사람의 내면심리도 아주 잘 묘사되어 있고. 미국 유학을 가신 일은 없는 것으로 아는데, 어떻게 미국에 안 가시고도 그런 생각과 그런 문제의식을 느낄 수 있으셨는지요?

손 거기에는 세 가지 문화가 나오죠. 불문학을 공부한 불란서 문화, 한국 전통문화, 미국 문명 이 세 가지의 갈등. 『한국인』이 그런 의미에서 역사의식도 가미되어서 의의가 좀 있었죠. 유학생에 관해서는, 사실 제 친한 친구가 미국 유학에서 실패하고 정신병에 걸려서 들어왔어요. 그 친구가 우리 집에 자주 찾아와 많은 이야기를 했지요. 그러다 보니 유학 생활에 대해 많은 것을 알게 되었어요. 또 결혼한 우리 집 양반이 미국 유학생이라 『한국인』에서는 그 미국 유학생들이 모이는 다방을 소설 속에 무대로 삼게 되었죠. '초원다방'이라고. 참, 선우휘 선생님도 한때는 저를 미국 유학생으로 잘못 아신 적이 있어요. 『세화의 성』을 『조선일보』에 연재할 때였는데, '왜 경력에 미국 유학 경력이 없느냐'고 물으셨죠. 그래서 미국에 다녀온 적 없다고 했더니, '아니 어떻게 한국에만 있었던 사람이 그렇게 소설을 썼느냐'고 놀라시데요.

여담이지만 『한국인』의 처음 제목은 『코리아 그 비애』였어요. 그런데 박경리 선생을 찾아가 장편을 준비했는데 발표하고 싶다고 했더니 읽어 보시겠다고 하셔서 가져다 드렸죠. 읽고 나더니 '호흡이 길어서 앞으로 장편 많이 쓰겠다'고 하시면서 제목은 『한국』이 어떻겠냐고 하시더라고요. (웃음) '아유, '한국'이 뭐에요?'라고 했더니 그러면 '한국인'은 어떠냐고 하시는 거예요. 그건 괜찮더라고요. 덧붙이자면, 『세화의 성』도 원래는 '성과 계절'이었는데 선우휘 선생님이 주인공 이름이 뭐냐고 물으시길래 '세화'라 했더니, 그러면 '세화의 성'이라고 하자고 했어요.

방 저는 선생님이 미국 유학생활과 미국 합리주의에 대해서 쓰신 작품들이 특히 인상적이었어요. 「미세스 마야」 같은 작품은 너무 잘 쓰셔서, 저는 손장순이라는 작가를 1960~1970년대 문학사를 쓰는 사람들이 주목하지 않았거나 잘 모르고 있다는 것이 놀라웠어요. 제가 견문이 좁아서 뒤늦게 선생님의 작품을 읽다가 '현대 단편소설 대계를 고를 때 「우울한 빠리」나 「미세스 마야」, 「깍두기 씨」 등은 꼭 들어가야 하지 않을까' 하고 생각을 했습니다.

손 「미세스 마야」의 주인공은 모델이 있어요. YWCA에 들어가서 『한국인』을 쓰고 있는데 내 룸메이트가 바로 미세스 마야였거든요. 나운심 씨 아시죠? 육영수 여사 비서이셨던 분. 그분의 어머니가 YWCA 간사이셨는데 한 동네 살아서 부탁했어요, 거기 기숙사에 들어가서 글 좀 쓰고 싶다고. 이혼한 후에 당장 갈 데가 없잖아요, 친정에서 글을 쓸 수도 없고. 그래서 그분이 배려해 줘서 거기 들어가 『한국인』을 썼어요. 그때 내가 미세스 마야의 룸메이트 노릇을 했는데, 나랑 잘 안 맞아서 티격태격했어요.

방 그럼 선생님이 미세스 강이시네요? (웃음)

손 말씀하신 대로 내 단편들은 장편에 비해 상대적으로 평가가 별로 되어 있지 않아요. 「작두」나 「사라진 로그하우스」(그 작품은 『현대문학』 주간인 양숙현 씨나 다른 작가들도 잘 썼다, 상은 안 받았느냐 질문을 많이 했죠.), 「불타는 빙벽」, 「물 위에 떠 있는 도시」 등은 기대보다 평가가 되지 않아 아쉬워요. 돌아보면 『한국인』과 『세화의 성』이 너무 클로즈업되어서 단편이 상대적으로 묻혀 넘어갔던 것 같아요. 그래도 「미세스 마야」는 다들 잘 읽었다고 했어요. 「깍두기 씨」나 「다께다 선생」도 화제작이었죠. 「유리디체」도 의미가 있고요.

방 「미세스 마야」는 참 잘 쓰셨어요. 문체가 약간 드라이한 것 같으면서도 두 사람의 심리를 양쪽 다 비추고 있고. 두 사람 안으로 완전히 다 들어가도, 안 들어가도 극적 긴장감이 떨어질 수 있는

데 관찰적 요소를 보여주면서도 사건을 끌어가는 것이 상당히 훌륭하시다는 생각이 들었습니다.

손 미국 아이오와에 갈 때, 자기 작품 두 개를 번역해서 오래요. 그래서 「미세스 마야」와 「우울한 빠리」 두 개를 번역해 갔었어요.

방 「우울한 빠리」 같은 경우도 최근 십 년간 행해진 포스트콜로니얼리즘 연구라든지 문화연구, 오리엔탈리즘 연구의 차원에서 보면 정확하게 분석이 되거든요. 그 당시에는 너무 일러서 사람들이 그 진가를 몰랐을지도 몰라요.

손 작가들이 읽고 '손장순 씨가 파리에서 분명히 무슨 사건이 있었을 것이다. 남자라도 만나지 않았다면 이렇게 리얼하게 쓸 수 없다'고 (웃음) 그랬죠. 작가끼리는 많이 인정했어요.

사랑의 질곡, 아프레게르라는 수사

방 그러고 보니 선생님께서 쓰신 소설 중에 「이혼여행」이라는 소설이 있던데 선생님의 경험이 반영된 것인지 궁금하네요. 저만의 생각인지는 모르겠지만 이혼의 경위나 그때의 정서, 심리상태가 혹시 선생님을 닮은 게 아닐까 하는 느낌이 들었습니다.

손 네, 당시 그 제목 하나만으로도 히트했었죠. 그래서 한양대 연극영화과를 나온 제자가 일일 드라마로 (MBC인가) '이혼여행'이라고 만들었어요. 정서적으로는 그래요. 픽션이니까 내용 그대로는 아니지만 느낌이 담겨 있어요.

방 선생님께서는 여성이라는 자각이 굉장히 뚜렷하신 것 같아요. 당시 사람들에게 선생님이 아프레게르처럼 보였다면 그것은 한국적인 인식이나 풍속이 기반이 된 사회 안에서 여성의 자각이나 여성의 삶에 대한 자기 판단, 생각을 비교적 명료하게 가지고 계셨기 때문이 아닌가 싶습니다. 등단 직후 또는 대학생 때부터 선생님은 여성으로서의 삶을 어떻게 인식하셨고 어떻게 살아가려고 생각하셨나요?

손 인격적으로는 완전히 남녀가 동등하다 생각했죠. 그런데 저는 사실, 비교적 보수적이에요. 보수적인 집안에서 자라기도 했고요. 다만 결혼관이 좀 특이했어요. 대개 사랑해서 하는 것이 보통의 방식인데 나는 '결혼은 비즈니스다'라고 천명해서 친구들도 깜짝 놀랐지요. 그래서 당시에 나를 아프레게르라고 보는 경우가 많았던 거죠.

방 그 '결혼은 비즈니스다'라는 것은 어떤 뜻으로 말씀하신 거죠?

손 『한국인』에는 다 드러나지 않았는데, 제가 첫사랑에 실연했어요. 그래서 상처받기 싫어서(첫사랑은 실연하는 게 원칙이라는데, 그때 나는 그분을 굉장히 좋아했어요.) 실연했을 때 이제 '사랑은 끝났다. 결혼은 비즈니스일 뿐이다'라고 생각했죠.

방 첫사랑의 순수함을 강조하시려 그렇게 말씀하신 거였군요.

손 네, 맞아요. 사실은 오히려 상처받은 것에 대한 반동으로 아프레게르적인 것을 추구한 면도 있어요, 제 분위기에서.

방 그러고 보니, 그때 '아프레게르'라는 것은 문단에서 어떤 의미로 통용되고 있었는지도 궁금하네요. 실제로는 '전후'라는 뜻이잖아요?

손 예. '전후'라는 뜻인데, 우리나라에서 전후파의 불량스러운 이미지가 덧씌워지거나 부각된 거죠. 불란서에서는 영부인이 '마담'인데 한국에서는 '마담' 하면 다방 마담만 생각하던 바로 그 시기거든. '아프레게르'도 원래 '전후'라는 의미인데 아프레게르가 무슨 '불량소녀'라는 이미지가 있어서 난 그런 이야길 듣는 걸 덜 좋아했죠.

방 그때 문단에서는 아프레게르가 불량한 이미지였다고 해도 지금은 어떤 시대적 의미로 받아들여지고 있습니다. 선생님은 왜 '전후'라는 자장 안에서 한국인이며 유학생들 이야기, 어떤 한국적 문화나 한국적 특성과 관련된 작품을 쓰고자 하셨는지요? 당시의 소회를 듣고 싶습니다.

손 나는 그때 그것이 나만이 다룰 수 있는 테마라고 생각했어요. 아까 이야기했지만, 친한 친구를 통해 미국 유학생활의 문제점, 또 생생한 분위기에 관해 이야기를 듣기도 했고 남편도 미국 유학생이었고……. 사실 저를 포함해서 가족이나 친척 중에는 미국 유학생이라고는 한 명도 없었어요. 그 정도로 보수적인 서울 집안이었죠. 경제적으로 썩 부유한 편은 아니었어요. 내가 20억 기부를 하긴 했지만, 순전히 자수성가한 거죠. 우리 어머니가 민씨인데…… 민씨도 부자 민씨랑 가난한 민씨가 있잖아요, 후자 쪽이었어요. 그래도 주위 분들이 어머닐 다들 품위 있는 여성으로 보셨죠. 저도 어머니의 그런 영향을 적잖게 물려받았어요. 근데 그런 게 오히려 작가 생활에는 방해되는 부분도 있어요. 작가라면 조금 거칠고, 터프해야 좋은데, 너무 질서정연하고 규모 있고 깔끔한 분위기…….

방 그렇군요. 저는 선생님의 초기 소설들이 대개 상류층의 세계를 그리고 있어서 그러한 분위기에서 성장하신 줄로 짐작했었습니다.

손 그냥 어머님께서 좀 고급 양반 출신이셨던 것뿐이죠. 아버님은 경기중학교의 전신인 한성중학교를 나오셨고, 관리를 하셨어요. 조선총독부에 다니시다가 일인들 밑에서는 더 다니기 싫다고 하시면서 나오셨고, 그 후엔 제약회사를 하셨는데 38선이 그어지고 약이 이북으로 못 가니까 사업이 좌절되었죠.

방 선생님 소설, 특히 『한국인』에 나오는 여성 인물들을 선생님의 분신으로 보는 관점도 있던데요.

손 『한국인』에서는 희연이가 그렇죠. 『세화의 성』은, 『한국인』에서 너무 드라이한 여주인공을 다뤘기 때문에 내 본연의 특징인 정감적인 모습을 가진 여성을 그려 보고 싶다는 마음에서 쓴 소설이에요. '세화가 작가 자신이다'라고 보는 사람도 있는데 틀린 말은 아니죠. 거기 나오는 유란이, 세화, 화가 동현이, 비서 묘진이가 다 내 분신이에요. 『공지』에서는 사랑의 실재와 부재, 그것을 동시에 다루려고 인물들을 만들어 냈죠.

방 아, 그런데 그때 정말로 욕망형의 남성들이 많았나요? (웃음) 시골에서 자라서, 출세하려고 애쓰는 그런 유형이요? 당시 대학 시간강사라면 그다음에 교수가 되면 되는 게 수순인데, 그게 아니라 정계에 투신하고……. 정말 그랬나요?

손 범호 말씀이군요. 야망의 사나이죠. (웃음) 사실 그 모델이 있어요. 우리 언니 친구의 애인. 어렸을 때, 아마 피난지에서의 일이었을 거예요. 그때 나는 여중 3학년이었는데, 언니가 '엄마, 월교가 애인이랑 동거생활을 해' 하는 거예요. 알고 보니 피난 가서 애인이랑 동거하는 게 보통이었대요, 우리 집은 아니었지만. 그런데 어느 날 언니가 오더니 '엄마, 월교 애인이 도망갔대. 어느 장관 딸하고 결혼하게 되어서 가출해 버렸대' 그러잖아요. 그게 나에게는 충격이었어요. 순수한 연령에 그렇게 배신을 할 수 있을까? 게다가 그 여자는 자기가 하숙하던 주인댁 딸이거든요. 다이아몬드 1캐럿을 사서 주고 약혼을 한 상태에서 동거부터 하고 결혼을 앞두고 있는데, 어느 날 남자가 가출해서 들어오지 않길래 수소문을 해보니 어느 장관 딸이랑 결혼한다는 얘기가 들려온 거죠. 그 남자와 내가 사귀던 남자를 모자이크한 게 범호예요. 이건 누구한테도 안 했던 이야긴데, 지금 털어놓은 거예요. (웃음)

방 하긴, 그 당시 서울대 문리대에도 별사람들이 다 있었어요. 술집 여자랑 동거하던 남자가 도망을 나오니 그 술집 여자가 대학 강의실에 쳐들어와서 이름을 부르고, 그런 사건도 있었대요.

정치의식 그리고 문학에의 반영

방 제가 『한국인』과 『세화의 성』에 관심이 있어서 『세화의 성』에 대해 조금 더 여쭈어 보려고 해요. 그 작품들에서 시대풍속이나 정치풍속 들을 1970년대 군사정권하에서는 상당히 위험한 수위까지 이야기하셨는데, 어떻게 계속 집필해 나가실 수 있으셨는지, 당시의 의식을 어딘가에 이야기하신 적이 있으신지 궁금합니다.

손 정치에 관한 관심은 그때부터 있었어요. 당시 선우휘 선생님도 정보부에서 압력을 많이 받았다고 해요. 제게도 여기저기서 전화가 많이 왔고요. 당시에는 군사정부에 대해서 굉장히 비판적이었죠. 그리고 육 여사로부터도 만나자고 전화가 왔었어요. 장관 부인들의 '양지회'라는 모임이 있었는데, 이 작품이 거기에서 화제가 되었다고 하더군요. 그래서 육영수 여사가 손장순 씨가 나를 본 적도 없는데 영부인 묘사를 그런 식으로 했느냐며 교수실로 전화해서 만난 적이 있었습니다. 저녁 네 시에 만났는데, 저녁을 먹자 하시더라구요. 그래서 함께 저녁 식사를 했는데, 자기 이름을 새긴 만년필을 선물로 주시고, 금일봉도 주시더군요. 그래서 내가 그랬어요. '나는 희생해야 할 가족도 없고 나 혼자 쓸 만큼의 돈도 충분하니, 붓대를 꺾을 마음은 없다. 내가 쓰고 싶은 대로 신념껏 쓸 것이다'고 이야기했죠. 네 시부터 여덟 시까지 네 시간을 끌었어요. 곧 발간될 자전적 에세이에서는 영부인 만난 이야기를 싹 빼고 되도록 그런 냄새를 안 피우려고 했는데.

제가 군사 정치는 비판하면서도 쿠데타 그 자체는 승화시켰어요. 정보부에서 굉장히 신경을 썼어요. 자기들도 쿠데타를 일으켰으면서 누가 또 일으킬까 봐, 쿠데타 또 일으켜도 된다는 이야기냐고 질문을 해서…… 아 그것은 '이상론'이라고, 현실과는 무관한 이야기라고.

방 작품 연재가 잠시 중단되기도 했다고 술회하신 것을 봤는데요?

손 어느 날 선우휘 선생님께서 신문사에 왔다 가래요. 오전에 글을 쓰고 오후에 강의하다 보면 좀처럼 틈을 낼 수가 없었어요. 그래 겨우 짬을 내서 가 보니 선우휘 선생님이 제게 편지를 남기고 점심 잡수러 나가셨는데, 자기 입장이 대단히 곤혹스럽다, 자꾸 작가를 불러달라고 하고 문화부장도 왔다 가라 한다, 신경을 좀 써 달라고 하시더군요. 그래서 내가 문화부장 보고 '나는 의식해서 신경을 쓰면 붓대를 놀릴 수 없다. 그러니 이것이 문제가 된다 할 때면 그때 나에게 전화해서 이건 좀 고려하는 게 어떠냐 하는 식으로 이야기해야지, 자꾸 오라 가라고 하면 참 힘들다'고 해서 조금 고비가 있었어요.

방 지역문제나 지역감정에 대해서도 무척 날카롭게 진단하고 있다고 느꼈어요. 예를 들면 범호를 그리는 방식이라든가. 사실 범호를 그리는 방식을 저는 굉장히 특이하다고 생각했습니다. 왜냐하면 범호라는 인물이 지닌 출세주의가 일종의 악일 수는 있지만, 사실 그 악 자체가 그가 성장 과정에서 받았던 대우나 결핍감이 응집되어 나타난 것이기 때문이죠. 따라서 범호라는 인물은 한국사회가 가진 모습입니다. 그 점에서 선생님의, 한 인물의 정신세계를 보는 사회학적 시선이 상당히 강렬하다고 생각하게 되었습니다.

그리고 범호의 사상성 등은 지식인, 상류계층 계급의 세계를 보여주는 것이잖아요? 그런데 공교롭게도 선생님이 『세화의 성』을 연재하시거나 빠리 유학생 이야기를 쓰셨던 1970년대에는 이를테면 「삼포 가는 길」과 같이 민중들의 생활상을 그리는 것이 '좋은 문학'의 조건인 것처럼 제시됐죠. 어떻게 보면 선생님의 문학과 민족문학론은 엇갈리고 상충했다고 할 수도 있겠네요.

손 사실은 군사정권을 비판해서 작품을 썼는데도, 그쪽과는 엇갈리게 되었네요.

방 그런데, 제가 선생님 작품을 읽고 다시 1970년대 문학사를 보면서 1960년대 말~1970년대 초에 대해 이런 생각을 하게 되었습니다. 리얼리즘 문학론 내지 창비 중심으로 문학사를 서술하면 그것은 실제 전체 문학사의 상과도 맞지 않고, 선생님의 『세화의 성』

과 같은 작품들이 가진 가치를 망실할 수도 있다고요. 단편들도 상당히 좋았어요. 그 세계는 이른바 '욕망'을 가진 사람들의 세계이고 지식인의 세계이며 상류층의 세계일 수도 있겠지요. 그렇다면 선생님의 문학이 1960년대에서 1970년대로 나아가는 과정에서 어떤 의미를 가질 수 있을까요?

손 제가 한 가지 먼저 이야기하고 싶은 것은, 당시에 『한국인』으로 상을 탔거든요. 심사위원이 조연현 선생님, 황순원 선생님, 그리고 곽종호 선생님. 그러니까 민족문학 쪽과는 반대편이었지요. 어쩌면 그래서 작품의 내용과는 관계없이 내가 이른바 '보수' 진영으로 분류된 것일 수도 있겠네요. 그런데 사실 민족문학 쪽에서 왜 내게 무관심한가 싶은 의문이 들 정도로 내가 굉장히 비판적인 사람이라고 느낀 적이 있어요.

문학사적으로 내 위치를 이야기하자면, 아까도 얘기했지만 지성인들의 갈등을 본격적으로 파헤친 것은 내 이전에는 없었던 것 같아요. 요새 젊은 작가들이 내가 그 당시에 공지영 같은 네임밸류가 있었다고들 한대요. 그래서 내가 '아, 공지영하고 나하고 비교하지 말라'고, 나는 '지적인 작가였다'고 했지요. (웃음) 공지영 씨가 비지성적이라는 말이 아니라, 그는 대중적으로 많이 알려진 작가, 베스트셀러를 많이 생산한 작가로 분류되니 나와 다르다는 이야기였지요.

그 당시 문단에서 내가 굉장히 유명했었다고 하더라고요. 그런데 『세화의 성』 등이 성공을 거두고 나는 일단 그렇게 기득권을 획득하고, 또 대학에서 일찍 전임이 되다 보니까 솔직히 한때는 문단이 우습게 보였어요. 문단 사람과 어울리고 싶은 마음도 없었고, 작가는 글만 쓰면 다 되는 줄 알았어요. 전집 출판회 때 홍기선 씨가 나를 보고 '오만불손하다, 안하무인'이라고 했는데 나는 그거 부인 안 해요. 사실 내가 일찍 문명을 날리면서 적이 많이 생겼어요. 그때는 이상문학상도 없었지만 나중에 이상문학상 생기고 나서도 상을 타지 못한 이유 중의 하나였지요. 그 정도로 내가 오만불손하고 안하무인이었어요.

참여/순수문학 논쟁, 자신들만의 리그

방 1970년대 민족문학론이나 리얼리즘론, 그런 것들의 위치나 의미, 한계가 무엇이라고 보세요?

손 그것도 실은 순수한 민족문학이라기보다는 자기 나름의 파워를 위해 마련된 정치적 수단이라는 느낌이 더 많이 오더라고요. 그런데 '참여는 비순수다'라는 편견이 있죠. 또 불란서는 안 그렇잖아요. 그런 게 우리나라와 불란서의 차이더라고요. 우리나라에서는 순수와 참여가 대결하는데 불란서에서는 반드시 그렇진 않잖아요.

방 저는 최근에 작가 손창섭을 연구하다가 그런 생각이 떠올랐어요. 손창섭은 한국에서도 상당히 오랫동안 적응을 하지 못하고 일본으로 떠났거든요. 그래서 손창섭의 삶, 문학 하는 방식을 생각하며 '아, 이 사람은 마치 그리스 도시국가의 외국인 같다'고, 메토이코스(재류외인)라는 개념이 있는데 그들은 시민공동체 외부에 속하고 정책결정에도 참여하지 않는 일종의 아웃사이더죠. 제 생각에는 1970년대든 1960년대 말이든 순수/참여 문학론을 주장했던 진영에서는 사실 본인들이 '시민'이라고 생각했던 거예요. 이 사회 내부에 있는 거죠. 그래서 참여가 맞다, 순수가 맞다 옥신각신했던 거고요. 순수와 참여가 서로 대립하고, 둘 다 이 사회에서 굉장한 권리를 갖고 있다고 생각하는 거죠. 우리 사회가 이 방향으로 가야 된다고 주장하면서, 마치 고대 그리스 시민사회에서 투표로 정책결정을 하듯이, '순수문학을 해야 한다', '참여 문학을 해야 한다'면 마치 공적인 문제를 가지고 토론을 해서 투표를 하듯이 그렇게 문학적인 논의를 공동체 내부에서 진행했던 겁니다. 손창섭 같은 경우는 그것 바깥에 있었고요. 그러니까 그의 위상이 상당히 달랐다고 생각해요. 거기에서 아이디어를 얻은 건데, 그러니까 1970년대 문학에서 순수다 참여다 하고 본격적인 논의에 끼어들지 않는 작가들은 연구를 안 해 버리잖아요. 그런데 저는 순수/참여론의 권외에 있는 제3의 지점들에 대해 연구를 해야 문학사 연구가 제대로 되는 것이라고 생각하고 있습니다. 선생님은 어디에 속하셔야 할지, 참여인지 순수인지……. (웃음) 손창섭처럼 제3의, 비대칭적 위치라고 저는 생각을 합니다. 순수/참여는 같은 평면 위에서 서로 마주 보고 있는데, 그것하고 위상이 다른 방식으로 존재하는 작가들이 있었어요. 그 작가들 가운데 의미 있는 이들을 찾고, 또 의미를 부여해야 문학사가 좀 더 풍성해지지 않을까 합니다.

손 좋은 생각이에요. 저도 참여다 순수다, 그렇게 속하는 것보다는 작가가 독자적인 존재일 때 의미가 있는 거라 생각해요.

방 제가 84학번인데, 1980년대에는 세대적 특질 자체가 사회적으로 부가되는 관습이나 가치관에 더 얽매여 있었던 것 같아요. 정치적으로는 전두환 정부에 반대하는 데모를 했지만, 그 사람들이 나중에 20대 후반이 되고 30대가 되었을 때 범호처럼 나가는 경우는 많지 않았어요. 어떤 정치적 성향이 있는 학생들 일부에 국한되었고 오히려 다른 학생들은 '그렇게 해서는 안 된다'는 윤리 준칙 같은 데에 얽매였어요.

손 사회가 조금 안정된 거죠. 범호 때만 해도 일확천금의 꿈이 있을 때예요. 그런데 갈수록 자리가 잡히면서 그런 꿈을 실현할 수 없게 된 거죠.

방 그리고 전두환 대통령 때에는 학생들이 '취직해야 한다'는 강박관념이 없었어요. 그만큼 경제가 활성화되어 있었어요. 그렇다 보니, 여전히 궁핍했는데도 불구하고 학생들이 상대적으로 덜 절박해졌고, 그런 만큼 낭만적이었어요. 정치적으로는 과격하면서도 자기 신변을 처리하고 삶의 진로를 정할 때 다소 낭만적이었던 거지요. 그런데 지금 아이들은 상당히 각박해요.

손 아주 드라이하죠.

방 예. 경제적인 면이나 자신의 진로에 대해 대학생 때부터 아주 골몰해요. 그만큼 비전이 없다고도 할 수 있는 거고. 물질적 가치관이 많이 침투해서 지배하고 있다고도 할 수 있죠. 그것은 1980년대 세대가 가졌던 일종의 물질주의가 더욱 심화한 모습이기도 해요. 하지만 1960년대 실존주의와 같은 것들은 물질주의적 가치관이 아니었지요. 삶이니 죽음이니 하는 것은 매우 근본적인 문젠데, 1980년대로 오면 정치적 독재인가 아닌가 하는 식의 세속적 삶의 투쟁이 강화되었고, 이 1980년대 세대가 기성세대가 되고 나니 그 자장 밑에서 자라나는 젊은이들이 상당히 정신적 가치를 경시해요. 그것이 꼭 윗세대의 책임인지 세계사적 문제인지는 모르겠지만요. 굉장히 각박하고 물질화되어 있어요. 문제가 많은 것 같아요.

손 일종의 자본주의 사회의 말로, 같은 것 아닌가요. 경쟁이 심하고.

방 선생님이 문학을 하시던 1960~1970년대 전반기에 한국문학을 어떻게 이해하셨는지 여쭙고 싶네요. 예를 들어 장편소설을 쓰시면서 '한국판 줄리앙 쏘렐'을 구현하고자 하셨다면 프랑스 문학은 어떻고, 한국문학은 어떻다 하는 일정한 상을 그려 두셨을 거 같은데요.

손 김동리 선생님의 추천을 받긴 했지만 사실 내가 좋아하던 작가는 이태준 씨였어요. 우리나라 문학은 그때만 해도 산문의 역사가 길지 않았죠. 불란서는 실존주의 문학 단계까지 갔고. 그런데 그 실존주의 이후에 '앙띠 로망'이니 뭐니 하고 나와도 실존주의만큼의 파급 효과는 없었죠. 지금도 모든 게 죽음 앞에서는 허망하다는 것, 까뮈식의 '괜히 왔다가 공연히 가는 삶이다', '죽음이라는 전제하에서 인간이 행복할 수 없다' 이런 것이 운위되잖아요? 「이방인」의 주인공이 햇빛 때문에 총을 쏘았다는 것은 일종의, 인간의 숙명에 대한 항거를 의미하죠. 그런데 하도 말들이 많으니까 「시지프스의 신화」를 내놓고 이게 해답이다, 우리가 매일 사는 것이 바위를 밀어올려도 다시금 굴러떨어지는 것과 같은 행위를 되풀이하는 삶이다, 라고 말한 거죠. 까뮈는 자살해야 마땅하다는 말도 어딘가에 썼어요. '죽음이 전제된 바에야 살 필요가 없다'고까지 말했고. 나중에는 '반항(저항)의 문학'으로서 자기 문학과 삶의 의미를 찾았죠. 『반항』이라는 저서가 있어요. 죽음이라는 것에 대한 망집, 미망(obsession)이 강했어요. 「이방인」에도 어머니의 죽음과 아랍인의 죽음과 자기의 사형, 세 종류의 죽음이 등장하죠. 까뮈 자신도 거기에 걸맞게 남불에 갔다가 깔리마르 사장하고 올라오는 길에 교통사고로 죽었잖아요?

그런데 까뮈는 그렇게 죽었으니 행복한 거죠. 끝까지 살았으면 좋은 작품이 더 나왔겠어요? 적당한 시기에 죽은 거지. (허허허)

산악소설이라는 장르의 개척

전 「불타는 빙벽」은 산악소설이죠?

손 네, 현재는 박범신 씨가 쓰고 있지만 그 당시에는 우리나라에서 나밖에 없었어요.

전 네. 선생님께서 쓰신 작가의 말을 읽었어요. 외국에 등반문학이 발달하여 있는 것에 비해 한국에서는 그런 게 없다고 아쉬워하셨죠. 알피니스트인 오빠의 영향으로 산악소설에 관심을 두게 되었다고 알고 있는데, 산에 애착을 두게 되신 또 다른 계기가 있을까요?

손 한양대 교수들이 「불타는 빙벽」을 읽어보고는 밤새워서 읽었다며, '이걸 상을 안 주면 한국의 비평가들은 다 눈이 삐었다'고 했어요. (웃음) 그런데 상은 못 받았어요. 그래서 나도 유감스럽게 생각하고. 지금 보면 기법에 문제가 있죠. 하지만 당시에는 히말라야에 가 보지 않고도 현장감 있게 썼다는 그 자체에 소설가들이 감동을 했어요. '어떻게 여자가 이 정도로 쓸 수 있냐'라고 하면서 내 오빠가 알피니스트라는 사실을 자신들이 직접 수소문해서 알아낼 정도였죠.

산에 대해 애착을 두게 된 건 역시 오빠의 영향이 크죠. 그래서 우리 친구들도 그 나이에 밧줄 타는 모습을 사진에 남겨 놓고서 두고 두고 자랑한대요. 그 당시에는 등산이라는 게 많이 안 알려졌었어요.

내가 20대일 때니까, 50년 전의 일이죠. 그리고 오빠도 등산 관련된 저술을 많이 했어요. 일본에는 우리나라에 (산 관련 전문가가) 오빠만 있는 줄 알 정도로 한국의 산 소개를 많이 했죠. 소위 '산악 저술인'인 셈인데, 책을 굉장히 많이 쓰셨죠. 그런데 내가 산악 관련된 소설을 쓰려고 하니까 자꾸 참견하려고 해요. (웃음) 그래서 '오빠, 이것만은 내가 참견받지 않을 거야.'라고 했더니 '네가 생각하는 만큼 등산 세계가 숭고하고 좋기만 한 게 아니다. 그 세계가 얼마나 더럽고 허명이 가득한지……'라고 하길래 '왜 날 보고 그 세계를 파헤치라고 그래. 나는 내가 쓰고 싶은 대로 승화시켜서 쓸 테야'라고 쏘아붙였었는데……. 오빠로서는 자기가 아는 그런 세계를 너무 미화시킨 게 불만이었나 봐요.

3. 추억의 자리, 사람들

친우거나 라이벌이거나 – 박경리와 한말숙의 기억

전 선생님께서 활동하셨던 1960~1970년대는 여성 문인들이 많이 배출되고 또 활동했던 시기이지요. 그렇다 보니 아무래도 여성 문인들끼리 깊은 유대감을 형성하거나 라이벌 의식을 가졌을 법도 한데요. 혹시 선생님과 라이벌 구도를 형성하신 분이 있으셨나요? 또 친분관계가 각별히 두터웠던 작가님은 누구신지요.

손 친분이 있었던 분은, 아무래도 한말숙 씨, 그리고 박경리 씨. 문인극에 같이 나온 적이 있었거든요. 어느 날 한말숙 씨가 전화를 했어요, 문인극 같이하자고. 문인 모임에 나가 보니까 숙대는 숙대끼리 어울리고 이대는 이대끼리 어울리는데 서울대는 자기밖에 없거든. 그래서 나를 끌어내고 박경리 씨랑 셋이서 같이 문인극을 했죠. 그때 추억은 이번에 수필에도 썼어요.

박경리 선생님과는 각별했는데, 그때 집이 정릉에 가까이 있었기 때문에 자주 다니면서 교류를 많이 했어요. 박경리 선생님이 나하고 친해지면서 많이 명랑해지고 멋쟁이가 되었다고 그러데요. 『현대문학』에 편집장으로 있었던 김수영 씨의 누이동생 김수명 씨가 그렇게 말했어요. 내가 박경리 선생님께 '선생님, 나와 가까이 지내시면서 많이 밝아지고 멋쟁이가 되셨대요' 하고 이야기했더니 굉장히 좋아하셨어요.

잡지 『라쁠륨』 그리고 권지예

전 선생님께서 『라쁠륨』 주간을 계속 맡으셨던 것으로 알고 있어요. 『라쁠륨』은 특별히 여성의 삶과 문학에 관심을 두고 지원을 아끼지 않았던 잡지로 잘 알려졌는데, 잡지 운영을 하시면서 겪으셨던 가장 기억에 남는 일은 어떤 것이 있으신지요?

손 그랬죠. 『라쁠륨』은 내가 편집 겸 주간을 맡고, 우리 양반이 발행인을 했던 잡지였어요. 부부가 같이 운영한 거죠. 아, 그때 우리 집 양반은 『신화일보』 주필을 거쳐 『한국경제』에 몸 담고 있기도 했어요. 『라쁠륨』 하면, 아무래도 권지예 씨가 생각이 나지요.

원고 마감이 다 끝나서 잡지가 편집과정으로 들어가는 참인데 한 원고 하나가 들어왔어요. 그게 권지예 씨 작품이었는데, 괜찮았지만 제목이 마음에 안 들었어요. 무슨 '두 개의 꼭두각시 인형, 이중주' 라든가, 제목이 나른하고 눈에 띄지 않더라고요. 제목을 바꾸면 좋겠다고 해서 집으로 연락했더니, 권지예가 본명이 아니라서 부모들이 그런 사람 없대. (웃음) 그 후에 권지예 씨의 선배 되는 사람을 통해 파리에서 (권지예 씨에게) 연락이 오고 권지예 씨와 남편이 왔어요. 제목은 '꿈꾸는 마리오네뜨'로 고쳐 왔더라고요. 그래서 '우리는 두 번 작품을 받아야 문단 데뷔로 인정된다. 다음번 작품은 쉽게 추천해 주지 않을 테니 습작을 많이 해라'고 했지요.

다음번에 「상자 속의 푸른 칼」이라는 중편을 써 왔는데, 또 잘 읽히는 거예요. 여담이지만 「상자 속의 푸른 칼」이라는 제목을 내가 지어 줬어요. '사라진 마녀'까지는 내가 개입했고 그다음부터는 본인이 제목을 잘 짓더군요. '붉은 비단보'니 '꽃게 무덤'이니……. 여튼 그렇게 추천을 통해 권지예 씨를 데뷔시켰어요. 첫 번째에 나와 현길원 씨가 추천을 했어요. 아니, 두 번 다 그렇게 했나 보다.

4. 기대와 희망

전 이번에 선생님께서 모교에 장학금을 기탁해 주셨잖아요. 그 계기가 무엇인지 궁금합니다. 또 후학에 거는 기대가 남다르실 것 같아요. 그에 대해 한 말씀해 주신다면요.

손 음……, 병원에 출입하면서 '언제 갑자기 내가 죽을지 모르니까, 보람 있는 일에 정리를 해야겠다'고 벌써 마음먹었죠. 심장판막 수술을 하면서는 마음이 좀 더 다급해져서 작년 여름에 권영민 교수님 연락처를 '푸른사상'에 수소문해서 알게 되어서 그를 통해 발전기금위원회에 기부를 하게 된 것이지요.

후학에 거는 기대라면…… 나는 교수직, 글, 그리고 사생활(의 구분)이 철저한 편이에요. 이균영이라고 아세요? (교통사고로 죽은) 한양대학 출신의 내 제자급인데, 어느 날 나를 찾아와서 자기 소설을 한양대학 신문 현상공모에 내겠대요. 그런데 이미 『현대문학』(?)에 1회 추천을 받은 상태였어요. 완전한 데뷔는 아니었지만. 그래서 '그 기회는 다른 사람에게 주는 게 어떠냐. 너는 이미 작가의 길로 들어섰는데 거기 또 왜 작품을 내느냐, 심사에서는 제외시키겠다'고 했어요. 이균영 씨에게도 하는 말이고, 『라쁠륨』을 통해 데뷔한 권지예 씨에게도 하는 말이지만 '뭐든지 하나만 해라'고 하죠. 그러면 그 두 작가가 똑같이 하는 말이 '아, 교수님은 이렇게 둘 다 하시면서도 잘 사시는데 우리에게는 왜 그러시느냐'고 해요. (웃음) 권지예 씨는 결국 전업 글쓰기 작가가 되었고 이균영 씨는 동덕대학 교수가 되더군요. 자기는 글도 쓰고 가르치기도 하겠다고 했는데 교통사고로……. 많지 않은 제자급 작가를 그렇게 잃은 셈이죠.

전 선생님께서 최근에도 새 책을 구상 중이시라고 들었는데요. 어떤 책인지 윤곽을 알려주실 수 있으신지요?

손 지금 자서전을 쓰고 있어요. 놀고 싶을 땐 놀고 쉬고 싶을 땐 쉬고. 우선 자전적 에세이집을 낸 다음에 내가 가장 나다운 것을 벗어난, 그야말로 이상적인 작품을 하나 쓰고 싶은 욕심은 있는데 제목이나 내용은 아직 발표할 수 없어요. (웃음) 카프카처럼 새로운, '앙띠 로망'식으로 새로운 전위의 소설을 쓰고 싶은 욕심은 있어요.

요새 소설에 도전하는 사람들이 무척 많아지고 있어요. 젊은 작가들의 작품도 많이 읽는 편인데 작품도 우후죽순으로 생겨나고……. 후배들이 살기 어려울 것 같아요. 후배들에게 전할 말이 있다면 의를 느끼고 즐길 수 있는 일, 보람 있는 일을 찾아 살아가길 바란다는 것. 또 목표 설정을 분명히 하라는 것. 다들 아는 얘기지만 실천하기는 쉽지 않죠.

손장순 연보

1935년 … 서울 출생

1954년 … 이화여고 졸업, 서울대학교 문리대학 불어불문학과 입학

1958년 … 서울대학교 문리대학 불어불문학과 졸업, 단편 「입상」(『현대문학』), 「전신」(『현대문학』) 문단에 데뷔

1961년 … 최명섭(청와대 의전비서관)과 결혼

1965년 … 최명섭과 이혼, 서울대학교 음악대학 불어 강사

1967년 … 『한국인』을 『현대문학』에 2년간 연재해 한국여류문학상을 수상

1969년 … 한양대학교 불어불문학과 전임강사

1971년 … 한양대학교 불어불문학과 조교수, 한국소설분과협회 이사, 한국불문화협회 이사, 한국여류문화협회 이사

1972년 … 한국소설분가협회 이사

1974년 … 이스라엘에서 개최된 '국제펜클럽대회' 한국대표로 참가
프랑스 소르본대학 대학원에서 현대 프랑스 문학 연구

1977년 … 한양대학교 불어불문학과 부교수

1979년 … 하와이대학 동서문화센터 주최 '20세기 세계작가회의' 한국대표로 참가

1981년 … 임승준과 재혼

1984년 … 스웨덴의 스톡홀름대학과 이탈리아의 나폴리대학 동양학부 초청으로 '한국 현대소설의 경향과 특성'이라는 주제로 불어 강연함

1985년 … 미국 아이오와대학과 미국무성 초청으로 9~12월까지 국제 창작 프로

그램에 한국대표로 참가하여 '동과 서의 만남'이란 주제로 영어 발표, 현대사회연구소 이사

1986년 … 한양대학교 불어불문학과 정교수(~1992)

1988년 … 한양대학교 불어불문학과 학과장

1994년 … 여류문인협회 이사

1995년 … 국제펜클럽 한국본부 이사

1996년 … 계간지 『라쁠륨』 편집인 겸 발행인, 도서출판 문화공간 공동대표 창사, 『돌바람』으로 국제펜클럽 소설문학상 수상

1997년 … 한국소설가협회 최고위원

2005년 … 국제펜클럽 한국본부 이사, 남편 임승준 타계, 임승준 자유언론상 제정

2008년 … 장편 『폭죽』, 제4회 묵사 유주현 문학상 수상

2010년 2월 … 난소암 수술

2010년 3월 … 심장판막 수술, 탈장 수술

2011년 4월 … 대동맥판막협착증 진단, 수술

2011년 … 모교 서울대학교 인문대학에 20억 기부

손장순 서지 목록

○ 단편 및 중편 소설 (신문, 잡지 발표)

작품명	발표지	발표연월일	특이사항
「입상」	『현대문학』	1958. 1	추천작
「전신(轉身)」	『현대문학』	1958. 12	추천작
「배리의 심연」	『현대문학』	1959. 3	
「화인푸레이」(파인플레이)	『현대문학』	1959. 8	
「증언」	『현대문학』	1960. 3	
「궤도」	『현대문학』	1961. 2	
「雪」(눈)	『여원』	1961. 12	
「공황」	『현대문학』	1964. 1	
「분수 옆에서 허망한 오후」	『여상』	1964	
「3등 인생」	『현대문학』	1964. 8	
「황혼의 뚝섬댁」	『여상』	1964	
「깍두기씨」	『현대문학』	1965. 1	
「살얼음 속의 수초」	『현대문학』	1965. 4	
「미세스 마야」	『신동아』	1965. 5	
「부동산 중개인」	『현대문학』	1965. 9	
「알피니스트」	『신동아』	1966. 5	
「다께다선생」	『현대문학』	1967	
「바람개비」	『신동아』	1967	
「우울한 한강」	『사상계』	1968. 6	
「이혼여행」	『여원』	1967	
「대화」	『현대문학』	1969. 1	
「12시」	『월간문학』	1969	
「웃는 웃음」	『신동아』	1970. 1	

「유리디체」	『월간문학』	1970. 8	
「유학」	『현대문학』	1970. 1	
「달빛」	『월간문학』	1972. 4	
「동류」	『문학사상』	1972	
「友情」	『월간문학』	1973. 6	
「再會」	『한국문학』	1975. 10	
「우울한 빠리」	『현대문학』	1976. 1	
「打算」(타산)	『문학사상』	1976. 1	
「骨董品」	『한국문학』	1976. 3	
「빈 청사진」	『신동아』	1976	
「막 내리다」	『세대』	1976	
「고슴도치」	『문학사상』	1977. 2	
「불타는 빙벽」	『한국문학』	1977. 4	중편
「내일은 달 위에서」	『서울신문』	1977	중편. 연재
「자신의 칫수로 보는군요」 (당신의 치수를 보시는군요)	『현대문학』	1978. 4	
「돌아가지 않는 羅針盤」	『한국문학』	1978. 2	
「기러기 도시락」	『문학사상』	1978. 7	
「아치섬, 그 빈 가슴」	『문학사상』	1979. 12	
「빙벽에 핀 雪花」	『한국문학』	1979	
「깨이지 않는 잠」	『한국문학』	1979. 8	
「낮과 밤의 神」	『문학사상』	1980. 11	
「무상의 외출」	『월간문학』	1980	
「거대한 물결」	『월간문학』	1980. 1	
『목마른 후조(候鳥)』	『주부생활』	1980. 9	중편 (잡지 특별부록)
「살아있는 神話」	『월간문학』	1981	
「행복과 불행의 거리」	『한국문학』	1981	
「時差와 變數」 (시차와 변수)	『문학사상』	1982. 6	
「삶과의 뜨거운 악수」	『월간문학』	1982. 1	
「野望의 덫」	『현대문학』	1982. 7	중편
「단독등반」	『문학사상』	1983. 11	
「화려한 변신」	『시문학』	1983	
「뿌리 없는 가지」	『현대문학』	1983. 9	중편
「이대로의 긴 잠을」	『한국문학』	1984. 9	
「쫓는 자와 쫓기는 자」	『현대문학』	1985. 5	중편

「절규」	『문학정신』	1987. 1	중편
「허수아비와 근사치」	『문학사상』	1987. 1	
「제로섬 人生」	『현대문학』	1987. 3	
「꿈을 사는 남자」	『동서문학』	1987	
「虛像과 實像」	『한국문학』	1987. 9	
「頂上이 보인다」	『한국문학』	1988	
「자기시대」	『현대문학』	1990. 5	
『야망의 여자』	『문학사상』	1990. 6~ 1991. 6	연재. 총 13회 완결
「잠자는 난쟁이」	『월간문학』	1991. 10~ 1991. 12	중편 분재. 상중하 완결
「속물학을 배웁니다」	『현대문학』	1992. 6	
「열정과 광란」	『월간문예』	1992	
「이 모순과의 화해」	『문학사상』	1995	
「어떤 회귀」	『라쁠륨』	1996	중편
「두 개의 진실」(두개의 얼굴)	『문학사상』	1996. 12	
「몽환」	『현대문학』	1996. 11	
「엇박자」	『라쁠륨』	2001. 5월 (여름호)	
「비상」	『현대문학』	2001. 8월	
「당신이 추구하는 것은」	『emergy』 (중앙일보 발행지)	2001. 9월	중편
「세 다리를 가진 여자」	『한국소설』	2002. 6월	
「나는 거기에 없었다」	『문학나무』	2002. 11월 (겨울호)	
「사라진 로그하우스」	『현대문학』	2003. 3월	
「나는 불 위를 걸어간다」	『숨소리』	2004. 2월 (봄호)	
「시간의 그림자」	『현대문학』	2004. 7월	
「작두」		2004. 8월	
「포효」			창작집 『나의 삶은 바그다드』에 수록
「순간은 영원하다」			창작집 『나의 삶은 바그다드』에 수록

장편소설

작품명	발표지	발표연월일	특이사항
『한국인』	『현대문학』	1966. 1~ 1967. 7	총 19회 완결
『空地』	『월간중앙』	1970~1971	연재
『세화의 城』	『조선일보』	1971. 6. 16~	2년간 연재
『여각하』	『대구매일신문』	1973	연재
『꿈꾸는 목신』	월간 『엘레강스』	1976	연재.
『춤추는 인형』	『여성동아』	1977. 5~ 1978. 7	총 15회 완결
『심씨 일가의 사람들』	태창문화사	1978	전작 장편
『행복을 파는 여자』	문학예술사	1979	
『배반의 원리(일명 사립대학)』	청아출판사	1993	
『돌바람』	삶과꿈	1995	전작 장편
『물 위에 떠있는 도시』	『라쁠륨』	1998	장편. 1년간 연재
『나의 삶은 다시 바그다드에서』	삶과꿈	2006. 4	

기타 기고문

작품명	발표지	발표연월일	특이사항
「남존여비사상에 대하여」	『여원』	1967. 3	기고문
「나의 미국 만유기」	『신아일보』	1977	기행문
"EAST MEETS WEST"	IOWA university International writing Program Diploma	1985	주제논문 발표
「병든 대학, 이대로 방치할 수 없다」	『동아일보』	1991	시론(時論)
「다시 평가되야 할 시몬느 베이유」	『라쁠륨』	1997 (겨울호 6호)	평론
「30년대 赤風 거부한 20세기의 양심」	『라쁠륨』	1998 (여름호 8호)	평론
「1930년대 서구의 赤風과 2001년 한국의 北風」	『월간조선』	2001. 10월호	평론

단행본

단편집

작품명	출판사	간행연도
『對話』	현대문학	1969
『불타는 빙벽』	서음출판사	1977
『도시일기』	문예출판사	1984
『절규』	평화출판사	1987
『허수아비와 근사치』	청한출판사	1989
『어릿광대여 다시 나팔을』	한불문화출판	1989
『야망의 여자』	문학사상	1991
『두개의 얼굴』	문화공간	1997
『폭죽』	은행나무	2007. 11

장편집

작품명	출판사	간행연도
『한국인』	국민문고사	1969
『공지』	일지사	1975
『세화의 성』	문리사	1976
『꿈꾸는 목신』	백만사	1977
『춤추는 인형』	家庭文庫社刊	1978
『심씨 일가의 사람들』	태창문화사	1978
『행복을 파는 여자』	문학예술사	1979
『여각하』	인사	1979
『배반의 원리(일명 사립대학)』	청아출판사	1993
『돌바람』	삶의꿈	1995
『물 위에 떠있는 도시』	문화공간	1999
『작두』	범우사	2004. 11
『나의 삶은 다시 바그다드에서』	삶과꿈	2006. 4

기타 단행본

작품명	출판사	간행연도	특이사항
『나의 꿈, 센티멘탈 져니』	문리사	1977	간행, 세계일주 기행수필집
『어릿광대여 나팔을』	태창문학사	1978	수필집
Les Coreens(한국인)	LA PENSEE UNIVERSELEE	1985	문예진흥원 지원, 여동찬 번역
『이룰 수 없는 서원』	문화공간	2001. 7	칼럼집
A Floating City on the Water (물 위에 떠 있는 도시)	Homa & Sekey Books	2005. 1	최진영 번역

저자 소개(논문 게재 순)

방민호

1965년 충남 예산 출생.
현재 서울대학교 국어국문학과 교수.
주요 저서로, 『비평의 도그마를 넘어』(2001), 『채만식과 조선적 근대문학의 구상』(2001), 『한국 전후문학과 세대』(2003), 『일제말기 한국문학의 담론과 텍스트』(2011) 등이 있다.

이선미

1965년 서울 출생.
현재 동국대학교 BK 연구교수.
주요 저서 및 논문으로, 『박완서 소설연구』(2004), 「미국적 가치의 대중적 수용과 통계의 매카니즘」(2011), 「공론장과 '마이너리티리포트': 1950년대 신문소설과 정비석」(2011) 등이 있다.

장성규

1978년 서울 출생.
현재 서울대학교 강사.
주요 저서 및 논문으로, 『사막에서 리얼리즘』(2011), 「1930년대 후반기 소설의 장르 인식 연구」(서울대학교 박사학위논문, 2012) 등이 있다.

이명희

1962년 충북 청주 출생.
현재 숙명여자대학교 초빙교수.
주요 저서로, 『상허 이태준 문학세계』(1994), 『현대문학과 여성』(1998), 『문학, 환멸 속에서 글쓰기』(2002) 등이 있다.

안서현

1982년 서울 출생.
현재 세종대학교, 숭실대학교 강사.
주요 논문 및 평론으로, 「황순원 소설에 나타난 타자 인식 연구」(서울대학교 석사학위논문, 2008), 「세계의 끝 혹은 공존의 풍경—김연수론」(2010), 「현진건 '지새는 안개'의 개작과정 연구」(2011) 등이 있다.

박진숙

1967년 경남 합천 출생.
현재 충북대학교 국어국문학과 교수.
주요 저서 및 논문으로, 『조선적인 것의 형성과 근대문화 담론』(공저, 2007), 「이태준 문학 연구—텍스트와 내포독자를 중심으로」(서울대학교 박사학위논문, 2003) 등이 있다.

전혜자

1943년 서울 출생.
현재 가천대학교 인문대학 명예교수.
주요 저서로, 『한국현대소설연구』(1998), 『한국현대도시소설과 비교문학』(2005), 『한국 현대 생태소설의 서사적 유형과 분석』(2007), 『현대소설사 연구』(2008) 등이 있다.

장두영

1977년 대구 출생.
현재 서울대학교 기초교육원 전임대우 강의교수.
주요 논문으로, 「베트남 전쟁소설론」(2008), 「염상섭 소설의 서사시학과 현실 인식의 관련 양상 연구」(서울대학교 박사학위논문, 2010) 등이 있다.

문흥술

1961년 경남 사천 출생.
현재 서울여자대학교 국어국문학과 교수.
주요 저서로, 『자멸과 회생의 소설문학』(1997), 『작가와 탈근대성』(1997), 『시원의 울림』(1998), 『한국 모더니즘 소설』(2003), 『존재의 집에 이르는 지도』(2004), 『형식의 운명, 운명의 형식』(2006), 『문학의 본향과 지평』(2007), 『언어의 그늘』(2011) 등이 있다.

김미영

1965년 부산 출생.
현재 중앙대학교 교양학부 강의교수.
주요 논문 및 저서로, 「1920년대 여성담론 형성에 관한 연구—'신여성'의 주체 형성 과정을 중심으로」(서울대학교 박사학위논문, 2003), 『한국현대문학의 표상과 인식』(2007), 『혼성적 사회와 소설의 미래』(2007) 등이 있다.

김건우

1968년 대구 출생.
현재 대전대학교 국어국문학과 교수.
주요 저서 및 논문으로, 『사상계와 1950년대 문학』(2003), 『혁명과 웃음』(공저, 2005), 「1950년대 문학과 '사상계' 지식인 담론의 관련 양상 연구」(서울대학교 박사학위논문, 2002) 등이 있다.

이경재

1976년 인천 출생.
현재 숭실대학교 국어국문학과 교수.
주요 저서로, 『단독성의 박물관』(2009), 『한국현대소설의 환상과 욕망』(2010), 『한설야와 이데올로기의 서사학』(2010), 『끝에서 바라본 문학의 미래』(2012) 등이 있다.

전소영

1983년 서울 출생.
현재 서울여자대학교 강사.
주요 논문 및 평론으로, 「하근찬 소설 연구」(서울대학교 석사학위논문, 2009), 「동인지 자유시에 나타난 자연의 의미 연구」(2010), 「놀이의 존재태, 독자성의 공동체—김중혁론」(2011) 등이 있다.

아프레게르와 손장순 문학

손장순 문학 연구

펴낸곳 서울대학교출판문화원
펴낸이 오연천
지은이 방민호, 이선미, 장성규, 이명희, 안서현, 박진숙, 전혜자,
장두영, 문홍술, 김미영, 김건우, 이경재, 전소영

초판 1쇄 인쇄 2012년 6월 16일
초판 1쇄 발행 2012년 6월 20일

출판등록 제15-3호
주소 서울 관악구 관악로 1 우편번호 151-742
대표전화 02-880-5252 **팩스** 02-888-4148
마케팅팀(주문상담) 02-889-4424, 02-880-7995
이메일 snubook@snu.ac.kr
홈페이지 www.snupress.com
영문홈페이지 eng.snupress.com

ISBN 978-89-521-1340-5 93810